新世纪普通高等教育电子商务类课程规划教材

电子商务概论

微课版

Introduction to
E-commerce

● 主　编／马莉婷
　　副主编／林立达　李　捷　陈　宇
　　　　　　李云清　宋　磊　林宝灯

大连理工大学出版社

图书在版编目(CIP)数据

电子商务概论 / 马莉婷主编. -- 大连：大连理工大学出版社，2022.2(2023.3重印)
新世纪普通高等教育电子商务类课程规划教材
ISBN 978-7-5685-3759-9

Ⅰ.①电… Ⅱ.①马… Ⅲ.①电子商务－高等学校－教材 Ⅳ.①F713.36

中国版本图书馆CIP数据核字(2022)第026699号

大连理工大学出版社出版

地址：大连市软件园路80号　邮政编码：116023
发行：0411-84708842　邮购：0411-84708943　传真：0411-84701466
E-mail:dutp@dutp.cn　URL:https://www.dutp.cn
大连日升彩色印刷有限公司印刷　大连理工大学出版社发行

幅面尺寸:185mm×260mm	印张:17.5	字数:426千字
2022年2月第1版		2023年3月第2次印刷
责任编辑:王晓历		责任校对:孙兴乐
	封面设计:张　莹	

ISBN 978-7-5685-3759-9　　　　　　　定　价:55.80元

本书如有印装质量问题，请与我社发行部联系更换。

序 Preface

20世纪90年代中期,随着互联网的发展,电子商务应运而生。历经几十年,电子商务迅速成长为以科学技术为手段、以现代管理体系为依托,实现促进社会经济发展和提高企业经营效益的现代商务发展新模式。如今,作为我国国民经济发展重要组成部分的电子商务已成为促进实体经济发展的新引擎。在政策红利下,我国电子商务高速发展,雄踞世界第一。电子商务作为国家的战略性新兴产业,在引领商业模式变革、优化产业转型升级、提升信息消费需求、促进现代服务业和信息经济发展等方面发挥了重要的作用,成为经济发展的原动力,并为"大众创业、万众创新"提供了新空间。

电子商务类专业培养具备现代管理和信息经济理念,掌握信息技术和电子服务综合技能,具有扎实的专业基础和良好的知识结构,具备一定的互联网创新创业素质,能适应现代社会商务运营、专业管理和技术服务需要的创新型、应用型、复合型专业人才。"电子商务概论"是《电子商务类教学质量国家标准》中列明的核心课程,是电子商务类所有专业学生接触的第一门重要专业课程,旨在帮助学生构建电子商务专业知识框架体系,加深对专业的认识和理解。

《电子商务概论》一书紧跟学科前沿发展动态,凸显课程思政特色,体例新颖,注重将理论知识与实践运用紧密结合,具有鲜明的创新性。教材章节结构合理、语言流畅、可读性强,案例、研究报告等拓展资源时效性强,配套习题和课件等教学资源齐全,能够有效帮助学生掌握电子商务的核心理论知识,并提升实践技能。同时,该教材信息化特色鲜明,已建成与教材配套的慕课"电子商务理论与实践"。2020年2月,该慕课被教育部高等学校电子商务类专业教学指导委员会评选为首批"推荐慕课",已在超星学银在线和中国大学MOOC两个平台同时上线,具有一定的社会影响力,应用价值较高,可助力教师开展线上、线下混合式教学。

该教材倡导校企合作编写理念,由来自教学一线的任课教师和企业高管联合组建编写团队,梳理电子商务在实践中的运用,彰显教材的实战特色。相信该教材会促进应用型本科高校电子商务专业学生专业素养、创新能力和创业素养的培养,为提升应用型本科高校电子商务专业人才培养质量贡献力量!

教育部高等学校电子商务类专业教学指导委员会副主任
福建省电子商务标准化技术委员会秘书长
厦门大学教授、博士生导师

2022 年 2 月

前言 Preface

电子商务是国民经济发展的重要组成部分,是促进实体经济发展的新引擎。2003年,"非典"催生了中国零售业变革,淘宝应运而生,电子商务兴起。近年来,我国电子商务迅速发展。在抗击新冠肺炎疫情的过程中,电子商务发挥了积极的作用,做出了如下贡献:保障物资、驰援武汉;保障民生、稳定物价;创新模式、解决"用工荒";助力外贸企业、打开内销新局面。党的二十大报告提出,建设现代化产业体系,坚持把发展经济的着力点放在实体经济上,推进新型工业化,加快建设制造强国、质量强国、航天强国、交通强国、网络强国、数字中国。全面推进乡村振兴,坚持农业农村优先发展,巩固拓展脱贫攻坚成果,加快建设农业强国,扎实推动乡村产业、人才、文化、生态、组织振兴。推进高水平对外开放,稳步扩大规则、规制、管理、标准等制度型开放,加快建设贸易强国,推动共建"一带一路"高质量发展,维护多元稳定的国际经济格局和经贸关系。贯彻党的二十大精神,推动电子商务高质量发展,成为全社会的共识。

作为一线教师,我们深刻意识到为培养符合企业需求的电子商务人才,电子商务教材一定要与时俱进,要能够反映电子商务的前沿发展动态,要有机融入思政元素,要注重培养学生的实践技能。于是,编者结合多年实践教学经验及研究成果而编写了这本实用型教材。

本教材立足于应用型本科高校电子商务专业的教学特点,较系统、全面地阐述了电子商务重要的知识模块,包括电子商务认知、电子商务技术、电子商务安全、电子商务支付、网络营销、客户关系管理、物流与供应链、电子商务法律、移动电子商务、跨境电子商务等内容。每章均设置"知识目标""技能目标""思政目标""导入案例"等模块;在章节中穿插小案例及网络新闻报道、研究报告等"小链接"模块;在每章最后均设置"本章小结""关键术语""配套实训""课后习题""讨论案例"等模块。

本教材在编写上力求做到"新、精、实"。"新"是指教材在编写体例和内容上都力求做到与时俱进,结合电子商务发展的时代背景,引入大量案例,彰显电子商务日新月异的发展变化和前沿动态。"精"是指教材编写不追求"大而全",而追求囊括电子商务最精华的知识模块。"实"是指教材编写强调实践性,每章都设置"技能目标"和"配套实训"模块,以提升学生实践技能,满足应用型本科高校对电子商务应用型人才的培养需求。本教材是编者主持的2018年省级本科教学团队"电子商务创新创业实战实验教学型本科教学团队"的研究成果。本教材荣获"福建省商业经济优秀研究成果"二等奖、"福建江夏学院教学成果奖"二等奖。

编写团队开发的与教材配套的慕课"电子商务理论与实践"已在超星学银在线和中国大学MOOC两个平台上线,选课人数逾5 000。"电子商务理论与实践"为2017年省级高等学校创新创业教育改革项目(精品资源共享课)的研究成果;2019年11月,获得省级精品线上线下混合式课程立项;2020年2月,被教育部高等学校电子商务类专业教学指导委员会评选为首批"推荐慕课";2021年12月,被认定为"省级一流本科课程"。

本教材主编带领编写团队开展线上线下混合式教学,"以创新创业能力培养为导向的'电子商务概论'线上线下混合式教学案例"荣获2021年度高校在线开放课程联盟联席会"慕课与线上线下混合式教学典型案例"、2021年度福建省高校在线教育联盟"慕课与线上线下混合式教学案例"省级二等奖。

本教材随文提供视频微课供学生即时扫描二维码进行观看,实现了教材的数字化、信息化、立体化,增强了学生学习的自主性与自由性,将课堂教学与课下学习紧密结合,力图为广大读者提供更为全面并且多样化的教材配套服务。

为响应教育部全面推进高等学校课程思政建设工作的要求,本教材融入思政目标元素,逐步培养学生正确的思政意识,树立肩负建设国家的重任,从而实现全员、全过程、全方位育人。学生树立爱国主义情感,能够更积极地学习科学知识,立志成为社会主义事业建设者和接班人。

本教材由福建江夏学院马莉婷任主编,福建江夏学院林立达、李捷、陈宇、李云清、宋磊、林宝灯任副主编,福建思域电子商务有限公司洪栋煌参与了编写。具体编写分工如下:第一章、第四章由马莉婷、洪栋煌编写,第五章由林立达编写,第六章、第九章由李捷编写,第三章、第七章由陈宇编写,第十章由李云清编写,第二章由宋磊编写,第八章由林宝灯编写。马莉婷负责全书的策划、统稿及修订工作。

本教材的编写得到了教育部高等学校电子商务类专业教学指导委员会副主任、厦门大学博士生导师彭丽芳教授的指导,在此深表感谢!

在编写本教材的过程中,编者参考、引用和改编了国内外出版物中的相关资料以及网络资源,在此表示深深的谢意!相关著作权人看到本教材后,请与出版社联系,出版社将按照相关法律的规定支付稿酬。

限于水平,书中仍有疏漏和不妥之处,敬请专家和读者批评指正,以使教材日臻完善。

编　者

2023 年 3 月

所有意见和建议请发往:dutpbk@163.com
欢迎访问高教数字化服务平台:https://www.dutp.cn/hep/
联系电话:0411-84708445　84708462

目录

第一章　电子商务认知 … 1
- 第一节　电子商务发展的时代背景、政策扶持及技术支撑 … 2
- 第二节　电子商务领域的发展动态 … 8
- 第三节　电子商务的基础知识 … 11
- 第四节　电子商务模式 … 19

第二章　电子商务技术 … 30
- 第一节　互联网基础 … 31
- 第二节　EDI 技术 … 41
- 第三节　大数据与数据挖掘 … 45

第三章　电子商务安全 … 52
- 第一节　电子商务安全概述 … 53
- 第二节　网络安全技术 … 58
- 第三节　数据加密技术 … 64
- 第四节　认证技术 … 66
- 第五节　电子商务安全交易标准 … 69

第四章　电子商务支付 … 74
- 第一节　电子支付 … 75
- 第二节　常用的电子支付工具 … 77
- 第三节　第三方支付 … 81
- 第四节　移动支付 … 84
- 第五节　网上银行 … 86
- 第六节　电话银行、手机银行与微银行 … 89
- 第七节　流行的支付方式 … 92
- 第八节　海　淘 … 96
- 第九节　互联网金融 … 97

第五章　网络营销 … 106
- 第一节　网络营销概述 … 107
- 第二节　网络消费者的购买动机及购买行为 … 112
- 第三节　网络市场调研 … 118

第四节　网络营销策略 ……………………………………………………………… 123
   第五节　网络营销方法 ……………………………………………………………… 140

第六章　客户关系管理 …………………………………………………………………… 155
   第一节　客户关系管理概述 ………………………………………………………… 156
   第二节　客户终生价值 ……………………………………………………………… 160
   第三节　客户关系管理的三个层次 ………………………………………………… 162
   第四节　客户满意度和忠诚度 ……………………………………………………… 166
   第五节　客户服务策略 ……………………………………………………………… 173

第七章　物流与供应链 …………………………………………………………………… 180
   第一节　电子商务物流基础 ………………………………………………………… 181
   第二节　物流模式 …………………………………………………………………… 185
   第三节　电子商务与供应链管理 …………………………………………………… 190
   第四节　电子商务与物流信息管理 ………………………………………………… 193

第八章　电子商务法律 …………………………………………………………………… 201
   第一节　电子商务法律概述 ………………………………………………………… 203
   第二节　电子商务法律责任 ………………………………………………………… 204
   第三节　电子商务法律体系框架 …………………………………………………… 206

第九章　移动电子商务 …………………………………………………………………… 218
   第一节　移动电子商务概论 ………………………………………………………… 220
   第二节　移动电子商务基础技术 …………………………………………………… 222
   第三节　移动电子商务的分类与商业模式 ………………………………………… 228
   第四节　移动电子商务的主要应用 ………………………………………………… 230
   第五节　移动电子商务的实施问题 ………………………………………………… 237

第十章　跨境电子商务 …………………………………………………………………… 245
   第一节　跨境电子商务概述 ………………………………………………………… 246
   第二节　跨境电子商务的运作平台 ………………………………………………… 254
   第三节　跨境支付与结汇 …………………………………………………………… 262
   第四节　跨境物流 …………………………………………………………………… 265

参考文献 ……………………………………………………………………………………… 271

第一章 电子商务认知

学习目标

知识目标

了解电子商务发展的时代背景及电子商务的政策扶持。

了解电子商务领域的发展动态、电子商务人才的需求状况。

理解电子商务发展的三大瓶颈、电子商务为企业带来的益处。

掌握电子商务的定义、特点、分类,电子商务中的"四流",电子商务的基本组成要素,电子商务的主要模式。

技能目标

学会通过网络搜集资料,了解电子商务领域的发展动态。

掌握网络购物的操作流程。

思政目标

增强学生的民族自豪感和爱国热情;把握学科前沿发展动态;培养学生的爱岗敬业精神。

电子商务认知

导入案例

线上 VS 线下

2012年12月13日,2012年CCTV中国经济年度人物颁奖盛典,前阿里巴巴董事会主席马云和万达董事长王健林等10人当选2012中国经济年度人物。在颁奖晚会上,马云被评价为"在虚拟世界里纵横",王健林被评价为"在实体经济店铺里开疆破土",双方就"电商是否取代传统的店铺经营"展开辩论。双方还为10年后电商在中国零售市场份额能否过半设下1亿元赌局。

马云说:"我一定说电商会胜。"王健林则表示:"我觉得不是胜负,我觉得双方都能活。"

王健林说:"马云先生很厉害,但是我不认为电商出来,传统零售渠道就一定会死。基于三个理由:第一,现在电商再厉害,但是现在占的份额依然比较小,将来能不能占一半以上份额,还有待时间检验。第二,零售所有的东西,吃穿用的东西,比如我们穿衣服不完全是为了避寒,吃东西不完全是填饱肚子,很多人穿衣服是穿给别人看的,戴的表是给别人看的。现在消费有一个观点——炫耀性消费,是为别人活的。这些东西需要在公众场合展示,要走入人多的场所,所以会去零售渠道。第三,零售商不会等死。当然,在马云的冲击下,一些不思进取,或者标准化的零售渠道,如果没有应对之策,可能会死掉,但是如果零售商对自己的优势加以发扬,线上、线下结合,一定会做得很好。美国前十大电商都是零售渠道的案例。"

马云回应:"我先告诉所有的像王总这样的传统零售商一个好消息,电商不可能完全取代零售行业,同时告诉你们,是基本取代你们。重要的是电子商务今天不是模式的创新,而是生活方式的变革。很多人看成是商业模式,事实上它在影响一代又一代人。电子商务今天只是刚刚开始,现在所做的只是对传统零售渠道的变革,未来三五年,将进入生产制造的变革,直到影响生活方式的变革。"

"今天电子商务不是想取代谁,不是想消灭谁,而是想建设更加新颖的、透明的以及开放、公正、公平的商业环境,去支持那些未来成为中国较佳的像王健林这样的企业家。中国成功的、在未来主导中国经济的,不是马云,不是王健林,而是今天没有听过、没有见到过,甚至很多人可能看不见、看不起、跟不上、看不懂的年轻人,他们将取代我们,他们将成为中国经济的未来。因为他们今天正在用互联网的思想和互联网技术改变今天的商业环境。"马云说。

王健林还透露,他与马云有一赌约:"2020年,10年后,如果电商在中国零售市场,整个大零售市场份额占50%,我给他一亿元,如果没到他还我一亿元。"

2013年,王健林在"央视财经论坛"现场表示:"亿元豪赌就此作罢!我和马云很快会合作!"王健林笑称:"关于打赌,那是开玩笑的,我根本不相信。亿元豪赌纯粹是个玩笑话。"他还透露很快会和马云合作,进军电商新模式,这是一个实体店和网店相结合的商业形式。

2014年8月29日,万达集团、腾讯、百度达成战略合作,宣布共同出资在香港注册成立万达电子商务公司,成为全球较大的O2O电商公司。该公司注册资金50亿元,万达集团持有70%股权,百度、腾讯各持15%股权,并计划在5年内投资200亿元。新平台取名为"飞凡网"。

万达集团董事长王健林表示,融合线上、线下形成互动融合的消费模式,万达电商一定不是卖商品的,而是卖服务的。成立万达电商就是要研究如何把线下的广场等变成智慧的消费终端,这个才是O2O,而不是卖东西。

百度公司董事长兼首席执行官李彦宏表示,移动互联网时代更多做的是连接人和服务。当人们有需求时,不仅可以告诉他们在哪里满足需求,而且能立刻满足需求。例如:想要看电影,在网上可以立即选到座位,人走进去看就行。

腾讯公司董事会主席兼首席执行官马化腾表示,万达电商更多的是利用互联网、移动互联网把庞大的未经开发的线下经济实体进行智能化,变成智慧、智能的商业。

资料来源:腾讯科技.十年后电商份额能否过半?马云王健林1亿对赌[EB/OL].2012-12-13.

讨论:线上与线下的存在怎样的关系?

第一节 电子商务发展的时代背景、政策扶持及技术支撑

电子商务是国民经济发展的重要组成部分,是促进实体经济发展的新引擎,有利于拉动社会就业,促进产业结构合理转型。

如今,电子商务不仅仅需要提供信息共享功能,还需要提供专业化的深度服务,对物流、

资金流、商流进行有效控制和管理。利用电商触网的企业,已不再满足于电子商务原有的拓宽销售渠道功能,而是更希望利用电子商务进行销售体系整合、品牌推广、金融服务等。

一、电子商务发展的时代背景

1."互联网+"

2015年3月5日,李克强总理在2015年政府工作报告中提出,我国要制订"互联网+"行动计划,推动移动互联网、云计算、大数据、物联网等与现代制造业结合,促进电子商务、工业互联网和互联网金融健康发展,引导互联网企业拓展国际市场。

2015年7月4日,国务院印发《关于积极推进"互联网+"行动的指导意见》(以下简称《指导意见》)。《指导意见》认为,"互联网+"把互联网的创新成果与经济社会各领域深度融合,推动技术进步、效率提升和组织变革,提升实体经济创新力和生产力,形成更广泛的以互联网为基础设施和创新要素的经济社会发展新形态。"互联网+"带来的新商业模式和业态,将激发着社会和市场的潜力、活力,逐步成为中国经济提质、增效、升级的"新引擎"。《指导意见》围绕转型升级任务迫切、融合创新特点明显、人民群众最关心的领域,提出了11个具体行动,包括:互联网+创业创新、互联网+协同制造、互联网+现代农业、互联网+智慧能源、互联网+普惠金融、互联网+益民服务、互联网+高效物流、互联网+电子商务、互联网+便捷交通、互联网+绿色生态、互联网+人工智能。

2015年12月16日,第二届世界互联网大会在浙江乌镇开幕。在"互联网+"论坛上,中国互联网发展基金会联合百度、阿里巴巴、腾讯共同发起倡议,成立"中国互联网+联盟"。

小链接

世界互联网大会

世界互联网大会(World Internet Conference,WIC),是由中华人民共和国倡导并每年在浙江省嘉兴市桐乡乌镇举办的世界性互联网盛会。大会由中华人民共和国国家互联网信息办公室和浙江省人民政府共同主办,旨在搭建中国与世界互联互通的国际平台和国际互联网共享共治的中国平台,让各国在争议中求共识,在共识中谋合作,在合作中创共赢。

第一届世界互联网大会于2014年11月19日至21日举行。该届大会以"互联互通·共享共治"为主题,就国际互联网治理、移动互联网、互联网新媒体、网络空间法治化、网络名人、跨境电子商务、网络安全、打击网络恐怖主义等10多个分议题深入交换意见,共商互联网发展大计,达成了广泛共识。

第二届世界互联网大会于2015年12月16日至18日举行。该届大会以"互联互通·共享共治——构建网络空间命运共同体"为主题,在全球范围内邀请1 200位来自政府、国际组织、企业、科技社群和民间团体的互联网领军人物,围绕全球互联网治理、网络安全、互联网与可持续发展、互联网知识产权保护、技术创新以及互联网哲学等诸多议题进行探讨交流。

第三届世界互联网大会于2016年11月16日至18日举行。该届大会以"创新驱动造福人类——携手共建网络空间命运共同体"为主题。该届大会功能定位更明确,内容更丰富,聚焦论坛、博览会、全球领先成果发布三大功能。大会设置16场论坛、20个议题,涉及互联网经济、互联网创新、互联网文化、互联网治理、互联网国际合作等前沿热点问题。

第四届世界互联网大会于2017年12月3日至5日举行。该届大会以"发展数字经济 促进开放共享——携手共建网络空间命运共同体"为主题,在全球范围内邀请来自政府、国际组织、企业、技术社群和民间团体的互联网领军人物,围绕数字经济、前沿技术、互联网与社会、网络空间治理和交流合作等五个方面进行探讨交流。

第五届世界互联网大会于2018年11月7日至9日举行。该届大会以"创造互信共治的数字世界——携手共建网络空间命运共同体"为主题,纵论网络空间发展大势大计,为推进全球互联网发展治理进程注入新动力、做出新贡献。2018年11月8日,由中国网络空间研究院编著的《世界互联网发展报告2018》和《中国互联网发展报告2018》蓝皮书在第五届世界互联网大会上正式发布。

第六届世界互联网大会于2019年10月20日至22日举行。该届大会以"智能互联 开放合作——携手共建网络空间命运共同体"为主题。聚集"科学与技术"、"产业与经济"、"人文与社会"和"合作与治理"四大重点板块,共设20个分论坛,秉持开放、平等、互信、共赢的理念,邀请全球互联网领军人物及重量级嘉宾共同探讨与回应当前国际社会对5G、人工智能、物联网等新技术、新业态发展的深度关切。

2020年11月2日,国务院新闻办公室举行新闻发布会,宣布取消举办第七届世界互联网大会,改为以世界互联网大会组委会名义举办"世界互联网大会·互联网发展论坛"。2020年11月23日至24日,世界互联网大会·互联网发展论坛在浙江乌镇举行。

作为世界互联网大会"1+3"架构的重要功能板块,该届论坛以"数字赋能 共创未来——携手构建网络空间命运共同体"为主题,聚焦互联网最新发展趋势和前沿技术动态。

2."＋互联网"

"＋互联网"由于概念较新,目前其概念并没有统一的界定。一般而言,"＋互联网"主要是指传统行业以既有业务为基础,主动利用互联网技术和理念,提高为用户服务的效率和质量的发展模式。德国的"工业4.0战略"、美国的"工业互联网"模式,以及中国的苏宁电器在近些年的转型发展模式,都可以大致认为是"＋互联网"模式在具体领域的应用。

"互联网＋"与"＋互联网"模式的主要区别在于:一方面,"互联网＋"侧重于从线上到线下的过程,而"＋互联网"则侧重于从线下到线上的过程;另一方面,"互联网＋"具有新技术优势、体制机制优势和更广泛的社会支持,容易产生爆发性增长,而"＋互联网"拥有存量优势、行业标准优势和公信力优势。

3."互联网＋流通"

2016年4月21日,国务院办公厅发布《关于深入实施"互联网＋流通"行动计划的意见》(以下简称《意见》)。《意见》指出,"互联网＋流通"正在成为大众创业、万众创新最具活力的领域,成为经济社会实现创新、协调、绿色、开放、共享发展的重要途径。实施"互联网＋流通"行动计划,有利于推进流通创新发展,推动实体商业转型升级,拓展消费新领域,促进创业就业,增强经济发展新动能。为贯彻落实国务院决策部署,深入实施"互联网＋流通"行动计划,进一步推进线上线下融合发展,从供需两端发力,实现稳增长、扩消费、强优势、补短板、降成本、提效益，提出以下意见：一是加快推动流通转型升级；二是积极推进流通创新发展；三是加强智慧流通基础设施建设；四是鼓励拓展智能消费新领域；五是大力发展绿色流通和消费；六是深入推进农村电子商务；七是积极促进电子商务进社区；八是加快完善流通保障制度；九是发挥财政资金引导带动作用；十是增强流通领域公共服务支撑能力；十一是健全流通法规标准体系；十二是营造诚信经营、公平竞争环境。

4."大众创业、万众创新"

2014年9月，李克强总理在夏季达沃斯论坛上提出要在960万平方公里土地上掀起"大众创业""草根创业"的新浪潮，形成"万众创新""人人创新"的新态势。

随后，李克强总理在2015年政府工作报告又提出"大众创业、万众创新"。推动"大众创业、万众创新"，既可以扩大就业、增加居民收入，又有利于促进社会纵向流动和公平正义。在论及创业创新文化时，强调"让人们在创造财富的过程中，更好地实现精神追求和自身价值"。

2015年，中央电视台财经频道发布的"中国经济生活大调查"，通过对10万个样本家庭的调查，将中国创业图谱清晰地展现出来。该调查显示，有超过20%的受访家庭表现出了创业的意愿，其中最想自主创业的人主要集中在广西（占比为29.4%）、内蒙古（占比为27.5%）、吉林（占比为26.0%）三地，城市人口比农村人口所占比重大。从表达创业意愿的受访者的个人与家庭情况来看，其中男性比女性所占比例更高。想创业人口的年龄大致分布在26~45岁，26~35岁年龄段占比最高，达到33.5%。打算创业的受访者家庭年收入在3万~4万元。在全部受访者最看好的行业排名中，排在前三位的分别是电子商务、健康医疗与金融业（电子商务占比为19.9%，健康医疗占比为18.9%，金融业占比为14.0%）。看好制造业前景的受访者比例只占2.5%，排名最末。"90后"和"60后"更看好房地产业，"80后"则看好金融业，"70后"更看好物流业。受访者的"创业观"有着高度的一致性——社会人脉关系（占比为47.8%）、税收减免（占比为37.7%）和开业手续（占比为29.5%）等成本这三项，均被受访者看作是创业重要的条件。作为商业社会基石的"信用环境"，却被排在最末（占比为11.0%）。

2018年，"中国经济生活大调查"活动上还发布了"创业者收入信心指数""收入信心行业分布情况""创业者幸福感指数""居民最愿意支出的领域"等一系列数据。该调查结果显示，相较于2017年，2018年自主创业人群的收入信心较高，认为未来收入会增加的占比高达70.00%，高于普通老百姓，而认为收入会减少的占比仅12.13%，低于普通老百姓。自主创业群体不但对自己的工作生活水平满意度高，他们对目前生活感受也比较幸福，感觉幸福的比例超过48.10%，高于平均水平。

大调查线上联合问卷结果发现，不同行业的收入信心差别较为明显。传统行业与新兴行业的收入信心正在产生分化，收入信心较足的是互联网行业（占比为72.20%），已经连续两年排名第一，包括人工智能在内的新兴行业、IT服务业紧随其后，互联网、大数据、人工智能与实体经济深度融合，正在形成增长新动能。

2018年，"中国经济生活大调查"表明，电子商务的迅速发展为"大众创业、万众创新"吹响了号角，网络创业成为"大众创业、万众创新"时代背景下的热门选择。

二、电子商务发展的政策扶持

电子商务的发展需要管理、环境和技术三大要素的支持。其中,环境要素包含政策、税收、法律、社会信息化、电子政务及电子支付系统等。2018年8月31日,第十三届全国人民代表大会常务委员会第五次会议表决通过了《中华人民共和国电子商务法》,自2019年1月1日起施行,我国电子商务的发展从此进入有法可依的时代。

对于电子商务企业而言,政策扶持十分重要。近几年,我国政府出台了多项与电子商务有关的政策,跨境电子商务、农村电子商务等行业迎来了巨大的发展机遇。近年来国务院扶持电子商务发展的政策统计如图1-1所示。

国务院关于同意在河南省开展跨境电子商务零售进口药品试点的批复　2021-5-12

国务院关于同意在雄安新区等46个城市和地区设立跨境电子商务综合试验区的批复　2020-5-6

国务院关于同意在石家庄等24个城市设立跨境电子商务综合试验区的批复　2019-12-24

国务院关于同意在北京等22个城市设立跨境电子商务综合试验区的批复　2018-8-7

国务院办公厅关于推进电子商务与快递物流协同发展的意见　2018-1-2

图1-1　近年国务院扶持电子商务发展的政策(2018—2021年)

2018年1月2日,国务院办公厅《关于推进电子商务与快递物流协同发展的意见》(国办发〔2018〕1号)文件指出,近年来,我国电子商务与快递物流协同发展不断加深,推进了快递物流转型升级、提质、增效,促进了电子商务快速发展。但是,电子商务与快递物流协同发展仍面临政策法规体系不完善、发展不协调、衔接不顺畅等问题。为全面贯彻党的十九大精神,深入贯彻落实新时代习近平中国特色社会主义思想,落实新发展理念,深入实施"互联网＋流通"行动计划,提高电子商务与快递物流协同发展水平,经国务院同意,现提出以下意见:

①强化制度创新,优化协同发展政策法规环境:深化"放管服"改革;创新产业支持政策;健全企业间数据共享制度;健全协同共治管理模式。

②强化规划引领,完善电子商务快递物流基础设施:加强规划协同引领;保障基础设施建设用地;加强基础设施网络建设;推进园区建设与升级。

③强化规范运营,优化电子商务配送通行管理:推动配送车辆规范运营;便利配送车辆通行。

④强化服务创新,提升快递末端服务能力:推广智能投递设施;鼓励快递末端集约化服务。

⑤强化标准化智能化,提高协同运行效率:提高科技应用水平;鼓励信息互联互通;推动供应链协同。

⑥强化绿色理念,发展绿色生态链:促进资源集约;推广绿色包装;推动绿色运输与配送。

三、电子商务发展的技术支撑

1. 大数据及数据挖掘技术

大数据(Big Data)是指无法在一定时间范围内用常规软件工具进行捕捉、管理和处理的数据集合,是需要新处理模式才能具有更强的决策力、洞察发现力和流程优化能力的海量、高增长率和多样化的信息资产。IBM公司提出大数据具有"5V"的特点：Volume（大量）、Velocity（高速）、Variety（多样）、Value（价值）、Veracity（真实性）。

品牌商根据用户的社会属性、生活习惯和消费行为等大数据，抽象描绘出用户画像，进而针对用户开展个性化的精准营销，可提升营销效果。

数据挖掘（Data Mining）是指从大量的数据中通过算法搜索隐藏于其中的信息的过程。例如，客户在购买A商品时，经常会同时购买B商品；客户在购买A商品后，隔一段时间，会购买B商品。以上两种情况都意味着A商品和B商品之间具有关联性。

2. 云计算

云计算（Cloud Computing）是一种新型的商业计算模型，它将计算任务分布在大量计算机构成的资源池上，使各种应用系统能够根据需要获取计算力、存储空间和各种软件服务，这种资源池称为"云"。

云计算是一种按使用量付费的模式，这种模式提供可用的、便捷的、按需的网络访问，进入可配置的计算资源共享池（资源包括网络、服务器、存储、应用和服务），这些资源能够被快速提供，只需投入很少的管理工作，或与服务供应商进行很少的交互。

3. 人工智能

AI（Artificial Intelligence）即人工智能，是研究、开发用于模拟、延伸和扩展人的智能的理论、方法、技术及应用的一门新的技术科学。人工智能是对人的意识、思维的信息过程的模拟。人工智能需要处理的任务包括学习、推理、规划、感知、语言识别和机器人控制等。

近年来，以深度学习为首的人工智能技术突飞猛进。在语音识别、图像识别等传统的机器学习领域，深度学习实现了机器学习性能的飞跃；在"人类智慧的高地"围棋领域，向来被棋手轻视的围棋AI已然变得不可战胜；电商通过人工智能实现精准营销；医院采用人工智能技术辅助医疗诊断；对冲基金领域开始争夺人工智能人才；机器人、智能汽车、无人机等不断有新的突破……

小链接

围棋人机大战

2017年5月27日，中国棋手柯洁与AlphaGo（阿尔法狗）展开三番棋比赛的终局对决。在历经约三个半小时的对弈后，柯洁投子认输，执黑的AlphaGo获胜。至此，柯洁在与AlphaGo的三番棋较量中，连输三局完败。在赛后的发布会上，中国棋院给AlphaGo颁发职业九段证书。

柯洁与AlphaGo围棋人机大战后，AlphaGo围棋团队宣布AlphaGo将不再参加围棋比赛。在围棋人机大战中，AlphaGo围棋最大的胜利是为人工智能打造了一场全球性的科普，也代表了高科技企业对人工智能技术充满"野心"的宣告。过去的人工智能只是存在于实验室的智慧探索，而未来的科学技术，人工智能将是基础，是推动商业与社会发展的强大动力。

4. 物联网

物联网(Internet of Things,IOT)即物物相连的互联网,其用户端延伸和扩展到了任何物品与物品之间,进行信息交换和通信。物联网被称为继计算机、互联网之后世界信息产业发展的第三次浪潮。物联网用途广泛,遍及智能交通、环境保护、政府工作、公共安全、平安家居、智能消防、工业监测、环境监测、路灯照明管控、景观照明管控、楼宇照明管控、广场照明管控、老人护理、个人健康、花卉栽培、水系监测、食品溯源、敌情侦查和情报搜集等多个领域。

5. 增强现实技术

增强现实技术(Augmented Reality,AR)是一种实时地计算摄影机影像的位置及角度并加上相应图像、视频、3D模型的技术,这种技术的目标是在屏幕上把虚拟世界套在现实世界并进行互动。

6. 虚拟现实技术

虚拟现实技术(Virtual Reality,VR)是一种可以创建和体验虚拟世界的计算机仿真系统,它利用计算机生成一种模拟环境,是一种多源信息融合的、交互式的三维动态视景和实体行为的系统仿真,使用户沉浸到该环境中。

7. 人脸识别

人脸识别(Face Recognition)是基于人的脸部特征信息进行身份识别的一种生物识别技术。它是用摄像机或摄像头采集含有人脸的图像或视频流,并自动在图像中检测和跟踪人脸,进而对检测到的人脸进行脸部识别的一系列相关技术。人脸识别通常也叫作人像识别、面部识别。

第二节 电子商务领域的发展动态

2016年10月13日,马云在云栖大会上首次提出新零售概念。马云认为线下的企业必须走到线上去,线上的企业必须走到线下来,线上线下加上现代物流合在一起,才能真正创造出新零售。

阿里巴巴CEO认为,新零售就是企业以互联网为依托,通过运用大数据、人工智能等先进技术手段,对商品的生产、流通与销售过程进行升级改造,进而重塑业态结构与生态圈,并对线上服务、线下体验以及现代物流进行深度融合的零售新模式。新零售是用大数据和互联网重构"人、货、场"等现代商业要素形成的一种新的商业业态。在他看来,商业的本源是人、货、场,新零售是推动以人(消费者)为中心的商业重构,让消费者在合适的时间、合适的地点遇到合适的商品。

2017年是阿里巴巴的新零售元年。2017年1月13日,阿里巴巴集团宣布,为实施"五新"(新零售、新金融、新制造、新技术和新能源)战略,将全面升级和调整组织结构。阿里巴巴CEO在全员公开信中表示,2017年是阿里巴巴集团"五新"战略开始的一年,激动人心的战略,必须有强大的阿里巴巴文化,不断升级的高效组织和强大的执行力,才能一步步变成现实。

小链接

海澜之家、天猫携手布局新零售,重构商业生态格局

男装国民品牌海澜之家领军众多自有品牌组成的品牌集群,将在新品首发、品牌建设、产品创新、大数据赋能、全渠道融合等多个方面,与天猫共同展开新零售的深度探索。

通过大数据预测消费趋势、C2B反向定制实现柔性化供应链,天猫将全面赋能商家,服务商家体系升级,并依托大数据完成品牌力诊断以及品牌运营的结构性优化。海澜之家的供应链资源、库存管理能力以及在区域市场的布局能力,将大幅降低这一过程的整体运营成本,加速和强化新零售实现的流程和规模。

电子商务领域的发展日新月异,需要不断跟踪学习。我们可以在中国互联网络信息中心、艾瑞网、亿邦动力及网经社了解电子商务领域最新资讯,收集数据报告,全面把握电子商务发展动态。

一、通过中国互联网络信息中心了解中国互联网络发展状况

1997年,国家主管部门研究决定,由中国互联网络信息中心(CNNIC)牵头组织有关互联网单位共同开展互联网行业发展状况调查。1998年以来,中国互联网络信息中心形成了于每年1月和7月定期发布《中国互联网络发展状况统计报告》的惯例。自1997年至今,CNNIC已成功发布了48次《中国互联网发展状况统计报告》。

2021年9月,CNNIC发布的第48次《中国互联网络发展状况统计报告》显示,截至2021年6月,我国网民规模为10.11亿人,较2020年12月新增网民2175万人,互联网普及率达71.6%,较2020年12月提升1.2个百分点。2020年,我国互联网行业在抵御新冠肺炎疫情和疫情常态化防控等方面发挥了积极作用,为我国成为全球唯一实现经济正增长的主要经济体,国内生产总值(GDP)首度突破百万亿元,圆满完成脱贫攻坚任务做出了重要贡献。中国网民规模和互联网普及率如图1-2所示。

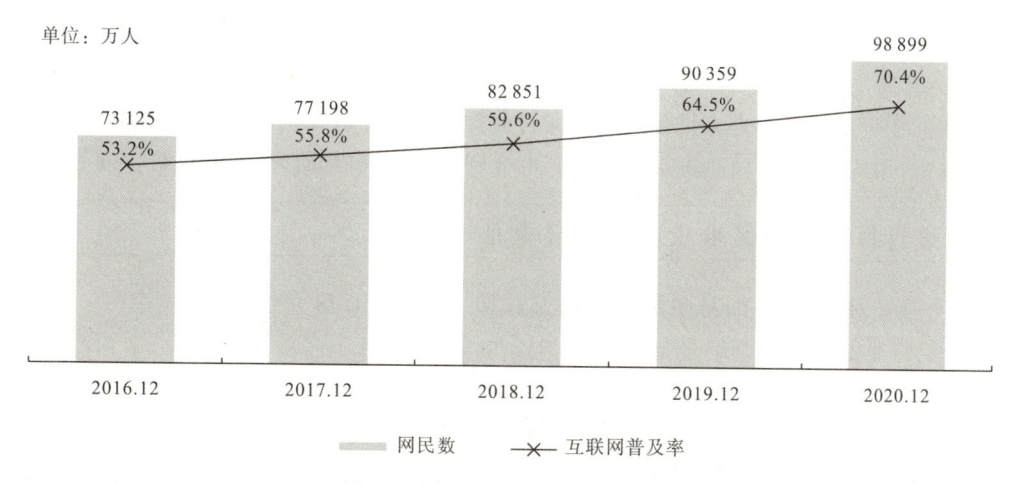

单位:万人

时间	网民数	互联网普及率
2016.12	73 125	53.2%
2017.12	77 198	55.8%
2018.12	82 851	59.6%
2019.12	90 359	64.5%
2020.12	98 899	70.4%

图1-2 中国网民规模和互联网普及率

登录中国互联网络信息中心网,通过网站的"互联网发展研究"板块可以下载与互联网发展研究有关的报告,如图1-3所示。

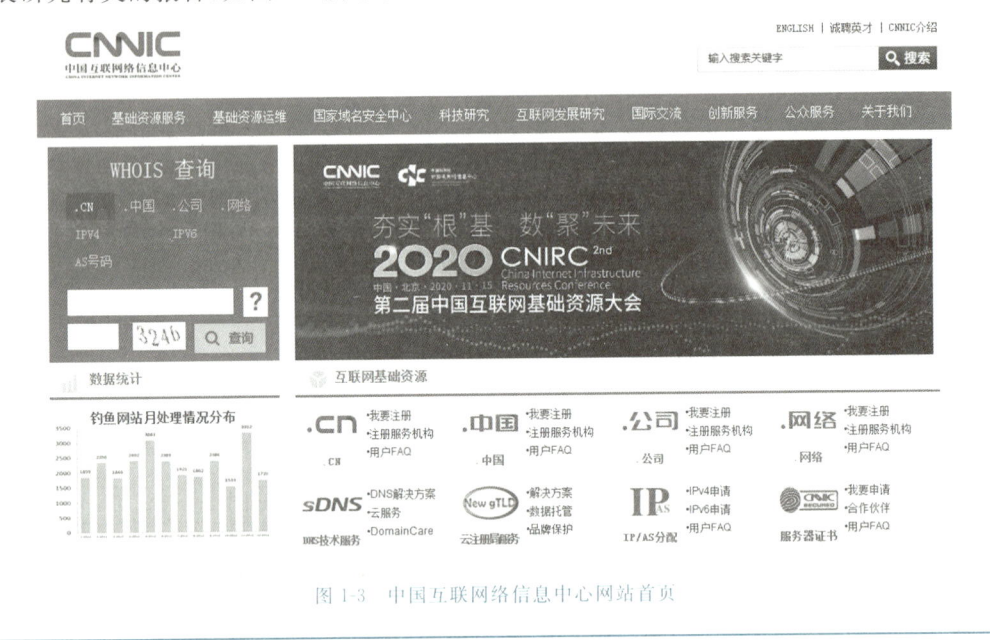

图1-3　中国互联网络信息中心网站首页

二、通过艾瑞网了解电子商务领域前沿发展动态

登录艾瑞网可以了解电子商务领域的相关新闻资讯,把握电子商务领域的前沿发展动态。

在网站首页的搜索栏输入关键词进行搜索,可以收集与之相关的新闻资讯、研究报告、专栏文章、艾瑞研究、权威数据发布等信息。

三、通过亿邦动力学习电子商务知识

亿邦动力成立于2007年,是国内电商知识资源平台,以"消除一切电商知识鸿沟"为使命,以"成为全球具有影响力的电商知识平台"为愿景。亿邦动力覆盖了2 000余万国内外电商经理人,在未来零售、社交电商、直播电商、智能商业、跨境电商、产业互联网、农村电商等诸多重点领域建立了广泛的影响力。亿邦动力面向行业提供全产业链知识服务内容,包括电商资讯、电商人社群、电商会展、电商培训、品牌营销、电商资源对接、市场研究、电商战略咨询等。

四、通过网经社获取电子商务领域资讯

2007年2月,网经社前身中国行业网站联盟"中国B2B研究中心"上线;2010年3月,旗下"电子商务消费纠纷调解平台"上线;2013年10月,"电子商务研究中心"微信公众号上线,至今粉丝30多万人;2013年10月,响应国家"互联网+"战略,出版5本"互联网+系列"著作;2015年5月,全国分站计划(地方网盟)启动。

网经社服务领域涵盖零售电商、跨境电商、产业电商、生活服务电商、电商服务等。品牌栏目有评价类、报道类、上市类、权益类、研究类。网经社品牌栏目如图1-4所示。

图 1-4　网经社品牌栏目

第三节　电子商务的基础知识

一、电子商务的定义

根据《联合国国际贸易委员会电子商务示范法》,广义的电子商务(Electronic Business,EB)是指利用数据信息进行的商业活动,而数据信息是指由电子、光学或者其他类似方式所产生、传输并存储的信息。狭义的电子商务(Electronic Commerce,EC)是指基于互联网平台实现商业交易电子化的行为。我们日常生活中所接触的电子商务属于狭义的电子商务。

依据电子商务的特点,我们把电子商务理解成:电子商务是以交易双方为主体的、以电子支付和结算为手段的、以客户数据为依托的、基于互联网的全新网络贸易形式。

在这里需要注意的是:电子商务本身并非高技术,而是高技术的应用;电子商务的本质是商务,而非技术,技术运用的目标是更加高效地实现商务功能。

二、电子商务的特点

(一)市场全球化

电子商务基于互联网,互联网具有开放、互联、共享、平等的特点,使得全球46.6亿网民(2021年1月数据)都可以接收到企业传递的网络信息,进而使这些网民成为电子商务企业的潜在客户。

(二)成本低廉化

电子商务基于互联网,使得电子商务企业可以无须支付高昂的店铺租金、店铺运营管理费用等,同时减少了交易的中间环节,降低了交易的中介费用,因此电子商务企业的交易成本大为降低。

(三)交易快捷化

电子商务可以使企业跟全世界各地的合作伙伴紧密联系,并可以在世界各地瞬间完成信息传递与计算机自动处理,无须人工干预,足不出户即可完成交易,因此极大地加快了交易速度。

(四)交易虚拟化

通过互联网进行的交易活动,买卖双方从洽谈、签订合同到订货、支付等环节,均无须当面进行,即可通过网络以电子化形式完成,整个交易完全虚拟化。

(五)交易透明化

电子商务中买卖双方的洽谈、签约、下单、货款支付、物流跟踪、购买评价等所有交易环节,都可截图保留电子记录,同时买卖双方信息对称,交易实现透明化。

(六)交易连续化

电子商务交易属于 7×24 小时的运行模式,没有线下实体店的打烊时段,网民可在任何时段上网查询企业的产品和服务信息。

三、电子商务的分类

(一)以交易的电子化程度为分类标准

以交易的电子化程度为分类标准,电子商务可以分为完全电子商务和不完全电子商务。

1. 完全电子商务

完全电子商务指的是所有的交易环节都能在网上完成的电子商务。例如,软件、电影、音乐、电子图书、信息服务等无形商品的交易,消费者只需直接下载就可获得,均无须通过物流配送。因此,完全电子商务也称为无形商品交易电子商务或直接电子商务。

2. 不完全电子商务

不完全电子商务指的是并非所有的交易环节都能在网上完成的电子商务。例如,图书、服装、化妆品、家用电器、食品等有形实体商品的交易,必须通过物流配送环节才可以送到消费者手中。因此,不完全电子商务也称为有形商品交易电子商务或间接电子商务。

由此可见,不完全电子商务能否顺利进行,依赖于物流环节的配合。

(二)以开展电子商务业务所使用的网络类型为分类标准

以开展电子商务业务所使用的网络类型为分类标准,电子商务可以分为基于 EDI 的电子商务、基于互联网的电子商务及基于 Intranet 和 Extranet 的电子商务。

1. 基于 EDI 的电子商务

EDI 主要应用于企业与企业、企业与批发商、批发商与零售商之间的批发业务。相对于传统的订货和付款方式,EDI 大大节约了时间和费用。由于 EDI 必须租用 EDI 网络专线,即通过购买增值网(Value Added Network,VAN)服务才能实现,费用较高,需要有专业的 EDI 操作人员,同时需要贸易伙伴都使用 EDI,因此中小企业很少能够使用 EDI。这种状况使 EDI 至今仍未广泛普及。近年来,随着 Internet 的迅速普及,基于互联网、使用可扩展标识语言 XML 的 EDI,即 Web-EDI(或称为 Open-EDI)正在逐步取代传统的 EDI。

2. 基于互联网的电子商务

基于互联网的电子商务是指利用 Internet 开展的电子商务活动。在互联网上可以进行各种形式的电子商务业务,所涉及的领域非常广泛,全世界所有个人和企事业单位均可以参与,是目前电子商务的主要形式。

3. 基于 Intranet 和 Extranet 的电子商务

Intranet 即企业内部网或内联网,基于 Intranet 的电子商务也称为企业内部电子商务,是指企业内部之间通过企业内部网的方式处理与交换商贸信息。企业内部电子商务的基础是 Intranet，企业通过防火墙等安全措施将企业内联网与因特网隔离，从而将企业内联网作为一种安全、有效的商务工具，用来自动处理商务操作及工作流程，实现企业内部数据库信息的共享，并为企业内部通信和联系提供快捷的通道。

Extranet 即企业外部网或外联网，基于 Extranet 的电子商务也称为企业外部电子商务。企业借助 Extranet 与上下游协作厂家之间建立更加紧密的伙伴关系。对于尚未建立企业网站的合作伙伴，主要采用 E-mail 方式，对于已建有企业网站的合作伙伴，可以通过互联网技术构建 Extranet，开展基于 Extranet 的电子商务。

四、电子商务中的"四流"

电子商务是电子商务实体在互联网上进行的贸易活动。在电子商务中普遍存在"四流"，即信息流、商流、资金流和物流，这"四流"构成了电子商务的概念模型，如图1-5所示。

（一）信息流

信息流是指电子商务交易各主体（企业、消费者等）之间信息的传递过程。即企业内部、企业与消费者、企业与企业之间的信息传输与交流过程。

（二）商流

商流是指商品所有权的转移过程。

（三）资金流

资金流是指交易资金的转移过程，包括付款、转账和兑换等过程。资金流始于消费者，止于商家，中间经过银行等金融机构。

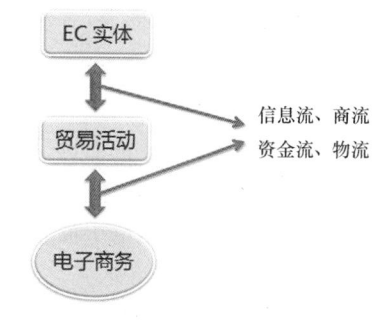

图1-5 电子商务的概念模型

（四）物流

物流是指物品从供应地向接收地的实体流动过程。物流是根据实际需要将运输、储存、装卸、搬运、包装、流通加工、配送、信息处理等基本功能实施有机的结合。

（五）电子商务中的"四流"之间的关系

在电子商务的应用中，十分强调以信息流、资金流和物流这"三流"的整合。对于某些可以通过网络传输的数字化产品和服务（如软件、音乐、电影等），由于无须物流配送，可以做到"三流"的同步处理。

信息无处不在，信息流作为连接的桥梁与纽带贯穿于电子商务交易的整个过程中。商流以资金流的实现为标志，物流是商流顺利进行的保障，商流的结果由物流来完成，也就是说卖家必须按照买家的需求将商品实体以适当的方式和途径转移到买家，商品所有权在现实意义上的转移才得以实现。

从图1-6可以看出，买家与卖家之间存在着双向的信息流，即买卖双方之间需要交换信息、双向沟通；资金流始于买家，终止于卖家，中间经过了银行，即买家通过银行向卖家支付了货款；卖家通过物流配送中心将商品运送给买家。

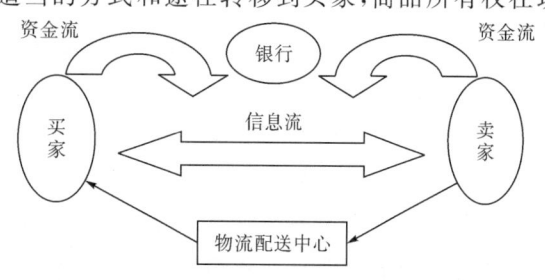

图1-6 信息流、物流、资金流三者之间的关系

只有少量的商品是无须通过物流环节就可以完成交易的,比如网络金融、虚拟物品交易、娱乐、聊天等,大量的实体商品(如图书、食品、服装等)仍然需要通过物流配送这一重要环节来完成交易过程。因此,物流往往被视为电子商务发展的重要"瓶颈"。电子商务中"三流"的含义及举例见表1-1。

表 1-1　　　　　　　　电子商务中"三流"的含义及举例

项目	三流			含义	举例
	信息流	资金流	物流		
是否参与商务活动	是	是	是	间接电子商务或传统商务的网络延伸	网上购书
	是	是	否	纯虚拟电子商务	网络游戏、网络金融
	是	否	是	免费派送	网络促销
	是	否	否	网络冲浪、获取信息	娱乐、聊天

五、电子商务发展的三大瓶颈

诚信、支付和物流是电子商务发展的三大瓶颈。

(一)诚信

由于电子商务是基于互联网进行的交易活动,交易双方互不见面,无法像线下交易能明确交易对方的身份,那么由于交易双方信息的不对称,面临较大的诚信风险。

2003年5月成立的淘宝网,针对交易的诚信问题推出了实名认证和信用评价体系两大措施。在淘宝上购物的买家和卖家均要通过淘宝网的实名认证,淘宝针对买卖双方制定了信用等级。淘宝网会员使用支付宝服务成功完成每一笔交易后,双方均有权对对方交易的情况做一个评价。评价分为"好评""中评""差评"三类,每种评价对应一个积分,"好评"加一分,"中评"不加分,"差评"扣一分。淘宝网会对会员的评价积分进行累积,并在淘宝网页上进行评价积分显示。评价有效期为订单交易成功后的15天内。由图1-7和图1-8可知,淘宝网对买卖双方信用等级的计分规则一致,只是信用等级的标志存在差异。

(二)支付

支付是电子商务中非常重要的环节,它是确保实现资金流转移的重要保证。淘宝网的迅猛发展很大程度上得益于支付宝。在支付宝诞生之前,网络购物进行货款支付主要通过银行转账或邮局汇款方式。这两种方式不仅需要消费者特意去银行(网上银行、ATM机)或邮局办理业务(手续繁杂,不够便捷),更重要的是,这样的支付方式对消费者不利,消费者的货款将直接转到卖家账户,如卖家缺乏诚信,会导致消费者权益受损。

支付宝的"第三方担保交易模式"很好地解决了这个问题。支付宝成立于2004年12月。其"第三方担保交易模式"的原理为:由买家将货款打到支付宝账户,由支付宝通知卖家发货,买家收到商品确认收货后输入支付密码同意支付宝将货款打给卖家,至此完成一笔网络交易。

图 1-7　淘宝网买家信用等级　　　　　图 1-8　淘宝网卖家信用等级

> **小链接**
>
> **淘宝、天猫将支持微信支付**
>
> 2021年8月7日，据外媒报道，腾讯和阿里巴巴正在制订互通计划，腾讯将允许阿里系电商信息分享到微信，阿里巴巴会将腾讯的微信支付引入淘宝和天猫。
>
> 2021年以来，阿里巴巴旗下多个电商平台传出入驻微信小程序的消息。微信搜索结果显示，盒马集市、天猫养车、天猫精灵、闲鱼已入驻微信小程序，平台支持用户在小程序内购买闲置商品、在用户间分享链接。
>
> 资料来源：网经社.淘宝天猫将支持微信支付[EB/OL].2021-08-07.

(三) 物流

物流的重要性不言而喻。不论消费者通过网上下单实现多么方便的快捷支付，如果物流环节无法保证，就会造成消费者迟迟无法收到货物的情况，这将极大降低消费者的购物体验，电子商务的优势也就无从体现。

淘宝网为方便卖家发货，与物流公司合作推出了淘宝推荐物流。签约的物流公司进入淘宝的推荐物流列表，这些物流公司就可以直接通过淘宝对接的信息平台来接收用户订单。卖家采用推荐物流可获得如下益处：联系更方便、价格更优惠、赔付条件更优惠、赔付处理更及时、订单跟踪更便捷，可享受批量发货功能、批量确认功能、阿里旺旺在线客服的服务，大客户额外享受特别定制服务，避免卖家信用受损。如图1-9所示，淘宝网卖家中心——已卖出的宝贝。

2013年5月，阿里巴巴集团联合顺丰、"三通一达"等几大快递企业及部分地产企业组建了菜鸟网。菜鸟网整合了平台信息、物流信息，让各家快递公司在一个系统上运作，提高了物流效率。

图1-9 淘宝卖家中心——已卖出的宝贝

2013年12月9日,阿里巴巴集团对海尔集团子公司海尔电器集团有限公司进行总额为28.22亿港元的投资。其中,阿里巴巴集团对海尔电器旗下的日日顺物流(以下简称"日日顺")投资18.57亿港元,共同设立合资公司。阿里巴巴获得海尔电器2%的股份,以及旗下日日顺9.9%的股权。此举意味着阿里巴巴集团看好海尔电器旗下遍布全国的日日顺物流体系。日日顺与"三通一达"、顺丰快递不同,它不仅网点遍布全国,甚至深入县、乡、村级地区,更重要的是日日顺的优势在于大件配送。淘宝网中"在线下单"界面的推荐物流如图1-10所示。

图1-10 淘宝推荐物流

2014年6月19日,天猫宣布将海尔日日顺和菜鸟网络打通,在全国2 600多个区县提供大家电免费送货上门安装服务。天猫大家电接入日日顺之后的这套物流体系彻底激活了农村市场的家电网购需求。在2014年的"双十一",日日顺物流完成了天猫平台30多万件大件商品订单的配送,其中在第一天就配送了13万件。

对于"天猫+日日顺"这套体系,马云曾将其称为"win-win-win"三赢模式,即首先对用户创造价值,其次是为海尔、阿里共同创造价值。

近几年,物流速度持续提升,天猫"双十一"第一单配送速度不断被刷新。2015年天猫"双十一",开场14分钟后,北京市朝阳区的一位买家收到了刚刚在天猫购买的某品牌电视,这是2015天猫"双十一"全球狂欢节配送的第一单,由菜鸟网络合作伙伴日日顺物流送达。

2016年天猫"双十一",物流速度再破纪录,开场第13分钟,第一单包裹已经顺利送到佛山市民手中,而跨境第一单则出现在杭州,28分钟完成签收。

2017年,天猫"双十一"第一单诞生在上海嘉定区朱桥镇。刘先生早早在购物车里添加了咖啡、饼干、坚果等零食,零点刚过,他就完成了付款。订单通过菜鸟智能仓配系统,由机器人和流水线根据算法自动完成拣选和包装,4分钟内商品就被贴上菜鸟电子面单后从仓库发出,12分18秒签收成功。当圆通速递的快递员敲响刘先生的家门时,他还在继续血拼。

六、电子商务的基本组成要素

电子商务的基本组成要素包括网络、用户、商家、认证中心、物流配送中心、银行等,如图1-11所示。

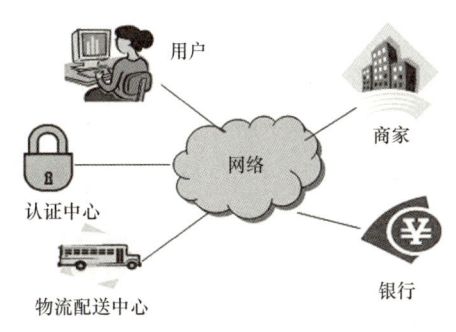

图1-11 电子商务的基本组成要素

电子商务模型涉及的所有要素必须联网。用户和商家为交易主体,认证中心为交易各方进行身份验证,负责发放和管理数字证书;物流配送中心负责帮助交易主体完成商品的转移;银行负责交易过程中资金流的实现。

七、电子商务为企业带来的益处

电子商务既能为企业降低运营成本,又能提升企业的运营效果。简而言之,电子商务是能为企业省钱,又能为企业赚钱的利器。

(一)扩展市场机会,打破时空局限,随时增加业务

互联网平等、开放、无边界、共享的特点决定了企业开辟电子商务渠道可以将商品信息呈现在全球网民面前,打破了时空限制,增加了无限商机。

(二)降低企业采购成本,增加选择范围,提高采购效率

对于企业而言,采购成本能否有效控制,成为企业取得竞争优势的有效保证。企业通过互联网可以增加选择范围,也可以在全球范围内挑选最佳合作伙伴,同时可以缩短采购所需时间,从而降低采购成本,提高采购效率。

(三)降低库存,减轻对实物基础设施的依赖

电子商务由于在互联网上运作,可以减轻对实物基础设施的依赖,从而实行"轻资产"战略。电子商务可以极大降低库存,做到"零库存"运营,降低企业的经营风险。

(四)缩短生产周期,与全球合作伙伴紧密协作

开展电子商务的企业,可以在全球范围内寻找合作伙伴,并与其建立稳固的合作关系,构建极具竞争力的供应链。企业可以将全球范围内的合作伙伴纳入外联网进行信息交流和共享,从而缩短生产周期,抢占市场先机。

(五)提高企业服务顾客的水平

许多企业已经意识到提升客户体验的重要性。在电子商务领域,企业为顾客服务的方式丰富多样,可以让顾客根据各自需求选择心仪的服务方式,从而低成本、高效率地与企业联系,寻求服务。在电子商务领域可以采用的客服工具除了传统的电话、短信、飞信、信函外还包括 QQ、MSN、旺旺、E-mail、Newsgroup(新闻组)、FAQ(常见问题列表)、Call Center(呼叫中心)、论坛、微博、微信等。

八、电子商务人才需求状况

2021年5月26日,网经社电子商务研究中心发布的《2020年度中国电商人才状况调查报告》显示,2021年一季度以来国民经济呈持续稳定恢复态势,为稳定就业奠定了坚实基础,但新冠肺炎疫情对就业的深层次影响仍在持续,2021届高校毕业生就业形势依然复杂严峻。据教育部数据,2021届全国普通高校毕业生总规模909万人,同比增加35万人。而在电子商务领域,电商企业人才缺口依然巨大,企业招聘需求强烈。80%的电商企业存在人才缺口,近40%有大规模招聘计划。

调查电商企业普通员工平均月薪,月平均薪资在 4 000~5 000 元的占比为 9.18%;5 000~7 000 元的占比为 55.1%;7 000~10 000 元的占比为 31.63%;10 000 元以上的占比为 4.08%。电商企业普通员工平均月薪也有较大幅度的提升。

调查电商企业急需人才情况,51.02%的企业急需淘宝天猫等传统运营人才;47.96%的企业急需新媒体、内容创作、社群方向人才;46.94%的企业急需主播(助理)、网红达人方向人才;39.8%的企业急需客服、地推、网销等方向人才;22.45%的企业急需专业数据分析与应用人才。近两年来,主播(助理)、网红达人方向人才需求增长迅速,复合型人才需求比例有上升趋势,这与电商行业发展迅速,需要多学科知识和技能结构有关。

调查电商企业留人措施排名,认为具有竞争性的薪酬体系占比为 82.65%;良好的企业文化占比为 78.57%;完善的培训晋升制度占比为 75.51%;解决员工关心的问题占比为 43.88%;针对性的职业生涯规划设计占比为 28.57%;有吸引力的股权激励占比为 17.35%。连续 6 年,有竞争力的薪酬、良好的企业文化、完善的培训晋升制度都是电商企业留住人才较关键的三大措施。员工的需求是多元的,但根本着力点还是要围绕着薪酬、成长来落实。

在刚毕业大学生快速成才需具备的素质上,被调查企业中,刚毕业大学生或实习生如果想快速成才需具备 15 项素质,其中最重要的 5 项素质为:工作执行能力占比为 73.47%;持续学习能力占比为 66.33%;责任心和敬业度占比为 44.9%;积极主动有目标感占比为 40.82%;专业知识和技能占比为 46.94%。

在对学历的要求上，企业对员工的基本学历要求，中专水平占比为 3.06%；大专水平占比为 65.31%；本科生水平占比为 13.27%；学历不重要，关键看能力占比为 18.37%。从调查数据来看，要求大专学历的企业比例仍然占主导定位，这主要是由电商行业发展速度快、实践要求高的特性决定的。

第四节 电子商务模式

参与电子商务交易的主体包括企业（Business）、消费者（Customer）、政府（Government）。因此，可将电子商务模式分为企业对企业的电子商务模式、企业对消费者的电子商务模式、消费者对消费者的电子商务模式、企业对政府的电子商务模式、政府对企业的电子商务模式、消费者对企业的电子商务模式、个人对个人的电子商务模式、线上对线下的电子商务模式。

一、企业对企业的电子商务模式

企业对企业的电子商务模式（Business to Business，B2B）指的是企业与企业之间通过互联网进行产品、服务及信息交换的电子商务活动。阿里巴巴、慧聪集团、科通芯城、上海钢联、国联股份、焦点科技、生意宝等都是采用 B2B 电子商务模式的典型代表。2018 年中国 B2B 电商平台市场份额占比情况如图 1-12 所示。

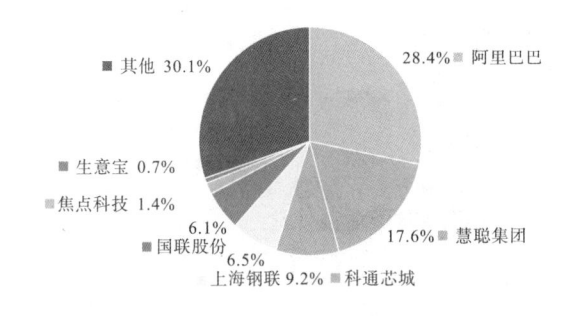

图 1-12　2018 年中国 B2B 电商平台市场份额占比情况

2019 年 7 月 2 日，网经社旗下国内知名电商智库电子商务研究中心发布的《2018 年度中国 B2B 电商市场数据监测报告》显示，2018 年中国 B2B 电商交易规模为 22.5 万亿元，同比增长 9.7%。阿里巴巴以批发和采购业务为核心，通过专业化运营完善客户体验，全面优化企业电子商务的业务模式。阿里巴巴 B2B 业务板块分布见表 1-2。

表 1-2　　　　　　　　阿里巴巴 B2B 业务板块分布

主要平台	行业	性质
1688	内贸 B2B	自建
阿里零售通	快消品 B2B	自建
伙拼	团购 B2B	自建
采源宝	微商批发	自建
五阿哥	钢铁 B2B	投资
淘工厂	工厂 B2B	自建
工业品品牌站	工业品	自建
阿里巴巴国际站	出口 B2B	自建

二、企业对消费者的电子商务模式

企业对消费者的电子商务模式(Business to Customer,B2C)即商业零售,指的是企业通过互联网平台直接面向消费者销售产品和服务。电商企业通过互联网为消费者创造网上购物环境,引导消费者网上下单进行网上支付。天猫、京东、唯品会、苏宁易购、拼多多、国美在线、亚马逊中国、当当网、1 号店、聚美优品等都是采用 B2C 电子商务模式的典型代表。

天猫前身为淘宝商城,成立于 2008 年 4 月 10 日,是一个综合性购物网站,拥有 10 万多品牌商家。2012 年 1 月 11 日,淘宝商城正式宣布更名为"天猫"。2012 年 3 月 29 日,天猫发布全新 Logo 形象。迄今为止,天猫已经拥有 4 亿多买家,5 万多家商户,7 万多个品牌。天猫整合数千家品牌商、生产商,为商家和消费者之间提供一站式解决方案,提供 100% 品质保证的商品,7 天无理由退货的售后服务,以及购物积分返现等优质服务,致力于打造品质之城。2014 年 2 月 19 日,阿里巴巴集团宣布天猫国际正式上线,为国内消费者直供海外原装进口商品。天猫商城首页如图 1-13 所示。

图 1-13　天猫商城首页

三、消费者对消费者的电子商务模式

消费者对消费者的电子商务模式(Customer to Customer,C2C)指的是消费者之间通过互联网进行交易的模式,类似于线下的"跳蚤市场"。该模式通过电子商务网站为买卖用户双方提供一个在线交易平台,使卖家可以在上面发布待出售的物品信息,而买家可以从中选择、购买,同时为便于买卖双方交易提供了交易所需的一系列配套服务,如协调市场信息汇集、建立信用评价制度、提供多种付款方式等。

1995 年 9 月 4 日,皮埃尔·奥米迪亚在美国创立的 eBay 是全球较早的 C2C 电子商务平台。国内较早的 C2C 电子商务平台是 1999 年 8 月邵亦波和谭海音在上海创立的易趣网

(2003年6月,eBay以1.5亿美元全资控股易趣)。国内市场份额较大的C2C电子商务平台当属淘宝网,淘宝网由阿里巴巴于2003年5月10日创立,占据着国内90%以上的市场份额。易趣网网站首页如图1-14所示,淘宝网网站首页如图1-15所示。

图1-14　易趣网网站首页

图1-15　淘宝网网站首页

除淘宝网、易趣网之外,闲鱼网和拍拍二手网采用的也是C2C电子商务模式。

"闲鱼"App是阿里巴巴旗下闲置交易平台App客户端(iOS版和安卓版)。会员只要使用淘宝网或支付宝账户登录,无须经过复杂的开店流程,即可达成包括一键转卖个人淘宝账号中"已买到宝贝"、自主手机拍照上传二手闲置物品以及在线交易等诸多功能。下载并使用全新概念的"闲鱼"App,个人卖家能获得更大程度的曝光量、更高效的流通路径和更具优势的物流价格等优势,让闲置的宝贝以最快的速度奔赴天南海北的新主人手中。此外,闲鱼平台后端已无缝接入淘宝信用支付体系,从而最大程度保障交易安全。

2016年5月18日,阿里巴巴集团宣布,旗下"闲鱼"和"拍卖"业务将"合并同类项"。阿里巴巴集团CTO张建锋表示,"闲鱼"牵手"拍卖"后,两者将共同探索包括闲鱼拍卖、闲鱼二手交易、闲鱼二手车在内的多种分享经济业务形态。闲鱼网网站首页如图1-16所示。

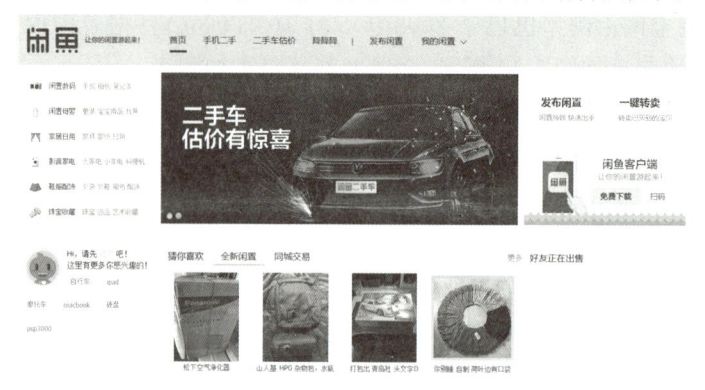

图1-16　闲鱼网网站首页

拍拍二手网是京东集团旗下的专业二手商品交易平台。平台App客户端于2017年12月21日正式上线。拍拍二手网的业务主要覆盖二手商品销售、二手商品回收及商品租赁业务，也有个人闲置交易业务，从而为满足用户各类场景下对二手商品的交易需求。拍拍二手网以用户需求为核心，以质量管理为保障，秉持物尽其用、延续物品生命价值、创造更多生活可能的理念，致力于建立统一的二手行业标准、构建二手行业基础设施、有效规范二手行业交易、树立二手行业标杆，从而为用户提供更加专业快捷、安全有保障的产品与服务，成为较受用户信赖的专业二手交易平台。拍拍二手网网站首页如图1-17所示。

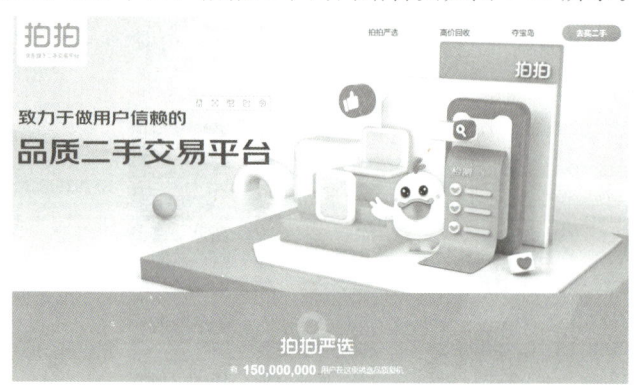

图1-17　拍拍二手网网站首页

四、企业对政府的电子商务模式

企业对政府的电子商务模式（Business to Government，B2G）指的是企业与政府之间的各种手续报批。政府通过互联网发布采购清单，企业以电子化方式响应；政府在网上以电子交换方式完成企业和电子交易的征税等。

五、政府对企业的电子商务模式

政府对企业的电子商务模式（Government to Business，G2B）即电子政务，指的是政府与企业之间的商务模式，即政府通过网络系统进行电子采购与招标，精简管理业务流程，快捷迅速地为企业提供各种信息服务。G2B模式目前主要运用于电子采购与招标、电子化报税、电子证照办理与审批、相关政策发布、提供咨询服务等。

G2B电子商务模式的主要内容包括：政府对企业开放各种信息，以方便企业开展经营活动；政府对企业业务的电子化服务，包括政府电子采购与招标、电子税务、电子证照办理、信息咨询服务、中小企业电子化服务等；政府对企业进行监督和管理，包括工商、进出口、税务、环保等。北京市人民政府网站首页，如图1-18所示。

图1-18 北京市人民政府网站首页

六、消费者对企业的电子商务模式

消费者对企业的电子商务模式（Customer to Business，C2B）是指消费者根据自身需求定制产品和价格，或主动参与产品设计、生产和定价，产品、价格等彰显消费者的个性化需求，生产企业进行定制化生产。

戴尔公司是个性化定制电脑的典范，而海尔是个性化定制家电的典范。登录海尔官网，通过"定制与购买——海尔定制——自主选配"模块，就可以进入定制程序，根据自己的个性化需求定制冰箱、洗衣机、空调和热水器。海尔定制的网站首页如图1-19所示。

图1-19 海尔定制的网站首页

七、个人对个人的电子商务模式

个人对个人的电子商务模式（Person to Person，P2P）又称对等电子商务，是指发生在个人与个人之间的电子商务活动。P2P电子商务使用对等网络技术，互联网用户不需要通过中央 Web 服务器就可以直接共享文件和计算机资源。P2P 网络彻底消除了对中央服务器的需求,可以让用户彼此之间直接共享、搜索和交换数据,被认为是给电子商务的发展带来革命性影响的技术。但 P2P 同时也存在巨大的风险,如果风控出现问题,将会导致逾期、坏账等各种项目问题,会直接给平台带来风险,对投资者的资金安全造成极大影响。采用 P2P 电子商务模式的网络平台有陆金所、人人贷。

八、线上对线下的电子商务模式

(一)线上对线下电子商务模式的定义

线上对线下电子商务模式(Online to Offline,O2O)是指将线下的商务机会与互联网相结合,让互联网成为线下交易前台的电子商务模式。美团网、大众点评网、百度糯米团、拉手网等团购网站均是采用 O2O 电子商务模式的代表。

O2O 电子商务模式应用原理为:线下商家将产品及服务信息在网络上展示;消费者通过在线搜索寻找到满足需求的商品和服务信息,并在线支付,进而进入线下商家实体店现场体验。通过 O2O 电子商务模式,线下商家和消费者之间完成了需求传递、信息传递和价值双向传递。可见,O2O 电子商务模式的关键在于如何将线上消费者引入线下实体店中。O2O 电子商务模式的应用原理如图 1-20 所示。

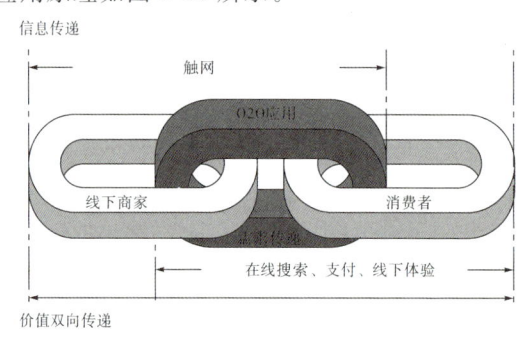

图 1-20 O2O 电子商务模式的应用原理

(二)O2O 电子商务模式的意义

O2O 电子商务模式对于消费者、线下商家及服务提供商而言,都有明显的意义。

对消费者而言,O2O 电子商务模式提供丰富、全面、及时的商家折扣信息,能够让消费者通过电商平台快速搜索、浏览、筛选、下单订购所需的商品或服务,这些商品或服务价格优惠,消费者能获得物美价廉的购物体验。

对于线下商家而言,消费者在线下实体店获取产品及服务时,必须要进行手机短信或二维码验证,这样可以让线下商家了解消费者购物的渠道来源,方便线下商家对消费者购买数据的搜集,找准推广渠道,进而达到精准营销的目标,更好地维系与客户之间的关系,提升客户体验。

对于服务提供商而言,通过展示线下商家的产品或服务信息,为客户提供便捷的浏览、搜索、选购、支付服务,可以提升客户黏性,进而能够提升对线下商家的吸引力,争取到更多的商家资源。同时,在掌握客户消费行为的大数据后,可以为商家提供更多的增值服务。

本章小结

本章主要介绍我国电子商务的发展状况,彰显我国电子商务世界领先位置,增强学生的民族自豪感和爱国热情;介绍电子商务前沿发展动态,帮助学生把握学科前沿发展动态;介绍电子商务人才需求状况,加强学生的专业认知,培养学生的爱岗敬业精神。

"互联网+""大众创业、万众创新"的时代背景及政策利好为电子商务企业提供了巨大的发展契机。电子商务是基于互联网,以交易双方为主体,以电子支付和结算为手段的,以客户数据为依托的全新网络贸易形式。电子商务具有市场全球化、成本低廉化、交易快捷化、交易虚拟化、交易透明化、交易连续化等特点。以交易的电子化程度为分类标准,电子商务可以分为完全电子商务和不完全电子商务;以开展电子商务业务所使用的网络类型为分类标准,电子商务可以分为基于 EDI 的电子商务、基于互联网的电子商务及基于 Intranet 和 Extranet 的电子商务。在电子商务中普遍存在"四流",即信息流、商流、资金流和物流。诚信、支付和物流是电子商务发展的三大瓶颈。电子商务的基本组成要素包括网络、用户、商家、认证中心、物流配送中心、银行等。电子商务为企业带来的益处包括:扩展市场机会,打破时空局限,随时增加业务;降低企业采购成本,增加选择范围,提高采购效率;降低库存,减轻对实物基础设施的依赖;缩短生产周期,与全球合作伙伴紧密协作;提高企业服务顾客的水平。参与电子商务交易的主体有企业(Business)、消费者(Customer)、政府(Government)。因此,可将电子商务模式分为企业对企业的电子商务模式、企业对消费者的电子商务模式、消费者对消费者的电子商务模式、企业对政府的电子商务模式、政府对企业的电子商务模式、消费者对企业的电子商务模式、个人对个人的电子商务模式、线上对线下的电子商务模式等。

关键术语

电子商务、狭义电子商务、广义电子商务、物流、信息流、商流、资金流、完全电子商务、不完全电子商务、企业对政府的电子商务模式、政府对企业的电子商务模式、消费者对企业的电子商务模式、个人对个人的电子商务模式、线上对线下的电子商务模式。

配套实训

1. 登录淘宝网或安装手机淘宝 App,进行注册,实名认证,了解 C2C 电商平台购物的流程。
2. 打开微信,搜索"京东购物"小程序或关注"京东 JD.COM"公众号,了解 B2C 电商平台购物的流程。
3. 登录中国互联网络信息中心下载最新的《中国互联网络发展统计报告》,了解与电子商务有关的统计数据。
4. 登录网经社获取感兴趣的电子商务资讯和数据报告。
5. 登录艾瑞网,采用"移动互联网"、"移动支付"、"物流"、"社交网络"和"跨境电商"等关键词进行搜索,学习搜索得到的新闻资讯、研究报告及专栏文章等,全面了解电子商务领域的发展动态。

课后习题

一、单项选择题

1. 电子商务可以使企业跟全世界各地的合作伙伴紧密联系,并可以在世界各地瞬间完成信息传递与计算机自动处理,无须人工干预,足不出户即可完成交易,因此极大加快了交易速度。这指的是电子商务具有(　　)特点。

    A. 交易虚拟化　　B. 交易快捷化　　C. 交易透明化　　D. 交易连续化

2. 电子商务中买卖双方的洽谈、签约、下单、货款支付、物流跟踪、购买评价等所有交易环节,都可截图保留电子记录,同时买卖双方信息对称。这指的是电子商务具有(　　)特点。

    A. 交易快捷化　　B. 交易虚拟化　　C. 交易透明化　　D. 交易连续化

3. 以下属于不完全电子商务的是(　　)。

    A. 软件　　　　　B. 音乐　　　　　C. 电脑　　　　　D. 电子书

4. 以下属于完全电子商务的是(　　)。

    A. 鲜花　　　　　B. 图书　　　　　C. 服装　　　　　D. 软件

5. 以下网站属于B2B电子商务模式的是(　　)。

    A. 天猫　　　　　B. 京东　　　　　C. 阿里巴巴　　　D. 苏宁易购

6. 以下网站属于B2C电子商务模式的是(　　)。

    A. 淘宝　　　　　B. 京东　　　　　C. 生意宝　　　　D. 阿里巴巴

7. 美团网、大众点评网、百度糯米团、拉手网等团购网站均是采用(　　)。

    A. ABC电子商务模式　　　　　　　B. B2C电子商务模式
    C. C2C电子商务模式　　　　　　　D. O2O电子商务模式

8. 海尔定制采用的是(　　)。

    A. ABC电子商务模式　　　　　　　B. B2C电子商务模式
    C. C2B电子商务模式　　　　　　　D. O2O电子商务模式

二、填空题

1. 马云认为,线下的企业必须走到线上去,线上的企业必须走到线下来,线上线下加上现代物流合在一起,才能真正创造出_____。

2. _____是一种新型的商业计算模型。它将计算任务分布在大量计算机构成的资源池上,使各种应用系统能够根据需要获取计算力、存储空间和各种软件服务。

3. AI(Artificial Intelligence),即_____,是研究、开发用于模拟、延伸和扩展人的智能的理论、方法、技术及应用的一门新的技术科学。

4. AR(Augmented Reality),即_____,这种技术的目标是在屏幕上把虚拟世界套在现实世界并进行互动。

5. VR(Virtual Reality),即_____,是一种可以创建和体验虚拟世界的计算机仿真系统,它利用计算机生成一种模拟环境,是一种多源信息融合的、交互式的三维动态视景和实体行为的系统仿真,使用户沉浸到该环境中。

6. 以交易的电子化程度为分类标准,电子商务可以分为完全电子商务和_____。
7. 在电子商务中普遍存在"四流",即信息流、商流、资金流和_____。
8. 诚信、_____和物流是电子商务发展的三大瓶颈。
9. 电子商务的基本组成要素包括网络、用户、商家、_____、物流配送中心、银行等。

三、简答题

1. 什么是"互联网+"?"互联网+"有何特征?
2. 什么是电子商务?电子商务有何特点?
3. 列举采用 B2B、B2C、C2C 电子商务模式的电商平台。
4. 阐述 O2O 电子商务模式的应用原理,并说明 O2O 电子商务模式的意义。
5. 电子商务可为企业带来哪些益处?

讨论案例

京东于 2004 年正式涉足电商领域,占据 2015 年第三季度中国网上零售(B2C)23.2% 的市场份额,排名第二位。2015 年,京东集团市场交易额达到 4 627 亿元,净收入达到 1 813 亿元,年交易额同比增长 78%,增速是行业平均增速的 2 倍。京东是中国收入规模较大的互联网企业。截至 2015 年 12 月 31 日,京东集团拥有近 11 万名正式员工,业务涉及电商、金融和技术三大领域。

2014 年 5 月,京东集团在美国纳斯达克证券交易所正式挂牌上市,是中国第一个成功赴美上市的大型综合型电商平台,并成功跻身全球前十大互联网公司排行榜。2015 年 7 月,京东凭借高成长性入选纳斯达克 100 指数和纳斯达克 100 平均加权指数。

京东商城

京东商城目前已成长为中国较大的自营式电商企业,2015 年第三季度在中国自营式 B2C 电商市场的占有率为 56.9%。京东商城致力于为消费者提供愉悦的在线购物体验。自 2004 年成立以来,坚持"正品行货"的理念,对假货零容忍;采取六大品控措施,保障正品,大量品牌直供,从源头杜绝假货。通过内容丰富、人性化的网站和移动客户端,京东商城以富有竞争力的价格,提供具有丰富品类及卓越品质的商品和服务,以快速可靠的方式送达消费者,并且提供灵活多样的支付方式。京东商城致力于打造一站式综合购物平台,服务中国亿万家庭,3C 事业部、家电事业部、消费品事业部、服饰家居事业部、生鲜事业部和新通路事业部六大部门领航发力,覆盖用户多元需求。同时,京东商城还为第三方卖家提供在线销售平台和物流等一系列增值服务。

京东拥有中国电商领域规模较大的物流基础设施,通过完善布局,京东将成为全球唯一拥有中小件、大件、冷藏冷冻仓配一体化物流设施的电商企业。截至 2016 年 3 月 31 日,京东在全国范围内拥有 7 大物流中心,运营了 209 个大型仓库,拥有 5 987 个配送站和自提点,覆盖全国范围内的 2 493 个区县,仓储设施占地面积约 430 万平方米。京东专业的配送队伍能够为消费者提供一系列专业服务,如 211 限时达、次日达、夜间配和 2 小时极速达,GIS 包裹实时追踪、售后 100 分、快速退换货以及家电上门安装等服务,保障用户享受到卓越、全面的物流配送和完整的"端对端"购物体验。京东智能物流持续创新,"亚洲一号"现代化物流中心是当今中国较大、较先进的电商物流中心之一,目前已有6座"亚洲一号"投入使用;京东物流实验室开始测试无人机送货,为农村电商配送提速。

2014年3月,京东与腾讯达成了战略合作,全面推进移动社交电商新模式的发展,成为全球移动社交的积极探索者和实践者。目前,京东已经形成了手机客户端、微信购物、手机QQ购物组成的完整移动购物布局。2016年第一季度通过移动端渠道完成订单量约占总完成订单量的72.4%,同比增长超过160%。

2015年,京东加速渠道下沉,大力发展农村电商,推进3F战略,即工业品进农村战略(Factory to Country)、农村金融战略(Finance to Country)和生鲜电商战略(Farm to Table),已初见成效。截至2016年4月22日,京东已经开设约1 400家"县级服务中心"和近1 400家"京东帮服务店";拥有约20万名乡村推广员,服务20万行政村;地方特产馆、特产店已达到700多家,京东农资电商的合作涉农企业已达到200多家;已授权的京东农资服务中心达到65家,乡村白条推广员累计授信人数5.7万余人,乡村白条农户累计授信1.2万人。

京东到家

京东到家于2015年3月正式独立运营,是京东集团2015年重点打造的O2O生活服务平台,是基于传统B2C模式向高频领域的重要提升。2016年4月,"京东到家"与中国较大的众包物流平台"达达"合并,成立新公司。通过整合双方的众包物流体系,新公司将为中国的零售商、服务供应商和O2O企业提供低价的物流服务,并提升效率。合并后,物流业务将继续使用"达达"品牌;O2O超市平台将继续使用"京东到家"品牌,专注于定位移动电商领域,通过与线下商超和便利店的合作,打造便捷和高品质的购物体验。

跨境电商

京东在跨境进出口业务方面都制定了详细的发展规划,全面加速国际化进程。

在进口业务方面,成立了"京东全球购"平台。目前,已开设的国家馆有"欧洲馆"、"韩国馆"、"日本馆"、"澳洲馆"、"美国馆"、"加拿大馆"和"新西兰馆";已开设的地区馆有"台湾地区馆"和"香港地区馆",中国消费者足不出户即可享受全球优质商品。

在出口业务方面,京东的多语言全球售跨境贸易平台,致力于满足全球用户的需求,立足全球供应链,以"全球化+本地化"模式带动海量"中国好商品"和"中国好商家"走出去。目前已在俄罗斯、印度尼西亚展开布局。

京东金融

京东金融集团于2013年10月开始独立运营,定位为金融科技公司。京东金融依托京东生态平台积累的交易记录数据和信用体系,向社会各阶层提供融资贷款、理财、支付、众筹等各类金融服务;夯实金融门户基础,并依托京东众创生态圈,为创业创新者提供全产业链一站式服务。

京东金融现已建立七大业务板块,分别是供应链金融、消费金融、众筹、财富管理、支付、保险、证券。京东金融App,为用户提供了"一站式金融生活移动平台",涵盖了目前理财加消费的金融产品。

2016年1月16日,京东金融已和由红杉资本中国基金,嘉实投资和中国太平领投的投资人完成具有约束力的增资协议签署,融资66.5亿人民币。此轮融资对京东金融的交易后估值为466.5亿人民币。

资料来源:京东商城.关于京东[EB/OL].

阅读上述资料,分组讨论以下问题:

1. 京东在物流领域做出了哪些努力,解决电子商务发展的瓶颈问题?
2. 京东专业的配送队伍能够为消费者提供哪些按需配送服务?
3. 京东是如何发展移动社交电商新模式的?
4. 在跨境电商领域,京东是如何运作的?

第二章 电子商务技术

学习目标

知识目标

了解互联网的基础知识,熟悉因特网的域名和协议等。

熟悉EDI技术,了解EDI的发展概况、EDI的标准、EDI的工作过程、EDI系统的三大要素和EDI的特点等。

了解大数据与数据挖掘技术,掌握大数据的关键技术。

技能目标

了解互联网基础知识,尝试设置本机的IP地址和配置DNS。

能够以实例的形式描述EDI的工作过程。

掌握数据挖掘的过程。

思政目标

把握学科前沿动态,理论联系实践,培养学生的工匠精神。

导入案例

案例一:习近平主席向第六届世界互联网大会致贺信

新华社北京2019年10月20日电,第六届世界互联网大会10月20日在浙江乌镇开幕。国家主席习近平致贺信。

习近平指出,今年是互联网诞生50周年。当前,新一轮科技革命和产业变革加速演进,人工智能、大数据、物联网等新技术新应用新业态方兴未艾,互联网迎来了更加强劲的发展动能和更加广阔的发展空间。发展好、运用好、治理好互联网,让互联网更好造福人类,是国际社会的共同责任。各国应顺应时代潮流,勇担发展责任,共迎风险挑战,共同推进网络空间全球治理,努力推动构建网络空间命运共同体。

案例二:淘宝——中国较大的电商平台

淘宝网是亚太地区较大的网络零售商圈,由阿里巴巴集团在2003年5月10日投资创立。淘宝网现在业务跨越C2C在2003年5月10日投资创立。淘宝网现在业务跨越C2C(个人对个人,现在的淘宝网)、B2C(商家对个人,现在的天猫商城)两大部分。

淘宝网属于C2C模式,为了解决C2C网站支付的难题,淘宝打造了"支付宝服务"技术平台。淘宝网也注重诚信安全方面的建设,引入了实名认证制,并区分了个人用户与商家用户认证,两种认证需要提交的资料不一样。个人用户认证只需提供身份证明,商家认证还需提供营业执照,一个人不能同时申请两种认证,从而保证平台安全。在物流方面卖家自己选择物流,申通、圆通、韵达、顺丰、天天、汇通、EMS等快递都是淘宝网上常见的物流。

资料来源:作者根据网络资料编写而成

第一节 互联网基础

计算机网络技术的广泛应用是电子商务技术得以快速发展的主要原因之一,同时也对电子商务的稳定发展起着决定性的作用。因此,对计算机网络相关知识有全面的了解和认识是深入掌握和应用电子商务技术的前提和关键。

一、互联网的产生和发展

因特网(Internet)起源于美国,又称为国际计算机互联网。因特网是世界上规模较大和增长速率较快的计算机网络。因特网的迅猛发展始于20世纪90年代,由于欧洲原子核研究组织CERN开发的万维网WWW被广泛使用在因特网上,大大方便了广大非网络专业人员对网络的使用,因此因特网出现了指数级增长。

因特网的发展大体经历了三个阶段的演进:

第一个阶段是从单个网络ARPANET向互联网发展的过程。1969年,美国国防部创建的一个分组交换网ARPANET最初只是一个单个的分组交换网,所有要连接在ARPANET上的主机都直接与就近的节点交换机相连。但到了20世纪70年代中期,一个单独的网络已经无法满足所有的通信问题。于是ARPANET开始研究多种网络互联的技术,这就是因特网的雏形。1983年,TCP/IP协议成为ARPANET上的标准协议,使得所有使用TCP/IP协议的计算机都能利用互联网相互通信,因而人们就把1983年作为因特网的诞生时间。

第二阶段的特点是建成了三级结构的因特网。从1985年起,美国国家科学基金会NSF就围绕六个大型计算机中心建设计算机网络,即国家科学基金网NSFNET。它是一个三级计算机网络,分为主干网、地区网和校园网。1991年,NSF和美国的其他政府机构开始认识到因特网的使用范围必将扩大,而不仅仅限于大学和研究机构。世界上的许多公司纷纷开始接入因特网,使网络上的通信量急剧增大。1992年,因特网上的主机超过100万台。1993年,因特网主干网的速率提高到45 Mb/s。

第三阶段的特点是逐渐形成了多层次ISP结构的因特网。从1993年开始,NSFNET逐渐被若干个商用的因特网主干网替代,政府机构不再负责因特网的运营,出现了因特网服务提供商ISP。ISP拥有从因特网管理机构申请到的多个IP地址,同时拥有通信线路以及路由器等联网设备。因此任何机构和个人只要缴纳规定的费用,就可以从ISP得到所需的IP地址,并通过该ISP接入因特网。图2-1说明了用户上网与ISP的关系。

根据提供服务的覆盖面积不同以及拥有的IP地址数目的不同,ISP也分为不同的层次。其中,最高级别的第一层ISP的服务面积最大,并且还拥有高速主干网;第二层ISP和一些大公司都是第一层ISP的用户;第三层ISP又称为本地ISP,它们是第二层ISP的用户,且只拥有本地范围的网络。为了使不同层次ISP经营的网络都能够互通,在1994年开始创建了四个网络接入点 NAP,分别由四个电信公司经营。到 21 世纪初,美国的 NAP 数量已达到十几个。

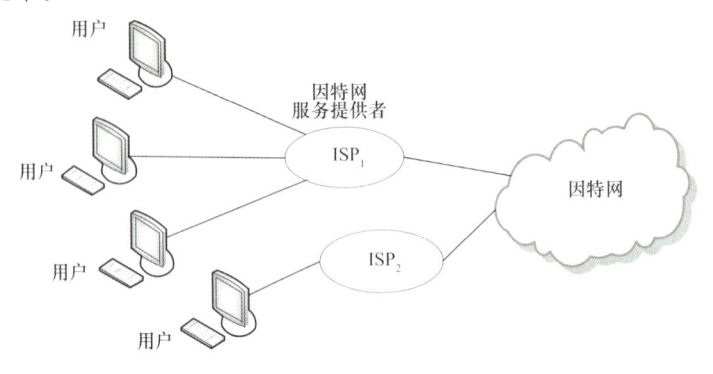

图 2-1 用户上网与 ISP 的关系

二、互联网协议

从网络通信技术的观点来看,Internet 是一个以 TCP/IP 为基础,连接各个大大小小的计算机网络的数据通信网,其涉及的互联网技术有以下部分:

(1)网络协议

由于网络中各台主机的类型和规格可能不同,操作系统也不尽一样,为了保证计算机网络能够正常运行,就必须有一套共同遵守的规程,这就是网络协议。网络协议是一组关于数据传输、输入/输出格式和控制的规约,通过这些规约可实现计算机、终端以及其他设备之间在网络中直接进行数据交换。

(2)TCP/IP 协议

TCP/IP 协议是指 Internet 各子网之间相互遵守的网络通信协议,它不仅包括 TCP 与 IP 这两个协议,而且还包括诸如 DNS、FTP、Telnet 等协议。由于 TCP/IP 协议是由非专利性质的协议组成,并且这些协议不隶属于任何一家公司,只要愿意,任何人都可以免费使用这些技术,因此 TCP/IP 协议得到了大多数厂商的支持。可以说,没有 TCP/IP 协议,就没有今天的 Internet。TCP/IP 协议采用分组交换通信方式,在分组交换网络中,两台计算机之间要交换的数据不是作为一个整体进行传输,而是划分成大小相同的许多数据组,每个数据组被称作"信息包"。各个"信息包"的发送次序和接收次序不一定相同,但接收方进行整理,以确保收到的数据在总体上与发送的数据完全一致。

三、IP 地址、域名、DNS

(一)IP 地址

网络中有成千上万台计算机,TCP/TP 协议为每台主机分配一个 IP 地址。IP 地址就是主机的代号,一台主机至少拥有一个 IP 地址,任何两台主机的 IP 地址不允许相同。如果一台计算机已经连入 Internet,并使用 Internet 的某些功能,但它没有自己的 IP 地址,就不能称为主机,而只能作为上述主机的仿真终端。IP 地址是由 32 位二进制数(4 个字节)组成的,通常用 4 个十进制数表示,每个十进制数取值范围为 0~255,中间用圆点分隔,通常表示为 ddd.ddd.ddd.ddd,例如 123.21.32.1。

IP 地址的编址方法共经过了三个历史阶段:

①分类的 IP 地址。这是最基本的编址方法,在 1981 年就通过了相应的标准协议。

②子网的划分。这是对最基本编址方法的改进,其标准 RFC950 在 1985 年通过。

③构成超网。这是比较新的无分类编址方法,1993 年提出后很快就得到推广应用。

所谓"分类的 IP 地址",就是将 IP 地址划分为若干个固定类,每一类地址都由两个固定长度的字段组成,其中第一个字段是网络号(Net-ID),它标志主机(或路由)所连接到网络;一个网络号在整个因特网范围内必须是唯一的。第二个字段是主机号(Host-ID),它标志该主机(或路由器)。一个主机号在它前面的网络号所指明的网络范围内必须是唯一的。由此可见,一个 IP 地址在整个因特网范围内是唯一的。

这种两极的 IP 地址可以记为:

IP 地址={<网络号>,<主机号>}

IP 地址由网络标识和主机标识两部分组成。网络标识是用来区分互联网的各个网络,主机标识是用来区分同一网络上的不同计算机。IP 地址可以分为五类,A 类、B 类、C 类、D 类和 E 类,常用的仅为 A 类、B 类和 C 类。

(二)域名

IP 地址是 Internet 主机作为路由寻址用的数字型标识,不方便记忆,因而产生了域名这一种字符型标识。域名(Domain Name)是由一串用点分隔名字组成的 Internet 上某一台计算机或计算机组的名称,用于在数据传输时标识计算机的电子方位(有时也指地理位置,即地理上的域名,指有行政自主权的一个地方区域)。域名是一个 IP 地址上的"面具",一个域名的目的是便于记忆和沟通的一组服务器的地址(网站、电子邮件、FTP 等)。

域名由两个或两个以上的词构成,中间由点号分隔开;最右边的词称为顶级域名。

1. 顶级域名

顶级域名又分为两类:一是国家顶级域名,200 多个国家都按照 ISO3166 国家代码分配了顶级域名,例如中国是"cn",美国是"us",日本是"jp"等;二是国际顶级域名,例如表示工商企业的.com,表示网络提供商的.net,表示非营利组织的.org 等。大多数域名争议都发生在.com 的顶级域名下,因为多数公司上网的目的是赢利。为加强域名管理,解决域名资源的紧张,Internet 协会、Internet 分支机构及世界知识产权组织(WIPO)等国际组织经过广泛协商,在原来三个国际通用顶级域名(.com,.net,.org)的基础上,新增加了 7 个国际通用顶级域名:.firm(公司企业),.store(销售公司或企业),.Web(突出 WWW 活动的单位),.arts(突出文化、娱乐活动的单位),.rec(突出消遣、娱乐活动的单位),.info(提供信息服务的单位),.nom(个人),并在世界范围内选择新的注册机构来受理域名注册申请。

2. 二级域名

二级域名是指顶级域名之下的域名,在国际顶级域名下,它是指域名注册人的网上名称,例如.ibm,.yahoo,.microsoft 等;在国家顶级域名下,它是表示注册企业类别的符号,例如.com,.edu,.gov,.net 等。

中国在国际互联网络信息中心正式注册并运行的顶级域名是.cn,这也是中国的一级域名。在顶级域名之下,中国的二级域名又分为类别域名和行政区域名两类。类别域名共 6 个,包括用于科研机构的.ac;用于工商金融企业的.com;用于教育机构的.edu;用于政府部门的.gov；用于互联网络信息中心和运行中心的.net；用于非营利组织的.org。而行政区域名有 34 个，分别对应于中国各省、自治区和直辖市。

3. 三级域名

三级域名用字母"A～Z,a～z"、数字"0～9"和连接符"-"组成，各级域名之间用实点(.)连接，三级域名的长度不能超过 20 个字符。如无特殊原因，建议采用申请人的英文名（或者缩写）或者汉语拼音名（或者缩写）作为三级域名，以保持域名的清晰性和简洁性。

（三）DNS

DNS 即域名解析服务，其最早于 1983 年由保罗·莫卡派乔斯（Paul V. Mockapetris）发明，原始的技术规范在 882 号因特网标准草案（RFC 882）中发布。1987 年发布的第 1034 和 1035 号草案修正了 DNS 技术规范，并废除了之前的第 882 和 883 号草案。在此之后对因特网标准草案的修改基本上没有涉及 DNS 技术规范部分的改动。

四、内部网和外部网

（一）内部网

内部网（Intranet）是指采用 Internet 技术建立的企业内部专用网络。内部网通常采用一定的安全措施与企业外部的互联网用户相互隔离，对内部用户在信息使用的权限上也有严格的规定。

随着现代企业的发展越来越集团化，企业需要及时了解各地的经营管理状况、制定符合各地不同的经营方针，公司内部人员更需要及时了解公司的策略性变化、公司人事情况、公司的业务发展情况以及一些简单但又关键的文档，解决这些问题的方法就是联网，建立企业的信息系统。已有的方法可以解决一些问题，如利用 E-mail 在公司内部发送邮件，建立信息管理系统。Intranet 技术正是解决这些问题的有效方法。利用 Intranet 各个方面的技术解决企业的不同问题，这样促使了企业内部网 Intranet 的诞生。Intranet 使各行各业的企业从中受益，利用 Intranet 一定程度上解决了企业战略目标实现上的一些瓶颈问题，Intranet 能够为企业提供的服务包括以下几项：

1. 文件传送

基于 FTP（File Transfer Protocol）协议，企业员工可以在任意两台计算机间发送文件，使用 FTP，几乎可以传送任何类型的文本文件、二进制文件、图像文件、声音文件和数据压缩文件等。

2. 信息发布

企业所有的信息都可以在 Web 服务器上以 HTML 页面的方式发布，发布之后，企业内以及企业外所有对该信息有访问权限的人都可以看到。

3. 管理业务系统

管理业务系统可以根据企业工作流程和管理特点建立，员工在浏览器上通过 Web 服务器访问数据库，接受管理或了解业务信息。

4. 安全性管理

企业可以建立用户组，在每个用户组下再建立用户，对于某些需要访问权才能访问的信息，可以对不同的用户组或用户设置不同的读、写权限；对于需要在传输过程中保密的信息，可以采用加密、解密技术。

5. 网上讨论组

企业可以根据需要建立不同的讨论组,在讨论组中,可以对参加讨论组的人加以限制,只有那些对该讨论组有访问权限的人才能访问这个讨论组。在讨论组中,企业员工可以自由地在网上发送信息、阐明观点或提问题,进行相互交流和沟通。这种交流有利于企业获得更多商业信息,也有利于促进企业管理、提高生产力和增强竞争力。

(二)外部网

随着企业业务的不断发展,不同企业之间的交换业务更加频繁,为了使企业与其贸易伙伴建立更为密切的联系,就可以使用基于互联网或其他公网设施构建的企业间专用网络通道,这种通道一般称为企业外联网。

因为外联网涉及不同企业的局域网,所以不仅要确保信息在传输过程中的安全性,更要确保对方企业不能超越权限,通过外联网连入本单位的内部网。在电子政务领域,外联VPN网经常应用于网上报税系统、企业审计监察、人大代表联网办公、海关电子报关、政府信息中心和各委办局单位信息中心的联网等系统中。

构建外联网,不仅要求能够实现外联单位间迅捷、安全的数据传输,而且需要能够对通外联VPN通道的互相访问进行严格的访问控制,如限制协同单位通过外联VPN网络只能在协同的服务器间进行访问,其他的PC和服务器则无法通过VPN通道访问到对方的内部网络。另外,由于不同单位的局域网网络地址没有办法像一个单位内部那样统一规划,所以经常出现地址冲突。如何在对用户透明的情况下,实现VPN互联互通,也是构建外联网时经常需要解决的问题。

五、ISP、IAP、ICP

ISP(Internet Service Provider)即互联网服务提供商,是向广大用户提供互联网接入业务、信息业务和增值业务的电信运营商。ISP是经国家主管部门批准的正式运营企业,享受国家法律保护。

ICP(Internet Content Provider)即互联网内容提供商,是向广大用户综合提供互联网信息业务和增值业务的电信运营商。ICP同样是经国家主管部门批准的正式运营企业,享受国家法律保护。国内知名ICP有新浪、搜狐、163、21CN等,河南省较知名ICP有河南通信公司下属的河南信息港、商都信息港以及17个地市信息港,等等。

IAP(Internet Access Provider)即因特网接入提供商,是向广大用户提供因特网接入与相关服务的机构,它分为两个层次:底层是物理网络的提供商,上层是网络接口的提供商。根据国务院1996年发布的《暂行规定》,中国目前的因特网网络包括两个层次:互联网络与接入网络。

一般来说,ISP有两大类:一类为只向用户提供拨号入网的IAP,它规模小,局域性强,服务能力有限,一般没有自己的骨干网络和信息源,向用户提供的信息服务有限,用户仅将其作为一个上网的接入点看待;另一类是ICP,它能为用户提供基于网络的各类信息服务,拥有自己的特色信息源,它是因特网服务今后发展的主要方向,也是因特网建设的重要力量,目前许多大的ISP服务商同时提供IAP与ICP两方面的服务。

六、电信业重组、3G、4G、5G

(一)电信业重组

互联网技术的飞速发展带来了电信业的繁荣,但与此同时也凸显出诸多问题,如产业结构的失衡、传统业务的萎靡以及电信市场竞争的多元化和复杂化等。自 1994 年以来,中国电信业共进行了 4 次大规模的优化重组。中国电信业第 1 次重组发生在 1994 年 7 月,成立了"中国联通",在基础电信领域引入竞争,打破"中国电信"长期独家垄断的局面。随着全球移动通信发展的浪潮。中国电信业在 2000 年 4 月进行了第 2 次重组,"中国移动"正式成立,形成了电信固定和移动业务双向发展的格局。当时电信业重组的"后遗症"主要不是移动通信的快速崛起,而是固话市场的垄断。因此,中国电信业在 2002 年 5 月进行了第 3 次重组,将"中国电信"和"中国网通"南北分拆,试图打破中国固话市场的垄断,在固话市场引入竞争。与此同时,"中国移动"凭借移动业务的优势和对固话市场替代的加速,进一步加大了电信业竞争的失衡。于是,中国电信业于 2008 年 5 月迎来了第 4 次重组,形成"中国移动""中国电信"和"中国联通" 3 家全业务电信运营商,意图平衡电信市场,从而形成有序竞争。事实证明,电信业第 4 次重组过去了多年,重组的初衷并未实现,而"中国移动"的一家独大却愈演愈烈。尤其是互联网的快速崛起及 OTT 对电信市场的强烈冲击,都使第 4 次电信业重组的现状与当初的目标越来越远。因此,第 5 次电信业重组的基础,不同于以往只是平衡电信系统自身的行业格局,而是着重适应、推动和服务于"国家宽带战略""三网融合""互联网+""中国制造 2025""大众创业,万众创新"等战略,以及参与国际电信业平等竞争,从而解决电信业可持续发展方向的问题。

(二)3G

3G 即"3rd Generation",中文称第三代数字通信技术。经国际电信联盟(ITU)认可的 3G 标准有 WCDMA、CDMA2000 和 TD-SCDMA。3G 的出现使移动通信前进了一大步,相对于 2G,它能够提供更大的容量、更佳的通信质量,并且支持多媒体应用。

3G 系统以码分多址(CDMA)为技术基础。码分多址是将相互正交的不同码分配给不同用户调制信号,实现多用户同时使用同一频率接入系统,由于利用相互正交(或尽可能正交)的码去调制信号,会将原用户信号频谱带宽扩展,因此 CDMA 通信系统是一种典型的扩频通信技术应用。

3G 系统采用的主要是蜂窝组网,其系统如图 2-2 所示。3G 系统的核心网是在 CSM 系统的核心网 CSM-MAP 和 AMPS、IS-95 的核心网 ANSI-41 的基础上发展而来的,其空中接口与相应的 2G 系统后向兼容。3G 系统的 3 种工作模式为单载波频分双工、多载波频分双工和时分双工方式。

虽然 3G 和 2G 相比有很多优点,但是 3G 还是存在着很多不尽人意的地方,如 3G 缺乏全球统一的标准;3G 所采用的语音交换架构仍承袭了 2G 系统的电路交换,而不是纯 IP 的方式;3G 的业务提供和业务管理不够灵活,流媒体(视频)的应用不尽如人意;3G 的高速数据传输不成熟,接入速率有限,安全方面存在算法过多、认证协议容易被攻击等安全缺陷。现代通信要求能提供移动用户超宽带的多媒体服务,因此,必须建立能够最优地传输 TCP/IP 数据包、完全不同于 2G 与 3G 无线网络结构的新系统,所以 4G 成了研究的热点。4G 与 3G 相比,在技术和应用上有质的飞跃。4G 将适合所有的移动通信用户,最终实现商业无线网络、局域网、蓝牙、广播、电视卫星通信的无缝衔接并相互兼容。

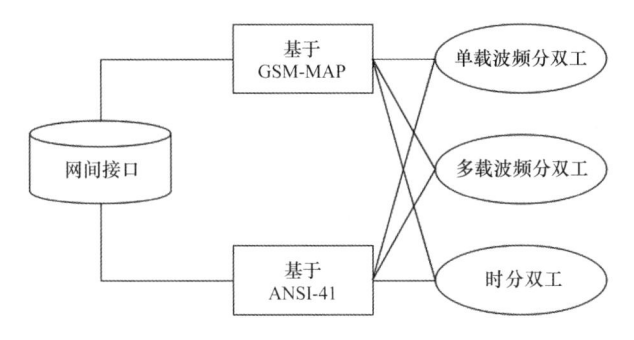

图 2-2　3G 系统

(三) 4G

4G 的中文名称为第四代移动通信技术,能够传输高质量视频图像以及图像传输质量与高清晰度电视不相上下的技术产品。4G 的概念可称为广带(Broad-band)接入和分布网络,具有超过 200 Mbps 的非对称数据传输能力,对全速移动用户能提供 150 Mbps 的高质量影像服务,并首次实现三维图像的高质量传输,无线用户之间可以进行三维虚拟现实通信。4G 系统包括广带无线固定接入、WLAN、移动广带系统和互操作的广播网络。在不同的固定无线平台和跨越不同频带的网络中,4G 可提供无线服务,并在任何地方宽带接入互联网(包括卫星通信和平流层通信),提供信息通信以外的定位定时、数据采集、远程控制等综合功能。同时,4G 系统还是多功能集成的宽带移动通信系统,是宽带接入 IP 系统。

4G 系统采用的关键技术有正交频分复用(OFDM)技术、多输入多输出(MIMO)技术、智能天线(SA)技术以及软件无线电(SDR)技术、基于 IP 的核心网、多用户检测技术等。

4G 系统中采用 OFDM 技术。OFDM 技术是一种可以有效对抗信号间干扰的高速传输技术,具有良好的抗干扰性能。OFDM 属于多载波调制(MCM),它将指配的信道分成许多正交子信道,在每个子信道上进行窄带调制和传输,同时要求信号带宽小于信道的关带宽。

4G 系统发展了以数字广带为基础的网络。采用全 IP 的优点有可以实现不同网络间的无缝互联;全 IP 也是一种低成本的集成目前网络的方法。4G 系统的核心网是一个基于全 IP 的网络,因此核心网独立于各种具体的无线接入方案,能提供端到端的 IP 业务,能同已有的核心网和 PSTN 共存。4G 网络结构如图 2-3 所示。

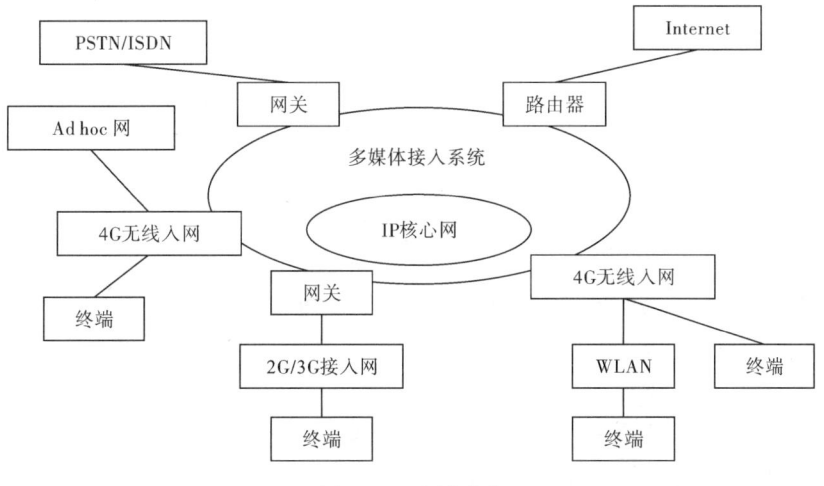

图 2-3　4G 网络结构

3G 采用的是 CDMA 技术,利用正交码来区分用户,有 FDD 和 TDD 两种双工方式来使用其在 2 GHz 附近的对称和非对称频段。而 4G 系统最有可能用的接入方式 OFDM 或 MC-CDMA 采用全数字全技术,支持分组交换,使系统容量、频谱效率和传速率大为提高,并与现存的 CDMA 标准、CDMA2 标准、TD-SCDMA 标准(3G 三大标准)兼容。3G 系统与 4G 系统的参数对比见表 2-1。

表 2-1　　　　　　　　3G 系统与 4G 系统的参数对比

参数	3G 系统	4G 系统
业务特征	优先考虑语言、数据业务	融合数据和 VoIP
网络结构	蜂窝小区	混合结构-包括 Wi-Fi/蓝牙等
频率范围	1.6～2.5 GHz	2～8 GHz,800 MHz 低频
带宽	5～20 MHz	100+MHz
速率	385 Kbit/s～2 Mbit/s	20～100 Mbit/s
接入方式	WCDMA\CDMA200\TD	MC-CDMA 或 OFDM
交换方式	电路交换、包交换	包交换
移动性能	200 Kmph	200 Kmph
IP 性能	多版本	全 IP(IPv6)

(四)5G

5G 的中文名称为第五代网络通信技术,它的诞生主要是为了满足于 2020 年以后的人们日常通信需求。现如今,移动互联网飞速发展,人们对于网络质量和速度的要求愈发提高。在这一背景下,5G 产品所具备的低消耗、低成本、安全性高等特点必定会成为日后市场的主宰。5G 系统的数据传输速度会比现在的主流速度提升 10～100 倍,峰值传输速率甚至能达到 10 Gbit/s,同时端到端时延缩小到 ms 级,流量密度提升 1 000 倍,让连接设备的密度增加 10～100 倍;与此同时,频谱效率上升 5～10 倍,在速度保证在 500 km/h 的条件下也能最大限度地提供最好的用户体验。5G 的出现和推广使通信突破以往的固定模式,让用户体会到前所未有的使用体验。

除了 4G 通信系统采用的关键技术之外,以下关键技术将成为 5G 系统的基石。

①3D-MIMO:频谱效率提升 3～5 倍。

②软件定义空口:通过统一的空口满足不同部署场景的需求。

③以用户为中心的网络:根据用户需求和网络情况,提供最佳用户体验。

④网络自动化:通过网络的智能化,实现网络的自我管理、维护,降低甚至取代人工的网络管理和维护。

⑤SDN/NFV:提供灵活的网络切片,以满足差异化的客户需求,实现快速商用和弹性扩容。

七、移动互联网

移动互联网是移动通信和传统互联网融合的产物,移动互联网通过无线接入设备访问互联网,能够实现移动终端之间的数据交换,是计算机领域继大型机、小型机、个人电脑、桌面互联网之后的第五个技术发展阶段。

(一)移动互联网的定义

尽管移动互联网是目前 IT 领域较热门的概念之一,然而业界并未就其定义达成共识。这里再介绍几种有代表性的移动互联网的定义。

百度百科中指出:移动互联网(Mobile Internet,MI)是一种通过智能移动终端,采用移动无线通信方式获取业务和服务的新兴业态,包含终端、软件和应用三个层面。终端层包括智能手机、平板电脑、电子书、MID等;软件层包括操作系统、中间件、数据库和安全软件等;应用层包括休闲娱乐类、工具媒体类、商务财经类等不同应用与服务。

独立电信研究机构 WAP 论坛认为:移动互联网是通过手机、PDA 或其他手持终端通过各种无线网络进行数据交换。

中兴通讯则从通信设备制造商的角度给出了移动互联网的定义:狭义的移动互联网是指用户能够通过手机、平板电脑或其他手持终端通过无线通信网络接入互联网;广义的定义是指用户能够通过手机、平板电脑或其他手持终端以无线的方式通过各种网络(WLAN、BWLL、GSM、CDMA 等)接入互联网。可以看到,对于通信设备制造商来说,网络是其看待移动互联网的主要切入点。

MBA 智库同样认为移动互联网的定义有广义和狭义之分:广义的移动互联网是指用户可以使用手机、笔记本电脑等移动终端通过协议接入互联网;狭义的移动互联网是指用户使用手机终端通过无线通信的方式访问采用 WAP 的网站。

Information Technology 论坛认为:移动互联网是指通过无线智能终端,比如智能手机、平板电脑等使用互联网提供的应用和服务,包括电子邮件、电子商务、即时通信等,保证随时随地无缝连接的业务模式。

认可度比较高的定义是中国工业和信息化部电信研究院在 2011 年的《移动互联网白皮书》中给出的:"移动互联网是以移动网络作为接入网络的互联网及服务,包括 3 个要素:移动终端、移动网络和应用服务。"该定义将移动互联网涉及的内容主要为三个层面:第一,移动终端,包括手机、专用移动互联网终端和数据卡方式的便携电脑;第二,移动通信网络接入,包括 2G、3G 甚至 4G 等;第三,公众互联网服务,包括 Web、WAP 方式。移动终端是移动互联网的前提,接入网络是移动互联网的基础,而应用服务则成为移动互联网的核心。

上述定义给出了移动互联网两方面的含义:一方面,移动互联网是移动通信网络与互联网的融合,用户以移动终端接入无线移动通信网络(2G 网络、3G 网络、WLAN、WiMax 等)的方式访问互联网;另一方面,移动互联网还产生了大量新型的应用,这些应用与终端的可移动、可定位和随身携带等特性相结合,为用户提供与位置相关的个性化服务。

(二)移动互联网的基本特点

①终端移动性:通过移动终端接入移动互联网的用户一般都处于移动之中。

②业务及时性:用户使用移动互联网能够随时随地获取自身或其他终端的信息,及时获取所需的服务和数据。

③服务便利性:由于移动终端的限制,移动互联网服务要求操作简便,响应时间短。

④业务/终端/网络的强关联性:实现移动互联网服务需要同时具备移动终端、接入网络和运营商提供的业务三项基本条件。

移动互联网相比于传统固定互联网的优势在于:实现了随时随地的通信和服务获取;具有安全、可靠的认证机制;能够及时获取用户及终端信息;业务端到端流程可控等。移动互联网的劣势主要包括:无线频谱资源的稀缺性;用户数据安全性和隐私性;移动终端软、硬件缺乏统一标准,业务互通性差等。移动互联网业务是多种传统业务的综合体,而不是简单的互联网业务的延伸,因而产生了创新性的技术与产品和创新性的商业模式。

①创新性的技术与产品:例如通过手机摄像头扫描商品条码并进行比价搜索、重力感应

器和陀螺仪确定目前的方向和位置等,内嵌在手机中的各种传感器能够帮助开发商开发出各种超越原有用户体验的产品。

②创新性的商业模式:如风靡全球的 App Store＋终端营销的商业模式,以及将传统的位置服务与 SNS、游戏、广告等元素结合起来的应用系统等。

(三)移动互联网的架构

1. 移动互联网的技术架构

移动互联网的出现带来了移动网和互联网融合发展的新时代,移动网和互联网的融合也会是在应用、网络和终端多层面的融合。为了能满足移动互联网的特点和业务模式需求,在移动互联网技术架构中要具有接入控制、内容适配、业务管控、资源调度、终端适配等功能。构建这样的架构需要从终端技术、承载网络技术、业务网络技术各方面综合考虑。

①业务应用层:提供给移动终端的互联网应用,这些应用中包括典型的互联网应用,如网页浏览、在线视频、内容共享与下载、电子邮件等;也包括基于移动网络特有的应用,如定位服务、移动业务搜索以及移动通信业务(短信、彩信、铃声等)。

②移动终端模块:从上至下包括终端软件架构和终端硬件架构。终端软件架构包括应用 App、用户 UI、支持底层硬件的驱动、存储和多线程内核等。终端硬件架构包括终端中实现各种功能的部件。

③网络与业务模块:从上至下包括业务应用平台和公用接入网络。业务应用平台包括业务模块、管理与计费系统、安全评估系统等。公共接入网络包括接入网络、承载网络和核心网络等。

从移动互联网中端到端的应用角度出发,移动互联网的业务模型分为 5 层。

①移动终端:支持实现用户 UI、接入互联网、实现业务互操作。移动终端具有智能化和较强的处理能力,可以在应用平台和终端上进行更多的业务逻辑处理,尽量减少空中接口的数据信息传递压力。

②移动网络:包括各种将移动终端接入无线核心网的设施,如无线路由器、交换机、BSC、MSC 等。

③网络接入网关:提供移动网络中的业务执行环境,识别上下行的业务信息、服务质量要求等,并可基于这些信息提供按业务、内容区分的资源控制和计费策略。网络接入网关根据业务的签约信息,动态进行网络资源调度,最大限度地满足业务的 QoS 要求。

④业务接入网关:向第三方应用开放移动网络能力 API 和业务生成环境,使互联网应用可以方便地调用移动网络开放的能力,提供具有移动网络特点的应用。同时,实现对业务接入移动网络的认证,实现对互联网内容的整合和适配,使内容更适合移动终端对其的识别和展示。

⑤移动网络应用:提供各类移动通信、互联网以及移动互联网特有的服务。

2. 移动互联网的业务体系

移动互联网作为传统互联网与传统移动通信的融合体,其服务体系也是"脱胎"于上述两者。

移动互联网的业务主要包括三大类:

①固定互联网业务向移动终端的复制:实现移动互联网与固定互联网相似的业务体验,这是移动互联网业务发展的基础。

②移动通信业务的互联网化:使移动通信原有业务互联网化,目前此类业务并不太多,如意大利的"3 公司"与"Skype 公司"合作推出的移动 VoIP 业务。

③融合移动通信与互联网特点而进行的业务创新:将移动通信的网络能力与互联网的网络能力进行聚合,从而创新出适合移动终端的互联网业务,如移动 Web2.0 业务、移动位置类互联网业务等,这也是移动互联网有别于固定互联网的发展方向。

第二节 EDI 技术

一、EDI 的定义

EDI(Electronic Data Interchange)即电子数据交换,是由国际标准化组织(ISO)推出使用的国际标准,是指一种为商业或行政事务处理,按照一个公认的标准,形成结构化的事务处理或消息报文格式,从计算机到计算机的电子传输方法,也是计算机可识别的商业语言。例如,国际贸易中的采购订单、装箱单、提货单等数据的交换均采用了 EDI 技术。

目前,由于电子数据传输技术的迅速发展,EDI 的含义逐渐被狭义化:按照商定的协议,将商业文件标准化和格式化,并通过计算机网络,在贸易伙伴的计算机网络系统之间进行数据交换和自动处理,俗称"无纸化贸易"。

二、EDI 的发展概况

EDI 始于 20 世纪 60 年代,但其真正发展却是 20 世纪 80 年代之后的事情。由于国际贸易的需求和追求利润的直接刺激,以及计算机应用技术和现代网络通信技术的发展,使 EDI 应运而生。EDI 技术通过计算机网络系统可将原材料采购、生产制造、订货与库存、市场需求与销清,乃至银行、保险、运输等业务环节有机地联系起来,使传统的贸易经济行为从纸张往来逐步由电子数据替代。EDI 技术的好处是:避免数据重复输入、简化工作程序、提高经营的应变能力,降低成本,改善客户服务和客户关系,提高竞争能力。从经济的角度看,采用 EDI 技术可大大提高商业文件的传递速度、处理速度、空间跨度及准确程度,故 20 世纪 90 年代以来,EDI 技术风行世界,已成为世界贸易中最基本的手段和联络方式,成为参与世界贸易市场的资格证书。

20 世纪 60 年代末,欧洲和美国几乎同时提出了 EDI 的概念。早期的 EDI 只是在两个商业伙伴之间,依靠计算机与计算机直接通信完成。20 世纪 70 年代,数字通信技术的发展大大加快了 EDI 技术的成熟和应用范围的扩大,也带动了跨行业 EDI 系统的出现。20 世纪 80 年代,EDI 标准的国际化又使 EDI 的应用跃入了一个新的里程。

时至今日,EDI 历经了萌芽期、发展期,已步入成熟期。英国的 EDI 专家明确指出:"以现有的信息技术水平,实现 EDI 已不是技术问题,而仅仅是一个商业问题。"

三、EDI 标准

EDI 的核心是被处理业务的数据格式标准化,EDI 在本质上要求国际统一标准,采用共同语言进行通信。由于 EDI 是计算机与计算机之间的通信,以商业贸易方面的 EDI 为例,

EDI 传递的都是电子单证,因此为了能让不同商业用户的计算机识别和处理这些电子单证,必须按照协议制定一种各贸易伙伴都能理解和使用的标准。现行的行业标准有 CIDX(化工)、VICX(百货)、TDCC(运输业)等,它们都是专门应用于某一部门。目前国际上存在两大标准体系,一个是流行于欧洲、亚洲的,由联合国欧洲经济委员会(UN/ECE)制定的 UN/EDIFACT 标准;另一个是流行于北美的,由美国国家标准化委员会制定的 ANSI X.12 标准。下面简单介绍一下这些标准:

(一)ANSI ASC X.12

1979 年,美国国家标准学会(ANSI)特许公认标准委员会(ASC)X.12 为行业间电子交换商业交易开发统一的标准,即电子数据交换。原先设想的 ANSI X.12 支持跨北美的不同行业公司,但今天在全球有超过 300 000 家公司在日常业务交易使用 X.12 的 EDI 标准。ASC X.12 也对 UN/EDIFACT 做出过贡献,并广泛用于美国以外的数据交换。

(二)EANCOM

EANCOM 标准最初是由 EAN 大会于 1987 年提出设想,是根据当时新兴的 UN/EDIFACT 标准开发的。相比 TRADACOM 消息集,EANCOM 更详细。EANCOM 由 GS1 维护。EANCOM 最初为零售业开发,随后发展成为使用最广泛的 UN/EDIFACT 的子集,已经推广到一些其他行业,如医疗、建筑和出版等。

(三)UN/EDIFACT

联合国/行政、商业和运输电子数据交换是由联合国制定的国际标准。UN/EDIFACT 标准提供了一套语法规则的结构、互动交流协议,并提供了一套允许多国和多行业的电子商业文件交换的标准消息。在北美和欧洲,很多企业很早就采纳 UN/EDIFACT,所以应用很广泛。

(四)HIPAA

HIPAA 由美国国会于 1996 年颁布的健康保险可移植性和责任法案。HIPAA 是为国家认证供应商、健康保险计划和雇主建立电子医疗交易和全国标识符的国家标准。建立该标准是为了通过鼓励广泛使用美国卫生保健系统的 EDI 标准,提高北美卫生保健系统的效率和效益。

(五)ODETTE

ODETTE 即欧洲电信传输数据交换组织,代表了欧洲汽车行业的利益。该组织相当于美国汽车工业行动集团(AIAG)之于北美。ODETTE 一直致力于开发通信标准,例如 OFTP 与 OFTP2.0,使流程不断改善;又如物料管理原则/物流评估(MMOG / LE 的)和汽车业的具体文件标准等。

(六)RosettaNet

RosettaNet 是一个由主要的计算机、消费类电子产品、半导体制造商、电信和物流公司,共同创造和实现全行业开放的电子商务流程标准。这些标准形成了一个共同的电子商务语言,在全球基础上保持供应链合作伙伴之间一致的进程。RosettaNet 的文档标准基于 XML 定义消息指引、业务流程接口和公司之间相互作用的实施框架。使用 RosettaNet 合作伙伴接口流程(PIPs),可以连接各种规模的贸易伙伴,以电子方式处理交易和移动信息到扩展的供应链。

(七)SWIFT

环球银行金融电信协会(SWIFT)成立于1973年,总部设在布鲁塞尔。SWIFT经营着一个世界性的金融通信网络,实现了银行和金融机构之间的消息交换。SWIFT还向金融机构销售软件和服务,在SWIFTNet的网络上使用它。SWIFTNet是交换SWIFT文件、FIN、InterAct和FileAct的基础设施,用于编码这些文件以便传输。大部分银行同业拆息的消息使用SWIFT网络。目前,SWIFT连接了209个国家和地区的上万家个金融机构和企业。SWIFT文档标准分为四个方面:付款、服务贸易、证券和交易。

(八)Tradacoms

这是一个早期的EDI标准,主要是在英国零售业中使用。它最初在1982年推出,作为UN/GTDI的执行、EDIFACT的前身之一,由英国货品编码协会(现在被称为GSI英国)维护和扩展。这个标准现在已经过时,因为它的开发在1995年停止了。

(九)VDA

德国汽车工业联合会(VDA)为德国汽车行业内企业的需求开发标准和最佳实践,VDA已开发超过30种报文,以满足如大众、奥迪、博世、大陆和戴姆勒公司的需要。

(十)VICS

自发跨产业商务标准(VICS)用于在北美的一般商品零售行业。这是一个ANSI ASC X.12国家标准的子集。VICS的EDI正在被数以千计的公司、部门和专业的零售商店、量贩店和各自的供应商采用。GS1美国在1988年成为VICS电子数据交换的管理和行政机构。GS1美国还管理着ASC X.12衍生的统一通信标准(UCS),用于食品行业、工业/商业(I/C)的管理。

四、EDI的工作过程

EDI主要通过以下环节来完成工作:
①甲企业的商务应用系统(EDP)产生一个原始文件,例如订货单。
②EDI转换软件自动将订货单转换成平面文件,作为向标准化格式转换的过渡。
③EDI翻译软件将上一步生成的平面文件转换成标准化格式报文。
④通信软件将标准化报文放在含有乙方EDI ID(识别号码)标识的电子信封里,并同时进行安全加密处理,然后通过EDI通信系统传输给乙方。
⑤贸易伙伴乙收到电子信封后再进行反向操作,直到得到最初的原始订货单,这样就完成了一次电子数据传输。

EDI的具体工作流程如图2-4所示。

对于企业而言,EDP与转换软件和翻译软件之间的模块集成较为重要,三者之间应互相兼容,易于对话,以便快捷地生成标准化报文。对于EDI服务商而言,最重要的是如何保证数据在传输过程中的安全性。

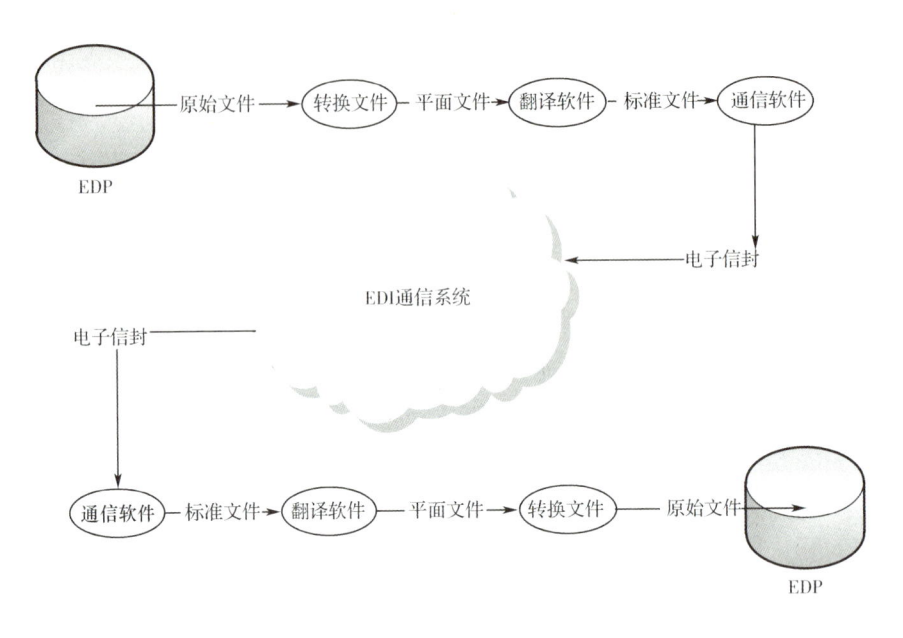

图 2-4　EDI 的具体工作流程

五、EDI 系统的三要素

一套完整的 EDI 模式主要是由 3 部分组成，分别为 EDI 标准、通信网络系统和计算机软硬件系统。其中，EDI 标准是结构化数据交换的关键，通信网络系统是数据交换的载体，计算机软硬件系统是生成和处理数据的工具，三要素互相协作，缺一不可，共同组成 EDI。EDI 系统模型如图 2-5 所示。

图 2-5　EDI 系统模型

EDI 标准是整个 EDI 最关键的部分，由于 EDI 是以实现商定的报文格式进行数据传输和信息交换，因此制定统一的 EDI 标准至关重要。EDI 标准主要分为基础标准、代码标准、报文标准、管理标准、应用标准、通信标准、安全保密标准等。

六、EDI 的特点

（一）EDI 使用电子方法传递信息和处理数据

EDI 一方面用电子传输的方式取代了以往纸质单证的邮寄和递送，从而提高了传输效率；另一方面，通过计算机处理数据取代人工处理数据，从而减少了差错和延误。

（二）EDI 采用统一标准编制数据信息

这是 EDI 与电报、传真等其他传递方式的重要区别，电传、传真等并没有统一的格式标准,而 EDI 必须按照统一的标准才能实现。

(三)EDI 是计算机应用程序之间的链接

EDI 实现的是计算机应用程序与计算机应用程序之间的信息传递与交换。由于计算机只能按照给定的程序识别和接收信息,所以电子单证必须符合标准格式并且内容完整准确。在电子单证符合标准格式且内容完整的情况下,EDI 系统不但能识别、接受、存储信息,还能对单证数据信息进行处理,自动制作新的电子单据并传输到有关部门。当有关部门就自己发出的电子单证进行查询时,计算机还可以反馈有关信息的处理结果和进展状况;在收到一些重要电子邮件时,计算机还可以按程序自动产生电子收据并传回对方。

(四)EDI 系统采用加密防伪手段

EDI 系统有相应的保障措施,EDI 传输信息通常是采用密码系统,各用户掌握自己的密码,可打开自己的"邮箱"取出信息,其他用户却不能打开这个"邮箱"。一些重要信息在传递时还要加密,为防止有些信息在传递过程中被篡改,或防止有人传递假信息,还可以使用证实手段,即将普通信息与转变成代码的信息同时传递给接收方;接收方把代码翻译成普通信息进行比较,如二者完全一致,可知信息未被篡改,也不是伪造的信息。通过 EDI 系统可以把信息转换成他人无法识别的代码,接收方计算机按特定程序译码后还原成可识别信息。

七、EDI 与 E-mail、FAX 的比较

EDI 与 E-mail、FAX 的比较见表 2-2。

表 2-2　　　　　　　EDI 与 E-mail、FAX 的比较

比较项目	EDI	E-mail、FAX
传输内容	格式化的标准文件	自由格式文件
用户	计算机系统	接收、发送需要人工
安全保密	较高的保密功能	较低的保密功能
通信网	专用数据通信网	电话网、电报网

第三节　大数据与数据挖掘

大数据与数据挖掘

随着网络信息化的日益普遍,移动互联网、社交网络、电子商务大大拓展了互联网的疆界和应用领域,我们正处在一个数据爆炸性增长的"大数据"时代,人们用大数据来描述和定义信息化爆炸时代产生的海量数据。大数据已经在《纽约时报》的专栏封面出现过,进入过美国白宫的新闻,现身在国内互联网的主题讲座中。大数据在社会、经济、政治、文化以及人们的生活等方面产生重大的影响。

一、大数据的基本概念

研究机构 Gartner 对于大数据(Big Data)给出了这样的定义:大数据是需要新处理模式才能具有更强的决策力、洞察发现力和流程优化能力的海量、高增长率和多样化的信息资产。

大数据是指无法在可承受的时间范围内用常规软件工具进行捕捉、管理和处理的数据集合。大数据技术的战略意义不在于掌握庞大的数据信息,而在于对这些含有意义的数据

进行专业化处理。换言之,如果把大数据比作一种产业,那么这种产业实现盈利的关键,在于提高对数据的"加工能力",通过"加工"实现数据的"增值"。

从技术上看,大数据与云计算的关系就像一枚硬币的正反面一样密不可分。大数据必然无法用单台的计算机进行处理,必须采用分布式架构。它的特色在于对海量数据进行分布式数据挖掘,但它必须依托云计算的分布式处理、分布式数据库和云存储、虚拟化技术。

大数据需要特殊的技术,从而有效地处理大量复杂的数据。适用于大数据的技术,包括大规模并行处理(MPP)数据库、数据挖掘电网、分布式文件系统、分布式数据库、云计算平台、互联网和可扩展的存储系统。

二、大数据的特性

大数据是需要新处理模式才能具有更强的决策力、洞察发现力和流程优化能力的海量、高增长率和多样化的信息资产。IBM 公司提出大数据有五个基本特征(5V),即数据规模大(Volume)、数据种类多(Variety)、数据要求处理速度快(Velocity)、数据价值密度低(Value)、数据真实(Veracity)。

三、大数据的关键技术

大数据不仅仅是数据量大,最重要的是要对大数据进行分析,只有通过分析才能获得很多智能的、深入的、有价值的信息。

(一)可视化分析

大数据分析的最基本要求是可视化分析,因为可视化能够直观地呈现大数据的特点,同时容易被读者所接受。

(二)数据挖掘算法

大数据分析的理论核心就是数据挖掘算法,各种数据挖掘算法基于不同的数据类型和格式才能更加科学地呈现出数据本身的特征。也正是因为这些被全世界统计学家所公认的各种统计学方法,大数据分析才能深入数据内部,挖掘出数据的价值,也是因为这些数据挖掘算法,才能快速地进行大数据处理。

(三)数据质量和数据管理

大数据分析离不开数据质量和数据管理。高质量的数据和有效的数据管理,无论是在学术研究还是在商业应用领域,都能够保证分析结果的真实性和价值性。当然,要更加深入地对大数据进行分析,还有很多专业的大数据分析方法需要去掌握和探索。

四、大数据的发展趋势

伴随着大数据技术与数据分析的发展趋势,拥有丰富数据的分析驱动型企业应运而生,下面具体介绍大数据技术与数据分析的趋势和创新。

(一)数据驱动创新

如今,数据已成为企业竞争优势的基石。利用数据和复杂数据分析的企业将目光投向了"创新",从而打造出高效的业务流程,助力自身战略决策,并在多个前沿领域超越其竞争对手。

(二)数据分析需先进的技术

大数据及分析将在今后取得重要进展,与大数据有关的软件、硬件和服务的全球开支将增长到上千亿美元。富媒体分析(视频、音频和图像)将成为很多大数据项目的一个重要驱动力。以针对电商数据进行图像搜索为例,对图像搜索结果的分析要准确,且无须人工介入,这就需要强大的智能分析。未来,随着智能分析水平的不断提升,企业将获得更多机遇。

(三)预测分析必不可少

当前,具有预测功能的应用程序发展迅速。预测分析通过提高效率、评测应用程序本身、放大数据科学家的价值及维持动态适应性基础架构来提升整体价值。因此,预测分析功能正成为分析工具的必要组成部分。

(四)混合部署是未来趋势

IDC 预测在未来 5 年,在基于云计算的大数据解决方案上的花费将是本地部署解决方案费用的 4 倍之多,混合部署将必不可少。IDC 还表示,企业级元数据存储库将被用来关联云内数据和云外数据。企业应评估公共云服务商提供的产品,这有助于其克服大数据管理方面的困难。

(五)认知计算打开新世界

认知计算是一种改变游戏规则的技术,它利用自然语言处理和机器学习帮助实现人机自然交互,从而扩展人类知识。未来,采用认知计算技术的个性化应用可帮助消费者购买衣服、挑选酒,甚至创建新菜谱。IBM 较新的计算机系统 Watson 率先利用了认知计算技术。

(六)大数据创造更多价值

越来越多的企业通过直接销售其数据或提供增值内容来获利。IDC 调查表明,目前大部分的公司已开始购买外部数据。因此,企业必须了解其潜在客户重视的内容,必须精通包装数据和增值内容产品,并尝试开发"恰当"的数据组合,将内容分析与结构化数据结合起来,帮助需要数据分析服务的客户创造价值。

五、大数据的应用

目前,大数据已经在医疗信息、智慧旅游、在线学习、电子商务等领域得到了广泛的应用,取得了显著的效果。

(一)医疗信息

医疗信息大数据可以为医疗服务提供有效的支撑,实现智能诊断、病例挖掘、医保大数据服务等,提高医疗信息的智能化。例如,通过大数据可以详细地分析某种疾病在每年各个月份的发生率,寻找最大发生率月份进行专项防治,降低疾病对人类造成的损害。

(二)智慧旅游

大数据可以有效整合旅游资源,将旅游景点、酒店餐饮、交通出行等形成一条完整的产业链,为用户推荐最佳的旅游线路。在用户搜索旅游景点、选择酒店住宿、购买交通票务时为用户量身定制并推荐最佳方案,智慧旅游经过深入研究和应用,已经能够实现旅游资源的网上查询、发布、点评。数据挖掘技术可以发现旅游者对景点资源的偏好,发现旅游旺季、淡季的时间,以便制定完善的旅游体系,提高游客自主性、互动性、趣味性和积极性,给游客带来新的体验,提高旅游服务水平。

(三)在线学习

大数据可以为在线教育整合、集成和设计教育产品,包括在线教育平台、网校、App等;可以根据学习者的需求,利用大数据挖掘算法对学习类型进行细分,将其划分为英语培训、出国留学培训、中小学课外辅导、职业教育培训、公务员考试培训等。目前,随着在线教育市场的火爆,在线教育超越时空限制为人们提供了便捷、灵活、经济的高质量服务,已经诞生了各大企事业单位推出的网上大学等在线学习平台,并且能够进行网络模拟考试、端点续传等操作,为人们提供极其方便地学习资源。

(四)电子商务

目前,随着淘宝网、天猫网、京东商城、国美商城等电子商务网站的快速发展,电子商务已经如雨后春笋般出现在人们的生活中。这些商家在积累了海量的用户消费数据资源后,根据用户的购买喜好使用数据挖掘算法为用户推荐商品,可以提高消费者搜索的精准程度,提高消费者商品搜索的便捷性,同时可以为商家制定营销策略,及时准确地获取最畅销的商品信息,提高供销比。

六、数据挖掘技术的广泛推广

1.应用现状

大数据时代,为了能够提高网络数据资源的利用率,需要设计高效的数据挖掘算法,从互联网中提取、组织和处理相关的数据信息,并且根据用户需求反馈搜索结果,以便满足人们利用大数据资源进行医疗诊断、文档分类、语音识别、视频搜索等需求。数据挖掘技术可以有效地从海量的数据资源中提取有价值的信息,实现信息资源分类管理,为人们的决策提供有效帮助。

目前,数据挖掘技术已经在多个领域得到了广泛应用,并且引起了许多学者的研究。大数据挖掘常用的技术包括支持向量机、神经网络、遗传算法、专家系统等。

①支持向量机。支持向量机基于统计学习理论,采用结构风险最小化原理,可以解决非线性、小样本、高维空间大数据挖掘问题,以便能够利用有限的样本发现数据中隐藏的有价值信息,为人们提供良好的大数据挖掘结果。支持向量机与其他算法相结合,逐渐应用到火炮控制、雷达扫描、地质勘探等非线性大数据挖掘复杂场景。

②神经网络。神经网络可以对训练数据进行自组织、自适应的学习,并且能够学习到最具典型特征的样本和区分数据能力,以便能够得到不同价值的数据信息。神经网络的分布式存储、并行处理和容错能力,都可以通过训练学习时调整不同的神经网络参数权值进行,具有较强的外界环境适应能力,同时具备非常强的抗干扰能力。神经网络的不足之处是很难获得样本数据,并且学习精度也依赖于神经网络的训练次数;如果加入了新的数据特征,需要重新训练网络,训练步骤较为复杂,耗时较长。神经网络已经在医学图像处理、机器人、工业控制等大数据挖掘领域得到了广泛应用。

③遗传算法。遗传算法是一种非常有效的模拟生物进化的大数据挖掘算法,该算法可以针对一串描述字符的位串进行操作,不同位串在实际的应用环境中代表不同的问题。遗传算法可以从若干个初始的种群开始搜索,根据当前的种群成员,模仿生物的遗传进化过程,选择基因优良的下一代作为进化的目标。目前,遗传算法已经在很多领域得到了广泛应用,如自动组卷过程、基因序列预测过程、数据库连接优化过程。

④专家系统。专家系统是较为常见的一种大数据挖掘技术,这种技术以网络中产生的专家经验知识为基础,构建一个核心的知识库和推理机,以知识库和推理机为中心,构建一个能够进行规则识别、分析的系统,并且可以通过规则匹配进行模式识别。专家系统已经在经营管理、金融管理、决策分析等领域得到了广泛应用,并且逐渐引入了马尔科夫链、贝叶斯理论、概率论、模糊数学等统计分析知识,可以确保专家系统的量化识别功能,不再仅仅依靠经验知识推论。

2. 发展趋势

随着大数据的应用和发展,数据量将会更大,数据结构也更加负责,因此大数据挖掘技术未来的发展趋势主要体现在以下两个关键方面:

①提高数据挖掘准确度。由于大数据资源具有动态性、分布性等特征,大数据在应用过程中也日趋复杂,为了提高电子商品推荐精确度、智慧旅游线路推荐的合理性等,需要提高大数据挖掘的准确度。提高精确度的方法包括引入自适应、粒子计算等理论。

②改善数据挖掘的时间复杂度。在大数据挖掘过程中,由于用户的时效性要求较高,为了提高用户的感知度,需要改善数据挖掘算法的时间复杂度,以便能够更加迅速地挖掘数据中潜在的知识,为用户进行在线学习、医疗诊断等提供决策支撑。

大数据已经在现代信息社会得到了广泛应用,为人们提供医疗、购物、旅游和学习等决策支持,提供更加完善的、丰富的信息服务。数据挖掘技术可以有效提高数据检索效率,提高数据的微观和宏观分析能力,通过智能推理指导人们的实际生活。

本章小结

本章梳理了我国及世界互联网发展历程,介绍了电子数据交换(EDI)技术,阐述了大数据和数据挖掘技术。通过理论联系实践,帮助学生把握电子商务技术前沿发展动态,使学生了解到发展好、运用好、治理好互联网,让互联网更好造福人类,是国际社会的共同责任,进一步培养学生的工匠精神。

互联网的发展大体经历了三个阶段的演进,首先,它是一个以 TCP/IP 为基础,连接大大小小的计算机网络的数据通信网。其次,电子数据交换是按照协议对具有一定结构特征的标准信息,经数据通信网络,在计算机系统之间进行交换和自动处理。最后,给出了大数据的定义,大数据具有的五个基本特性:数据规模大、数据种类多、数据要求处理速度快、数据价值密度低和数据真实。

关键术语

互联网、TCP/IP 协议、电子数据交换(EDI)、大数据、数据挖掘。

配套实训

进入网上书城(如亚马逊、网易、当当、淘宝等)订购一本《电子商务概论》书籍,比较其价格、配送和支付方式等优劣,写一份报告。

课后习题

一、单项选择题

1. 早期的 EDI 是在（　　）上进行电子数据交换。
　A. Internet　　　　B. Intranet　　　　C. Extranet　　　　D. VAN
2. （　　）是简单的邮件传输协议。
　A. DNS　　　　　B. Telnet　　　　　C. HTTP　　　　　D. SMTP
3. 下列不属于网络协议组成的是（　　）
　A. 语法　　　　　B. 进程　　　　　　C. 语义　　　　　　D. 时序
4. 内联网能够为企业提供的服务项目是（　　）
　A. 信息整合　　　　　　　　　　　　B. 文件分析
　C. 管理和传输系统　　　　　　　　　D. 安全性管理
5. 下列不属于数据挖掘的功能是（　　）
　A. 概念描述　　　B. 相关性分析　　　C. 聚类　　　　　　D. 检测

二、填空题

1. TCP/IP 协议的结构中包括网络层、_____和网络接口层。
2. 在域名注册时，如果想建立一个商业网站，在域名分类最佳的域名是_____。
3. IP 地址由_____和_____两部分组成。
4. EDI 系统的三大要素是_____、通信网络系统和计算机软硬件系统。
5. 大数据有五个基本特性，包括数据规模大、数据种类多、_____、数据价值密度低、_____。

三、简答题

1. 大数据的应用发展方向？
2. 简述 EDI 的工作过程。
3. 数据挖掘的过程是什么？
4. 5G 通信的关键技术是什么？

讨论案例

亚马逊网上书店成立于 1995 年 7 月。一个月后，亚马逊卖出了第一本书。1997 年 5 月，亚马逊成功上市。之后，亚马逊开始尝试进入其他相关领域，1997 年开始销售音乐 CD，其业务迅速拓展，进入从软件到时装、从鲜花到旅行包的各种市场中均有所涉足。（资料来源：MBA 智度·文档）

当当网是全球较大的综合性中文网上购物商城，由国内著名出版机构科文公司、美国老虎基金、美国 IDG 集团、卢森堡剑桥集团、亚洲创业投资基金（原名软银中国创业基金）共同投资成立。1999 年 11 月，当当网正式开通。成立以来，当当网每年均保持 100% 高速成长，2009 年成长率高达 120%。当当网在线销售的商品包括家居百货、化妆品、数码产品、家电、图书、音像、服装及母婴等几十个大类，逾百万种商品，在库图书达到 60 万种。目前，每年有近千万顾客成为当当网新增注册用户,遍及全国32个省、市、自治区和直辖市。每天有上万人在当当网买东西,每月有3 000万人在当当网浏览各类信息,当当网每月销售商品超过2000万件。(资料来源:网经社官方网站)

1. 分析亚马逊和当当网两大电商的各自优势。

2. 新华社2017年1月15日,中共中央办公厅、国务院办公厅印发了《关于促进移动互联网健康有序发展的意见》,请结合文件要求探讨一下我国互联网电商下一步发展的重要内容?

第三章 电子商务安全

学习目标

知识目标

了解电子商务的安全问题及需求。
熟悉电子商务的安全对策。
掌握各种计算机网络安全技术。

技能目标

掌握防火墙、杀毒软件等的操作。
熟练掌握各种电子商务交易安全技术。

思政目标

帮助学生认清国内外电子商务相关领域的安全形势及主要问题；培养学生参与电子商务活动时的安全意识、诚信意识。

导入案例

案例1：收到网购退款通知，填资料导致盗刷

徐女士在淘宝购物后，收到一条看似淘宝系统发出的短信。短信内容称徐女士的订单未生效，可以进行快捷退款。徐女士点开短信中的链接后看到一个退款界面，要求填写姓名、身份证号、储蓄卡卡号及银行预留手机号等信息。徐女士在填写相关信息不久后，收到银行发来的扣款短信，短信显示自己的银行卡被扣款3 000元。

警方提示："支付宝支付异常系统""交易异常处理中心""快捷退款页面"等都是骗子伪造出来的，是原本根本就不存在的"钓鱼网站"。用户在这些网页上填写自己的银行卡账号、密码和验证码，甚至是身份证信息之后，骗子就可以利用这些信息盗刷用户的银行卡。

案例2：账户资金异动，提供验证码被骗

何先生收到银行短信称，其个人账户4 600元由活期存款转为定期存款。在收到短信提醒后不久，何先生就接到电话，对方询问何先生是否是其本人，是否在他们的游戏平台进行了充值。何先生立即回答说"不是"，于是该"客服人员"称可以将钱退回，如果不相信存在该笔交易，可以到附近的ATM机查看。何先生平时并不经常使用网银，于是就按照"客服"的建议去ATM机查看银行卡余额，果然少了4 600元。这时"客服人员"说仅需要提供一个验证码就可以退款。过了几秒钟，何先生便收到了一个转账交易4 600元的验证码短信。何先生向骗子提供了手机收到的验证码，结果银行卡的钱被盗。

警方提示：骗子首先窃取了受害者的网银登录账号和密码，并登录；其后骗子利用网银

账号内部交易不需要验证码和U盾的特点,在受害者网银账号内部通过购买贵金属、活期转定期等操作,制造银行卡上有资金流出的假象。最终目的是套取用户的验证码短信,将资金转走。

案例3:扫二维码领退款,却被转走近千元

邵先生在微信上搜索手机游戏"太极熊猫"时,偶然看到一个名为"太极熊猫限量礼包"的公众号,于是就关注了该微信公众号。其后邵先生看到一个充值兑换的优惠活动信息,但充值只有通过微信公众账号进行才有效,在游戏内进行充值是无效的。而且活动采用的是AA付款的方式进行收费。最终邵先生在活动界面上购买了近千元套餐产品。其后客服对邵先生说付款有问题,扫二维码支付可退款。邵先生用支付宝扫描了一下"客服"发来的二维码,又被转走了近千元。

警方提示:任何时候都不要扫描陌生人发来的二维码,不论是QQ、微信、旺旺还是其他的聊天工具。发送二维码的目的常常是绕过聊天软件的网址安全检测机制。

第一节　电子商务安全概述

一、电子商务安全基础

电子商务以开放的互联网网络环境为基础,其重要的技术特征是使用网络来传输和处理商业信息。互联网的全球性、开放性、虚拟性、无缝链接性和共享性,使得任何人都可以自由接入,这样,电子商务的技术基础就存在先天的缺陷。开放性、共享性是一把双刃剑,使电子商务存在各种各样的安全隐患。因此,在这样的环境中,认识电子商务过程中的安全问题,并在此基础上对其进行全面防范是富有挑战性的工作。

由于互联网络的发展,世界经济正在迅速地融为一体,而国家犹如一部巨大的网络机器。计算机网络在经济和生活的各个领域正在迅速普及,整个社会对网络的依赖程度越来越高。众多的企业、组织、政府部门与机构都在组建和发展自己的网络以充分共享、利用网络的信息和资源。网络已经成为社会和经济发展的强大动力,其地位越来越重要。伴随着网络的发展,也产生了各种各样的问题,其中安全问题尤为突出。

中国互联网络信息中心(CNNIC)发布的第47次《中国互联网络发展状况统计报告》显示,截至2020年12月,我国网民规模达9.89亿人,继续保持平稳增长,互联网模式不断创新、线上线下服务融合加速以及公共服务线上化步伐加快,成为网民规模增长推动力。2017年,《中华人民共和国网络安全法》的正式实施,以及相关配套法规的陆续出台,为此后开展的网络安全工作提供了切实的法律保障。政府与企业共同打击各类网络安全问题,促使网民遭遇网络安全问题的比例明显下降。然而,随着技术的进步和商业模式的不断创新,互联网领域新的安全问题不可避免。例如:物联网设备面临的安全威胁加剧;数字货币引发更复杂的网络设备攻击基础网络设备;人工智能运用在网络安全领域的热度持续上升。

二、电子商务面临的安全威胁

电子商务是一个社会与技术相结合的综合性系统,它不仅与计算机系统结构有关,还与电子商务应用的环境、人员素质和社会因素有关,它包括环境安全、网络安全、信息安全和交易安全四个层次。

(一)环境安全

为了保证电子交易能顺利进行,电子交易所使用的基础设施必须安全可靠,否则一切技术、措施将变得没有意义。环境安全是电子商务的根本,主要包括以下内容。

1. 机房环境安全

计算机网络设备大多是易碎品,不能受重压、强烈震动或强力冲击。同时,计算网络设备对机房环境要求较高,如适当的温度、湿度、避免各种污染源等,要特别注意火灾、水灾、空气污染对设备所构成的威胁。此外,人为的破坏也会造成相应的设备损坏。因此,需要相应的防盗手段及监控系统对计算机网络设备加以保护。

2. 电磁泄漏

计算机和其他一些网络设备大多数都是电子设备,当它工作时会产生电磁或无线信号的传输。特别是在移动商务普及的今天,一台计算机或手机就像一部电台,向外传输带有信息的电磁波或通信信号。这样,非法之徒就可以利用先进的接收设备窃取网络机密信息。

3. 行政管理安全

缺乏相关的计算机网络、信息、电子商务安全管理的规章制度,如人员管理制度、保密制度、软件和数据的维护与备份制度等,缺乏对员工的相关法律制度教育,员工责任心、安全防范意识不强,都可能影响行政管理安全等。如因保密观念不强或不懂保密规则而造成泄密,因业务不熟练、操作失误使文件出错或误发等,都是危害行政管理安全的体现。

4. 社会环境安全

安全的电子商务不能仅靠单一的手段(如技术或管理手段)还必须辅以法律、道德等手段,来最终保护参与电子商务各方的利益。

(二)网络安全

计算机网络安全应保证信息系统资源的完整性、准确性,在有限的传播范围内,能向所有的合法用户有选择地随时提供各自应得到的网络服务。从逻辑上来讲,计算机网络安全需要保证客户端、服务器、网络接入设备、传输通信设备和网络系统等的安全稳定运行。具体来讲,包括以下几个方面:

1. 黑客的恶意攻击

黑客(Haker),一般泛指计算机信息系统的非法入侵者。黑客攻击已成为计算机网络面临的最大威胁。无论是个人、企业还是政府机构,只要进入计算机网络,都会感受到黑客带来的网络安全威胁,大到国家机密,小到商业秘密乃至个人隐私都可能随时被黑客发现并公布。更重要的是,黑客的袭击不仅使国家、组织或企业受损,更使公众对网络安全的信心受到打击。

2. 计算机病毒与木马

计算机病毒(Computer Virus)在《中华人民共和国计算机信息系统安全保护条例》中被明确定义为:"指编制或者在计算机程序中插入的破坏计算机功能或者破坏数据,影响计算机使用,并能自我复制的一组计算机指令或者程序代码。"木马是一类特殊病毒。通过木马,计算机可能被远程计算机监视与控制。病毒和木马具有隐蔽性,一旦发作能够实现破坏数据、删除文件、格式化磁盘等操作。目前,互联网成为病毒和木马的制造者、传播者散发病毒的目标场所,时刻威胁着计算机网络的安全。

3. 软件漏洞与"后门"

在软件开发的过程中总会留下某些缺陷和漏洞,这些漏洞可能一时不会被发现,而只有当被利用或某种条件得到满足时,才会显现出。利用网络设计的缺陷或者漏洞是黑客突破网络的防护进入网络的主要手段之一。例如,微软的 Windows 系统、IE 浏览器都不断被用户发现这样或那样的安全漏洞,并成为病毒、木马及黑客攻击的目标。某些软件被软件公司的设计和编程人员为了自便而设置了"后门",一般不为外人所知,但一旦"后门"打开,其造成的后果将不堪设想。

4. 网络协议的安全漏洞

互联网的服务都是通过各类网络协议完成的,如果协议存在安全上的缺陷,那么就可能不需要破解密码即可获得所需信息。实践证明,目前互联网常用的一些协议如 HTTP、FTP 和 Telnet 在安全方面都存在一定的缺陷。当今许多黑客攻击都是利用了这些协议的安全漏洞。实际上,网络协议的漏洞是当今互联网面临的较为严重的安全问题。

(三)信息安全

如果把电子商务的运转过程看作信息的流动,则在正常情况下,信息从信源流向信宿的整个过程不受任何第三方的介入和影响。目前,电子商务面临的信息安全威胁可以归纳为信息中断、信息窃取、信息篡改、假冒信息四种类型。信息中断是指攻击者有意破坏和切断他人在网络上的通信;信息窃取是指非法用户使用通信数据窃听的手段获得敏感信息;信息篡改是指非法用户对合法用户之间的通信信息进行修改,再发送给接收者;假冒信息是指攻击者假冒发送者的身份伪造一份信息传送给接收者。

(四)交易安全

由于网络的虚拟性,交易各方非面对面的交易特征,使参与电子商务交易的各方(销售方和购买方)都面临不同形式和不同程度的安全威胁。交易安全问题主要涉及隐私、商业数据、身份真实、商家诚信、货款支付、商品送达和买卖纠纷处理等方面。

1. 信用风险

信用风险是指交易双方信任缺失造成的交易障碍,主要分为卖方信用风险、买方信用风险和否认交易风险,这种信任的缺失主要发生在充满不确定性和风险的环境中。网络交易环境的虚拟性,使得信任在网络交易过程中所起的作用超过了它在传统交易活动中所起的作用,人们对于交易双方的真实性更难判断。

2. 隐私问题

隐私问题主要体现为客户个人隐私或身份数据在传递过程中可能被窃听,而被卖方泄露。比如引入 Cookies 的初衷是为了网站可以通过记录客户的个人资料、访问偏好等信息实现一些高级功能,例如电子商务身份验证。可是,有的网站和机构滥用 Cookies,未经访问者的许可,搜集他人的个人资料,达到构建用户数据库、发送广告等营利目的。和黑客问题相比,隐私保护问题离广大网民的距离更近一些。用户在使用个人网络账户及资源时一些不当的操作或不好的习惯都有可能导致个人隐私信息泄露。

3. 网络诈骗

网络诈骗随着电子商务的发展而日益猖獗,可能使买方蒙受巨大损失。"网络钓鱼"是当前最为常见也较为隐蔽的网络诈骗形式。所谓"网络钓鱼",是指犯罪分子通过使用"盗号木马""网络监听"以及伪造的假网站或网页等手法,盗取用户的银行账号、证券账号、密码信息和其他个人资料,然后以转账盗款、网上购物或制作假卡等方式获取利益。此外,随着移动商务的普及和发展,移动终端的安全问题也日益突出。诸如利用非法 Wi-Fi 或利用植入木马程序的二维码行骗的案例也层出不穷。

小链接

滴滴赴美引发安全审查,中美"金融脱钩"论再度响起

2021 年 6 月 30 日,滴滴在美国纽约证券交易所低调挂牌交易。该公司在美股市场筹资 44 亿美元,成为继阿里巴巴之后在美国 IPO 规模第二大的中国企业。在滴滴上市交易两天后,7 月 2 日,中国网络安全审查办公室宣布将依据《中华人民共和国国家安全法》和《中华人民共和国网络安全法》,按照《网络安全审查办法》,对"滴滴出行"实施网络安全审查,并停止新用户注册。随后,"滴滴出行"及"滴滴企业版"等 25 款 App 分别在 4 日和 9 日先后被要求在应用商店中下架。该办公室称,审查是为了防范国家数据安全风险,维护国家安全,保障公共利益。继对滴滴进行审查之后,7 月 5 日,网信办又对另外两家 6 月已在美国上市的中国科技企业——满帮集团(Full Truck Alliance,YMM)旗下的两款应用"运满满"和"货车帮"、看准科技集团有限公司(Kanzhun Ltd.,BZ)旗下应用"Boss直聘"启动了类似审查。

在监管审查压力之下,滴滴股价在 7 月 6 日开盘后大幅下跌至 11 美元,跌幅达 23%,甚至低于滴滴的上市定价 14 美元。除滴滴外,其他热门科技中概股同期也呈现普跌态势。统计数据显示,中概股 7 月市值累计蒸发约 4 000 亿美元,这超过了 2020 年 3 月美国股市大跌时中概股所损失市值的两倍。中概股企业因"滴滴事件"遭受了惨重的池鱼之灾。

此番对以滴滴为首的中国互联网科技企业的重拳审查,体现出中国政府对中概股监管的全面加强和对网络数据安全的高度关切。

三、电子商务的安全需求

保证交易数据的安全是电子商务系统的关键,由于互联网本身的开放性,使电子商务系统面临着各种各样的安全威胁。因此,对电子商务的安全性提出了很高的要求。

(一)认证性

认证性(交易身份的真实性)是指交易双方在进行交易前应能鉴别和确认对方的身份,交易者的身份是确实存在的,不是假冒的。在传统的交易中,交易双方往往是面对面进行活动的,这样很容易确认对方的身份。然而网上交易的双方很可能素昧平生,相隔千里,并且整个交易过程中可能不见一面。要使交易成功,首先要能确认对方的身份,商家要考虑客户是不是骗子,而客户也会担心网上的商店是不是一个玩弄欺诈的黑店。因此,电子商务的首要安全需求就是要保证身份的认证性,一般可通过认证机构和证书来实现。

(二)保密性

保密性是指交易过程中必须保证信息不会泄露给非授权的人或实体。传统的纸面贸易都是通过邮寄封装的信件或通过可靠的通信渠道发送商业报文来达到保守机密的目的。电子商务则建立在一个开放的网络环境上,当交易双方通过互联网交换信息时,如果不采取适当的保密措施,那么其他人就有可能知道交易双方的通信内容;另外,存储在网络上的文件信息如果不加密的话,也有可能被黑客窃取。上述种种情况都有可能造成敏感商业信息的泄露,导致商业上的巨大损失。因此,要预防非法的信息存取和信息在传输过程中被非法窃取。信息的保密性一般通过密码技术对传输的信息进行加密处理来实现。如果侵犯隐私的问题不能解决,参与电子商务对个人用户而言是一件很危险的事。

(三)完整性

完整性是指信息在传输过程中能够保持一致性,并且不被未经授权者所修改,又称为不可修改性。电子商务简化了贸易过程,减少了人为的干预,同时也带来维护贸易各方商业信息的完整性和统一性问题。数据输入时的意外差错或欺诈行为,可能会导致贸易各方信息的差异。另外,数据传输过程中信息的丢失、信息重复或信息传送的次序差异也会导致贸易各方信息的不同。因此,贸易各方信息的完整性将关系到贸易各方的交易和经营策略,保持贸易各方信息的完整性是电子商务的基础。一般可通过提取信息摘要的方式来保持信息的完整性。

(四)不可抵赖性(不可否认性)

不可抵赖性(不可否认性)是指信息的发送方不可否认已经发送的信息,接收方也不可否认已经收到的信息。在传统的纸面贸易中,贸易双方通过在交易合同、契约或贸易交易所书面文件上的手写签名或印章来鉴别贸易伙伴,确定合同、契约、交易的可靠性,并预防抵赖行为的发生,这也就是人们常说的"白纸黑字"。在电子商务方式下,通过手写签名和印章进行双方的鉴别已是不可能的了。因此要求在交易信息的传输过程中为参与交易的个人、企业或国家提供可靠的标识,一旦签订交易后,这项交易就应受到保护,交易不可撤销,交易中的任何一方都不得否认其在该交易中的作为。一般可通过对发送的消息进行数字签名来实现信息的不可抵赖性。

(五)可靠性和可用性

可靠性和可用性也称不可拒绝性,是指电子商务服务商应为用户提供稳定可靠的服务,保证授权用户能够使用和访问网站的服务和资源,能够对网络故障、操作错误、应用程序错误、硬件故障、系统软件错误、计算机病毒以及攻击者对交易信息的修改所产生的潜在威胁加以控制和预防,以保证交易数据在确定的时刻、确定的地点是可靠的。电子商务以电子形式取代了纸张,那么如何保证这种电子形式贸易信息的有效性则是开展电子商务的前提。因此一般通过防火墙、入侵检测、反病毒、漏洞扫描、数据备份与恢复等技术来实现。

四、电子商务的安全对策

电子商务的安全问题是制约电子商务发展的关键所在,根据电子商务的安全需求,解决安全问题从技术、管理和法律等多方面来考虑,可构建如图3-1所示的电子商务安全体系结构。该体系由5层构成:网络服务层、加密控制层、安全认证层、安全协议层和应用系统层。从图中的层次结构可看出,下层是上层的基础,为上层提供技术支持;上层是下层的扩展与递进。各层次之间相互依赖、相互关联,构成统一整体。各层通过控制技术的递进实现电子商务系统的安全。

为了保障电子商务的安全，需要方方面面的参与与努力，所以构建电子商务安全框架需要考虑整体的环境安全。在行政管理方面应制定企业内部、外部网络安全规划和标准，在规划和标准的指导下制定详细的安全行为规范（包括各种软硬件设备使用和维护权限的管理办法、网络系统登录和使用的安全保障管理办法、数据维护和备份的管理规定等），特别要注意安全条例的执行保障，确定网络管理的目标和标准。在法律法规方面，电子商务交易各方应明确各自需要遵守的法律义务和责任，制定完善的法律体系来维持虚拟世界的秩序。总之，环境安全层可依靠法律手段、行政手段和技术手段的完美结合来最终保护参与电子商务各方的利益。

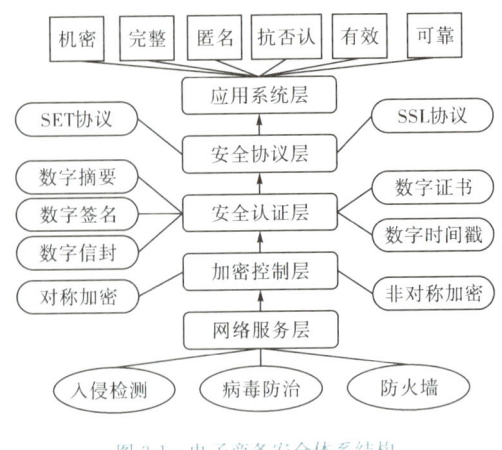

图3-1 电子商务安全体系结构

电子商务系统是依赖网络实现的商务系统，需要利用互联网基础设施和标准，所以需要一系列维护电子商务正常运行的计算机网络安全技术，例如计算机日常维护技术、操作系统安全、防火墙技术、反黑客与反病毒技术、漏洞扫描检测技术和漏洞修复技术等各种网络安全防范措施与技术。这些技术是各种电子商务应用系统的基础，并提供信息传送的载体和用户接入的手段及安全通信服务，保证网络最基本的运行安全。

为确保电子商务系统全面安全，必须建立完善的加密技术、安全认证和交易协议机制。加密控制层是保证电子商务系统安全所采用的最基本安全措施，它用于满足电子商务对保密性的需求。安全认证层是保证电子商务安全的又一必要手段，它对加密控制层中提供的多种加密算法进行综合运用，进一步满足电子商务对完整性、抗否认性、可靠性的要求。安全协议层是对加密控制层和安全认证层的安全控制技术的综合运用和完善，它为电子商务安全交易提供保障机制和交易标准。

电子商务应用系统包括了C2C、B2B、B2C和B2G等各类电子商务应用系统及商业解决方案，消费者或企业都必须掌握一系列的电子商务交易风险防范技术，确保网络购物或网络贸易的交易安全。用于保障电子商务的安全控制技术很多，层次各不相同，但并非是把所有安全技术简单地组合就可以得到可靠的安全。为满足电子商务在安全服务方面的要求，基于互联网的电子商务系统使用除保证网络本身运行的安全技术外，还用到了依据电子商务应用自身特点定制的一些重要安全技术。

第二节 网络安全技术

电子商务系统的安全性主要是网络平台的安全和交易信息的安全。网络平台的安全是指网络操作系统对抗网络攻击、病毒，使网络系统连续稳定地运行。网络安全常用的保护措施有防火墙技术、病毒防范技术、入侵检测技术、漏洞扫描技术和虚拟专用网络技术等。

一、防火墙技术

因为要进行电子交易，企业不得不把内部网络连接到互联网上，这就意味着与网上成千上万的计算机建立了通路。为了维护企业内部网络和信息的安全，就需要有一种工具和技术对流入的数据和服务进行严格的控制，由此出现了防火墙。

(一)防火墙的概念

防火墙(Firewall)是目前一种最重要的网络防护设备，指一个由软件系统和硬件设备合成的在企业内部网与外部网之间的保护屏障。防火墙是不同网络或网络安全域之间信息的唯一出入口，能根据企业的安全政策控制(允许、拒绝、监测)出入网络的信息流，且本身具有较强的抗攻击能力。它是提供信息安全服务、实现网络和信息安全的基础设施。

在逻辑上，防火墙是一个分离器、一个限制器、一个分析器，也是一个保护装置，能有效地监控 Intranet 和互联网之间的任何活动，保证内部网络的安全。防火墙的结构组成如图 3-2 所示。

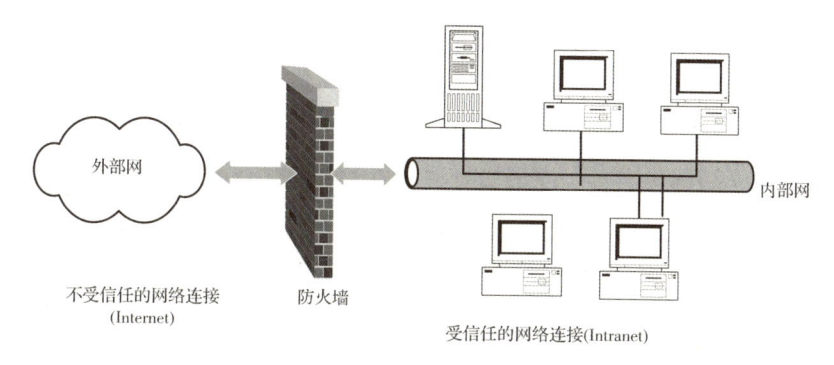

图 3-2　防火墙的结构组成

(二)防火墙的安全策略和功能

常用的防火墙安全策略有两种：一是没有被列为允许访问的服务都是被禁止的，这是安全性高于一切的策略。这种策略尽管非常实用，可以形成一个安全的环境，但是其安全是以牺牲用户使用的方便为代价的，用户和信息会因未被列入允许服务名单而被拒之门外，使网络的应用范围和效率有所降低。二是没有被列为禁止访问的服务都是被允许的，这种策略只需确定那些不安全的客户和服务，以禁止他们访问。这种策略使得网络的灵活性得到保留，但容易出现漏网之鱼，使安全风险增大。因此，网络管理员必须随时发现要禁止访问的服务，并添加到安全策略中去。

1.防火墙的基本功能

一般来说，防火墙具有以下五种基本功能：
①保护易受攻击的服务；
②控制对特殊站点的访问；
③集中化的安全管理；
④集成了入侵检测功能，提供了监视互联网安全和预警的方便端点；
⑤对网络访问进行日志记录和统计。

2. 防火墙的缺陷

防火墙也有以下不足之处：

①不能防范恶意的知情者；

②不能防范不通过它的连接（绕过防火墙）或者来自内部的攻击；

③不能防备所有威胁，只能用来防备已知的威胁；

④不能防止感染了病毒的软件和文件的传输，但可以通过设置防范已知的木马程序。

（三）防火墙的种类

防火墙技术可根据基本原理和防范方式的不同分为以下几种基本类型：包过滤型、代理服务型和状态监视器型等几种基本类型。这里主要介绍包过滤型和代理服务型。

1. 包过滤型

包过滤防火墙（Packer Filter）通常安装在路由器上，并且大多数商用路由器都提供了包过滤的功能。包过滤是一种安全筛选机制，它控制哪些数据包可以进出网络而哪些数据包应被网络所拒绝，是一种通用、廉价、有效的安全手段。之所以通用，是因为它不针对各个具体的网络服务采取特殊的处理方式；之所以廉价，是因为大多数路由器都提供分组过滤功能；之所以有效，是因为其能很大限度地满足企业的安全要求。

包过滤技术通过一个检测模块，根据预先设定的过滤原则对流经防火墙的数据包进行检测，以决定是转发还是丢弃该数据包。包过滤技术可以控制站点之间、站点与网络之间以及网络之间的相互访问。但对于应用层传输的数据内容没有控制能力。包过滤技术在网络层和传输层起作用，它根据分组包的源宿地址、端口号及协议类型、标志确定是否允许分组包通过，而将不合乎逻辑的数据包删除。

2. 代理服务型

代理服务系统（Proxy Service）一般安装并运行在双宿主机上。双宿主机（具有至少两个网络接口的计算机，简称双宿主机）是一个被取消路由功能的主机。与双宿主机相连的外部网络和内部网络之间在网络层是被断开的，这样做的目的是使外部网络无法了解内部网络的拓扑。这与包过滤防火墙明显不同，就逻辑拓扑而言，代理服务型防火墙比包过滤型防火墙更安全。

基于代理的防火墙源于人们对越来越不可靠网络的信息安全需求。包过滤防火墙可以按照 IP 地址禁止未授权者访问，但是它不适合企业用来控制内部人员访问外界的网络，对于这样的企业来说，代理服务是最好的选择。所谓代理服务，即防火墙内外的计算机系统应用层的链接是通过两个终止于代理服务的链接来实现的，这样便成功实现了防火墙内外计算机系统的隔离。代理服务是设置在互联网防火墙网关上的应用，是在网络管理员允许或拒绝下的特定应用程序或者特定服务，完全控制客户机和真实服务器之间的流量，并对流量情况加以记录。目前，代理服务器型防火墙产品一般还都包括包过滤功能。

二、病毒防范技术

随着计算机在政治、军事、金融、商业等领域的应用越来越广泛，社会对计算机网络信息系统的依赖也越来越大，计算机病毒攻击与防范技术也在不断发展。世界各地遭受计算机病毒感染和攻击的事件数以亿计，严重地干扰了人类正常的社会生活，也给计算机网络和系统带来了巨大的威胁和破坏。随着计算机网络运用的不断普及，防范计算机病毒越来越受到人们的高度重视。

(一)计算机病毒简介

计算机病毒是指编制或者在计算机程序中插入的破坏计算机功能或者毁坏数据,影响计算机使用,并能自我复制的一组计算机指令或程序代码。计算机病毒通常隐藏在其他看起来无害的程序、数据文件或磁盘的引导区中,不易被人们发现。当程序执行、数据复制或磁盘读写时,隐藏的病毒往往先运行自己与合法程序争夺系统的控制权,并借机修改其他程序或数据文件,把自己按原样或演化过的形式复制到其他文件中,感染这些文件,实现病毒传播。

(二)计算机病毒的特点

与一般的计算机程序相比,计算机病毒一般具有以下几个特点。

1. 破坏性

任何计算机病毒只要侵入系统,都会对系统及应用程序产生不同程度的影响,轻者会降低计算机的工作效率,占用系统资源,重者可导致系统崩溃。

2. 隐蔽性

计算机病毒程序大多隐藏在正常程序之中,很难被发现,它们通常附在正常程序中或磁盘较隐蔽的地方,如果不经过扫描分析,很难区别病毒程序与正常程序。受到病毒传染后计算机系统通常仍能正常运行,用户不会感到有任何异常。

3. 潜伏性

大部分计算机病毒感染系统之后不会马上发作,会长期隐藏在系统中,只有在满足特定条件时才会启动其破坏模块。例如,著名的"黑色星期五"病毒在每月 13 日如果又恰逢星期五时发作。

4. 传染性

传染性是指计算机病毒具有把自身复制到其他程序中的特性。病毒程序代码一旦进入计算机并得以执行,会寻找其他符合其传染条件的程序或存储介质,确定目标后再将自身代码插入其中,来达到自我繁殖的目的。

5. 可激发性

计算机病毒在传染和攻击时都需要一个触发条件,这个条件是由病毒制造者决定的,它可以是系统的内部时钟、特定字符、特定文件、文件使用次数、系统启动次数等。

6. 攻击性

计算机病毒入侵系统后,时刻监视系统的运行,一旦时机成熟,即对系统实施主动攻击。

(三)计算机病毒的防范

1. 正确安装和使用杀毒软件,加强内部网的整体防病毒措施

尽量打开杀毒软件的各类防护功能,另外,必须及时升级、更新杀毒软件的病毒库和扫描引擎。如 360 杀毒是完全永久免费的杀毒软件,它创新性地整合了四大领先防杀引擎,提供全时全面的病毒防护,不但查杀能力出色,而且能第一时间防御新出现的病毒木马。

2. 堵住系统漏洞,经常升级打补丁

计算机系统在开发和设计的过程中或多或少都存在相应的系统漏洞,这相当于为病毒和木马的入侵留下了"后门"。因此要特别注意用 360 安全卫士等安全防护软件定期进行漏洞的扫描和修复,从官方网站下载最新的安全补丁,防患于未然。

3. 启用网络防火墙

通过网络防火墙，可以有效地实现计算机与外界信息的过滤，实时监控网络中的信息流，保护本地计算机不被病毒或者黑客程序破坏。

4. 养成良好的安全习惯

有些安全威胁是由人为的操作不当引起的。因此，养成良好的安全习惯尤为重要。例如，慎重对待邮件附件，在打开邮件前对附件进行预扫描；不要上一些不太了解的网站和随意点击不明链接，防止其带有恶意代码；不要执行从互联网下载后未经杀毒处理的软件，尽量到公众都比较熟悉的专业网站下载软件，以保证下载软件的安全性；不要随意接收文件或盲目转发信件，因为这样可能会帮助病毒传播。

5. 使用复杂的密码

有许多网络病毒就是通过猜测简单密码的方式攻击系统的，因此使用复杂的密码将会大大提高计算机的安全系数。密码设置尽可能使用字母数字混排，单纯的英文或者数字很容易穷举。将常用的密码设置为多个，防止被人查出一个后连带查到重要密码。重要密码最好要经常更换。

6. 关闭或者删除系统中不需要的服务

默认情况下，许多操作系统会安装一些辅助服务，如 FTP 客户端、Telnet 和 Web 服务器，这些服务为攻击者提供了方便，而又对用户没有太大用处，如果删除它们，就能减少被攻击的可能性。

7. 尽量少用或不用共享文件夹

如果因工作等原因必须将计算机设置成共享，则最好单独开一个共享文件夹，把所共享的文件都放在这个共享文件夹中，注意不要将系统目录设置成共享。

8. 合理设置浏览器的安全级别

在"互联网选项"对话框中，进行合理的"安全"设置，不要随意降低安全级别，以减少来自恶意代码和 Activex 控件的威胁。

9. 加强数据备份和恢复措施

即使用户正确地按照上述计算机病毒防范应对措施做了，也有了良好的安全防范意识和良好的计算机使用习惯，计算机病毒还是有可能破坏用户的操作系统或计算机中的数据，这时候就需要使用系统备份与恢复等最终解决方案了。

反病毒是一个长期工程，所谓道高一尺，魔高一丈，除了上述日常技术手段之外，定期的安全检查是防范病毒的必要步骤。用户应该使用安全检查工具或者请专业人员定期对自启动项、进程等关键内容进行检查，及时发现存在的问题。

三、入侵检测技术

(一)入侵检测系统的概念

随着计算机网络的普及，网络环境变得越来越复杂，攻击者越来越多，攻击工具与手法日趋复杂。单纯的防火墙已无法满足对安全高度敏感的部门的需要，网络防卫必须采用一种纵深的、多样的手段。于是，入侵检测系统成为网络安全需求发展的必然，不仅受到人们更多的关注，而且已经在不同环境中发挥了重要作用。假如防火墙是一幢大楼的门卫，防病毒软件是警察，那么入侵检测系统就是这幢大楼里的监视系统，可以监视什么人进入了大厦、进入大厦后到了什么地方、做了什么事。入侵检测是实现安全监视的技术,可发现网络内的异常数据包、登录主机后的异常操作等。

入侵检测系统(Intrusion Detection System,IDS)定义为对计算机和网络资源的恶意使用行为进行识别和相应处理的软件、硬件系统,通过对计算机系统进行监视,提供实时的入侵检测,并采取相应的防护手段,其目的在于对潜在的攻击行为进行检测,包括网络内部用户的越权行为和系统外部的入侵行为。

(二)入侵检测系统的组成

一个入侵检测系统包括四个组件:事件产生器、事件分析器、响应单元、事件数据库。

事件产生器的目的是从整个计算环境中获得事件,并向系统的其他部分提供此事。事件分析器分析得到的数据,并产生分析结果。响应单元则是对分析结果做出反应的功能单元,它可以做出切断链接、改变文件属性等强烈反应,也可以只是简单地报警。事件数据库是存放各种中间和最终数据的地方的统称,它可以是复杂的数据库,也可以是简单的文本文件。

(三)入侵检测系统的功能

入侵检测系统的功能如下:
①监视用户和系统的运行状态,查找非法用户和合法用户的越权行为。
②检测系统存在的安全漏洞,并提示管理员进行漏洞的修复。
③通过对用户非正常的操作行为进行统计分析,以找到入侵行为的规律。
④识别系统攻击模式,及时向管理员进行报警提示。
⑤对系统进行检测以保证系统程序和数据的一致性与正确性。
⑥具有系统审计跟踪机制,可识别违反规则的用户行为。

四、漏洞扫描技术

随着各种漏洞不断曝光,不断被黑客利用,不仅为企业本身带来了损失,也可能给用户带来巨大的损失。如2008年闹得沸沸扬扬的DNS漏洞,黑客利用该漏洞可以成功地控制任意一个网站。这个漏洞会造成用户输入正确的银行网址却很可能登录到黑客伪造的站点,这对用户的损失可想而知。治理漏洞已经成为企业网络安全管理中重要的一环。

漏洞扫描技术是为使系统管理员能够及时了解系统中存在的安全漏洞,并采取相应的防范措施,从而降低系统安全风险而发展起来的一种安全技术。利用漏洞扫描技术,可以对局域网、Web站点、主机操作系统、系统服务以及防火墙系统的安全漏洞进行扫描,可以检查出正在运行的网络系统存在的不安全服务,在操作系统上存在的可能会导致遭受缓冲区、溢出攻击或者拒绝服务攻击的安全漏洞,以及手机系统中是否被安装了窃听程序,防火墙系统是否存在安全漏洞和配置错误等。

网络入侵的过程一般是先利用扫描工具对要入侵的目标进行扫描,找到目标系统的漏洞或脆弱点,然后进行攻击。对于系统管理员来说,网络安全的第一步工作仍然是利用扫描工具对计算机系统或者其他网络设备进行安全相关的检测,发现安全隐患和可被攻击者利用的漏洞,从而想方设法对这些薄弱点进行修复以加强网络和主机的安全性。显然,漏洞扫描软件是一把双刃剑,黑客利用它入侵,而管理员使用它来防范。

总之,漏洞扫描技术是一门较新的技术,它从另一个角度来解决网络安全问题。具体来讲,防火墙技术是被动防御,入侵检测技术是被动检测,而漏洞扫描技术则是自身主动进行有关安全方面的检测。因此,从网络安全立体纵深、多层次防御的角度出发,主动进行安全漏洞的检测越来越受到人们的重视。

五、虚拟专用网络技术

虚拟专用网络(Virtual Private Network,VPN)技术是一种在公用互联网络上构造企业专用网络的技术。通过 VPN 技术,可以实现企业不同网络的组件和资源之间的相互连接,它能够利用 Internet 或其他公共互联网络的基础设施为用户创建隧道,并提供与专用网络一样的安全和功能保障。虚拟专用网络允许远程通信方、销售人员或企业分支机构使用 Internet 等公共互联网络的路由基础设计,以安全的方式与位于企业内部的服务器建立连接。

VPN 可以利用 IP 网络、帧中继网络和 ATM 网络建设。VPN 的具体实现是采用隧道技术,将企业内的数据封装在隧道中进行传输。隧道技术是一种通过使用互联网络的基础设施在私用网络之间或私用网络与特定主机之间传递数据的方式,它可以在两个系统之间建立安全的信道,用于电子数据交换。

在 VPN 中通信的双方彼此都较熟悉,这意味着可以使用复杂的专用加密和认证技术,只要通信的双方默认即可,没有必要为所有的 VPN 进行统一的加密和认证。现有的或正在开发的数据隧道系统可以进一步增加 VPN 的安全性,因而能够保证数据的保密性和可用性。

第三节 数据加密技术

随着计算机和通信技术的迅猛发展,大量的敏感信息常通过公共通信设施或计算机网络进行交换,特别是互联网的广泛应用,以及电子商务与电子政务的迅速发展,越来越多的个人信息需要严格保密,如银行账号、个人隐私等。正是这种对信息的机密性需求,使得数据加密成为应用最广、成本最低而且相对最可靠的方法。

一、密码学概述

一个数据加密系统主要包括明文、密文、加密算法、解密算法和密钥几个基本要素。加密一般是指利用信息变换规则把可懂的信息(明文)变成不可懂的信息(密文),其中的变换规则称为加密算法,算法中的可变参数称为密钥。衡量一个加密技术的可靠性,主要取决于解密过程的数学难度,而不是对加密算法的保密。当然可靠性还与密钥的长度有关。在加密算法公开的情况下,密钥对保护安全至关重要。为了使黑客难以破获密钥,就要增加密钥的长度,使黑客无法用穷举法测试并破解密钥。当密钥超过 100 位(bit),即使是使用高性能计算机,也需几个世纪才能破解,因此现在采用的密钥都有 128 位以上。

通常把加密手段分为两种:一种是硬件加密,其效率和安全性非常高,但硬件设备有专用性,成本高而且不通用;另一种是软件加密,其优点是灵活、方便、实用、成本低,但安全性不如硬件加密高。目前数据加密的技术分为两类,即对称密钥加密技术和非对称密钥加密技术,它们的主要区别在于所使用的加密和解密的密钥不同。

二、对称密钥加密技术

对称密钥加密又称为私钥或单钥加密,即数据收发双方加密和解密均使用同一种加密算法和同一个密钥。也就是说,一把钥匙开一把锁。其过程是:发送方用自己的私有密钥对要发送的信息进行加密,并将加密后的信息通过网络传送给接收方,接收方用发送方进行加密的那把私有密钥对接收到的加密信息进行解密,得到明文信息。采用这样的加密体制,即使 A、B 间的窃听者截取了密文,知道采用何种密码算法系统加密,由于没有密钥,同样很难破译出明文。最常用的对称加密算法为 DES 算法(Data Encrypt Standard),其密钥的长度一般为 64 位或 56 位。

对称密钥加密技术的优点是算法简单,加密、解密的处理速度快,适用于加密有大量数据的信息,同时密钥也相对较短。对称密钥加密技术的缺点是密钥管理困难,因为交易双方必须要持有同一把密钥,且不能让他人知道。一旦密钥泄露,则信息就失去了保密性,发送方和接收方再进行通信就必须使用新的密钥。在互联网大环境中,每两个人通信就要求一把密钥,当有多个人彼此之间进行保密通信时需要的密钥组合就会是一个天文数字。另外,对称密钥加密技术无法解决消息确认,消息发送方可否认发送过某个信息,这不符合电子商务的不可抵赖性要求。

三、非对称密钥加密技术

为了克服对称密钥加密技术存在的密钥管理和分发上的问题,产生了非对称密钥加密技术。非对称密钥加密也称为公开密钥加密,分配给每个人一对密钥——公钥(Public Key)和私钥(Private Key),前者用于加密信息,后者用于解密信息。公钥是公开的,可在网站自由查询,私钥则由商户个人保密,为私有。公钥不能用于解密,也不能推导出私钥,公钥与私钥唯一对应。最常用的非对称加密算法为 RSA 算法(Rivest、Shamir 和 Adleman),它的安全性依赖于大数分解问题的难解性。算法中使用的公钥和私钥都是两个大素数(大于 100 个十进制位)的函数。据猜测,从一个密钥和密文推断出明文的难度等同于分解两个大素数的积。RSA 算法是目前被研究得最广泛的公钥算法,从提出到现在已近几十年,经历了各种攻击的考验,逐渐为人们所接受,公众普遍认为是目前较优秀的公钥方案之一。

非对称密钥加密技术的优点在于:秘钥的分配与管理非常简单和安全,不需要通过密码的通道和复杂的协议来传送密钥。它能够实现数字签名和数字鉴别,从而实现电子商务所要求的不可抵赖性,这也是非对称密钥加密技术的最大贡献。当然,非对称密钥加密技术也有缺点,那就是密钥较长,加密、解密花费时间长,速度慢。当商家和顾客在互联网上进行商务活动时,加密、解密累积的时间会很多。所以一般不适合对数据量较大的文件加密,而只适合对少量数据加密。

四、混合加密技术

在实际应用中,电子商务的安全加密系统更倾向于组合应用上诉两种加密方式。对称密码算法用于信息加密;非对称密码算法用于密钥分发、数字签名、完整性及身份鉴别等。

利用此种加密方式对文件进行加密传输的过程包括:

①文件发送方产生一个对称密钥,并用该对称密钥将需要保密的文件进行加密处理后,通过网络传送给接收方。

②同时,为了保证对称密钥的传输安全,发送方会将该对称密钥用接收方的公钥进行加密处理后,通过网络传送给接收方。

③接收方用自己的私钥将进行过安全处理的对称密钥进行解密,就可以得到发送方用来加密文件时用到的对称密钥。

④最后,接收方用得到的对称密钥将加密的文件进行解密,从而得到原文。

第四节 认证技术

一、数字签名技术

(一)数字签名

在人们的工作和生活中,许多实务的处理都需要当事者签名,比如政府文件、商业合同等。签名起到认证、审核的作用。在传统的商务活动和基础事务中,认证通常采用书面签名的形式,比如手写、指印、公章等;而在电子商务和以网络为基础的事务处理中,因为时间和空间条件的限制,传统的书面签名形式往往无法满足通信各方的需求。因而一种新的电子签名的方式被广泛采用,即数字签名。

数字签名技术以加密技术为基础,其核心是采用加密技术的加、解密算法体制来实现对报文的数字签名。数字签名能够实现以下功能:接收方能够证实发送方的真实身份;发送方事后不能否认所发送过的报文;接收方或非法者不能伪造、篡改报文。

(二)数字摘要

数字摘要是保证数字签名实现的重要技术。数字摘要是将任意长度的消息变成固定长度的短消息,它类似于一个自变量是消息的函数,也就是单向哈希(Hash)函数技术。数字摘要除了可用于前面所讨论的数字签名应用之外,还可用于信息完整性检验、各种协议的设计及计算机科学等。

(三)数字签名的实现过程

数字签名的实现过程如下:

①首先,发送方用哈希函数从原文生成数字摘要。

②其次,采用公共密钥体系用发送方的私有密钥对数字摘要文件进行加密处理,生成数字签名,并把数字签名附加在原文后面一起发送给接收方。

③再次,接收方使用自己的私有密钥对数字签名文件进行解密验证并得到数字摘要文件。此过程验证成功则说明原文是由特定的发送方发送的。

④最后,接收方将收到的原文信息用哈希函数重新处理生成数字摘要,并将该数字摘要文件与之前解密验证获得的数字摘要进行对比,如果两个数字摘要文件是相同的,说明文件在传输过程中没有被破坏。数字签名的实现过程如图 3-3 所示。

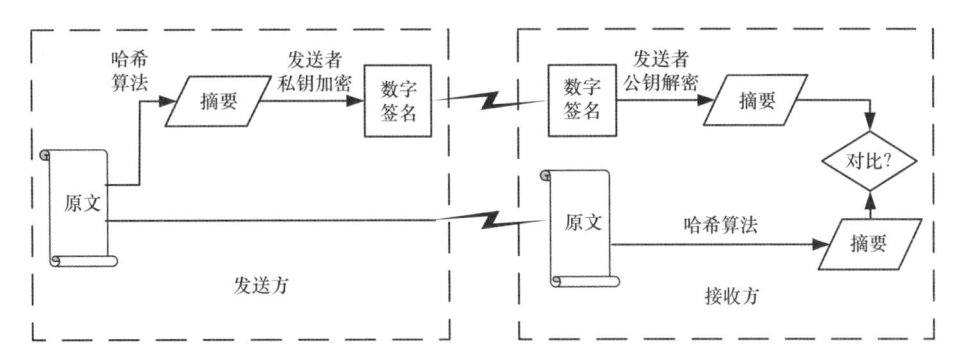

图 3-3 数字签名的实现过程

二、数字证书

(一)数字证书的概念

数字证书又称为数字凭证,即使用电子手段来证实一个用户的身份和对网络资源的访问权限。数字证书是一种数字标识,也可以说是网络上的安全护照,它提供的是网络上的身份证明。数字证书拥有者可以将其证书提供给其他人、Web站点及网络资源,以证实其合法身份,并且与对方建立加密的、可信的通信。

(二)数字证书的功能

基于 Internet 的电子商务系统技术使进行网上购物的顾客能够极其方便地获得商家和企业的信息,但同时也增加了某些敏感或有价值的数据被滥用的风险。买方和卖方都必须相信对于在因特网上进行的一切金融交易运作都是真实可靠的,并且要使顾客、商家和企业等交易各方都具有绝对的信心,因而因特网电子商务系统必须保证具有十分可靠的安全保密技术,也就是说必须保证网络安全的4大要素,即信息传输的保密性、数据交换的完整性、发送信息的不可否认性、交易者身份的确定性。

这一切都可以用数字证书来实现,数字证书的主要的功能如下:

(1)文件加密:通过使用数字证书对信息进行加密,保证文件的保密性;采用基于公钥密码体制的数字证书能很好解决网络文件的加密通信。

(2)数字签名:数字证书可以用来实现数字签名,以防止他人篡改文件,保证文件的正确性、完整性、可靠性和不可抵赖性。

(3)身份认证:利用数字证书实现身份认证可以解决网络上的身份验证,能很好地保障电子商务活动中的交易安全问题。

虽然数字证书无须保密,但是数字证书具有自我保护特性,用户能够通过认证机构的数字签名来验证证书的真伪和完整性,以防止数据在发送和存储中被修改,这保证了数字证书相关功能的实现。

(三)数字证书的分类

1. 个人数字证书

个人数字证书即个人身份证书。个人身份证书申请者为个人,证书中包含证书持有者的个人身份信息、公钥及证书颁发机构的签名;个人身份证书在网络通信中标识证书持有者的个人身份,并且保证信息在互联网传输过程中的安全性和完整性。个人身份证书主要应用于个人网上交易、网上支付、电子邮件等相关业务中,实现个人用户身份认证、信息加密、数字签名等功能。

2. 企业数字证书

企业数字证书即企业身份证书。企业身份证书申请者为企事业单位,证书中包含证书持有者的企业身份信息、公钥及证书颁发机构的签名;企业身份证书在网络通信中标识证书持有者的企业身份,并且保证信息在互联网传输过程中的安全性和完整性。企业身份证书主要应用于企业在对外的网络业务中的身份识别、信息加密及数字签名等。

3. 服务器数字证书

服务器数字证书即服务器身份证书。服务器身份证书中包含服务器信息、公钥及 CA 的签名,在网络通信中用于标识和验证服务器身份,它是数字证书的另一种形式,类似于驾驶证、护照和营业执照的电子副本。服务器身份证书通过在客户端浏览器和 Web 服务器之间建立一条 SSL 安全通道,保证了双方传递信息的安全性,而且用户可以通过服务器证书验证其所访问的网站是否真实可靠。在网络应用系统中,服务器软件利用证书机制保证与其他服务器或客户端通信的安全性。

4. 安全邮件数字证书

安全邮件数字证书中包含用户的邮箱地址信息,用于电子邮件的身份识别、邮件的数字签名、加密。在发送电子邮件过程中,使用安全邮件数字证书,可以对电子邮件的内容和附件进行加密,确保邮件在传输的过程中不被他人阅读、截取和篡改;接收方可以确认该电子邮件是由发送方发送的,并且在传送过程中未被篡改。

5. Web 站点数字证书

Web 站点数字证书中包含 Web 站点的基本信息、公钥和认证机构的签名,凡是具有网址的 Web 站点均可以申请使用该证书。该证书主要和网站的 IP 地址、域名绑定,可以保证网站的真实性和不被人仿冒。

6. 代码签名证书

代码签名证书是认证机构签发给软件提供商的数字证书,包含软件提供商的身份信息、公钥及认证机构的签名。对于用户来说,可以清楚了解软件的来源和可靠性,增强了用户使用 Internet 获取软件的决心。万一用户下载的是有害软件,也可以根据证书追踪到软件的来源。对于软件提供商来说,使用代码签名证书,其软件产品更难以被仿造和篡改,增强了软件提供商与用户间的信任度和软件商的信誉。

三、CA 认证

(一) CA 认证的概念

电子商务安全认证体系的核心机构就是认证中心(Certification Authority,CA)。认证中心作为受信任的第三方,需要承担网上安全电子交易的认证服务,主要负责产生、分配并管理用户的数字证书。认证中心对电子商务活动中的数据加密、数字签名、防抵赖、数据完整性以及身份鉴别所需的密钥和认证实施统一的集中化管理,支持电子商务的参与者在网络环境下建立和维护平等的信任关系,保证网上在线交易的安全。建立 CA 的目的是加强数字证书和密钥的管理工作,增强网上交易各方的相互责任,提高网上购物和网上交易的安全,控制交易的风险,从而推动电子商务的发展。

(二)CA 的功能

CA 的功能如下：

①证书申请：接收证书申请者的申请并验证身份。

②证书审批和发放：产生证书申请的审批，确定是否给申请者发放证书，若同意则发放公钥证书；反之，拒绝发放。

③证书更新：接收并处理申请者的证书更新请求。

④接收并处理合法身份者的证书查询和撤销申请。

⑤产生并管理证书废止列表 CRL。

⑥将各用户的数字证书归档。

⑦产生并管理密钥，包括密钥备份及恢复。

⑧将用户的历史数据归档。

四、身份认证技术

身份认证技术是指计算机及网络系统确认操作者身份的过程中所应用的技术手段。当用户登录系统时，用户必须提供他是谁的证明，系统将对其辨认、比较、验证该用户的真实性。

在真实世界中，对用户的身份认证基本方法可以分为以下三种：

第一种：根据用户所知道的信息来证明用户的身份，如密码、密钥。

第二种：根据用户所拥有的物理介质来证明用户的身份，如智能卡、动态口令牌、USB Key 等。

第三种：直接根据独一无二的身体特征来证明用户的身份，如指纹、面部、声音、视网膜或签名笔迹等。

在网络世界中，对用户身份进行认证采取的手段与真实世界中一致，为了达到更高的身份认证安全性，逐渐产生了一些新型的认证技术和产品。目前，除了常见的用户名加密码的方式以及前面讲过的数字证书和数字签名之外，可用的身份认证技术有生物特征识别技术、动态口令、IC 卡认证和 USB Key 的加密方式。在某些场景下，为了进一步加强认证的安全性，会在上面三种中挑选两种混合使用，即所谓的双因素认证或多因素认证。例如，使用网银进行转账时，需要使用动态口令牌＋静态密码或 USB Key＋静态密码的方式。

第五节　电子商务安全交易标准

网络安全是电子商务发展的基本前提。电子商务中的信息交换往往需要通过公共网络传输，为了保护公共网络上任意两点间信息交换的安全，出现了各种用于加强 Internet 通信安全的协议，这些协议分别在不同的协议层上进行，为电子商务业务提供安全的网络环境。

一、安全套接层协议(SSL 协议)

安全套接层协议(Secure Sockets Layer, SSL)是一种传输层技术，由 Netscape 开发，可以实现兼容浏览器和服务器(通常是 Web 服务器)之间的安全通信。SSL 协议是目前网上购物网站中常使用的一种安全协议。使用 SSL 协议在于确保信息在网际网络上流通的安全性,让浏览器和 Web 服务器能够安全地进行沟通。简单地说,所谓 SSL 就是在和另一方通信前先讲好的一套方法,这个方法能够在它们之间建立一个电子商务的安全性秘密信道,确保电子商务的安全性;凡是不希望被别人看到的机密数据,都可通过这个秘密信道传送给对方,即使通过公共线路传输,也不必担心别人偷窥。SSL 协议为快速架设商业网站提供了比较可靠的安全保障,并且成本低廉、容易架设。

SSL 标准主要提供了三种服务,即数据加密服务、认证服务和数据完整性服务。首先,SSL 标准要提供数据加密服务。SSL 标准采用的是对称加密技术与公开密钥加密技术。SSL 客户机与服务器进行数据交换之前,需要先交换 SSL 初始握手信息,在 SSL 握手时采用加密技术进行加密,以保证数据在传输过程中不被截获与篡改。其次,SSL 标准要提供用户身份认证服务。SSL 客户机与服务器都有各自的识别号,这些识别号使用公开密钥进行加密。在客户机与服务器进行数据交换时,SSL 握手需要交换各自的识别号,以保证数据被发送到正确的客户机或服务器上。最后,SSL 标准要提供数据完整性服务。它采用哈希函数和机密共享的方法提供完整的信息服务,在客户机与服务器之间建立安全通道,以保证数据在传输中完整地到达目的地。

SSL 安全协议也有它的缺点,主要有不能自动更新证书、认证机构编码困难、浏览器的口令具有随意性、不能自动检测证书撤销表、用户密钥信息在服务器上是以明文方式存储等。另外,SSL 虽然提供了信息传递过程中的安全性保障,但是信用卡的相关数据应该是银行才能看到,然而这些数据到了商家后都被解密,客户的数据完全暴露在商家的面前。SSL 安全协议虽然存在着弱点,但由于它操作容易、成本低,而且又在不断地改进,所以在欧美的商业网站上的应用是比较广泛的。

二、安全电子交易协议(SET 协议)

在开放的因特网上进行电子商务,如何保证交易各方传输数据的安全成为电子商务能否普及的重要问题。SSL 协议虽然可以保证交易双方的安全通信,但无法满足实际的电子商务交易过程中多方认证及通信的需求。1996 年,由 Visa 与 MasterCard 两家信用卡组织推出,并且与众多 IT 公司,如 Microsoft、Netscape、RSA 等共同发展而成的安全电子交易(Secure Electronic Transaction,SET)协议应运而生。SET 协议在保留对客户信用卡认证的前提下,又增加了对商家身份的认证,这对于需要支付货币的交易来讲是至关重要的。由于设计合理,SET 协议得到了 IBM、Microsoft 等许多大公司的支持,已成为事实上的工业标准。

SET 协议是一种以信用卡为基础的、在因特网上交易的付款协议书,是授权业务信息传输安全的标准,它采用 RSA 密码算法,利用公钥体系对通信双方进行认证,用 DES 等标准加密算法对信息进行加密传输,并用散列函数来鉴别信息的完整性。

SET 协议是一种用来保护在因特网上付款交易的开放式规范,它包含交易双方身份的确认、个人和金融信息隐秘性及传输数据完整性的保护,其规格成合了由 RSA 数据的双钥密码体制编成密码文件的技术,以保护在任何开放型网络上个人和金融信息的隐秘性。

SET 提供了一套既安全又方便的交易模式,并采用开放式的结构以支持各种信用卡的交易。在每一个交易环节中都加入电子商务的安全性认证过程。在 SET 协议的交易环境中,比现实社会中多了一个电子商务的安全性认证中心 CA 参与其中,在 SET 交易中认证是很关键的。

SET 协议要达到的目标主要有以下几项:

①信息传输的安全性:信息在互联网上安全传输,保证不被外部或内部窃取。

②实现信息的相互隔离:订单信息和个人账号信息的隔离。

③多方认证的解决:消费者的信用卡认证;网上商店进行认证;消费者、商店与银行之间的认证。

④效仿 EDI 贸易形式:要求软件遵循相同协议和报文格式,使不同厂家开发的软件具有兼容和互操作功能。

⑤交易的实时性:所有的支付过程都是在线的。

本章小结

本章通过介绍电子商务安全知识,培养学生在使用网络及从事电子商务相关工作时的安全防范意识;帮助学生认清国内外电子商务相关领域的安全形势及主要问题;培养学生参与电子商务活动时的诚信意识和法律意识。

电子商务的安全问题不容忽视。特别是在电子商务活动中所处理、传输、储存的都是交易信息和金融信息,对其进行攻击将可能获得巨大的利益,因此使各类不法分子趋之若鹜。一旦电子商务系统遭受攻击,将会造成个人客户、企业客户、银行的巨大损失,甚至是国家经济命脉的瘫痪和国家经济的崩溃,因此网络安全和黑客产业链问题日益受到公众关注。

面对网络安全问题,广大网民在充分享受网络便利的同时,也要不断增强网络安全意识,提高自身的免疫力。要杜绝访问不良网站,不要下载和安装不良视频网站提供的专用播放器。系统应该定期检查,安装必要的安全软件、防火墙,开启实时监控功能,及时对系统进行漏洞修复,安装具有主动漏洞修复功能的安全软件,切断病毒传播的主要途径。进行网上购物支付时,养成良好的购物及支付习惯,避免低价陷阱,了解常见的网络诈骗手段,把风险降到最低。

关键术语

防火墙、计算机病毒、木马、漏洞扫描、入侵检测、虚拟专用网络 VPN、认证中心、数字证书、数字签名、CA 认证、SSL 协议、SET 协议。

配套实训

1. 安装 360 安全卫士或腾讯电脑管家等安全软件。对计算机进行体检,查看体检结果

并修复存在的问题。

2. 使用 PGP 软件发送签名、加密邮件。

课后习题

一、单项选择题

1. 电子交易安全需求中,( )就是要确保即使别人截获或窃取了重要的商业信息,也无法识别信息的真实内容。

  A. 身份的可认证性   B. 信息的保密性

  C. 信息的完整性   D. 不可抵赖性

2. 下列不属于对称加密技术的特征的是( )。

  A. 数学运算量小   B. 加密速度快

  C. 密钥管理困难   D. 可实现数字签名

3. 以下关于防火墙的描述,不正确的是( )。

  A. 防火墙是一种隔离技术

  B. 防火墙的主要工作原理是对数据包及来源进行检查,阻断被拒绝的数据

  C. 防火墙的主要功能是查杀病毒

  D. 尽管利用防火墙可以保护网络免受外部黑客的攻击,但其目的只是能够提高网络的安全性,不可能保证网络的绝对安全

4. 下列对网上银行的操作正确的是( )。

  A. 在网吧等公共场所登录网上银行进行账户查询

  B. 取消浏览器提供的自动记忆功能,坚持每次重新输入用户名和密码

  C. 通过电子邮件内的连接或网上搜索引擎登录网上银行

  D. 每次使用网上银行后可直接关闭浏览器窗口

5. 下列情况中,破坏了数据的完整性的是( )。

  A. 假冒他人地址发送数据   B. 不承认做过信息的递交行为

  C. 据在传输中途被篡改   D. 数据在传输中途被窃听

二、填空题

1. 电子商务安全从整体上分为计算机网络安全和_____两大部分。

2. 电子商务安全需求中,_____是指信息在传输过程中能够保持一致性,并且不被未经授权者所修改。

3. 一些不法分子设立的网站会仿冒真实网站的 URL 地址以及页面内容,以窃取用户提交的账号、密码等私密信息。这样的网站被称为_____。

4. _____技术允许远程通信方、销售人员或企业分支机构使用 Internet 等公共互联网络的路由基础设计,以安全的方式与位于企业内部内的服务器建立连接。

5. _____协议是一种传输层技术,可以实现兼容浏览器和服务器(通常是 Web 服务器)之间的安全通信。

三、简答题

1. 电子商务的安全需求是什么?
2. 简述防火墙技术的功能。
3. 分析入侵检测系统的作用。
4. 什么是计算机病毒?分析如何防范计算机病毒。
5. 数字签名技术的功能有哪些?简述其实现过程。

讨论案例

福建省泉州市惠安县山霞镇的梁女士,在网上购买了3块香皂,结果因轻信"快递丢失全额退款"中了骗子的套路,被骗走1.8万元。

民警了解后得知,数天前,梁女士在网上花了99元购买了3块香皂;之后,梁女士接到陌生女子打来的电话,该女子声称快递公司不小心将她的包裹弄丢了,要照价全额退款给梁女士,她还准确说出了梁女士的网购信息。

梁女士信以为真就加了对方的微信,接着对方发了一个网站链接给梁女士,让她进入该网站办理退款手续。梁女士进入网站后,按照提示输入了个人身份信息和银行卡信息。不一会儿,梁女士手机就收到一条验证码,对方让她在网站上输入该验证码,尚有警觉的梁女士留了一个心眼,没有按对方的要求输入手机验证码。之后,对方又在微信上发了一个二维码让梁女士扫描,梁女士扫了二维码后不久,手机就收到银行卡被消费了2 999元的短信提示。

不是说好是退款的吗?怎么变成扣款了?对方告诉梁女士说这是退款手续所需的步骤。之后,对方又相继发了两个二维码让梁女士扫,梁女士的银行卡就又被消费了1.5万多元。最后,发现银行卡上的钱都被扣完了,恍然大悟的梁女士这才意识是遇到诈骗了,赶紧到派出所报案。

结合案例讨论下列问题:

1. 不法分子是通过什么手段盗取了梁女士银行卡上的钱?
2. 应对此类威胁时用户应注意哪些细节?
3. 通过哪些安全技术手段可以有效避免此类威胁的影响?

第四章 电子商务支付

学习目标

知识目标

掌握电子支付的定义、特点；电子支付系统的定义及构成要素；常用的电子支付工具；第三方支付的定义；常用的第三方支付平台；移动支付的定义及分类；网上银行的定义、分类；代币与电子货币的区分。

理解网上银行支付常用的安全技术；电子支付工具的工作原理；网上银行的特点及优势。

了解常见的代币；海淘的购物流程及海淘采用的支付方式；互联网金融的发展状况；第三方移动支付市场的发展状况。

技能目标

了解网上银行的功能和操作。

能够熟练使用微信支付、支付宝钱包进行日常购物、消费等基本操作。

掌握海淘支付工具(财付通、PayPal)的使用。

思政目标

增强学生的民族自豪感和爱国热情；把握学科前沿发展动态；培养学生的创新意识。

导入案例

聚沙成塔的网络"吸金"高手——奥巴马

一、奥巴马拥有"网络提款机"

互联网作为开放、民主的媒介形式，已深度参与到选举的政治事务中。奥巴马凭借着平民出身、经历复杂的优势，打出"革新"及"梦想"的旗号，成为较会利用互联网工具的人。

美国联邦选举委员会公布的资料显示，奥巴马在2007年1月份收到的3 600万美元捐款中，有2 800万美元是通过互联网募集到的，而且其中的90%捐款单笔金额都在100美元以下。和传统的竞选集会以及举行募款餐会的模式大不相同，奥巴马得到的这些小额捐款，多半是自发的网上转账。

美国国会规定，每个人向总统候选人捐助助选资金，不得超过2 300美元。因此，美国总统候选人必须争取尽可能多的捐款者，才能在筹款额上压倒其他对手。

早在2007年第一季度初时，奥巴马通过互联网获得了10万人的捐款，人数是希拉里的两倍，捐款数额也超过了希拉里。从那时开始，奥巴马就拥有一个"网络提款机"。

《时代周刊》评论："奥巴马所得的2 800万美元募款，来自众多不计名的网络支持者，但账面上无法看到的数据,将在未来的选票数量上体现,人们期待着这样的惊喜。"

二、奥巴马进入了Web2.0时代

为奥巴马筹款的马克·戈伦博格,是硅谷的一位风险投资专家。马克·戈伦博格、加利福尼亚州前审计长、eBay创始人之一史蒂夫·卫斯理及其他一批网络精英,帮助奥巴马将官方网站(BarackObama.com)打造成了一个支持者的活动中心。支持者只要在网站上注册,就能得到名为"我的奥巴马(My Obama)"的网络即时通告,详细了解奥巴马的动态。粉丝们在网站上输入自己所在地的邮政编码,就能得到所在地区为奥巴马进行助选活动的信息列表,并据此加入支持奥巴马的团体。戈伦博格说:"这些集会吸引了社区人群的极大兴趣。人们一回家就上网捐款,这些人以前从没卷入过竞选活动。"

相较之下,奥巴马的党内对手——希拉里,也在自己的官方网站上设置了类似的"邮编定位"功能,以聚拢和发展支持者,但效果远逊于奥巴马。

引起中国网民共鸣的是,奥巴马的成功是源于他作为网络技术的支持者,不但构造了一个数量庞大的粉丝团,调动了那些从未接触过选举的网民的政治热情,掀起了巨大的"奥巴马热",更让这些网民成为他竞选的经济基础。

讨论:电子商务支付技术在奥巴马总统竞选中起到了怎样的作用?

第一节 电子支付

认识电子支付

一、电子支付的定义

电子支付是指从事电子商务交易的当事人,包括消费者(买家)、厂商(卖家)和金融机构,通过信息网络,使用安全的信息传输手段,采用数字化方式进行的货币支付或资金流转。

小链接

电子支付发展的推动力量

互联网的发展源于免费和共享的思想,因而在美国很多网站靠提供收费低廉的文件供网民下载获得收益,这些文件的费用可能低至几美分。线下传统渠道不能准确、方便地支付这样一笔微小的金额,而电子支付此时可以充分发挥其优势。因此传统结算工具不能进行小额结算是电子支付发展的推动力量。

二、电子支付的特点

①电子支付的工作环境是基于一个开放的系统平台,即互联网;而传统支付则是在较为封闭的系统中运作。

②电子支付是在开放的网络中通过先进的数字流转技术来完成信息传输的,其各种支付方式都是采用电子化方式进行款项支付的;而传统支付是在线下完成的,通常是现金支付或刷卡消费。

③电子支付对软、硬件设施有很高的要求,一般要求有联网的计算机、相关的软件及一些配套设施;而传统支付没有这样的要求,只要双方面对面即可完成支付。

④电子支付具有方便、快捷、高效、经济的优势,用户只需通过PC端或无线端,就可足不出户,在极短时间将款项支付给收款方,同时支付的手续费用十分低廉。

三、电子支付系统的定义及其构成

1. 电子支付系统的定义

电子支付系统是采用数字化、电子化形式进行电子货币数据交换和结算的网络银行业务系统。

2. 电子支付系统的构成

基于互联网的电子交易支付系统由客户、商家、认证中心、支付网关、客户银行、商家银行和金融专用网络等七个部分构成。

(1)客户

客户一般是指利用电子交易手段与企业或商家进行电子交易活动的单位或个人。客户通过电子交易平台与商家交流信息,签订交易合同,用自己拥有的网络支付工具进行支付。

(2)商家

商家是指向客户提供商品或服务的单位或个人。电子支付系统必须能够根据客户发出的支付指令向金融机构请求结算,这一过程一般是由商家设置的一台专门的服务器来处理的。

(3)认证中心

认证中心是交易各方都信任且公正的第三方中介机构,它主要负责为参与电子交易活动的各方发放和维护数字证书,以确认各方的真实身份,保证电子交易整个过程的安全稳定进行。

(4)支付网关

支付网关是完成银行网络和因特网之间的通信、协议转换和进行数据加、解密,保护银行内部网络安全的一组服务器。支付网关是互联网公用网络平台和银行内部金融专用网络平台之间的安全接口,电子支付的信息必须通过支付网关进行处理后才能进入银行内部的支付结算系统。

(5)客户银行

客户银行也称为发卡行,是指为客户提供资金账户和网络支付工具的银行。在利用银行卡作为支付工具的网络支付体系中,客户银行根据不同的政策和规定,保证支付工具的真实性,并保证对每一笔认证交易的付款。

(6)商家银行

商家银行是为商家提供资金账户的银行。商家银行是依据商家提供的合法账单来工作的,所以也被称为收单行。客户向商家发送订单和支付指令,商家将收到的订单留下,将客户的支付指令提交给商家银行,然后商家银行向客户银行发出支付授权请求,并进行它们之间的清算工作。

(7)金融专网网络

金融专用网络是银行内部及各银行之间交流信息的封闭专用网络,通常具有较高的稳定性和安全性。

第二节　常用的电子支付工具

一、银行卡

银行卡(Bank Card)是由商业银行等金融机构及邮政储汇机构向社会发行的具有消费信用、转账结算、存取现金等全部或部分功能的信用支付工具。因为各种银行卡都是塑料制成的，又用于存取款和转账支付，所以又称为"塑料货币"。银行卡包括借记卡和信用卡两种。

(一)借记卡

借记卡(Debit Card)是指先存款后消费(或取现)、没有透支功能的银行卡。借记卡是具有转账结算、存取现金、购物消费等功能。按其功能的不同，可分为转账卡(含储蓄卡)、专用卡及储值卡。

①转账卡(储蓄卡)具有转账、存取现金和消费功能。

②专用卡是在特定区域、具有专用用途(百货、餐饮、娱乐行业以外的用途)的借记卡，具有转账、存取现金的功能。

③储值卡是银行根据持卡人要求将资金转至卡内储存，交易时直接从卡内扣款的预付钱包式借记卡。

(二)信用卡

信用卡(Credit Card)是银行向个人和单位发行的，凭此向特约单位购物、消费和向银行存取现金的银行卡。其形式是一张正面印有发卡银行名称、有效期、号码、持卡人姓名等内容，卡面有芯片、磁条、签名条。信用卡由银行或信用卡公司依照用户的信用度与财力发给持卡人，持卡人持信用卡消费时无须支付现金，待账单日时再进行还款。刷卡消费享有免息期，在到期还款日前还清账单金额，不会产生费用；取现无免息还款期，从取现当日起按日收取万分之五的利息，银行还会收取一定比例的取现手续费。

根据清偿方式的不同，信用卡分为贷记卡和准贷记卡。

1. 贷记卡

贷记卡是指发卡银行给予持卡人一定的信用额度，持卡人可在信用额度内先消费、后还款的信用卡。

2. 准贷记卡

准贷记卡是指持卡人先按银行要求交存一定金额的备用金，当备用金不足支付时，可在发卡银行规定的信用额度内透支的信用卡。

一般意义上的信用卡，指的就是贷记卡。

小链接

常见的信用卡分类

1. 按发卡机构不同，信用卡可分为银行卡和非银行卡。

(1)银行卡

银行卡是银行发行的信用卡,持卡人可在发卡银行的特约商户购物消费,也可以在发卡行所有的分支机构或设有自动柜员机的地方随时提取现金。

(2)非银行卡

非银行卡是非银行机构发行的信用卡,它可以分为零售信用卡和旅游娱乐卡。零售信用卡是商业机构所发行的信用卡,如百货公司、石油公司等,专用于在指定商店购物或在汽油站加油等,并定期结账。旅游娱乐卡是服务业发行的信用卡,如航空公司、旅游公司等,用于购票、用餐、住宿、娱乐等。

2.按发卡对象的不同,信用卡可分为公司卡和个人卡。

(1)公司卡

公司卡的发行对象为各类工商企业、科研教育等事业单位、国家党政机关、部队、团体等法人组织。

(2)个人卡

个人卡的发行对象则为城乡居民个人,包括工人、干部、教师、科技工作者、个体经营户以及其他成年的、有稳定收入来源的城乡居民。个人卡是以个人的名义申领并由其承担用卡的一切责任。

3.根据持卡人的信誉、地位等资信情况的不同,信用卡可分为普通卡和金卡。

(1)普通卡

普通卡是对经济实力和信誉、地位一般的持卡人发行的,对其发卡要求并不高。

(2)金卡

金卡是一种缴纳高额会费、享受特别待遇的高级信用卡。其发卡对象为信用度较高、偿还能力及信用较强或有一定社会地位者。金卡的授权限额起点较高,附加服务项目及范围也宽得多,因而对有关服务费用和担保金的要求也比较高。

4.根据流通范围的不同,信用卡可分为国际卡和地区卡。

(1)国际卡

国际卡是一种可以在发行国之外使用的信用卡,全球通用。境外五大集团(万事达卡组织、维萨国际组织、美国运通公司、JCB信用卡公司和大莱信用卡公司)分别发行的万事达卡(Master Card)、维萨卡(VISA Card)、运通卡(American Express Card)、JCB卡(JCB Card)和大莱卡(Diners Club Card)多数属于国际卡。

(2)地区卡

地区卡是一种只能在发行国国内或一定区域内使用的信用卡。我国商业银行所发行的各类信用卡大多数属于地区卡。

二、智能卡

(一)智能卡的内涵

智能卡是在塑料卡上安装嵌入式微型控制器芯片的IC卡。智能卡是在法国问世的。IC电话卡是典型的智能卡,其样式如图4-1所示。

十几年前,手机还未普及使用,当时广泛使用的IC电话卡就是智能卡。IC电话卡也叫集成电路卡,在其卡面上镶嵌着一个集成电路(IC)芯片。使用IC电话卡插入电话机读卡器

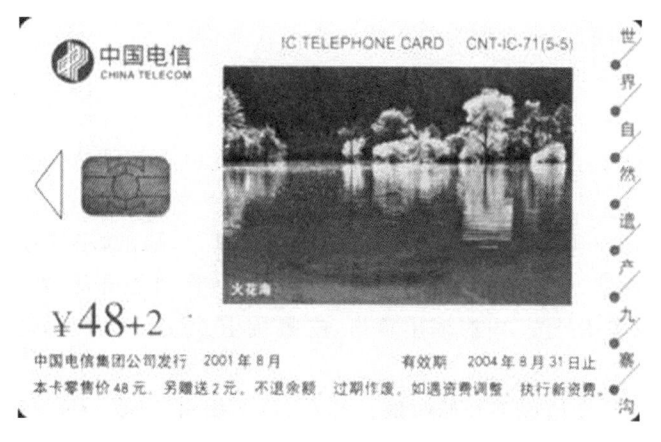

图 4-1　智能卡——IC 电话卡

可实现通话,由话机自动削减卡内储值的公用电话叫 IC 卡公用电话,相应的电话卡叫 IC 电话卡。IC 电话卡的芯片是具有存储、加密及数据处理能力的集成电路芯片,而塑料卡片则用于嵌入集成电路芯片,从而方便用户携带。

榕城一卡通(图 4-2)是目前智能卡的典型代表。在福建省福州市,持榕城一卡通乘坐公交可享受票价九折优惠;乘坐地铁,票价实行按里程分段计价。榕城一卡通普通卡办理需缴纳押金服务费 20 元;充值金额上限为 999 元,卡内金额无使用期限限制,可跨年、月长期使用,余额与充值额可累加。

(二)智能卡推广应用中的障碍

图 4-2　智能卡——榕城一卡通

①智能卡制作成本高。由于智能卡的芯片具有存储、加密及数据处理的能力,因此制卡成本较高。

②不能实现一卡多能、一卡多用。由于不同种类的智能卡和读写器之间不能跨系统操作,智能卡需与特定读写器相互匹配才能使用,因此智能卡的用途较为单一,不能实现多功能、多用途合一。

三、电子钱包

(一)电子钱包的定义

电子钱包是电子商务活动中顾客购物常用的一种支付工具,是在小额购物或购买小商品时常用的新式"钱包"。

电子钱包的功能和实际钱包一样,可存放信用卡、电子现金、所有者的身份证书、所有者地址以及在电子商务网站的收款台上所需的其他信息。

(二)电子钱包的工作原理

使用电子钱包的顾客通常要在有关银行开立账户。在使用电子钱包时,先安装相应的应用软件,然后利用电子钱包服务系统把电子货币输进电子钱包(等同于把钱放进电子钱包中)。在发生收付款时,用户只需在手机或计算机上单击相应项目(或相应图标)即可。因此,采用电子钱包支付的方式也称为单击式或点击式支付。

(三)常用的电子钱包

1. 微信钱包

微信钱包嵌入微信 App 中,以绑定银行卡的快捷支付为基础,向用户提供安全、快捷、高效的支付服务。

钱包可支持的功能包括腾讯服务和第三方服务。其中,腾讯服务包括信用卡还款、手机充值、理财通、生活缴费、Q币充值、城市服务、腾讯公益、保险服务等,第三方服务包括火车票、机票、京东优选、美团外卖、电影演出赛事、吃喝玩乐、酒店、摩拜单车、唯品会特卖、转转二手等。

2016 年 3 月 1 日,微信提现开始收取手续费,每位用户(以身份证维度)享有 1 000 元免费提现额度,超出 1 000 元后,按提现金额收取 0.1% 手续费,每笔最少收取 0.1 元。提现以外的任何支付、转账、红包等场景,微信支付都不收取任何费用。

2. 支付宝钱包

支付宝钱包是国内领先的移动支付平台,内置风靡全国的平民理财神器余额宝及海外到店买、阿里旅行、天猫超市等链接,还支持发红包、转账、购买机票和火车票、生活缴费、购买电影票、收款、手机充值、预约寄快递、信用卡还款、购买彩票、爱心捐赠、点外卖、加油卡充值、校园一卡通充值、城市服务、股票查询、汇率换算等功能。使用钱包还可以去便利店及超市购物、去售货机购买饮料。

2016 年 10 月 12 日,支付宝对个人用户超出免费额度的提现收取 0.1% 的服务费,个人用户每人累计享有 2 万元基础免费提现额度。微信钱包操作界面和支付宝钱包操作界面分别如图 4-3、图 4-4 所示。

图 4-3 微信钱包操作界面　　图 4-4 支付宝钱包操作界面

3. QQ 钱包

QQ 钱包使用卡包的形式,方便用户管理自己的 Q 币、财付通账号、银行卡;同时沿用财付通体系的支付密码,可以用于财付通支付和银行卡支付的密码使用,让用户可以选择最便捷的方式进行移动支付。用户可以通过 QQ 钱包为手机充值、购买电影票,购买 QQ 会员、QQ 阅读、游戏等。QQ 钱包的操作界面如图 4-5 所示。

4. 百度钱包

2014 年 4 月,百度正式发布"百度钱包"移动支付品牌。百度钱包是继支付宝、微信支付之后的又一移动支付工具。百度钱包打造"随身随付"的"有优惠的钱包",它将百度旗下的产品及海量商户与广大用户直接"连接",提供转账、付款、缴费、充值等支付服务,并全面打通O2O生活消费领域,同时提供"百度理财"等资产增值功能,让用户在移动时代享受一站式的支付生活。2015年11月,百度钱包开启"常年返现计划",打造一个能返现金的钱包;常年立返现金1%起,最高免单;资金实时返还至用户百度钱包账户余额,可提现,可消费,永不过期,将权益真正反馈用户。百度钱包操作界面如图4-6所示。

图 4-5　QQ钱包操作界面　　　　图 4-6　百度钱包操作界面

四、微支付

微支付是指在互联网上进行的小额资金支付(单笔交易金额小于10美元)。这种支付机制有着特殊的系统要求,在满足一定安全性的前提下,要求尽量少地传输信息,具有较低的管理和存储需求,即速度和效率要求比较高。这种支付形式就称为微支付。现在常说的微支付,主要是指微信支付。

五、代币

代币是由公司而不是政府发行的数字现金。代币不同于电子货币,许多代币不能兑换成现金,只能用于交换代币发行公司所提供的商品或服务。

腾讯的Q币就是典型的代币。Q币是由腾讯推出的一种虚拟货币,可以用来支付QQ体系中的商品及服务费用,如购买QQ会员服务等;Q币可通过购买QQ卡、电话充值、银行卡充值、网络充值、手机充值卡、一卡通充值卡等方式获得。

第三节　第三方支付

一、第三方支付的定义

第三方支付是指和国内外各大银行签约,并具备一定实力和信誉保障的第三方独立机构提供的交易支持平台。

二、常用的第三方支付平台

(一)国内知名的第三方支付平台

1. 支付宝平台

(1)支付宝

支付宝(中国)网络技术有限公司是国内领先的独立第三方支付平台,由阿里巴巴集团于 2004 年 12 月创办。支付宝致力于为中国电子商务提供"简单、安全、快速"的在线支付解决方案。支付宝公司始终以"信任"作为产品和服务的核心,不仅从产品上确保消费者、买家在线支付的安全,同时让消费者、买家通过支付宝在网络间建立起相互的信任,为建立纯净的互联网环境迈出了非常有意义的一步。

蚂蚁金融服务集团是浙江阿里巴巴电子商务有限公司的子公司,成立于 2014 年 10 月 16 日,是支付宝的母公司,2020 年 7 月更名为蚂蚁集团。阿里小微金融服务集团以蚂蚁金融服务集团的名义成立,旗下业务包括支付宝、支付宝钱包、余额宝、招财宝、蚂蚁小贷和网商银行等。2015 年 2 月 11 日,阿里巴巴和蚂蚁金服联合宣布,已完成两家公司之间关系的重组。

阿里巴巴 2018 年的财年报表显示,截至 2018 年 3 月 31 日,支付宝在全球的年活跃用户数量达 8.7 亿人,已成为全球较大的移动支付服务商。

(2)支付宝的"担保交易服务"原理

支付宝的"担保交易服务"原理为:买家下单后付款到支付宝,在订单交易状况显示"买家已付款"后卖家发货;买家收到货,检查无误后,确认收货,输入支付密码,支付宝再将钱款打给卖家。支付宝"担保交易服务"原理如图 4-7 所示。

图 4-7 支付宝"担保交易服务"原理

(3)余额宝

余额宝于 2013 年 6 月问市,是"蚂蚁金服"旗下的余额增值服务和活期资金管理服务项目。余额宝对接的是天弘基金旗下的增利宝货币基金,特点是操作简便、低门槛、零手续费、可随取随用。除理财功能外,余额宝还可直接用于购物、转账、缴费、还款等消费支付,是移动互联网时代的现金管理工具。目前,余额宝依然是中国规模较大的货币基金。

(4)蚂蚁花呗、蚂蚁借呗

蚂蚁花呗是"蚂蚁金服"推出的一款消费信贷产品,申请开通后,将获得 100～50 000 元不等的消费额度。用户在消费时,可以预支蚂蚁花呗的额度,享受"先消费,后付款"的购物体验。在确认收货后的下个月 10 日前进行还款,免息期最长可达 41 天。除了"这月买,下月还,超长免息"的消费体验,蚂蚁花呗还推出了花呗分期的功能,消费者可以分 3、6、9、12 个月进行还款。对于已经产生的花呗账单,在还款日当天系统依次自动扣除支付宝账户余额、余额宝(需开通余额宝代扣功能)、借记卡快捷支付(含一卡通)用于还款已出账单未还部分;用户也可以在还款日前主动进行还款。如果逾期不还,每天将收取万分之五的逾期费。

蚂蚁借呗是支付宝推出的一款贷款服务,目前的申请门槛是芝麻分在 600 以上。按照分数的不同,用户可以申请的贷款额度为 1 000～50 000 元不等。蚂蚁借呗的还款最长期限为 12 个月,贷款日利率是 0.045%,随借随还。

蚂蚁花呗与蚂蚁借呗提供了针对淘宝会员购买力不足的解决方案,方便用户周转资金,充分提高了资金的利用率,提升了用户的购物体验,同时有效提升了商家的成交转化率。蚂蚁花呗和蚂蚁借呗的界面如图 4-8、图 4-9 所示。

图 4-8　蚂蚁花呗　　　　　　　　　　　图 4-9　蚂蚁借呗

2. 财付通平台

(1) 财付通

财付通(Tenpay)是腾讯公司于 2005 年 9 月正式推出的专业在线支付平台,其核心业务是帮助在互联网上进行交易的双方完成支付和收款,致力于为互联网用户和企业提供安全、便捷、专业的在线支付服务。个人用户注册财付通后,即可在拍拍网及 20 多万家购物网站轻松进行购物。财付通支持全国各大银行的网银支付,用户也可以先充值到财付通,享受更加便捷的财付通余额支付体验。

财付通提供充值、提现、支付、交易管理、信用卡还款、"财付券"服务、生活缴费、彩票购买等业务。

(2) 虚拟物品中介保护交易功能

如果用户是腾讯旗下网络游戏的玩家,那么在用户出售游戏装备、游戏币的时候,可以通过财付通里的虚拟物品中介保护交易来进行操作,买卖双方通过 E-mail 通知进行付款、发货的操作。如果用户通过财付通进行游戏交易被骗,则可以直接联系财付通客服进行投诉,客服会调查买卖双方的后台交易数据,只要双方确实有过交易,后台有交易数据记录,那么客服就会帮助受害者找回游戏装备。

3. 汇付天下平台

汇付天下于 2006 年 7 月成立,总部设于上海,核心团队由中国金融行业资深管理人士组成。汇付天下定位于金融级电子支付专家,与国内商业银行及国际银行卡组织均建立了合作关系,聚焦金融支付和产业链支付两大方向,其核心竞争力是为行业客户快速、准确定制支付解决方案,创新研发电子支付服务产品,推动各行业电子商务的发展。

汇付天下和支付宝同样属于国内领先的支付公司,但两者的发展模式不同。汇付天下是专注于做金融级电子支付专家,深耕行业;支付宝依托淘宝的强大平台,注重个人客户业务。

目前,汇付天下已服务于基金行业、航空票务、商业流通、数字娱乐等万余家行业客户,如华夏基金管理公司、中国国际航空、中国南方航空、中国东方航空、网易、中国平安保险集团、联想集团、苏宁易购、携程、12580等。

(二)国外知名的第三方支付平台——PayPal

PayPal是全球较大的第三方在线支付平台。PayPal是美国eBay公司的全资子公司。1998年12月,由Peter Thiel及Max Levchin建立。PayPal允许在使用电子邮件标识身份的用户之间转移资金,避免了传统的邮寄支票或者汇款的方法。PayPal也和一些电子商务网站合作,成为它们的货款支付方式之一;但是用这种支付方式转账时,PayPal会收取一定数额的手续费。

PayPal就是我们通常说的"贝宝",是针对具有国际收付款需求用户设计的账户类型。它是目前全球使用较为广泛的网上交易工具。它能帮助客户进行便捷的外贸收款、提现与交易跟踪;从事安全的国际采购、消费、快捷支付,并接收包括美元、加元、欧元、英镑、澳元和日元等25种国际主要流通货币。

第四节 移动支付

一、移动支付的定义

移动支付论坛对移动支付给出了如下定义:移动支付(Mobile Payment),也称为手机支付,是指交易双方为了某种货物或者服务,以移动终端设备为载体,通过移动通信网络实现的商业交易。移动支付所使用的移动终端可以是手机、PDA、移动PC等。单位或个人通过移动设备、互联网或者近距离传感器直接或间接向银行等金融机构发送支付指令产生货币支付与资金转移行为,从而实现移动支付功能。移动支付将终端设备、互联网、应用提供商以及金融机构相融合,为用户提供货币支付、缴费等金融业务。

二、移动支付的分类

移动支付主要分为近场支付和远程支付两种。

(一)近场支付

近场支付是指消费者在购买商品或服务时,即时通过手机向商家进行支付,支付的处理在现场进行,使用手机射频(NFC)、红外线、蓝牙等通道,实现与自动售货机以及POS机的本地通信。

(二)远程支付

远程支付是指通过发送支付指令(如网银、电话银行、手机支付等)或借助支付工具(如通过邮寄、汇款)进行的支付方式。

三、通信运营商移动支付

（一）中国联通沃支付

沃支付是联通支付有限公司的支付品牌，致力于为用户、商户提供安全快速的网上支付、手机支付服务，以及手机费、水电煤缴费、彩票、转账等生活服务应用。

手机钱包业务是中国联通联合多家银行、公交一卡通公司等合作伙伴，推出的一项综合型支付业务。手机钱包利用联通 SWP 卡的安全控件通过客户端下载、预置、营业厅写卡等多种渠道将合作伙伴的多种卡应用加载到联通 SWP 卡中，使联通手机既支持原有通信功能又支持"刷"手机消费、乘车。

（二）中国移动和包

2013 年 12 月 18 日，中国移动依托 NFC 技术推出的手机钱包业务取名为"和包"。中国移动和包（原名"手机支付""手机钱包"）是中国移动面向个人和企业客户提供的一项领先的综合性移动支付业务，用户开通和包业务，即可享受线上支付（互联网购物、充话费、生活缴费等）；持 NFC 手机和 NFC-SIM 卡的用户，可享受和包刷卡功能，把银行卡、公交卡、会员卡"装"进手机里，实现特约商家（便利店、商场、公交、地铁等）线下消费。

（三）中国电信翼支付

翼支付是中国电信为消费者提供的综合性支付服务，消费者申请翼支付业务后，将获得内置翼支付账户和本地市政公交一卡通电子钱包的翼支付卡，消费者不但可以申请使用翼支付账户进行远程和近场支付，将钱存入翼支付卡上内置的市政公交或城市一卡通电子钱包后，还可以使用手机在本地市政公交一卡通或城市一卡通覆盖领域进行现场"刷"手机消费，如在公交、地铁、出租车、特约商户（如超市、商场）等场所使用。

四、银联云闪付

2017 年 12 月 11 日，中国银联携手商业银行、支付机构等产业各方共同发布银行业统一 App"云闪付"。云闪付是银联移动支付新品牌，旗下各产品使用了 NFC、HCE 和二维码等技术，可实现手机等移动设备在具有银联"Quick Pass"标识的场景中进行线上、线下支付，同时也支持远程在线支付。

云闪付系列产品采用了云计算技术，银行卡关键信息的生成、验证、交易监控都在云端完成。云闪付包括与银行、国内外手机厂商、通信运营商等合作方联合开发的各类移动支付产品。云闪付旗下产品包括银联云闪付 HCE、银联云闪付 Apple Pay、银联云闪付 Samsung Pay、银联云闪付 Huawei Pay、银联云闪付 Mi Pay、银联钱包等。

五、我国第三方移动支付市场发展状况

艾媒咨询分析师认为，阿里巴巴电商优势明显，支付宝更受网民线上消费青睐，但线下消费场景中，微信优势逐渐显现。

中国第三方移动支付市场进入成熟期，支付宝、财付通双寡头市场格局已经形成。虽然财付通发展晚于支付宝，但微信支付凭借其社交属性获得更多用户青睐，整体市场交易规模

占比紧跟支付宝。随着国家对互联网金融安全日益重视,银联推出云闪付 App,其制度优势会对财付通和微信支付造成一定冲击。

网上银行、电话银行、手机银行、微银行

第五节　网上银行

一、网上银行的定义

网上银行又称网络银行、在线银行,是指基于 Internet 平台开展和提供各种金融服务的新型银行机构与服务形式。银行利用 Internet 技术,向客户提供开户、查询、对账、行内转账、跨行转账、信贷、网上证券、投资理财等传统服务项目,使客户可以足不出户就能够安全便捷地管理活期和定期存款、支票、信用卡及个人投资等。可以说,网上银行是在 Internet 上的虚拟银行柜台。网上银行又被称为"3A 银行",因为它不受时间、空间限制,能够在任何时间(Anytime)、任何地点(Anywhere)、以任何方式(Anyway)为客户提供金融服务。

二、网上银行的类型

根据是否有实体营业网点,网上银行可以分为两类:一类是完全依赖于互联网的无形电子银行,即完全基于 Internet 的银行,也叫"虚拟银行";另一类是在现有的传统银行的基础上,利用互联网开展传统的银行业务,即传统银行的网上服务。

(一)虚拟银行

虚拟银行即没有实际的物理柜台作为支持的网上银行,这种网上银行一般只有一个办公地址,没有分支机构,也没有营业网点,采用国际互联网等高科技服务手段与客户建立密切的联系,提供全方位的金融服务。以美国安全第一网上银行为例,它成立于 1995 年 10 月,是在美国成立的第一家无营业网点的虚拟网上银行,它的营业厅就是网页画面,当时银行的员工只有 19 人,主要的工作就是对网络的维护和管理。

(二)传统银行的网上服务

传统银行利用互联网作为新的服务手段为客户提供在线服务,实际上是传统银行业务在互联网上的延伸,这是网上银行存在的主要形式,也是绝大多数商业银行采取的网上银行发展模式。

1996 年,我国只有一家银行通过国际互联网向社会提供银行服务,到 2011 年底,在互联网上设立网站的中资银行占中国现有各类银行的 56.7%。网上银行以其低廉的成本和广阔的前景,越来越得到人们的重视。

三、网上银行的特点

(一)全面实现无纸化交易

以前使用的票据和单据大部分被电子支票、电子汇票和电子收据所代替;原有的纸币被电子货币,即电子现金、电子钱包、电子信用卡所代替;原有纸质文件的邮寄变为通过数据通信网络进行传送。

(二)服务方便、快捷、高效、可靠

通过网上银行,用户可以享受到方便、快捷、高效和可靠的全方位服务。用户可在任何需要的时候使用网络银行的服务,不受时间、地域的限制,即实现"3A"服务。

(三)经营成本低廉

网上银行采用了虚拟现实信息处理技术,在保证原有的业务量不降低的前提下,减少营业网点的数量。同时,用户通过网上银行自助操作,可以为银行节省大量运营费用,银行可以通过降低操作手续费,鼓励用户进行自助操作。

(四)简单易用

只要会上网及掌握计算机简单操作的用户都可以无门槛地操作网上银行,无须经过专门培训,因此网上银行的使用易于广泛普及。

四、网上银行的优势

(一)大幅降低银行经营成本,有效提高银行营利能力

开办网上银行业务,主要利用公共网络资源,无须设置物理的分支机构或营业网点,减少了银行的人员费用,提高了银行后台系统的效率。

(二)无时空限制,有利于扩大客户群体

网上银行业务打破了传统银行业务的地域、时间限制,能在任何时候、任何地方、以任何方式为客户提供金融服务,这既有利于吸引和保留优质客户,又能主动扩大客户群,开辟新的利润来源。

(三)有利于服务创新,向客户提供多种类、个性化服务

通过银行营业网点销售保险、证券和基金等金融产品,往往受到很大限制,主要是由于一般的营业网点难以为客户提供详细的、低成本的信息咨询服务。利用互联网和银行支付系统,容易满足客户咨询、购买和交易多种金融产品的需求,客户除办理银行业务外,还可以在网上进行买卖股票债券等操作,网上银行能够为客户提供更加合适的个性化金融服务。

五、网上银行的业务品种

网上银行的业务品种主要包括基本业务、网上投资、网上购物、网上个人理财、企业银行及其他金融服务。

(一)基本业务

商业银行提供的基本网上银行服务包括在线查询账户余额、交易记录,下载数据、转账和网上支付等。

(二)网上投资

由于金融服务市场发达,可以投资的金融产品种类众多,国外的网上银行一般提供包括股票、期权、共同基金投资和信用违约掉期合约买卖等多种金融产品服务。

(三)网上购物

商业银行网上银行设立的网上购物平台,大大方便了客户网上购物,为客户在相同的服务品种上提供了优质的金融服务或相关的信息服务,加强了商业银行在传统竞争领域的竞

争优势。

(四)网上个人理财

网上个人理财是国外网上银行重点发展的一个服务品种。各大银行将传统银行业务中的理财助理转移到网上进行,通过网络为客户提供理财的各种解决方案,提供咨询建议或者提供金融服务技术的援助,从而极大地扩大了商业银行的服务范围,并降低了相关的服务成本。

(五)企业银行

企业银行服务是网上银行服务中重要的部分之一,其服务品种比个人客户的服务品种更多,也更为复杂,对相关技术的要求也更高。所以能够为企业提供网上银行服务是商业银行实力的象征之一,一般中小网上银行或纯网上银行只能提供部分服务,甚至完全不提供这方面的服务。

企业银行服务一般提供账户余额查询、交易记录查询、总账户与分账户管理、转账、在线支付各种费用、透支保护、储蓄账户与支票账户资金自动划拨、商业信用卡等服务。此外,有的网上银行还提供投资服务等,部分网上银行还为企业提供网上贷款业务。

(六)其他金融服务

除了银行服务外,大型商业银行的网上银行均通过自身或与其他金融服务网站联合的方式,为客户提供多种金融服务产品,如保险、抵押和按揭等,以扩大网上银行的服务范围。

六、网上银行支付常用的安全技术

(一)文件数字证书

最初,只要用户计算机上安装了数字证书,就可以证明自己是银行账户的拥有者,就可以操作账户中的钱款。但仅有数字证书就可以转账,明显存在极大的安全隐患,因为黑客也可能会窃取用户的数字证书,假冒用户的身份。文件数字证书的样式如图4-10所示。

(二)动态口令卡

由于文件数字证书存在的安全隐患,银行推出了动态口令卡,用户在计算机上安装文件数字证书的同时,还必须去银行柜台申领一张动态口令卡,每次转账时回答网银系统询问的动态口令,回答正确,即可证明自己是银行账户的拥有者,可以操作银行账户中的钱款。由于黑客无法获得动态口令卡,从而确保账户资金安全。中国农业银行动态口令卡样式如图4-11所示。

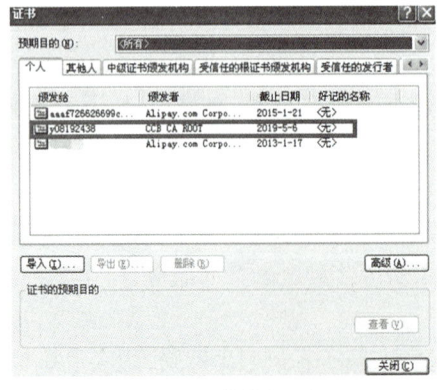

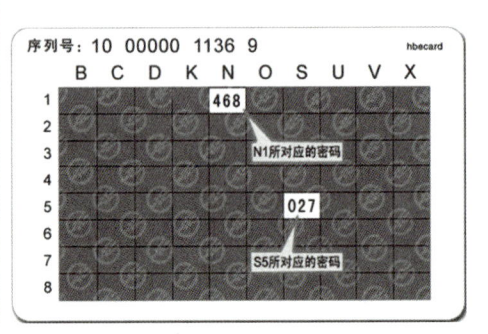

图4-10　文件数字证书　　　　图4-11　中国农业银行动态口令卡样式

(三)动态手机口令

当用户登录网上银行或微信银行时,系统会自动发送一条手机短信,告知用户验证码,验证码 10 分钟内有效,输入正确的验证码,即可证明自己是银行账户的拥有者,可以操作银行账户中的钱款。同样,由于黑客没有用户的手机,无法获知验证码,从而确保账户资金安全。动态手机口令的一般样式如图 4-12 所示。

(四)移动口令牌

当用户登录网上银行时,操作界面会提示输入一串移动口令,此时可以打开移动口令牌,输入口令牌上显示的一串数字,移动口令回答正确,即可证明自己是银行账户的拥有者,可以操作银行账户中的钱款。同样,由于黑客没有用户的移动口令牌,无法获知移动口令,从而确保账户资金安全。中国工商银行移动口令牌如图 4-13 所示。

图 4-12 动态手机口令的一般样式

图 4-13 中国工商银行移动口令牌

(五)移动数字证书

当用户登录网上银行进行转账、支付操作时,操作界面会提示用户插入 U 盾(UKey),移动数字证书内置于 U 盾中,不可导出,即插即用;同时 U 盾是用户随身携带的,一旦插入 U 盾即可显示出用户的数字证书,从而证明用户的合法身份,可以操作银行账户中的钱款。一旦拔出 U 盾,在计算机中不会遗留数字证书,从而确保黑客无法窃取用户的数字证书。同样,由于黑客没有用户的 U 盾,就无法使用 U 盾内置的数字证书仿冒用户身份,从而确保账户资金安全。中国建设银行 U 盾如图 4-14 所示。

图 4-14 中国建设银行 U 盾

第六节 电话银行、手机银行与微银行

一、电话银行

(一)电话银行

电话银行通过电话把用户与银行紧密相连,使用户不必去银行,无论随时随地,只要拨通电话银行的电话号码,就能够得到电话银行提供的服务(往来交易查询、申请技术账户、利率查询等),可使银行提高服务质量,增加客户,为银行带来更好的经济效益。电话银行是基

于语音的银行服务。

(二)电话银行提供的服务内容

电话银行提供的服务内容主要如下：

①客户账户余额查询；

②账户往来明细及历史账目档案；

③大额现金提现预告；

④银行存贷款利率查询；

⑤银行留言；

⑥银行通知；

⑦其他各类指定的查询服务。

二、手机银行

(一)手机银行

手机银行也可称为移动银行(Mobile Banking Service)，是利用移动通信网络及终端办理相关银行业务的简称。手机银行不仅可以使人们在任何时间、任何地点处理多种金融业务，而且极大地丰富了银行服务的内涵，使银行能以便利、高效而又较为安全的方式为客户提供传统和创新的服务。手机银行由手机、GSM短信中心和银行系统构成。

(二)手机银行的操作原理

手机银行是基于短信的银行服务。在手机银行的操作过程中，用户通过SIM卡上的菜单对银行发出指令后，SIM卡根据用户指令生成规定格式的短信并加密，然后指示手机向GSM网络发出短信；GSM短信系统收到短信后，按相应的应用或地址传给相应的银行系统；银行对短信进行预处理，再把指令转换成主机系统格式，银行主机处理用户的请求，并把结果返回给银行接口系统；接口系统将处理的结果转换成短信格式；短信中心将短信发给用户。

(三)手机银行与电话银行相比的优点

通过电话银行进行的业务都可以通过手机银行实现，手机银行还可以完成电话银行无法实现的二次交易。比如，银行可以代用户缴付电话费、水费、电费等，但在划转前一般要经过用户确认。由于手机银行采用短信提醒方式，用户随时开机都可以收到银行发送的信息，从而可在任何时间与地点对划转进行确认。

三、微银行

微银行是指2013年7月6日新浪旗下北京新浪支付科技有限公司推出的支付理财服务，其业务范围包括互联网支付、移动电话支付，除此之外，消费者在微银行还可办理开销户、转账、汇款、信用卡还款等业务。目前各大银行开通的微银行即为各银行的微信公众服务号。

2015年5月27日，中国银行正式推出"微银行"系列产品，并在微信、易信平台同时上线。中国银行"微银行"是中国银行构建网络银行、发力移动金融的重要举措，借助社交媒体的强大互联网入口与广泛的客户群体，持续完善微银行功能，满足客户的个性化需求，提供更高效、更快捷的金融服务与体验。

用户仅需在微信或易信平台搜索并关注"中国银行微银行"公众账号，即可实现在线信息推送、互动交流、金融服务等功能。中国银行"微银行"包含"微客服""微信贷""微理财""微支付""微生活""微购物"等服务模块,实现小额信贷手机在线申请、审批、放款、还款;7×24小时全天候理财咨询;账单余额和明细查询;手机平台转账汇款等功能。中国银行"微银行"还计划推出在线商城。中国银行"微银行"界面如图4-15所示。

图4-15 中国银行"微银行"界面

网上银行、电话银行、手机银行、微银行丰富了银行为用户提供服务的方式,拓展了宣传推广的渠道,增强银行对用户的吸引力,有利于提升用户的黏性;对于用户而言,可以选择自己感兴趣的方式获取银行提供的服务,充分满足自己的个性化需求,高效便捷、成本低廉,极大提升了用户体验。

四、银行开通的新型业务

(一)无卡取款——手机+自动柜员机

使用手机预约取现时,用户要先登录相关银行的手机银行,选择"预约取现"功能,根据提示预留"预约码"、确定该预约的有效时间、输入取现金额、指定取款账户,并通过口令卡或电子密码器等介质进行身份认证,随后就会收到一条临时密码短信。

用户可以在自己设定的有效时间内到就近的自动柜员机取款,取款时要输入手机号、预留的"预约码"和银行发送的临时密码等信息。

目前,该项服务单笔和日累计取现的限额分别是1 000元和5 000元。

交通银行是最早推出"无卡取现"的银行,2010年1月20日即推出了手机终端"e动交行",率先在全国实现自动柜员机无卡取款。广发银行也于2011年推出手机银行预约取款功能,同样是通过手机银行"预约取现",便能在任意一台自动柜员机上取到现金。

(二)刷脸取款

客户如需取款,首先在自动柜员机屏幕首页选择"刷脸取款"功能,系统将自动抓拍现场照片,在后台与银行的可信照片源进行比对,验证通过后,客户输入手机号码或身份证号码进一步确认身份,进而显示客户名下的银行卡提供给客户选择,客户输入或选择取款金额,再输入密码即可提取现金,整个过程无须插入实体银行卡片。

与插卡取款相比,刷脸取款除了人脸识别之外,还需要用户输入手机号码或身份证号进行身份确认,最后再输入密码才可取款,安全性更高。刷脸取款的示意图如图4-16所示。

图 4-16　刷脸取款

(二)无卡消费——手机＋POS 机

用户登录手机银行预约一定的消费限额并设置预约码,在消费结账时,只需在商户 POS 机上输入手机号、预约码以及银行卡的消费密码,便可实现无卡消费。

新型电子支付方式

第七节　流行的支付方式

支付是消费生活中必不可少的一个环节,也是商业活动的闭环,支付方式由原始的贝壳演变成金银,到宋朝流行起来的纸币,再到如今遍及大街小巷的扫码支付,支付方式的变革周期越来越短。众多高科技运用于支付领域,极大提升了支付体验。

针对如今的支付情况,艾瑞预测:随着技术的发展,生物识别支付将替代线下扫码,成为推进"无现金社会"的主要动力。

一、条码支付

2011 年 7 月 1 日,支付宝推出全新的手机支付产品——条码支付(Barcode Pay)。条码支付是支付宝为线下实体商户提供的一种快捷、安全的现场支付解决方案。该方案为数以百万计的微小商户提供无须额外设备的低成本收银服务,实现"现场购物、手机支付"。条码支付如图 4-17 所示。

条码支付的操作流程为:①商户计算出待收银总额;②用户登录支付宝账户,出示账户关联的二维码或者条形码;③商户用扫描枪扫描用户的二维码或条形码;④扫描后,用户手机会显示是否支付的对话框,请求用户确认;⑤用户确认,双方完成交易。

图 4-17　条码支付

二、扫码支付

用户打开手机微信 App,通过"扫一扫"即可扫描二维码或条码,扫描成功后进入微信支付页面,输入支付密码即可完成支付。用户也可以打开支付宝钱包,通过"扫一扫"就可以识别收款方的账户信息及付款金额,输入支付密码即可完成支付。扫码付无须传统网银支付烦琐的网关跳转过程,简便快捷。扫码支付如图 4-18 所示。

图 4-18　扫码支付

三、声波支付

声波支付是利用声波的传输,完成两个设备的近场识别。其具体过程是:在第三方支付产品的手机客户端里,内置有"声波支付"功能,用户打开此功能后,用手机麦克风对准收款方的麦克风,手机会播放一段"咻咻咻"的声音,相关设备收到声波信号后即通过自身系统做出相应反应。

用户可以通过手机去购买售货机里的商品,使用时,手机会播放一段超声波,听起来像是"咻咻咻",售货机听到这段声波之后就会自动处理,用户在自己手机上输入密码,售货机就会"吐"出商品。

声波支付界面如图 4-19 所示。

图 4-19　声波支付

小链接

浦发银行应用二维码技术转账汇款

2013 年 8 月 28 日,浦发银行在业内首家整合推出手机智能收付款功能。客户只需通过浦发手机银行"拍一拍"或"听一听"对方的银行账号二维码,便可轻松向对方转账汇款,提升客户的转账体验。

四、空付

空付是支付宝于 2014 年 4 月推出的一种全新支付方式。通过扫描授权,赋予任何实物价值,使它具有支付能力。在商家处出示该实物,快速识别验证后,即可成功完成支付。用户走进一家便利店,身上没带钱包,也没带手机,但仍可以用已经授权支付能力的随身物品,比如戒指、鞋子购买到想要的商品。空付形式如图 4-20 所示。

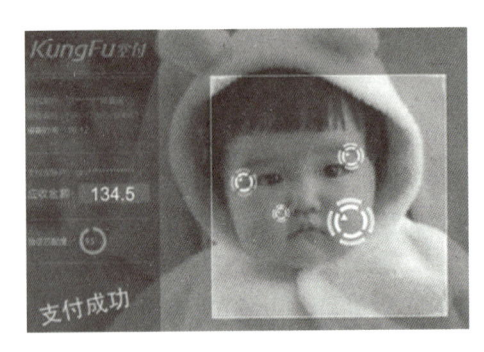

图 4-20　空付

五、指纹支付

2014 年 7 月 16 日，支付宝钱包和三星 Galaxy S5 一起推出了指纹支付服务；9 月，支付宝与华为 Mate7 一起推出了新的指纹支付标准方案；10 月，苹果在正式推出的 iOS 8.1 更新中，也新增了基于指纹、NFC、Token 等技术的支付功能。12 月，支付宝 8.4 版本正式上线，iPhone 5S 以上型号及 iOS 8.0 以上系统的 iPhone 获得支付宝指纹支付功能。

打开支付宝钱包，选择"设置"后，就能看到"指纹支付"的开启键，随后进行一系列包括密码、指纹在内的验证之后，就可轻松开启"指纹支付"功能。例如，在淘宝选购商品，进入支付宝钱包付款后，弹出"指纹支付"付款页面，手指在 HOME 键上轻轻一碰，一秒钟即可付款成功。指纹支付如图 4-21 所示。

但是，苹果等推出的指纹识别也存在漏洞。例如，黑客用木胶做成的假指纹可以简单绕过 iPhone5s 的指纹锁；长期从事体力劳动者、老年人、小孩、指纹有残缺者存在指纹无法识别的问题；在手指受伤破损、环境空气过分湿润等一

图 4-21　指纹支付

些特殊情况下，正常人也可能会出现识别失败的情况；指纹的形状也并非一成不变，人随着年龄增长、皮肤状况发生改变也会影响到指纹的形状。这些都会影响指纹支付的安全性。

六、掌纹支付

掌纹的形态由遗传基因控制，即使由于某种原因表皮剥落，新生的掌纹纹线仍保持着原来的结构，而且每个人的掌纹纹线都不一样。因此，掌纹识别比指纹识别安全性更高，也越来越受到重视。

2014 年 1 月，美国支付公司 Pulse Wallet 展示了采用富士通掌纹识别技术的无卡 POS 终端机。据说，这项生物识别技术错误识别率仅为 0.000 08%，错误拒绝率仅为 0.01%。该公司表示，注册用户不需要随身携带银行卡，只要通过掌纹识别，就能够完成支付。掌纹支付如图 4-22 所示。

2014 年 4 月，瑞典隆德大学工业工程与管理学专业研究生弗雷德里克·雷夫兰德，也把掌纹支付变成了现实。他

图 4-22　掌纹支付

开发的掌纹支付技术无须智能手机、NFC 芯片和应用程序便能实现支付。用户需先输入手机号码的最后四位,然后将手放在扫描仪上,接着就会从用户的银行账户扣除相应的金额。目前,他自己创立的公司已在当地的咖啡店和商铺中成功安装掌纹识别付款系统。

七、声纹支付

2014 年 10 月 15 日,支付宝首先提出声纹支付的概念。支付宝用特定设备采集声音并转成信号成为支付密码。声纹支付的优点在于方便快捷,而其缺点在于声纹验证需要保持环境安静,否则可能无法验证成功。

与指纹识别、掌纹相比,声纹识别的应用具有特殊的优势:首先,声纹特征的获取比较方便、自然,语音的识别成本也很低廉;其次,声纹识别使用简单,除了麦克风也无须额外的录音设备,声纹辨认和确认的算法复杂度低,配合一些其他措施,如通过语音识别进行内容鉴别等,声纹识别的准确率可提升到极高程度。这些优势使得声纹识别越来越受到青睐,市场占有率不断上升。

2015 年 5 月,在全球移动金融峰会(GMIC)上,百度百付宝总经理章政华在演讲时就亲身展示了百度钱包最新的声纹支付技术。他通过手机百度页面,用手机百度的语音搜索功能分别喊出"外卖""肯德基""香辣鸡腿堡"等关键词进行操作,在随机选择一款食品后,手机上会出现一串随机数字验证码"120167",章政华用语音念出这串验证码后,页面显示支付成功,整个支付流程只需短短几秒。

2017 年 7 月 5 日,在人工智能实验室夏季新品发布会上,阿里巴巴正式发布了语音音箱"天猫精灵 X1","声纹支付"购物功能内置其中。"声纹支付"购物功能将支持对用户声纹识别、购物支付和手机充值等操作。

八、刷脸支付

2017 年 9 月 1 日,支付宝在杭州肯德基 KPRO 餐厅上线刷脸支付。这是"刷脸支付"在全球范围内的首次商用。

第一次使用"刷脸支付"需要在支付宝 App 上开通此功能,开通后在自助点餐机上选好餐,进入支付页面,选择"支付宝刷脸付",然后进行人脸识别,大约需要 1~2 秒,再输入与账号绑定的手机号,确认后即可支付,支付过程不到 10 秒。

九、虹膜支付

2017 年 9 月,民生银行推出"虹膜支付",将虹膜识别技术应用于移动支付等多种支付场景,实现"眼神秒付"。这是虹膜识别技术在我国支付领域的首次推广应用。

虹膜在人体中具有唯一性、稳定性、非接触性等特点。虹膜支付的原理分为建模和匹配两个过程。建模需要用户拍摄一张能清晰呈现虹膜纹理的图片,然后从中提取用户虹膜的特征。匹配则是将建模时提取的虹膜特征在支付时放入虹膜识别系统进行验证。虹膜支付相较于指纹支付和声波支付来说,识别度更高,因为虹膜所处眼部位置固定,不易被干扰、无法被复制。虹膜识别技术通过对比虹膜纹理特征之间的相似性,可有效确定人的身份,准确性和稳定性高于指纹识别和人脸识别,因此是目前世界上较精准、较安全的生物识别技术之一。

十、无感支付

2017年11月29日,支付宝携手杭州城管委,在全国率先上线道路停车无感支付。开通支付宝免密支付的车主停车结束时,不需要再等待收费员前来收费,不用掏现金,甚至不用掏手机缴费,就可以直接开车离场。据测算,车主能因此节省85%离场缴费的时间,收费员的管理效率也能提升一半以上。

车主只需要在支付宝顶部搜索框输入"停车",然后进入停车在线缴费,输入车牌号保存绑定后,单击"开通免密",按指引操作两步就可以开通道路停车无感支付。在接入了无感支付的道路上停车,埋在地下的地磁感应会提醒收费员几号车位有车,收费员通过终端机器扫码识别车牌后,即完成了车牌抄录。在车辆离开停车位时,地磁会自动记录时间,并将信息同步给收费员。与此同时,收费系统会自动从绑定车牌并开通了免密支付的支付宝账户中"秒扣"停车费,用户体验完全实现"无感支付",并且计费更精准。

支付宝出行业务负责人彦修表示,"无感支付背后的原理其实就是'空付'。'空付'就是你可以扫描任何一个东西,比如一只宠物,然后绑定支付宝,设置金额上限,然后就可以不拿出手机,借助那只宠物完成支付。在停车场,用户其实就是把自己的车牌和支付宝做了绑定,然后通过智能设备的图像识别技术,来辨认车牌,从而完成扣款。"

第八节 海 淘

一、海淘的定义

海淘即海外或境外购物,就是通过互联网检索海外商品信息,并通过电子订购单发出购物请求,然后填上私人信用卡号码,由海外购物网站通过国际快递发货,或是由转运公司代收货物再转寄回国。海淘的一般付款方式是款到发货(在线信用卡付款、PayPal账户付款)。

二、海淘的支付方式

(一)双币信用卡

双币信用卡是同时具有人民币和美元两种结算功能的信用卡,在国内通过银联可以实现人民币结算,出国后可以在支持VISA或者Master Card的商户消费或银行取款机上取款,并且以美元进行结算。中国工商银行双币信用卡如图4-23所示。

牡丹运通商务卡(金卡)　　　　牡丹运通商务卡(普卡)

图4-23　中国工商银行双币信用卡

牡丹运通商务卡在国内银联及国外美国运通的特约商户都能方便地使用；境内使用人民币结算，境外使用美元结算。

(二) PayPal

PayPal 的网站首页如图 4-24 所示。

图 4-24　PayPal 的网站首页

(三) 财付通

开通财付通运通国际账号，就可以财付通会员折扣价选购海量境外商家精品，并使用财付通完成支付。即使没有国际信用卡或双币信用卡，也可以通过财付通运通国际账号使用人民币进行支付，对于仅接收美国境内发行卡的国外购物网站也畅通无阻。同时，为了方便财付通用户海外购物，财付通与部分转运公司合作，开通运通国际账号时会自动分配境外转运地址（账单地址），用户可以直接使用财付通提供的转运地址。财付通境外支付页面如图 4-25 所示。

图 4-25　财付通境外支付页面

第九节　互联网金融

互联网金融（ITFIN）是指传统金融机构与互联网企业利用互联网技术和信息通信技术

实现资金融通、支付、投资和信息中介服务的新型金融业务模式。互联网金融是传统金融行业与互联网技术相结合的新兴领域。

当前"互联网+金融"的格局由传统金融机构和非金融机构组成。传统金融机构主要是传统金融业务的互联网创新以及电商化创新、App 软件等；非金融机构则主要是指利用互联网技术进行金融运作的电商企业、P2P 模式的网络借贷平台、众筹模式的网络投资平台、挖财类（模式）的手机理财 App（理财宝类）以及第三方支付平台等。

中国互联网金融产业仍保持高速发展的态势。其中，最吸引眼球的当属第三方移动支付、P2P 借贷、众筹领域。

近年，我国政府加大了对互联网金融产业的监管力度，以应对金融风险。2016 年 10 月 13 日，国务院办公厅发布了《互联网金融风险专项整治工作实施方案的通知》。2018 年 10 月 10 日，由中国人民银行、中国银行保险监督管理委员会、中国证券监督管理委员会制定的《互联网金融从业机构反洗钱和反恐怖融资管理办法（试行）》出台并公布。

一、第三方移动支付

(一)第三方移动支付类别划分

按机构主体不同，第三方移动支付可分为非独立第三方、独立第三方、国有控股、国有参股、民营资本等类型；按支付过程不同，第三方移动支付可分为远程支付、近场支付、微支付（单笔交易金额小于 10 美元）、宏支付（单笔交易金额大于 10 美元）、即时支付、担保支付等类型；按支付业务不同，第三方移动支付可分为面向消费者和面向行业的第三方移动支付类型。第三方移动支付的类别划分见表 4-1。

表 4-1　　　　　　　　　　第三方移动支付的类别划分

维度	类别	含义	区别	代表
机构主体	非独立第三方	支付机构拥有自身场景或战略联盟，主要为该平台提供支付服务	独立性	支付宝
	独立第三方	本身没有电子商务交易平台也不参与商品销售环节，只专注于支付服务		易宝支付
	国有控股	国有资本占控制权的第三方支付机构	资本性质	银行商务
	国有参股	在企业股权结构中有国有资本，但国有资本不占控制权		通联支付
	民营资本	全部资本由境内投资者投资的企业		快钱
支付过程	远程支付	运用手机/平板电脑等在线远程购买物品或服务	空间度	二维码支付
	近场支付	利用近距离通信技术实现信息交互，完成支付的非接触式支付方式		NFC 支付
	微支付	指单笔交易额小于 10 美元	安全级别	微信支付
	宏支付	指单笔交易额大于 10 美元		银联支付
	即时支付	支付服务提供商将交易资金从买家的账户即时划拨到卖家账户	结算模式	首信易支付
	担保支付	负责资金的划拨，同时还要为不信任的买卖双方提供信用担保		支付宝
支付业务	面向消费者	移动端软件下载、视频点播、话费等公共事业缴费业务	面对对象	支付宝
	面向行业	面向航旅、酒店、专车、餐饮等行业应用		易宝支付

(二)第三方移动支付的特征

第三方移动支付具有多元化、社交化、营销化、金融化等特征，见表 4-2。

表 4-2　　　　　　　　　　　　　第三方移动支付的主要特征

特征	形式	含义
多元化	多账户	实现第三方账户、银行账户、移动支付专用账户于一体
	多载体	智能手机/手环/手表等多载体的情况下实现支付
	多货币	积分、信用分等多种虚拟货币方式支付
	多场景	公共事业缴费/打车/吃饭/购票/购物等O2O、基金/P2P等金融
社交化	口令/群红包	更多存在于C2C的红包支付,增进人们之间的交流
营销化	摇一摇/刷一刷	更多存在于B2C的红包支付,通过企业赞助进行传播
金融化	理财	在金融商品与支付手段之间进行转换,通过转换来实现价值
	担保支付	负责资金的划拨,同时还要为不信任的买卖双方提供信用担保

二、P2P 借贷

网络借贷指在网上实现借贷,借入者和借出者均可利用这个网络平台,实现借贷的"在线交易"。网络借贷分为个体网络借贷(P2P网络借贷)和网络小额贷款。个体网络借贷是指个体和个体之间通过互联网平台实现的直接借贷,即有资金并且有理财投资想法的个人,通过有资质的中介机构牵线搭桥,使用信用贷款的方式将资金贷给其他有借款需求的人。网络小额贷款是指互联网企业通过其控制的小额贷款公司,利用互联网向客户提供的小额贷款。

P2P是英文Person-to-Person(或Peer-to-Peer)的缩写,即个人对个人(伙伴对伙伴),又称点对点网络借款,是一种将小额资金聚集起来借贷给有资金需求人群的一种民间小额借贷模式。

2016年8月,银监会向各家银行下发了《网络借贷资金存管业务指引(征求意见稿)》(以下简称《征求意见稿》)。《征求意见稿》不仅对开展存管业务的银行提出了一定的资质要求,对于接入的平台也提出了在工商登记注册地地方金融监管部门完成备案登记、按照通信主管部门的相关规定申请获得相应的电信业务经营许可等要求。其中,较受业内关注的一条要求是,存管银行不应外包或由合作机构承担,不得委托网贷机构和第三方机构代开出借人和借款人交易结算资金账户。

2018年8月8日,全国互联网金融风险专项整治工作领导小组办公室(简称"互金整治办")向各省(自治区、直辖市)、深圳市互金整治办下发了《关于报送P2P平台借款人逃废债信息的通知》(以下简称《通知》)。《通知》指出,近期部分P2P网贷平台借款人发生恶意逃废债、逾期不还情形,一定程度上加剧了P2P网贷行业风险。为严厉打击借款人恶意逃废债行为,请各地尽快上报相关信息。下一步,国家互金整治办拟协调征信管理部门将上述逃废债信息纳入征信系统和信用中国数据库,对相关逃废债行为人形成制约。因此,P2P存在巨大的风险。如果风控出现问题,将会导致逾期、坏账等各种项目问题,会直接给平台带来风险,对投资者的资金安全造成极大影响。

目前,较为知名的P2P网贷平台有人人贷、陆金所等。人人贷成立于2010年,是中国社科院、中国互联网协会等国家级权威机构评定的AAA级个人金融信息服务平台,是中国互联网百强企业。人人贷网站首页如图4-26所示。

图 4-26　人人贷网站首页

上海陆家嘴国际金融资产交易市场股份有限公司(陆金所),于 2011 年 9 月在上海注册成立,注册资金 8.37 亿元人民币,是中国平安旗下成员之一,总部位于国际金融中心上海陆家嘴。陆金所网站首页如图 4-27 所示。

图 4-27　陆金所网站首页

三、众筹

众筹(Crowdfunding)即大众筹资或群众筹资,是指用"赞助＋回报"的形式,向网友募集项目资金的模式。众筹利用互联网和社交网络服务的传播特性,让许多有梦想的人可以向公众展示自己的创意,发起项目争取别人的支持与帮助,进而获得所需要的援助,支持者则会获得实物、服务等不同形式的回报。

现代众筹是指通过互联网方式发布筹款项目并募集资金。相对于传统的融资方式,众筹更为开放,能否获得资金也不再仅以项目的商业价值作为唯一标准。只要是网友喜欢的项目,都可以通过众筹方式获得项目启动的第一笔资金,为更多小本经营或创作的人提供了无限的可能。

2015 年,电商起家的京东、淘宝及苏宁等平台纷纷建立起众筹平台,一方面是对其自身金融版图的一种拓展;另一方面,将众筹概念渗透到平台用户中,使用户了解并进行众筹投资,极大促进了众筹行业的快速发展。

淘宝众筹是一个发起创意、梦想的平台,不论淘宝卖家、买家、学生、白领、艺术家、明星,如果有一个想完成的计划(如电影、音乐、动漫、设计、公益等),都可以在淘宝众筹发起项目向大家展示计划,并邀请赞赏者给予资金支持。如果愿意帮助别人,支持别人的梦想,也可以在淘宝众筹浏览到各行各业的人发起的项目计划,成为发起人的梦想合伙人,当一起见证项目成功后，还会获得发起人给予的回报。

2018年5月，"淘宝众筹"升级为"造点新货"。造点新货是由卖家发起，将具有创新创意的未面市新品，或正在设计中且有能力、有资质成型的项目方案，通过众筹的方式面向全网消费者筹资，完成项目方案的最终落地，并以商品回报的方式回馈筹资者的众筹平台。新时代的众筹不仅可以解决资金、短期物流停滞的问题，在货品的趣味性打造、用户积累、品牌传播上也可以起到极大的推动作用。在淘宝众筹升级为"造点新货"半年多后，这个背靠着阿里集团的娱乐电商新平台默默地完成了自己从1.0到2.0的全面升级。阿里鱼副总经理、造点新货负责人王国毅说：我们要做的是娱乐电商新平台的NO.1！

本章小结

本章介绍我国流行的电子支付方式，增强学生的民族自豪感和爱国热情；介绍国内外电子支付技术，帮助学生把握学科前沿发展动态；介绍电子支付工具的演变及支付技术的迭代，培养学生的创新意识。

电子支付是指从事电子商务交易的当事人，包括消费者（买家）、厂商（卖家）和金融机构，通过信息网络、使用安全的信息传输手段、采用数字化、方式进行的货币支付或资金流转。电子支付系统是采用数字化电子化形式进行电子货币数据交换和结算的网络银行业务系统。基于互联网的电子交易支付系统由客户、商家、认证中心、支付网关、客户银行、商家银行和金融专用网络等七个部分构成。常用的电子支付工具包括银行卡、智能卡、电子钱包、微支付。银行卡包括借记卡和信用卡两种。电子钱包是电子商务活动中顾客购物常用的一种支付工具，是在小额购物或购买小商品时常用的新式"钱包"。常用的电子钱包包括微信钱包、支付宝钱包、QQ钱包和百度钱包。第三方支付是指和国内外各大银行签约，并具备一定实力和信誉保障的第三方独立机构提供的交易支持平台。常用的第三方支付平台包括支付宝、财付通、汇付天下及PayPal。移动支付也称为手机支付，是指交易双方为了某种货物或者服务，使用移动终端设备为载体，通过移动通信网络实现的商业交易。移动支付主要分为近场支付和远程支付两种。网上银行又称网络银行、在线银行，是指基于Internet平台开展和提供各种金融服务的新型银行机构与服务形式。网上银行具有全面实现无纸化交易；服务方便、快捷、高效、可靠；经营成本低廉；简单易用等特点。网上银行具有大幅降低银行经营成本、有效提高银行盈利的能力；且具备无时空限制，有利于扩大客户群体，有利于服务创新，以及向客户提供多种类、个性化服务等优势。网上银行支付常用的安全技术包括文件数字证书、动态口令卡、动态手机口令、移动口令牌、移动数字证书等。目前流行的支付方式有条码支付、扫码支付、声波支付、空付、指纹支付、掌纹支付、声纹支付、刷脸支付、虹膜支付、无感支付等。海淘的支付方式包括双币信用卡、PayPal、财付通三种方式。互联网金融是指传统金融机构与互联网企业利用互联网技术和信息通信技术实现资金融通、支付、投资和信息中介服务的新型金融业务模式。第三方移动支付具有多元化、社交化、营销化、金融化等特征。网络借贷分为个体网络借贷（P2P网络借贷）和网络小额贷款。众筹即大众筹资或群众筹资，是指用"赞助＋回报"的形式，向网友募集项目资金的模式。

关键术语

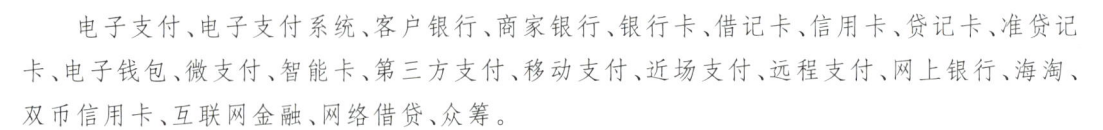

电子支付、电子支付系统、客户银行、商家银行、银行卡、借记卡、信用卡、贷记卡、准贷记卡、电子钱包、微支付、智能卡、第三方支付、移动支付、近场支付、远程支付、网上银行、海淘、双币信用卡、互联网金融、网络借贷、众筹。

配套实训

1. 在电脑上安装支付宝数字证书，体会数字证书的功能。

2. 在手机安装"支付宝钱包"App。

(1) 单击"付款"，使用声波付和扫码支付功能。

(2) 单击"收款"，设置金额，向同学收款；完成后再对调收付款对象再次操作。

(3) 使用"扫一扫"功能，扫描任何一个贴附条形码的商品（如教材的条形码），看看得到的结果。

3. 了解支付宝的"余额宝"的理财功能，将账户余额进行转入、转出操作。

4. 登录财付通，了解海淘的购物流程。

5. 登录 PayPal 网站官网，注册 PayPal 账户，了解 PayPal 的功能。

课后习题

一、单项选择题

1. 以下说法不正确的是（　　）。

A. 电子支付的工作环境是基于一个开放的系统平台

B. 电子支付是在开放的网络中通过先进的数字流转技术来完成信息传输的

C. 电子支付对软、硬件设施有很高的要求

D. 电子支付具有方便、快捷、高效、经济、安全的优势

2. 将信用卡分为贷记卡和准贷记卡，采用的分类标准是（　　）。

A. 按发卡机构不同

B. 按发卡对象的不同

C. 根据清偿方式的不同

D. 根据持卡人的信誉、地位等资信情况的不同

3. 智能卡是在（　　）问世的。

A. 美国　　　　　B. 英国　　　　　C. 荷兰　　　　　D. 法国

4. 号称"有优惠的钱包"指的是（　　）。

A. QQ 钱包　　　B. 支付宝钱包　　C. 百度钱包　　　D. 微信钱包

5. 2016 年 3 月 1 日，微信提现开始收取续费，每位用户（以身份证维度）享有（　　）元

免费提现额度,超出该额度后,按提现金额收取( )手续费,每笔最少收 0.1 元。

A. 1 000 元,0.05% B. 1 000 元,0.1%

C. 2 000 元,0.05% D. 2 000 元,0.1%

6. 2016 年 10 月 12 日,支付宝对个人用户超出免费额度的提现收取( )的服务费,个人用户每人累计享有( )元基础免费提现额度。

A. 10 000 元,0.05% B. 10 000 元,0.1%

C. 20 000 元,0.05% D. 20 000 元,0.1%

7. 用户使用"蚂蚁花呗",可以预支蚂蚁花呗的额度,享受"先消费,后付款"的购物体验,在( )系统将自动扣除用户金额进行还款。

A. 确认收货后的下个月的 1 日前 B. 确认收货后的下个月的 5 日前

C. 确认收货后的下个月的 10 日前 D. 确认收货后的下个月的 15 日前

8. 以下不属于移动支付所使用的移动终端的是( )。

A. 手机 B. PDA C. PC D. 移动 PC

9. 以下说法不正确的是( )。

A. 代币不是由政府发行的数字现金 B. 代币是由公司发行的数字现金

C. 代币不同于电子货币 D. 代币可以兑换成现金

二、填空题

1. 基于互联网的电子交易支付系统由客户、商家、认证中心、_____、客户银行、商家银行和金融专用网络七个部分构成。

2. 客户银行也称为_____,是指为客户提供资金账户和网络支付工具的银行。

3. 商家银行也称为_____,是为商家提供资金账户的银行。

4. 银行卡包括借记卡和_____两种。

5. 移动支付也称为_____,是指交易双方为了某种货物或者服务,使用移动终端设备为载体,通过移动通信网络实现的商业交易。

6. 移动支付主要分为_____和远程支付两种。

7. _____是银联移动支付新品牌,旗下各产品使用了 NFC、HCE 和二维码等技术,可实现手机等移动设备在具有银联"Quick Pass"标识的场景中进行线上、线下支付,同时也支持远程在线支付。

8. 海淘的支付方式包括双币信用卡、_____、财付通三种方式。

9. 第三方移动支付具有多元化、_____、营销化、金融化等特征。

10. 网络借贷分为_____和网络小额贷款。

11. 众筹即大众筹资或群众筹资,是指用_____的形式,向网友募集项目资金的模式。

三、简答题

1. 常用的电子支付工具有哪些?

2. 智能卡在推广应用中有何障碍?

3. 常用的第三方支付平台有哪些?

4. PayPal 与支付宝有何异同点?

5. 网上银行有何特点？网上银行有何优势？
6. 网上银行支付常用的安全技术有哪些？
7. 生物识别技术在支付领域有哪些应用？
8. 简述海淘的操作流程及支付方式。
9. 什么是互联网金融？我国互联网金融的发展状况如何？
10. 什么是众筹？举例说明电商企业建立众筹平台的意义。

讨论案例

滴滴打车由北京小桔科技有限公司研发，2012年9月9日在北京上线。2013年4月，腾讯集团注资1500万美元，完成B轮融资。目前，滴滴已从出租车打车软件成长为涵盖出租车、专车、快车、顺风车、代驾及大巴等多项业务在内的一站式出行平台。2014年1月，与微信达成战略合作，开启微信支付打车费"补贴"营销活动。2015年9月9日，滴滴打车上线三周年之际，正式更名为"滴滴出行"，并启用全新品牌标识。

快的打车是由杭州快智科技有限公司研发的，2012年8月在杭州上线。阿里巴巴为其战略合作商。该软件为打车乘客和出租司机量身定做，乘客可以通过App快捷方便地实时打车或者预约用车，司机也可以通过App安全便捷地接生意，同时通过减少空跑来增加收入。快的打车现已覆盖到全国360个城市，日均订单量超百万，用户数超过1亿人，司机数量超过135万名，市场占有率超过50%。

2014年打车软件返利大战历程：

1月10日 滴滴打车推出乘客车费立减10元、司机立奖10元的活动；
1月20日 快的打车推出乘客车费返现10元，司机奖励10元的活动；
2月17日 滴滴打车推出乘客返现10～15元，新司机首单立奖50元的活动；
2月17日 快的打车推出乘客返现11元，司机返5～11元的活动；
2月18日 滴滴打车推出乘客返现12至20元的活动；
2月18日 快的打车推出乘客返现13元的活动；
3月4日 快的打车推出乘客返现10元/单，司机端补贴不变的活动；
3月5日 快的打车推出乘客补贴金额变为5元的活动；
3月7日 滴滴打车推出乘客每单减免随机6～15元的活动；
3月22日 快的打车推出乘客返现3～5元的活动；
3月23日 滴滴打车推出乘客返现3～5元的活动；
5月17日 两大软件乘客补贴"归零"；
7月9日 两大软件司机端补贴降为2元/单；

8月，滴滴打车、快的打车均停止了司机端的2元现金补贴，这意味着双方"烧钱大战"彻底"熄火"。

滴滴打车发表声明称，暂时取消了司机端每单返现政策，但是原先的高峰期抢单奖励没有取消，未来还将推出其他奖励政策。

快的打车发表声明称,目前推出的是抢单奖励,每天抢2单最低奖励4元,抢6单最高奖励20元。

仅2014年1月10日至3月底的77天里,滴滴打车就"烧"掉了高达14亿元人民币来提供补贴。在此期间,快的打车也支付了数亿元人民币的补贴。打车市场已经被两家基本"瓜分"完毕。易观国际数据显示,截至2014年12月,中国打车软件累计账户数量达1.72亿人,而快的打车和滴滴打车的市场份额之和为99.8%。

快的打车与滴滴打车2015年2月14日联合发布声明称,实现战略合并,新公司实行联合CEO制度,业务依旧各自独立。双方称,新公司将实施联合CEO制度,滴滴打车CEO程维及、快的打车CEO吕传伟将同时担任联合CEO。两家公司在人员架构上保持不变,业务继续平行发展,并将保留各自的品牌和业务独立性。

资料来源:新华网.情人节最大意外:快的滴滴"结婚了"![EB/OL].2015-2-15.

支付宝除夕夜大战微信

2015年除夕,支付宝与微信上演"红包对决"。支付宝钱包于2015年2月9日宣布,从小年夜(2月11日)到正月初一(2月19日),与品牌商户一起向用户发放约6亿元的红包。其中,现金超过1.56亿元,购物消费红包约4.3亿元。微信则直接"砸"出5亿现金红包,春节期间,微信将联合各类商家推出 春节"摇红包"活动,将送出金额超过5亿的现金红包以及超过30亿元的卡券红包。

2016年除夕当日,微信红包的参与人数达到4.2亿人,收发总量达80.8亿个,是羊年除夕红包个数10.1亿个的8倍。最高峰发生在00:06:09,每秒钟收发40.9万个红包。在微信"摇红包"的活动中,共计摇出1.82亿个红包。

对支付宝而言,春节联欢晚会则成为其主战场。四轮拼手气红包,加上零点后的集齐五福平分大奖,支付宝发放的红包总金额达到8亿元。同时支付宝试图通过红包来强化其社交属性,11亿对好友在支付宝上被唤醒。阿里巴巴直言,其目的是"场景刺激更多用户关系的产生,关系又帮助金融场景更加丰富,两者相辅相成"。

资料来源:新华网.支付宝扔1.56亿微信砸5亿,除夕夜将上演红包对决[EB/OL].

阅读以上案例,回答如下问题:

1.滴滴打车和快的打车"烧钱"返利大战的目的是什么?
2.滴滴打车和快的打车"烧钱"返利大战反映出腾讯、阿里巴巴在何领域的竞争?
3.滴滴打车和快的打车战略合并的目的是什么?
4.支付宝与微信除夕上演"红包对决"的意图何在?

第五章 网络营销

学习目标

知识目标

掌握网络营销的定义、任务和层次；网络直复营销、网络关系营销、网络软营销、网络整合营销的含义；网络市场调研的含义、步骤；网络营销产品的整体概念；常用的网络营销定价策略；网络营销渠道、网络营销直接渠道、网络营销间接渠道的含义；网络营销促销的含义、作用、形式。

了解网络市场直接调研法、网络市场间接调研法的运用；网络营销定价策略的运用。

理解网络市场调研的特点；理智动机、感情动机、惠顾动机；双道法；解决线上、线下渠道冲突的方法；网络营销个性化服务及其方式。

技能目标

掌握通过问卷星进行问卷调查的具体流程。

学会使用超级邮件群发软件开展电子邮件营销。

了解网络广告的形式及报价。

掌握搜索引擎营销的实际操作方法。

学会运用站长工具等网站分析工具。

思政目标

把握学科前沿发展动态；培养职业素养；树立诚信理念；践行社会主义核心价值观；遵循网络礼仪，营造文明、和谐的网络环境；尊重事实、实事求是；培养学生的工匠精神。

导入案例

"双十一"与"双十二"

"双十一"网购狂欢节源于淘宝商城（现为天猫）2009年11月11日举办的促销活动，当时参与的商家数量和促销力度均有限，但营业额远超预想的效果，于是每年11月11日已成为天猫举办大规模促销活动的固定日期。"双十一"历年成交额见表5-1。

2020天猫"双十一"全球狂欢季实现总成交额4 982亿元，创造了全球零售史上的新纪录。与往年不同的是，2020年的"双十一"主要分为两个阶段，从10月21日开启预售，11月1日—3日为第一波售卖期，11月11日为第二波售卖期，共有31 766个海外品牌参加，105个产业成交额过1亿元，210万线下小店参与，覆盖1 406个县城的41万款农产品，38万个来自贫困县的店铺加入。

表 5-1　天猫"双十一"历年成交额(2009—2020 年)

年份(单位:年)	成交额(单位:亿元)
2009	0.50
2010	9.36
2011	33.6
2012	191.00
2013	350.19
2014	571.00
2015	912.17
2016	1 207.00
2017	1 682.00
2018	2 135.00
2019	2 684.00
2020	4 982.00

"双十二"是淘宝平台在 12 月 12 日推出的打折购物活动,始于 2012 年 12 月 12 日,引导买卖双方向 C2B 转型。从 12 月 3 日到 11 日,所有卖家报名参与"双十二"的商品都在淘宝平台上平等地展示给买家,买家可以根据自己的兴趣爱好挑选所有参加活动的商品、店铺,而买家对该商品的喜爱和关注(收藏、购买、分享,甚至旺旺上的一次咨询)都可能提高该商品在页面上的展示。排序和兴趣小组的设置,使得买卖双方和商品关系被重构,凸显以消费者需求为中心,除了传统的买卖关系外,情感和兴趣的交流将占据主角。而且,其活动的主要标语"不一样的淘宝"正好突出了这个主题。

资料来源:作者根据网络资料编写而成。

讨论:"双十一"与"双二十"如何激发网民的参与热情?

第一节　网络营销概述

一、网络营销的定义和特点

(一)网络营销的定义

网络营销是企业整体营销战略的一个组成部分,是为实现企业总体经营目标所进行的,以互联网为基本手段营造网上经营环境的各种活动总称。

(二)理解网络营销概念必须注意的问题

1.网络营销不是网上销售

网络营销是企业为增加销售而采用的一系列活动,而网上销售只是网络营销发展到一定阶段的结果。例如,塑造品牌、客户沟通等都属于网络营销,但这些过程不一定会直接达成产品的销售结果。销售与营销的区别如图 5-1 所示。

由图 5-1 可知,销售(Sales)的出发点为企业,以产品为中心,以推销和促销为手段,通过扩大市场来创造利润;营销(Marketing)的出发点为目标市场,以顾客需求为中心,以营销组合为手段,通过满足需求来创造利润。

```
出发点      中心        手段              目的
┌─────────────────────────────────────────┐──┐ 销售能
│ 企业    产品   推销与促销   通过扩大市场  │  │ 生产的
│                            来创造利润    │  │ 东西！
└─────────────────────────────────────────┘──┘
                    销售

┌─────────────────────────────────────────┐──┐ 生产能
│ 目标市场客户需求  营销组合  通过满足需求  │  │ 销售的
│                            来创造利润    │  │ 东西！
└─────────────────────────────────────────┘──┘
                    营销
```

图 5-1　销售与营销的区别

2. 网络营销不等于电子商务

电子商务强调的是交易方式和交易过程的各个环节，而网络营销本身并不是一个完整的商业交易过程，而是为促进交易提供支持，尤其在售前发挥信息传递作用。网上支付和商品配送都不属于网络营销范畴，但却属于电子商务的范畴。

3. 网络营销不是营销活动的全部

并非所有的营销活动都可以在网上进行。由于目前网络营销的受众范围有限，企业还要依靠传统的营销方法来推广自己的企业或产品。网络营销只是企业营销活动的一个有益而必要的组成部分，企业必须实行"实体＋网络"（"水泥＋鼠标"）、线上与线下相结合的营销方式。

4. 网络营销不等于网站推广

网络营销不仅要做好网站推广，还要制定系统、周密的网络营销计划才能切实达到效果。如果不能赋予网站充分的营销职能，就算网站推广很成功，也没有意义。

(三) 网络营销的特点

1. 跨时空

互联网能够超越时间约束和空间限制进行信息交换，使得营销脱离时空限制进行交易变成可能。企业有了更多时间和更大的空间进行营销，可实现随时随地地提供全球性营销服务。

2. 多媒体

在互联网上可以传输多媒体信息，如文字、声音、图像、动画、视频等，可以充分发挥营销人员的创造性和能动性，还可以增强视觉冲击感。

3. 交互性

互联网通过展示商品图像、信息资料供消费者查询，从而实现供需互动与双向沟通，还可以进行产品测试与顾客满意度调查等活动。互联网为产品联合设计、商品信息发布、宣传推广以及各项技术服务提供了最佳工具。

4. 个性化

企业通过网络可以更好地收集消费者的各项信息及个性化需求，并根据消费者需求提供个性化定制服务，以提升产品及服务的竞争力。

5. 成长性

互联网使用者数量快速增长并遍及全球，使用者多属年轻、中产阶级、高教育水准等特点，由于这部分群体购买力强而且具有很强的市场影响力，因而网络市场将来会有极大的成长空间和发展潜力。

6. 整合性

网络营销一方面可将商品信息呈现、客户咨询与回复、收付款、售后服务整合在一起,是一种全程营销;另一方面,企业可以借助互联网将不同的营销活动进行统一设计规划和协调实施,以便向消费者传达统一信息,避免不同渠道传播信息不一致性产生消极影响。

7. 超前性

互联网是一种功能强大的营销工具,它同时兼具渠道、促销、电子交易、互动顾客服务以及市场信息分析与提供的多种功能。它所具备的一对一营销能力,正是符合定制营销与直复营销的未来趋势。

8. 高效性

计算机可储存大量的信息供消费者查询,可传送的信息数量与精确度远超过其他媒体,并能满足市场需求,及时更新产品或调整价格,因此能及时有效了解并满足消费者的需求。

9. 经济性

通过互联网进行信息交换,取代实物交换,一方面可以减少印刷与邮递成本,可以无店面销售,免交租金,节约水电与人工成本;另一方面可以减少多次互动带来的损耗。

10. 技术性

网络营销是建立在高技术作为支撑的互联网的基础上,企业实施网络营销必须有一定的技术投入和技术支持,改变传统的组织形态,提升信息管理部门的功能,引进懂营销与计算机技术的复合型人才,才能具备竞争优势。

二、网络营销的任务和层次

(一)网络营销的任务

网络营销有三大任务:发布信息、开发顾客群、为顾客服务。

1. 发布信息

企业可以在网络上发布与企业及产品相关的信息,拓宽宣传渠道,提升宣传效果。

2. 开发顾客群

企业可以在网络上为客户提供咨询服务,解决客户存在的问题,更好地将潜在客户开发为现实客户。

3. 为顾客服务

网络营销基于互联网,因此企业可以充分发挥互联网优势,采用多种客户服务工具,为客户及时、高效地提供服务,降低客户成本,从而提升客户体验。

(二)网络营销的层次

企业开展网络营销的层次,由初级到高级可以分为企业上网宣传、网上市场调研、网上直接销售及网络营销集成。

1. 企业上网宣传

企业上网宣传是网络营销的初级层次。在此阶段,企业通过在网络上发布企业及产品信息,丰富宣传渠道,提升宣传效果。

2. 网上市场调研

企业通过网上市场调研,收集被调研者的信息、意见和建议,得出调研报告,进而为决策提供依据。

3. 网上直接销售

在此阶段，企业的主要目标是直接促成销售，提升销售效果。

4. 网络营销集成

在网络营销集成阶段，企业依靠网络与供应商、制造商、消费者建立密切联系，并通过网络收集、传递信息，从而根据消费者的需求，充分利用网络伙伴的能力，完成产品设计、制造及销售服务的过程。

三、网络营销与传统营销的联系与区别

(一)网络营销与传统营销的联系

1. 两者都是企业不可或缺的营销活动

网络营销与传统营销都是企业不可或缺的营销活动，离开传统营销，不利于企业为线下更大范围的消费群体服务；离开网络营销，不利于企业降低运营成本，拓宽渠道，获取竞争优势。网络营销与传统营销必须相互结合。

2. 两者都要完成企业的既定目标

网络营销与传统营销都要完成企业的既定目标，即通过满足消费者需求来创造利润，进而提升市场占有率。

3. 两者都把满足消费者需求作为一切活动的出发点

营销活动从目标市场出发，以满足顾客需求为中心。因此，网络营销与传统营销都以满足消费者需求作为一切活动的出发点。

4. 两者对消费者需求的满足，不仅停留在现实需求上，还包括潜在需求

当消费者既具备购买欲望又具备购买力时，消费者需求表现为现实需求。当消费者缺乏购买欲望或购买力时，消费者需求表现为潜在需求。因此，网络营销与传统营销不仅要满足消费者的现实需求，更要能创造需求、激发需求，满足消费者的潜在需求。

(二)网络营销与传统营销的区别

网络营销与传统营销在四个方面存在明显的差别，分别为产品(Product)、价格(Price)、渠道(Place)和促销(Promotion)，这也称为4P营销组合。

1. 产品

网络营销遵循产品的选择原则，即产品的消费对象与网民结构一致；产品以传统方式难以购买；产品的质量容易鉴别；产品的配送成本适合网上销售。因此，类似于易腐商品及古董等商品均适合在线下销售，不适合开展网络营销。

2. 价格

网络营销定价策略更加灵活，要考虑到来自全世界各地竞争对手价格变动的影响，做到价格的实时调整，以保证价格优势。

3. 渠道

网络营销具有"距离为零"和"时差为零"的优势，改变了传统营销的迂回模式，企业可以采用直接的销售模式，减少中间环节，降低成本，同时可以实现"零库存"的高效运作。

4. 促销

在网络上开展促销活动可以充分发挥网络的优势，呈现出丰富多彩的信息，采用多种促销组合方式，以激发潜在消费者的购买欲望，增强促销效果。

四、网络营销与传统营销的整合

CNNIC 发布的第 48 次《中国互联网络发展状况统计报告》显示,截至 2021 年 6 月,我国网民规模为 10.11 亿人,较 2020 年 12 月新增网民 2 175 万人,互联网普及率达 71.6%,较 2020 年 12 月提升 1.2 个百分点。我国手机网民规模为 10.07 亿人,较 2020 年 12 月新增手机网民 2092 万人,网民中使用手机上网的比例为 99.6%,与 2020 年 12 月基本持平。我国手机网民规模及其占网民比例如图 5-2 所示。

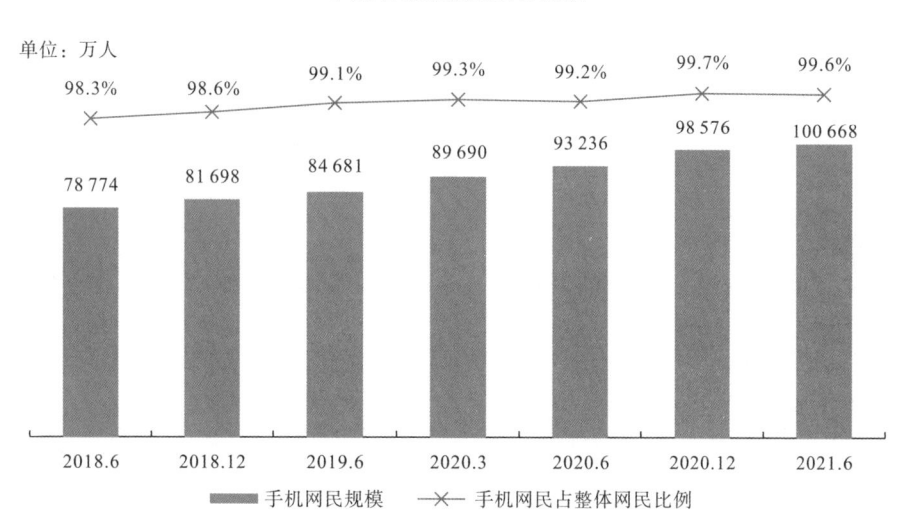

手机网民规模及其占网民比例

单位:万人

时间	手机网民规模	手机网民占整体网民比例
2018.6	78 774	98.3%
2018.12	81 698	98.6%
2019.6	84 681	99.1%
2020.3	89 690	99.3%
2020.6	93 236	99.2%
2020.12	98 576	99.7%
2021.6	100 668	99.6%

图 5-2 我国手机网民规模及其占网民比例

来源:CNNIC 中国互联网络发展状况统计调查 2021.6

从以上数据可以发现,近几年,移动互联网呈现爆发式增长,未来网络购物用户规模及使用率还将继续攀升。这意味着,网络营销将成为大势所趋,同时对企业而言,意义更为重大;但也必须注意到,现阶段仍然有更大部分的消费者群体分布在线下消费渠道,因此企业不能顾此失彼,应该做到线上与线下相结合,做好网络营销与传统营销的整合。

五、网络营销的理论基础

(一)网络直复营销理论

网络直复营销即任何与消费者或企业直接进行沟通,企图能直接产生回应的营销方式。

例如,对企业所提供的产品或服务,能直接订购、询问更多信息或到特定地方去参观。传统的直复营销媒体有直接信函、电话、目录与邮购、有线电视、报纸、杂志、广播等。

(二)网络关系营销理论

网络关系营销是一种与关键对象(顾客、供应商、分销商)建立长期满意关系的活动,以便维持各方之间长期的优先权和业务。

关系营销的核心是保持顾客,为顾客提供高满意度的产品和服务,在与顾客保持长期关系的基础上开展营销活动,实现企业的营销目标。

研究表明,争取一个新顾客的费用是保持老顾客费用的 5 倍甚至更多。

(三)网络软营销理论

网络软营销强调企业进行市场营销活动的同时必须尊重消费者的感受和体验,让消费者主动接受企业的营销活动。

与软营销相反的是强势营销,其主要采取两种促销手段:传统广告和人员推销。软营销的主动方是消费者,而强势营销的主动方是企业。

(四)网络整合营销理论

网络整合营销是指为了建立、维护和传播品牌,以及加强客户关系,而对品牌进行计划、实施和监督的一系列营销工作。网络整合营销就是把各个独立的营销工作综合成一个整体,以产生协同效应。这些独立的营销工作包括广告、直接营销、销售促进、人员推销、包装、事件、赞助和客户服务等。

简而言之,网络整合营销是指企业的所有部门彼此协调为顾客服务,其强调关系的建立是公司全体员工的共同责任。

第二节 网络消费者的购买动机及购买行为

一、我国网民的特征

(一)城乡结构

截至2021年6月,我国农村网民规模为2.97亿人,占网民整体的29.4%;城镇网民规模为7.14亿人,较2020年12月增长3404万人,占网民整体的70.6%。我国网民城乡结构如图5-3所示。

网民城乡结构

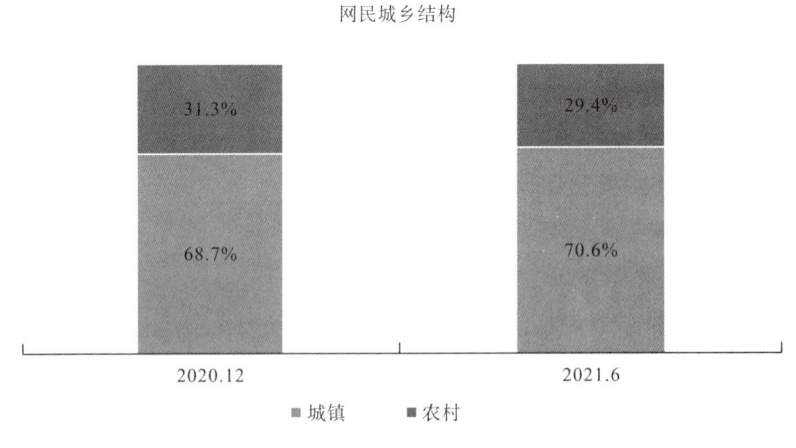

	2020.12	2021.6
农村	31.3%	29.4%
城镇	68.7%	70.6%

图5-3 我国网民城乡结构

来源:CNNIC中国互联网络发展状况统计调查 2021.6

(二)性别结构

截至2021年6月,我国网民男女比例为51.2:48.8,与整体人口中男女比例基本一致。我国网民性别结构如图5-4所示。

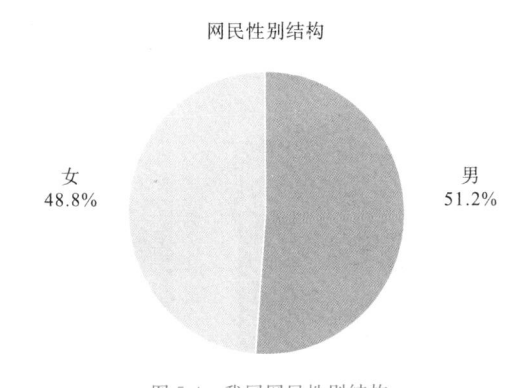

网民性别结构

女 48.8%　男 51.2%

图 5-4　我国网民性别结构
来源:CNNIC 中国互联网络发展状况统计调查　2021.6

(三)年龄结构

截至 2021 年 6 月,我国 30~39 岁网民占比为 20.3%,在所有年龄段群体中占比最高;40~49 岁、20~29 岁网民占比分别为 18.7% 和 17.4%,在所有年龄段群体中占比位列二、三位。我国网民年龄结构如图 5-5 所示。

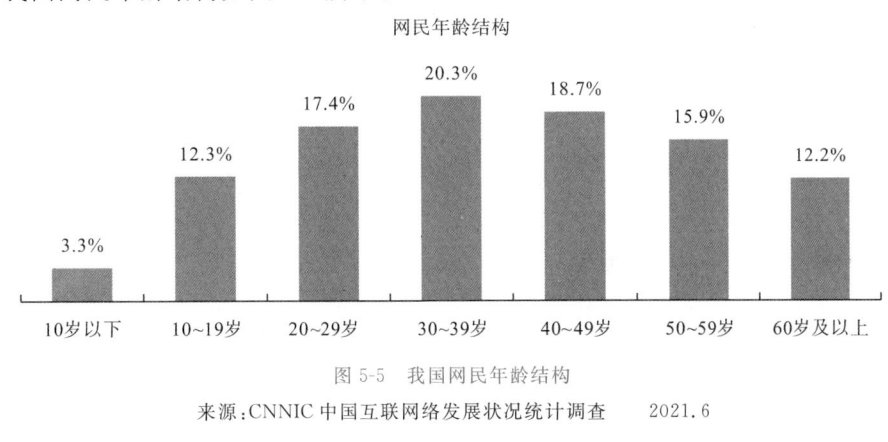

网民年龄结构

年龄段	占比
10岁以下	3.3%
10~19岁	12.3%
20~29岁	17.4%
30~39岁	20.3%
40~49岁	18.7%
50~59岁	15.9%
60岁及以上	12.2%

图 5-5　我国网民年龄结构
来源:CNNIC 中国互联网络发展状况统计调查　2021.6

二、我国网络消费者的规模

网络消费者是指通过互联网购买产品、进行消费的人或组织。2020 年,我国网上零售额为 117 601 亿元,比 2019 年增长 10.9%。其中,实物商品网上零售额 97 590 亿元,增长 14.8%,占社会消费品零售总额的比重为 24.9%,比上年提高 4.2 个百分点。截至 2021 年 6 月,我国网络购物用户规模达 8.12 亿人,较 2020 年 12 月增长 2 965 万人,占网民整体的 80.3%。我国网络购物用户规模及使用率如图 5-6 所示。

三、网络消费者的购买行为类型

以购买行为发生前购买目标确定的程度分类,网络消费者的购买行为可分为特定购买、计划购买和提醒购买。

(一)特定购买

特定购买即在购买前对要购买某种商品的目标十分明确。比如,小王决定要上小米天猫旗舰店购买小米手机。

2018.6-2021.6 网络购物用户规模及使用率

单位：万人

时间	用户规模（万人）	使用率
2018.6	56 982	71.0%
2018.12	61 011	73.6%
2019.6	63 882	74.8%
2020.3	71 027	78.6%
2020.6	74 939	79.7%
2020.12	78 241	79.1%
2021.6	81 206	80.3%

图 5-6　我国网络购物用户规模及使用率

来源：CNNIC 中国互联网络发展状况统计调查　2021.6

(二)计划购买

计划购买即在购买前对要购买某类商品已经确定，但具体购买什么品牌的商品需要到网上查询。比如，小王想要购买一台新手机，但是尚不确定购买何种品牌的手机。

(三)提醒购买

提醒购买即没有购买目标，进入网上商店后，看到网上广告和促销活动，就引发了购买欲望。比如，"双十一"当天，小王本无购买计划，通过淘宝首页小米投放的广告进入小米天猫旗舰店后，看到极具吸引力的促销活动，进而产生了下单购买行为。

四、网络消费者的购买动机

购买动机是指能使网络消费者产生购买行为的某些内在的驱动力。购买动机包括需求动机和心理动机。购买动机的分类如图 5-7 所示。

购买动机
- 需要动机
  - 生理需求引发的动机
  - 安全需求引发的动机
  - 社交需求引发的动机
  - 尊重需求引发的动机
  - 自我实现需求引发的动机
- 心理动机
  - 个人心理动机
    - 理智动机
    - 感情动机
    - 惠顾动机
  - 社会心理动机

图 5-7　购买动机的分类

(一)需求动机

需求动机是指人们由于各种需求，包括因低级和高级需求而引起的购买动机。马斯洛需求层次理论由美国心理学家亚伯拉罕·马斯洛在 1943 年提出。马斯洛将人类需求像阶梯一样从低到高按层次分为五种，分别是生理需求、安全需求、社交需求、尊重需求和自我实现需求。只有当低层次的需求满足之后，才会产生高一层次的需求。在满足不同层次需求时,都需要购买相应的物品,因此形成了需求动机。

(二)心理动机

心理动机是指由于人们的认识、感情、意志等心理过程而引起的购买动机。心理动机可分为个人心理动机和社会心理动机。

1.个人心理动机

个人心理动机可分为理智动机、感情动机和惠顾动机。

(1)理智动机

理智动机是建立在人们对于在线交易市场或网上商城推销的商品的有理性认识基础上的动机。比如,某消费者想要网购图书,最终在亚马逊、当当网、京东三个电商平台中选择了当当网,因为他考虑到当当网承诺"货到付款、上门退货、当面退款",在当当网购物没有后顾之忧。该消费者对当当网的选择就体现出了理智动机。

(2)感情动机

感情动机是指由于人的喜、怒、哀、乐等情绪和道德、情操、群体、观念等情感所引起的购买动机。2013年中秋节期间,上海一淘宝店主打出的销售标语"复仇必备,恨他就请他吃五仁月饼!"引来网友们强势围观。许多网友赞店主"有创意",并冠以"复仇月饼"的标签。"复仇月饼"就体现出了购买月饼者希望"恶搞"接收月饼者的感情动机。

(3)惠顾动机

惠顾动机是指基于理智经验和感情之上,对特定的网站、网络广告、商品产生特殊的信任与偏好而重复地、习惯性地前往访问并购买的一种动机。比如,某消费者平日网购只去天猫,不考虑其他电商平台,这就是惠顾动机的表现。

2.社会心理动机

社会心理动机是以人的社会文化需要为基础,在社会生活环境中通过学习和经验而获得的。它是直接推动个体活动达到一定目的的内部动力、内部刺激,是个人行为的直接原因。社会动机推动人们努力学习和工作,积极与他人交往,获得社会和他人的赞许性评价等。社会心理动机可以表现为:求实、求廉、求便、求速、求安、求乐、求全、求新、求美、求名、求胜、求同、求异等。

五、网络消费需求的特点

(一)个性消费的回归

每个消费者都有自己的个性化需求,心理的认同感已经成为消费者做出购买品牌和产品决策的先决条件,每一个人都希望自己与众不同,不希望被复制。因此,从长尾理论来说,网络营销企业不应该仅仅关注那些有大批客户的商品,更还应该关注那些只有小众消费者的产品或者服务。

(二)需求具有明显的差异性

网络消费者来自世界各地,由于国别、民族、信仰以及生活习惯的不同,而产生了明显的需求差异性。不同的网络消费者因所处的时间、环境不同而产生不同的需求,不同的网上消费者在同一需求层次上的需求也会有所不同。这种差异性远远大于实体营销活动的差异。所以,企业开展网络营销要想取得成功,必须在整个生产过程中,从产品的构思、设计、制造到产品的包装、运输、销售,必须认真思考这种差异性,并针对不同消费者的特点,采取有针对性的方法和措施。

(三)消费主动性增强

如今,网络消费者为了满足自己的个性化需求并避免购物风险,会主动通过网络及各种渠道搜集有关产品、服务及物流的各类信息,消费的主动性较线下购物明显增强。

(四)对购买追求方便性和乐趣并存

在网上购物过程中消费者除了能够满足实际的购物需求之外,还希望在购物的同时可以收集和比较众多产品的信息,减少购物风险,并乐于与网友沟通交流,分享心得体会,获得购物乐趣。

小链接

唯品会的养咩咩游戏

2020 年 11 月 27 日 0:00～2021 年 12 月 31 日 23:59:59,唯品会受邀用户可以在唯品会 App、微信小程序和公众号参加养咩咩活动。用户可以邀请好友进入游戏,领取小羊、收集羊毛、兑换奖品,在感受乐趣的同时,赢得福利。唯品会养咩咩游戏攻略和规则如图 5-8 所示。

图 5-8 唯品会养咩咩游戏攻略和规则

(五)价格仍然是影响消费者心理的重要因素

由于互联网天生具有免费和共享的基因,人们习惯于在网络上浏览免费的新闻资讯,使用免费的邮箱,因此低价更加符合网络消费者的习惯性认知。同时,由于网络购物需要承担更多的购物风险,并耗费一定的等待时间,也决定着人们更易接受低价商品。

(六)网络消费具有层次性

网络消费本身是一种高级的消费形式,但就其消费内容来说,仍然可以分为由低级到高级的不同层次。在传统消费中,人们的需求一般是由低层次向高层次逐步延伸发展,只有当低层次的需求满足之后,才会产生高一层次的需求。而在网络消费中,人们的需求却是由高层次向低层次扩展的。在网络消费的初期,消费者侧重于精神产品的消费,如通过网络书店购书。而到了网络消费的成熟阶段,消费者在完全掌握了网络消费的规律和操作,并且对网络购物有了较强的信任感后,才会从侧重于对精神产品的购买转向对日用消费品的购买。

(七)需求具有交叉性、超前性和可诱导性

在网络消费中,各个层次的消费不是相互排斥的,而是具有紧密的联系,需求之间广泛存在交叉的现象。例如,在同一个订单里,消费者可以同时购买最普通的生活用品和昂贵的饰品,以满足生理需求和尊重需求。这种情况的出现是因为网络消费者可以在网络平台一站式购齐所需物品,可以在较短的时间里浏览、比较多种商品,从而产生交叉性的购买需求。网络消费者大都是具有超前意识的年轻人,他们对新事物反应灵敏,接受速度很快。因此,开展网络营销的企业应充分发挥自身优势,采用多种促销方法,启发、刺激网络消费者的新需求,激发他们的购买欲望,诱导网络消费者将潜在的需求转变为现实的需求,付诸购买行动。

六、网络消费者的购买过程

网络消费者的购买过程可以分为五个阶段:引发需求、收集信息、比较选择、购买决策、购后评价。

(一)引发需求

消费者需求的引发包括内在与外在两个方面的影响。从内在来说,消费者自身缺乏某个物品,需要购买;从外在来说,消费者看到外界信息的刺激,产生购买需求。有时,内在因素和外在因素共同作用,引发消费者产生出更为强烈的购买需求。

(二)收集信息

消费者明确自己的购买需求后,开始通过各种渠道全方位收集信息,列出多种购买方案,圈定选择范围。消费者可通过内部渠道和外部渠道收集信息。内部渠道是指消费者个人所储存、保留的市场信息,包括购买商品的实际经验、对市场的观察以及个人购买的记忆等。外部渠道是指消费者可以从外界收集信息的通道,包括个人渠道、商业渠道和公共渠道等。

(三)比较选择

消费者在收集到的购物方案的基础上,列出一些指标,进行比较选择,以确定出最佳方案,降低购买风险。

(四)购买决策

在消费者确定购买方案后,需要针对"5W1H"做出决策,包括 Who(何人)、When(何时)、Where(何地)、What(何物)、Why(为什么)、How(如何),即决定谁在什么时间什么地点购买何物,并明确购物的动机及购物的方式。同时,网络消费者在决策购买某种商品时,必须具备三个条件,即对厂商有信任感、对支付有安全感和对产品有好感。

(五)购后评价

在淘宝或天猫平台购物,消费者确认收货后,可以从宝贝与描述相符程度、卖家服务态度、物流服务的质量等三个方面对店铺进行评分,最高 5 分,每项店铺评分取连续六个月内所有买家给予评分的算术平均值(每天计算近 6 个月之内数据),从而形成店铺的动态评分(DSR)。只有使用支付宝并且交易成功的交易才能进行店铺评分,非支付宝的交易不能评分。每项评分均会显示与同行业平均水平的比较情况。天猫店铺动态评分如图 5-9 所示,天猫店铺累计评价如图 5-10 所示。

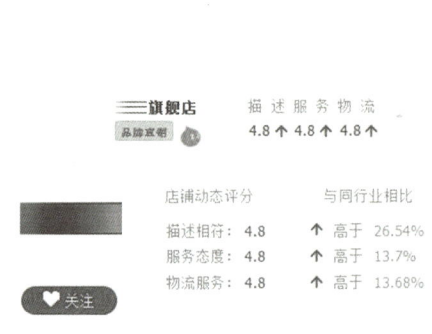

图 5-9　天猫店铺动态评分

图 5-10　天猫店铺累计评价

七、影响网络消费者购买行为的因素

(一)商品的性价比

商品是否具有令人满意的性能和具有竞争力的价格,直接影响消费者对商品期望。如今,产品同质化现象突出,消费者选购商品时更为看重商品的性价比。

(二)网络购物的便捷性

网络购物的便捷性体现在时空上的方便性及获得商品的快捷性两个方面。换言之,网络购物让消费者没有时间和空间的限制,可以全天候在全球范围内挑选商品,并且可以通过物流公司在指定地点快速得到商品。

(三)网络购物的安全性和可靠性

网络购物由于买卖双方互不见面,并且付款方式以电子支付为主,因此网络购物的安全性和可靠性问题成为消费者担忧的焦点。消费者往往担心钱款的安全性、个人隐私的保密性、网购商品维权难等问题。

网络市场调研

第三节　网络市场调研

一、网络市场调研的定义和特点

调研即调查与研究,是指营销人员或相关人员及其组织有计划、系统地对营销信息进行收集、记录、整理、分析、说明,为营销决策提供可靠依据的活动。

(一)网络市场调研的定义

网络市场调研是指基于互联网而系统地进行营销信息的收集、整理、分析与研究的过程。

(二)网络市场调研的特点

1. 及时性和共享性

网络的传输速度非常快,网络信息能迅速传递给使用网络的任何用户。网络调研是开放的,任何网民都可以参加投票和查看结果,这保证了网络信息的及时性和共享性。网上投票信息经过统计分析软件初步处理后,就可以看到阶段性结果,而传统的市场调研得出结论需经过很长的一段时间。如以传统方面进行人口抽样调查,光调查统计分析就需要3个月,而CNNIC(中国互联网络信息中心)在对Internet进行调查时,从设计问卷到实施网上调查和发布统计结果,用时只有1个月。

2. 便捷性和低费用

网上市场调研可节省传统市场调研中所耗费的大量人力和物力。在网络上进行调研,只需要一台能上网的计算机即可。调查者在企业站点上发出电子调查问卷,网民自愿填写,然后通过统计分析软件对访问者反馈回来的信息进行整理和分析。网上市场调研在收集过程中不需要派出调查人员,不受天气和距离的限制,不需要印刷调查问卷,调查过程中最繁重、最关键的信息收集和录入工作将分布到众多网上用户的终端完成。网上调查可以无人值守,系统自动接收调查结果,信息检验和信息处理工作均由计算机自动完成。

3. 交互性和充分性

网络的最大优势是交互性。在网上调研时,被访问者可以及时就问卷相关的问题提出自己的看法和建议,可减少因问卷设计不合理而导致的调查结论出现偏差等问题。被访问者可以自由地在网上发表自己的看法,同时没有时间的限制。而传统市场调研是不可能做到这些的,例如,面谈法中的路上拦截调查,它的调查时间较短,不能超过10分钟,否则被调查者肯定会不耐烦,因而对访问调查员的要求非常高。

4. 调研结果的可靠性和客观性

由于企业站点的访问者一般都对企业产品有一定的兴趣,所以这种基于顾客和潜在顾客的市场调研结果是客观和真实的。被调查者在完全自愿的原则下参与调查,调查的针对性更强。而传统的市场调查中,面谈法中的拦截询问法实质上是带有一定的"强制性"的。在网络市场调研中,调查问卷的填写是自愿的,不是传统调研中的"强迫式",填写者一般对调查内容有一定的兴趣,回答问题相对认真,所以问卷填写可靠性高。网上市场调研可以避免传统市场调研中人为因素所导致的调查结论的偏差,被访问者是在完全独立思考的环境中接受调查的,能在一定程度上保证调研结果的客观性。

5. 无时空和地域的限制

网络调研可以24小时全天候进行,这与受区域和时间制约的传统市场调研方式有很大的不同,对参与调研的被访问者来说更为便利。

6. 可检验性和可控制性

开展网络调研收集信息,可以有效地对采集信息的质量实施系统的检验和控制。网络调研问卷可以附加全面规范的指标解释,有利于消除因对指标理解不清或调查员解释口径不一而造成的调查偏差。问卷的复核检验由计算机依据设定的检验条件和控制措施自动实施,可以有效地保证对调查问卷的100%的复核检验,保证检验与控制的客观公正性。通过对被调查者的身份验证技术可以有效地防止信息采集过程中的舞弊行为。

二、网络市场调研的步骤和方法

(一)网络市场调研的步骤

1. 确立问题与调研目标

此步骤应遵循有用性、合理性原则。有用性原则指的是应筛选出对企业经营最有意义的问题,即优先考虑对企业营销活动有重要影响,它的解决能提供较高经济效益的问题。合理性原则指的是应优先选择在现有条件下调查目标实现的可能性较大,调查效果好的问题优先研究。

2. 制订调查计划

制订调查计划具体内容包括资料来源、调查方法、调查手段、抽样方案与接触方式等。

(1)资料来源

确定收集的是二手资料还是一手资料(原始资料),即要进行直接调研还是间接调查。

(2)调查方法

调查方法包括专题讨论法、问卷调查法和实验法等。

①专题讨论法通过新闻组、讨论组和网上论坛等形式进行。

②问卷调查法可以采用 E-mail 分送(主动)和在网站上刊登(被动)等形式。

③实验法是指在控制的条件下对所研究的对象的一个或多个因素进行操纵,以测定这些因素之间的因果关系。

(3)调查手段

调查手段包括在线问卷、交互式电脑辅助电话访谈系统及网络调研软件系统。

①在线问卷其特点是制作简单、分发迅速、回收方便,但要注意问卷的设计水平。

②交互式电脑辅助电话访谈系统是利用一种软件程序在电脑辅助电话访谈系统上设计问卷结构并在网上传输,Internet 服务器直接与数据库连接,对收集到的被访者答案直接进行储存。

③网络调研软件系统是专门为网络调研设计的问卷链接及传输软件,它包括整体问卷设计、网络服务器、数据库和数据传输程序。

(4)抽样方案

抽样方案要确定抽样单位、样本规模和抽样程序。

(5)接触方式

接触方式采取网上交流的形式。如 E-mail 传输问卷、参加网上论坛等。

3. 分析信息

利用先进的统计技术和决策模型,对调查结果进行分析、解释与总结。比较常用的分析软件有 SPSS、SAS 等。

4. 提交调研报告

在调研报告中应陈述调研人员对相关问题的研究发现。调研报告不是数据和资料的简单堆砌,而应当把与营销决策有关的主要调查结果陈列出来,为决策者制定决策提供依据。

5. 跟踪调研报告的使用情况

调研者依据调研报告做出的决策,在实践中是否解决了企业面临的市场营销困境,是否改善了现状,都有赖于对调研报告使用情况的跟踪。

(二)网络市场调研的方法

1. 网络市场直接调研法

网络市场直接调研法指的是为特定目的在互联网上收集一手资料的方法,主要有专题讨论法和在线问卷法。

(1)专题讨论法

专题讨论法通过新闻组、BBS 或邮件列表讨论组等形式进行专题讨论。

(2)在线问卷法

在线问卷法即请求浏览器网站的每个人参与企业的各种调查的方法,又可分为主动法和被动法。

①主动法:企业利用 E-mail 将问卷发送给被调查者,被调查者填写后再通过 E-mail 返回给问卷调查者。

②被动法:企业将问卷放到特定的网站上,等待访问者填写问卷。

小链接

问卷星

问卷星是一个专业的在线问卷调查、考试、投票平台,提供强大的自助式在线设计问卷、回收答卷、数据统计分析等系列功能,以及样本服务与设计问卷等增值服务。问卷星客户覆盖国内 90% 以上的高校和科研院所,是一个专业的在线问卷调查、考试、投票平台,其官网首页和使用流程如图 5-11 所示。

图 5-11 问卷星的官网首页和使用流程

2.网络市场间接调研法

网络市场间接调研法是指企业利用互联网收集并整理与企业经营相关的二手资料的方法,主要有以下几种方法:

(1)利用搜索引擎查找资料

搜索引擎是互联网上使用较普遍的网络信息检索工具。最常用的搜索引擎包括百度、Google 等。

小链接

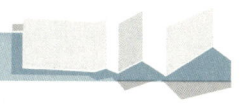

搜索引擎的语法

用户可以通过使用"filetype"搜索特定格式文件,Google 与百度均支持 filetype 指令。比如想要搜索与"营销环境分析"有关的 PDF 文件,可以使用"营销环境分析 filetype:

pdf"搜索语法在百度或 Google 进行搜索,搜索结果为包含"营销环境分析"这个关键词的所有 PDF 文件。

(2)利用相关的网站收集资料

利用专题的网站查找相关的内容信息,可以直接获得所需数据较全面、实时性强的资料。比如,想要在搜狐投放广告,需要了解广告报价信息及搜狐销售人员的联系方式,则可以选择搜狐首页底部的"广告服务"进入搜狐营销中心,收集资料获取信息。搜狐营销中心页面如图 5-12 所示。

图 5-12 搜狐营销中心页面

3. 利用相关的网上数据库查找资料

常用的网上数据库包括国外的 US patent、CA 和国内的维普、万方和中国知网等。

三、网络市场调研抽样方法

(一)随机抽样法

随机抽样又称概率抽样,是对总体中每一个体都给予平等抽取机会的抽样技术。随机抽样方法分为简单随机抽样、分层随机抽样、分群随机抽样和系统随机抽样。

①简单随机抽样也称为单纯随机抽样,是指从总体 N 个单位中任意抽取 n 个单位作为样本,使每个可能的样本被抽中概率相等的一种抽样方式。

②分层随机抽样是指,首先,将总体各单位按一定标准分成各种类型(或层);其次,根据各类型单位数与总体单位数的比例,确定从各类型中抽取样本单位的数量;最后,按照随机原则从各类型中抽取样本。分层随机抽样法最常用。

分层随机抽样示例:某市有各类型书店 500 家,其中大型 50 家,中型 150 家,小型 300 家。为了调查该市图书销售情况,拟抽取 30 家书店进行调查。问应该如何抽样?

解答:此时,应该按照大、中、小型书店在所有书店中的比例来抽取样本,才能反映出所选样本的代表性。大型书店在所有书店中所占的比例为 50/500,中型书店在所有书店中所占的比例为 150/500,小型书店在所有书店中所占的比例为 300/500。因此,大型书店应抽取 3 家(30×(50/500)),中型书店应抽取 9 家(30×(150/500)),小型书店应抽取 18 家(30

×（300/500））。

③分群随机抽样是指先把调查总体区分为若干个群体,然后用简单随即抽样法,从中抽取某些群体进行全面调查。

④系统随机抽样即等距抽样,是指先在总体中按一定标志把个体顺序排列,并根据总体单位数和样本单位数计算出抽样距离,然后按相同的距离或间隔抽选样本单位。

需要注意的是,在正式的问卷调查中,抽样样本数越多则推论的效度越可靠,但抽样的样本性质必须能确实反映出总体的属性,因而最好采取随机抽样或分层随机抽样方式,如此抽取的样本数才能有效代表其所属的总体。

(二)非随机抽样法

非随机抽样也称为非概率抽样,是根据一定主观标准来抽选样本的抽样技术,可分为任意抽样、判断抽样和配额抽样。

①任意抽样也称为便利抽样,是指调查人员本着随意性原则去选择样本的抽样方式。

②判断抽样是指由调查人员依据自己的经验抽取样本,或由某些经验丰富的专家选定样本。

③配额抽样也称为定额抽样,是指调查人员将总体样本按一定标志分类或分层,确定各类(层)单位的样本数额,在配额内任意抽选样本的抽样方式。

第四节　网络营销策略

一、网络营销产品策略

(一)网络营销产品的整体概念

产品是指能够提供给市场,能满足顾客需求和欲望的任何东西。整体产品是指能满足顾客某种需求和利益的物质产品和非物质形态的服务。

网络营销产品的整体概念包括五个层次,从里层到外层分别是核心产品层次、形式产品层次、期望产品层次、附加产品层次和潜在产品层次。网络营销产品的整体概念层次如图5-13 所示。

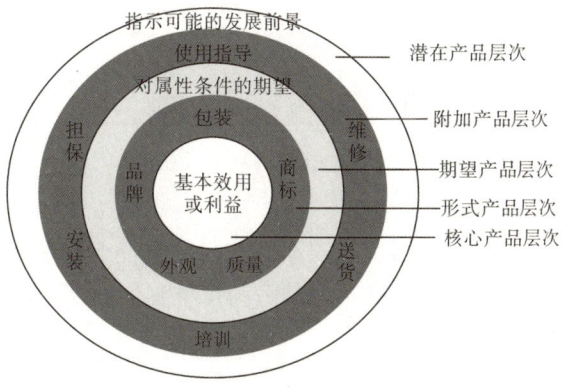

图 5-13　网络营销产品的整体概念层次

1. 核心产品层次

核心产品层次是指产品能提供给顾客的基本效用或利益。例如,顾客购买旅游产品是为了放松身心、休闲娱乐;购买空调是为了调节温度;购买数码相机是为了记录生活的点滴,留下美好的回忆;购买保健品是为了补充营养元素,保持健康的体魄。

2. 形式产品层次

形式产品层次也称为有形产品层次,是指产品在市场上所呈现出的具体物质形态,一般通过产品的外观、质量、包装、品牌、商标等表现出来。

3. 期望产品层次

期望产品层次是指顾客在购买产品前对产品的质量、特点和使用方便程度等方面的期望值。例如,某人决定花 2 000 元预算购买一部智能手机,那么他心目中对这部智能手机的属性与条件一定有所期望,比如希望他拥有超大屏幕、大容量内存、高清晰摄像头、更强的兼容性等,同时他认为这些属性与条件是理所当然、必须要有的,否则他不会考虑购买。

4. 附加产品层次

附加产品层次也称为延伸产品层次,指顾客购买产品时所得到的销售服务与保障,包括送货、安装、维修、培训、咨询、消费信贷安排等。不论是 IBM 的"我们不是卖计算机,而是卖服务",还是宝马的"我们不卖汽车,卖的是生活方式",两者强调的都是附加产品层次。

5. 潜在产品层次

潜在产品层次即指示可能的发展前景,是产品的一种增值服务。潜在产品层次与延伸产品层次的主要区别在于顾客没有潜在产品层次需求仍然可以很好地使用产品的核心利益和服务。例如,当当网会根据客户的购买记录、搜索记录和收藏记录,判断客户的个性化需求和偏好,进行个性化推荐,显示为"猜你喜欢",客户会惊喜地发现自己感兴趣的图书正好在推荐之列,从而提升转化率和客户体验。当当网正是通过对客户在与网站交互的过程中留下的各种信息进行数据分析,并利用自身掌握的大数据进行数据挖掘,进而完成个性化推荐的。当当网的个性化推荐界面如图 5-14 所示。

图 5-14 当当网的个性化推荐界面

(二)网络营销产品的分类

根据产品的形态差异,可将网络营销产品分为实体产品和虚拟产品。根据产品在购买时能否确定或评价其质量,可将网络营销产品分为可鉴别性产品和经验性产品。

1. 实体产品和虚拟产品

(1)实体产品

实体产品是指有具体物理形状的物质产品。比如服装、食品、化妆品、图书、家电等。

(2)虚拟产品

虚拟产品是指没有具体物理形状,网上发布时默认无法选择物流运输的产品。虚拟产品又可分为软件和服务。软件包括电脑软件、电子游戏等。服务包括普通服务和信息咨询服务等。普通服务包括远程医疗、法律救助、航空火车订票、入场券预定、饭店旅游服务预约、医院预约挂号、网络交友、电脑游戏等。信息咨询服务包括法律咨询、医药咨询、股市行情分析、金融咨询、资料库检索、电子新闻、电子报刊等。网络营销产品分类如图5-15所示。

$$\text{网络营销产品}\begin{cases}\text{实体产品}\\\text{虚拟产品}\begin{cases}\text{软件}\\\text{服务}\begin{cases}\text{普通服务}\\\text{信息咨询服务}\end{cases}\end{cases}\end{cases}$$

图 5-15　网络营销产品分类

2. 可鉴别性产品和经验性产品

可鉴别性产品是指消费者在购买时就能确定或评价其质量的标准化程序比较高的产品,如书籍、电脑等。经验性产品是指消费者只有在使用之后才能确定或评价其质量的产品,如服装需要试穿、食品需要试吃、护肤品需要试用,它们都属于经验性产品。可见,可鉴别性产品由于其质量容易鉴别,因此易于实现大规模的网络营销。

小链接

亚马逊

亚马逊公司(Amazon)由杰夫·贝索斯(Jeffery Bezos)于1995年创立于华盛顿州的西雅图,是美国较大的一家网络电子商务公司,也是最早开始经营电子商务的公司之一。该公司一开始只经营网络书籍销售业务,现在则扩及了范围相当广的其他产品,已成为全球商品品种最多的网上零售商和全球第二大互联网企业。2004年8月,亚马逊全资收购卓越网,使亚马逊全球领先的网上零售专长与卓越网深厚的中国市场经验相结合,进一步提升客户体验,并促进中国电子商务的成长。

如今,亚马逊及其销售商为客户提供数百万种独特的全新、翻新及二手商品,如图书、影视、音乐和游戏、数码下载、电子产品、家居园艺用品、玩具、婴幼儿用品、食品、服饰、鞋类、珠宝、健康和个人护理用品、体育及户外用品、玩具、汽车及工业产品等。

问及亚马逊的创始人杰夫·贝索斯(Jeffery Bezos)为何一开始就选择图书销售业务时,他表示,"消费者在购买图书时很少需要接触到书,消费者更感兴趣的图书信息,如作者、出版社、目录、价格等,都可以通过网页提供的内容展示、介绍、对比获得,更容易让消费者挑选到满意的图书;图书体积小,容易包装,不易损坏,方便配送;图书价格不高,不会让消费者产生巨大的心理压力。"

(三)选择网络营销产品的原则

1. 产品的消费对象与网民结构一致

企业开展网络营销,必须考虑到产品的消费对象是否是网民群体,如果产品的消费对象不上网,或者对网络购物较为抵触,那么开展网络营销收效甚微。

2. 产品的质量容易鉴别

由于消费者上网购物只能通过网页呈现的图片和文字信息来了解产品,因此更倾向于购买质量容易鉴别的可鉴别性产品,从而降低购物风险。而对于像古董之类的价格高昂、存在众多仿品、需要专家鉴定的产品则更适合于在线下交易。

3. 产品以传统方式难以购买

网络营销的产品应该具有一定的个性化特征,如果在传统渠道能够轻易购买到,消费者花费等待时间、承担较大购物风险的意愿就会下降。

4. 配送成本适合于网上销售

对于实体产品而言,物流配送是一个不可或缺的重要环节。网络营销产品的配送成本一定要在合理的可控范围之内,要实现一定的经济性,否则就会削弱网络营销产品的价格优势,降低网络购物的吸引力。

二、网络营销服务策略

(一)网络营销服务的定义和特点

1. 网络营销服务的定义

网络营销服务是指以互联网为基础,利用数字化的信息和网络媒体的交互性来辅助营销目标实现的一种新型的市场营销服务方式。

2. 网络营销服务的特点

(1)突破时空限制

顾客为寻求服务往往需要花费大量体力和精力,基于互联网的远程服务,如远程医疗、远程教育、远程订票等,则可以突破服务的时空限制,让顾客足不出户就可以解决问题。

(2)可以提供更高层次的服务

顾客可以通过互联网了解丰富的产品信息,甚至可以直接参与到产品的设计、制造、定价、配送等全过程,最大限度地发挥顾客的主动性,满足顾客的个性化需求。

(3)顾客寻求服务的主动性增强

网络营销时代,顾客个性化需求凸显,由于网络营销服务工具多样,减少了顾客寻求服务的障碍,顾客通过互联网可以采用多种方式直接向企业提出要求。

(5)服务效益提高

对于提供服务的网络营销企业而言,通过互联网实现远程服务,有利于扩大服务市场范围,增进企业与顾客之间的关系,培养顾客忠诚度,减少企业的营销成本,进而提高服务效益。

(二)网络营销服务的分类

1. 网上售前服务

网上售前服务是企业在顾客未接触产品之前所开展的一系列刺激顾客购买欲望的服务工作。对于网络营销而言,售前服务是指卖方将商品及服务信息通过网络进行展示,买方与卖方就商品、服务及订单信息进行咨询、洽谈,同时卖方为买方解决下单购买存在一系列问题。

2. 网上售中服务

网上售中服务是指在产品销售过程中为顾客提供的服务。对于网络营销而言,售中服务是指产品的买卖关系已经确定,在等待产品送到指定地点的过程中,买方需要向卖方咨询,以了解订单执行情况、产品运输情况等。天猫订单页面如图5-16所示。

图 5-16　天猫订单页面

3. 网上售后服务

网上售后服务是借助互联网直接沟通的优势，以便捷的方式满足顾客对产品帮助、技术支持和使用维护的需求。对于网络营销而言，售后服务是指卖方需要为买方提供退货、换货、返修及产品的技术支持等服务。

（三）常见的网络营销服务工具

1. E-mail

E-mail 即电子邮件，是一种用电子手段提供信息交换的通信方式，是互联网应用最广的服务工具。通过电子邮件系统，企业可以以非常低廉的价格、极快的速度，与世界上任何一个角落的客户联系，同时又不具干扰性。电子邮件的存在极大地方便了企业与客户之间的沟通与交流，促进了社会的发展。当当网的邮件客服如图 5-17 所示。

图 5-17　当当网的邮件客服

2. FAQ

FAQ（Frequently Asked Questions）即"经常被问到的问题"，俗称"常见问题解答"。

在很多网站上都可以看到 FAQ，列出了一些用户常见的问题，是一种在线帮助形式。客户在利用网站的某些功能或者服务时往往会遇到一些看似简单但不经说明可能很难理解的问题,有时甚至会因为这些细节问题的影响而失去客户,其实只要经过简单的解释就可以解决这样的问题,这就是FAQ的价值。一个好的FAQ系统,应该至少可以回答用户80%的一般问题以及常见问题。这样不仅方便了用户,也大大减轻了网站客服人员的接待强度,节省了大量的客服成本,有利于提升顾客满意度。淘宝网的FAQ设计不仅有文字说明,还匹配了动画操作指南,可以方便买家、卖家形象直观地掌握淘宝购物、开店的具体操作。淘宝网的FAQ界面如图5-18所示。

图5-18 淘宝网的FAQ界面

3. Call Center

Call Center即呼叫中心,是在一个相对集中的场所,由一批服务人员组成的服务机构,通常利用计算机通信技术处理来自企业、顾客的垂询与咨询需求。Call Center充分利用计算机通信技术,如IVR(交互式语音应答系统)、ACD(自动呼叫分配系统)等,可以自动灵活地处理各种不同的电话呼入、呼出业务和服务。

以电话咨询为例,Call Center具备同时处理大量来话的能力,还具备主叫号码显示,可将来电自动分配给具备相应技能的人员处理,并能记录和储存所有来电信息。一个典型的以客户服务为主的呼叫中心可以兼具呼入与呼出功能,在处理顾客的信息查询、咨询、投诉等业务的同时,还可以进行顾客回访、满意度调查等呼出业务。

(四)网络营销的个性化服务

1. 个性化服务的定义

个性化服务也叫定制服务,就是按照顾客,特别是一般消费者的要求提供特定服务,亦即满足消费者个别的需求。

2. 网络营销个性化服务的方式

(1)服务时空的个性化

服务时空的个性化是指在人们希望的时间和希望的地点得到服务。例如,不论何时何地想要进行查询、转账业务,都可以登录网上银行进行操作。

(2)服务方式的个性化

服务方式的个性化是指根据顾客的个人喜好来进行服务。例如,银行提供了包括电话银行、手机银行、网上银行、微银行等多种服务渠道,顾客可以根据自己的喜好进行选择。

(3)服务内容的个性化

服务内容的个性化是指顾客可以根据自身需求,选择愿意接受的服务内容,做到各取所需,各得其所。例如,百度的个性化首页就充分体现了服务内容的个性化。打开百度首页,登录个人账号,会发现百度的传统首页增加了"导航""实时热点""新鲜事"三个新的栏目,通过设置这几个栏目,可以打造属于自己的个性化首页。百度个性化首页如图5-19所示。

图 5-19 百度个性化首页

三、网络营销价格策略

(一)网络营销价格的特点

1. 全球性

随着消费者购买需求的多样化,网络购物的选择范围已经跨越了国界限制,已有众多消费者选择海淘方式,直接通过国外电商平台选购商品。因此,网络营销企业在定价时必须注意全球范围内竞争对手的定价策略对自己的影响,在考虑汇率换算、物流费用等基础上,制定一个有竞争力的价格。

2. 顾客主导定价

在传统营销渠道,企业明码标价,顾客只能被动接受企业制定的价格;在网络营销渠道,企业可以通过拍卖和提供个性化定制两种方式来实现顾客主导定价。

3. 低价位定价

由于互联网天生具有免费和共享的基因,人们习惯于在网络上浏览免费的新闻资讯,使用免费的邮箱,因此低价更加符合网络消费者的习惯性认知;同时,由于网络购物需要承担更多的购物风险,并耗费一定的等待时间,也决定着人们更易接受低价商品。

(二)常用的网络营销定价策略

1. 折扣定价策略

折扣定价策略是指在原价的基础上进行打折后定价。根据打折的原因不同,折扣定价策略包括数量折扣策略、现金折扣策略和季节折扣策略。

(1)数量折扣策略

数量折扣策略是指对购买数量大者给予的折扣,数量越大则折扣率越大,又可分为累计数量折扣和非累计数量折扣。累计数量折扣鼓励一定时期内常购、多购;非累计数量折扣则鼓励一次性多购。

(2)现金折扣策略

现金折扣策略又称为付款期限折扣策略。例如,某项商品的成交价为360元,交易条款注明"$3/20, n/30$",则意味着如果在成交后20天内付款可以享受3%的现金折扣,否则需要在30日内付清全部货款。

(3) 季节折扣策略

季节折扣策略是指卖方为鼓励买方在淡季购买而给予的折扣,目的在于鼓励淡季购买,减轻仓储压力,利于均衡生产。

2. 竞争定价策略

企业应随时掌握竞争者的价格变动,调整自己的竞争策略,以时刻保持同类产品的相对价格优势。如今,消费者可以通过众多的比较购物搜索引擎(如惠惠、一淘等),快速获知商品在不同电商平台的售价情况,实现货比多家,因此网络营销企业更需要时刻关注竞争者价格的变动情况,做出灵活调整,以保持价格优势。比较购物搜索引擎(一淘)产品搜索界面如图 5-20 所示。

图 5-20 比较购物搜索引擎(一淘)产品搜索界面

3. 声誉定价策略

声誉定价策略是指利用消费者仰慕名牌商品或名店的声望所产生的心理,为商品定高价,彰显名牌优质高价的形象。例如,2015 年 7 月 29 日上市的 Windows 10 操作系统,家庭版价格为 109.99 美元,专业版价格为 149.99 美元,这是由于微软的品牌价值为 693 亿美元,位列"2015 全球品牌价值榜"第二位,必须以高价彰显自己的品牌形象和声誉。

4. 捆绑定价策略

捆绑定价策略是指将两种或两种以上的相关产品,捆绑打包出售,并制定一个合理的价格,降低顾客对价格的敏感程度。

例如,金桂花眼膜贴是玛茜天猫旗舰店的镇店之宝,玛茜把它与红酒多酚免洗面膜、四倍蚕丝保湿乳、氨基酸洁面霜、神采晶莹眼部乳清捆绑成为"面部眼部完美护肤套",并给予充分的推荐理由,从而引导客户购买套餐,达到提升客单价的目的。淘宝有个经典公式:成交额＝UV(独立访客)×转化率×客单价。因此,提升客单价最终会有助于提升店铺成交额。

5. 集体议价策略

集体议价策略是指多个购买者联合购买同一类商品而形成一定的购买规模,以获得优惠售价的交易方式。当销售量达到不同数量时，厂家制定不同的价格，销售量越大，价格越低。团购运用的就是集体议价策略。

6.定制定价策略

定制定价策略是指在企业能实行定制生产的基础上，利用网络技术和辅助设计软件，帮助消费者选择配置或者自行设计能满足自己需求的个性化产品，同时承担自己愿意付出的价格成本。海尔定制网站的相关操作界面及最终效果如图 5-21 至图 5-26 所示。

图 5-21　海尔定制网站首页

图 5-22　海尔空调定制步骤 1——选择空调类型

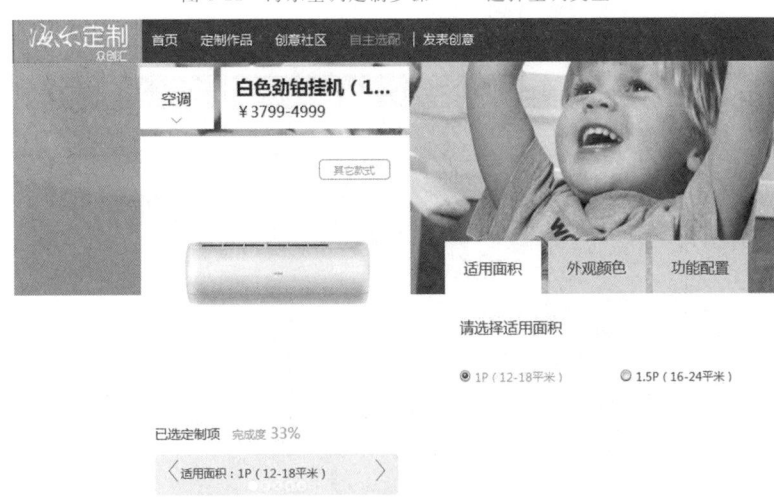

图 5-23　海尔空调定制步骤 2——选择适用面积

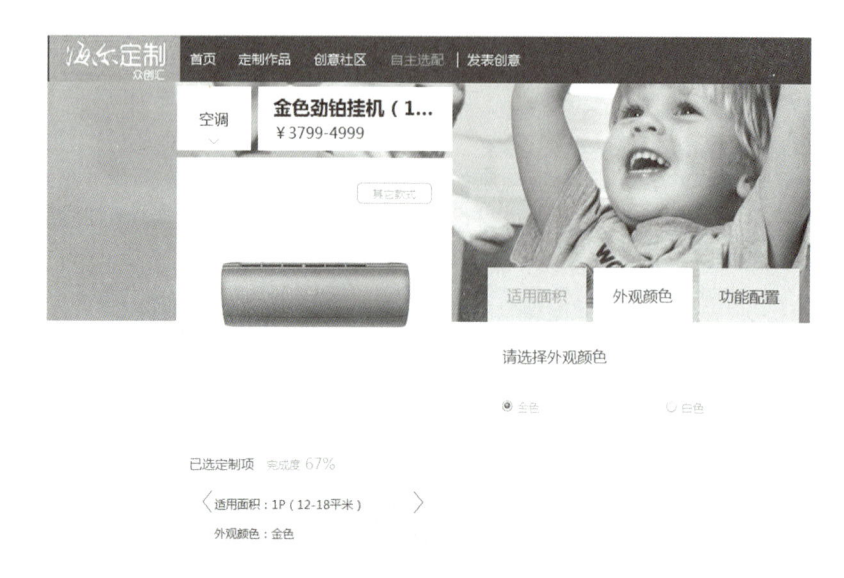

图 5-24　海尔空调定制步骤 3——选择外观颜色

图 5-25　海尔空调定制步骤 4——选择功能配置

图 5-26　海尔定制空调效果图

7. 拍卖竞价策略

网上拍卖是目前发展比较快的领域,经济学家认为拍卖竞价可以引导市场形成最合理的价格。网上拍卖由消费者通过互联网轮流公开竞价,在规定时间内价高者赢得拍品。

根据供需关系,网上拍卖竞价方式有以下几种:

(1)竞价拍卖

竞价拍卖是指竞买人竞争出价,价高者得。世界上较著名的拍卖网站是1995年9月4日成立于美国加州圣荷西的eBay,它允许商品公开在网上拍卖,拍卖竞价者只需要在网上进行登记即可,拍卖方只需将拍卖品的相关信息提交给eBay,经eBay审查合格后即可上网拍卖。我国有淘宝拍卖会——闲鱼拍卖,如图5-27所示。

图 5-27　淘宝拍卖会——闲鱼拍卖

小链接

巴菲特慈善午餐拍卖

巴菲特从2000年开始举办午餐义卖活动,将午餐拍卖所得款项捐赠给格莱德基金会,用于帮助美国旧金山地区的穷人和无家可归者。中标人可以邀请7位朋友共同赴宴。2000年至2002年在线下拍卖,拍卖价从未超过起拍价2.5万美元。2003年开始在eBay上拍卖,拍卖价格不断攀升。巴菲特午餐拍卖历年拍卖金额见表5-2。

表 5-2　巴菲特午餐拍卖历年拍卖金额

年份	竞得者	金额(美元)
2000	匿名	25 000
2001	匿名	18 000
2002	匿名	25 000
2003	大卫·埃霍恩	250 100
2004	杰森·秋	202 100
2005	匿名	351 100
2006	段永平(中国)	620 100
2007	穆尼斯·帕伯莱	650 100
2008	赵丹阳(中国)	2 110 100
2009	康特妮·沃尔夫	1 680 300
2010	泰德·韦斯切勒	2 626 311

(续表)

年份	竞得者	金额(美元)
2011	泰德·韦斯切勒	2 626 411
2012	匿名	3 500 000
2013	匿名	1 000 100
2014	匿名	2 166 766
2015	朱晔(中国)	2 345 600
2016	匿名	3 456 789
2017	匿名	2 679 000
2018	匿名	3 300 100
2019	孙宇晨(中国)	4 567 888

中标者可带7人与巴菲特在纽约市史密斯·沃伦斯基牛排馆共进午餐。巴菲特在进餐中会回答任何问题,唯一不能回答的问题是关于他下一步的投资。

多位华人企业家获得与巴菲特共进午餐的机会。步步高电子工业有限公司董事长段永平曾在2006年以62.01万美元中标。两年后,赤子之心中国成长投资基金创办人赵丹阳211.01万美元中标。2015年,大连天神娱乐股份有限公司董事长朱晔以235万美元刷新纪录。

2019年,波场币TRON创始人孙宇晨以456.788 8万美元拍得午餐权。孙宇晨出生于1990年7月,本科毕业于北京大学历史系,研究生就读于美国常青藤名校宾夕法尼亚大学。2013年,当时还是比特币爱好者的孙宇晨在硅谷接触到了Ripple Labs项目后,直言Ripple Labs比比特币还要神奇,一个多月后,他以Ripple Labs大中华区首席代表的身份回国创业。2014年3月起,孙宇晨一边通过接受媒体采访、参加论坛做宣传,另一边,成立了锐波科技,并拿到了信中利资本领投,IDG资本、中科资本、清控科创等多家创投跟投的千万美金级A轮融资。2015年,孙宇晨当选了中国福布斯30位30岁以下创业者,并入选湖畔大学。从此之后,"马云门徒"变成了孙宇晨本人最喜欢使用的头衔。

2020年2月6日晚,孙宇晨表示,已于2020年1月23日同巴菲特共进晚餐,并送给巴菲特一个比特币。一同共进晚餐的还有莱特币创始人李启威、eToro首席执行官Yoni Assia、币安慈善基金会负责人Helen Hai以及火币首席财务官Chris Lee。孙宇晨还称,巴菲特相信区块链具有广阔前景,并表示自己投资组合中的很多公司例如JP摩根都在探索这一领域,巴菲特非常好奇未来10年区块链将在支付领域造成怎样的影响。不过,巴菲特仍然认为比特币抓住区块链的价值需要很长的路要走。孙宇晨告诉巴菲特,比特币将是下一代人的通用货币。巴菲特则笑称:"我确信我的孙子更愿意用美元继承我的财富。"这顿晚餐持续了3个多小时,主打牛排和可口可乐,此次晚餐的实际花费价格为515.05美元,由巴菲特买单。

资料来源:中国新闻网.2017年"与巴菲特共进午餐"拍卖揭晓[EB/OL].2017-6-11.
凤凰网财经.孙宇晨"圆梦"巴菲特晚餐[EB/OL].2020-2-8.

(2)竞价拍买

竞价拍买是竞价拍卖的反向过程,消费者提出一个价格范围,求购某一商品,由商家出价,出价可以是公开的或隐蔽的,消费者将与出价最低或最接近的商家成交。

8. 免费价格策略

(1)免费价格策略的定义

免费价格策略即将企业的产品和服务以零价格形式提供给顾客使用,以满足顾客的需求。

(2)免费价格策略的类型

①完全免费

完全免费是指产品(服务)从购买、使用和售后服务所有环节都实行免费,如网易邮箱承诺永久性免费。

②限制性免费

限制性免费是指产品和服务可以被有限次使用,超过一定期限或者次数后,取消免费服务,开始收费;或者必须要满足一定的限制性条件才可以免费使用产品。例如,有的网站要求注册用户完成一定的任务后,才可享有下载权限;或者下载的软件有免费试用期。

③部分免费

部分免费是指对于网站提供的产品或服务分为两部分:部分免费和部分收费。例如,阿里巴巴对于不收费的普通会员仅提供基本服务,而对于一年收取3 688元的诚信通会员,额外提供四大特权和增值服务。

④捆绑式免费

捆绑式免费是指购买某产品或服务时赠送其他产品和服务。例如,在万网注册域名,可享有免费的隐私保护、免费的域名锁、免费的小云监测工具等。

四、网络营销渠道策略

(一)网络营销渠道的定义

网络营销渠道是借助互联网将产品从生产者转移到消费者的中间环节。

(二)网络营销渠道的功能

1.订货功能

网络消费者可以通过网络营销渠道提供的图文并茂的商品信息页面,了解、比较商品,与卖家就商品细节进行沟通,进而下单选购。

2.结算功能

网络营销渠道提供了多种支付结算工具,包括货到付款、银行卡快捷支付、信用卡支付、支付宝支付、微信支付等,可以让客户足不出户即可完成货款支付。

3.配送功能

对于实体产品,网络营销渠道可以通过物流公司的帮助将商品送到客户手中;对于虚拟产品,顾客则可以直接点击卖家提供的下载链接获取。

4.服务功能

网络消费者可以通过网络营销渠道获取商品的售前、售中和售后服务。

(三)网络营销渠道的类型

1.网络营销直接渠道

网络营销直接渠道是指产品从生产领域转移到消费领域的过程中不经过任何中间环节的分销渠道。

2. 网络营销间接渠道

网络营销间接渠道是指产品从生产领域转移到消费领域的过程中经过若干中间环节的分销渠道。网络营销直接渠道与网络营销间接渠道的总结如图5-28所示。

图5-28 网络营销直接渠道与网络营销间接渠道的总结

小链接

天猫店铺类型

旗舰店：品牌必须为企业自有，经营同一品牌、同一个一级目录下的所有产品。

专卖店：企业须取得品牌持有者的正式授权，经营授权品牌下同一一级类目内的所有产品。

专营店：企业必须具有自有品牌或他人品牌的品牌资质，在天猫经营同一一级类目下经营的多个（至少两个）品牌。

卖场型旗舰店：以服务类型商标开设且经营多个品牌的旗舰店。

讨论：哪种店铺属于网络营销直接渠道？

（四）双道法

双道法是指企业在进行网络分销决策时，同时使用网络营销直接渠道和网络营销间接渠道，以达到销售量最大的目的。

例如，消费者在网上下单购买实体产品并付款后，企业仍然需要借助分销商来完成送货、安装、服务等活动，即分销商需要承担送货职责。另外，由于存在着许多不上网的消费者，所以企业仍然需要借助传统分销商的帮助开展营销活动。

（五）解决线上线下渠道冲突的方法

1. 渠道隔离

渠道隔离是指当一种商品在两个渠道中同时销售发生冲突时，对同一种商品制造人为差异来隔离这两个渠道的办法。

在传统零售业的竞争中，大型廉价折扣店和昂贵的百货商店形成了两个阵营。但是，双方经营的很大一部分商品是重合的，对供应商而言，这就产生了典型的渠道冲突。这种现象曾经一度给供应商带来顾此失彼的苦恼。解决问题的办法是用对同一种商品制造人为差异来隔离这两个渠道。

渠道隔离的具体做法有：开发"网络专供款"、区分线上线下销售的品种。例如，对于同一款T恤，"淘宝专供款"含棉量为50%，"专柜专供款"含棉量为100%。对于很多品牌商品，会将新品放在实体专卖店销售，旧款、断码放在网上销售，或者将受消费者欢迎的花色和图案款放在实体专卖店销售，市场反响不够热烈的花色和图案款放在网上销售，从而造成线上线下所售商品的差异性。

2. 渠道集成

渠道集成即把线下渠道和线上渠道完整地结合起来,充分利用线上和线下的优势,共同创造一种全新的经营模式。

运用渠道集成的成功案例是服装制造商 GAP 和"7-11"便利店。GAP 在各地分布着大量的连锁专卖店,同时又开设了网上商店。在不遗余力地宣传网上商店的同时,GAP 在专卖店里搁置了专用电脑,使顾客能便捷地查询店里断档的商品。这使 GAP 的品牌进一步得到加强,在虚拟空间和现实世界里得到更好的扩展。"7-11"在日本拥有超过 8 000 家连锁店,一些在线销售商和它结成战略联盟,利用它深处居民区的特点进行商品寄存和二次配送,巧妙地完成了电子商务几乎无法解决的"最后一公里"配送问题。同时,领取寄存商品的顾客可以顺便在店里进行采购,也促进了"7-11"销售额的提升。

五、网络营销促销策略

(一)网络营销促销的定义

网络营销促销简称网络促销,是利用现代化的网络技术向虚拟市场传递有关产品信息,以引发需求,引起消费者购买欲望和购买行为的各种活动。

(二)网络营销促销的作用

1. 告知功能

企业通过开展网络促销活动可以把企业的产品、服务及价格等信息传递给目标公众,引起他们的注意。

2. 说服功能

目前,产品同质化现象凸显,许多产品之间往往只存在细微差别,用户难以察觉。企业通过网络促销活动,宣传自己产品的特点,使消费者认识到本企业的产品可能给他们带来的具有吸引力的效用和利益,进而决定购买本企业的产品。

3. 反馈功能

网络促销能够通过包括电子邮件在内的各种形式及时地收集和汇总顾客的需求和意见,迅速反馈给企业管理层作为决策依据。同时,由于网络促销所获得的信息准确、可靠性强,对企业经营决策具有较大的参考价值。

4. 创造需求功能

企业通过开展网络促销活动,不仅可以诱导消费者产生需求,而且可以创造需求,发掘潜在的顾客,扩大销售量。

5. 稳定销售功能

由于季节及消费周期等因素的影响,网络销售企业的产品销售量并不均衡,会出现较大波动,呈现出销售淡旺季之分。企业通过开展网络促销活动,可以刺激消费者产生购买欲望,付诸购买行动,从而达到稳定销售的目的,有利于企业控制库存和制订采购或生产计划。

(三)网络营销促销的形式

网络营销促销的形式有四种,分别是网络广告、站点推广、销售促进和关系营销。

1. 网络广告

网络广告是确定的广告主要以付费方式运用互联网媒体对公众进行劝说的一种信息传播活动。网络广告的主要类型包括全屏广告、炫景广告、通栏广告(旗帜型广告)、对联广告、矩形广告、按钮广告、摩天楼广告、插页式广告、关键字广告和文字链广告等。

2. 站点推广

站点推广是指利用网络营销策略扩大网站的知名度，吸引网民访问网站，增加网站流量，从而起到宣传和推广企业及产品的效果。

3. 销售促进

销售促进也称为营业推广，是指企业运用各种短期诱因鼓励消费者和中间商购买、经销企业产品和服务的促销活动。常见的销售促进方式包括价格折扣、抽奖、免费试用、送赠品、买一送一等。

4. 关系营销

关系营销是指通过互联网的交互功能吸引用户与企业保持密切的关系，培养顾客的忠诚度，提升顾客价值。

(四)网络促销的实施程序

1. 确定网络促销对象

网络促销对象包括产品的使用者、产品购买的决策者、产品购买的影响者。

2. 设计网络促销内容

产品生命周期分为引入期、成长期、成熟期和衰退期。应根据产品生命周期不同阶段的特点设计网络促销内容。在引入期，网络促销应侧重于宣传产品的特点，引起消费者的注意。在成长期，网络促销应侧重于劝说消费者，使其产生购买欲望；在成熟期，应侧重于树立企业形象，提醒消费者购买，巩固已有市场；在衰退期，应密切与消费者之间的情感联系，通过各种销售促进方法，延长产品的生命周期。

3. 决定网络促销组合方式

企业应当根据产品及消费者的特点，在网络广告、站点推广、销售促进、关系营销中选择合理的促销方式，形成网络促销组合方式，以达到最佳的促销效果。一般来说，对于日用消费品，网络广告的促销效果较好；对于大型机械产品，则站点推广的效果较为明显。

4. 制订网络促销预算方案

企业应明确各种网络促销方式的价格，在能够接受的合理范围内，严格控制预算，制订预算方案。

5. 衡量网络促销效果

企业应充分利用统计软件，对网络促销的效果进行统计，统计指标一般包括 PV（网页综合浏览量）、UV（独立访客）、点击次数、CPM（千人成本）、CPC（每点击成本）等。

6. 加强对网络促销过程的综合管理

在网络促销活动实施过程中，应不断进行信息沟通和协调，对偏离预期促销目标的活动进行调整，以保证实现既定的促销目标。

(五)针对消费者的网络营销促销方式

1. 网上折价促销

折价也称为打折、折扣，是指在顾客购买产品时，给予不同形式的价格折扣。这种活动形式是在网上通过使用折扣券、商品特卖或者限时折扣的方式，让消费者以低于商品的原本价格购买该商品。

2.网上变相折价促销

网上变相折价促销是指在网上不提高或稍微增加价格的前提下,提高产品或服务的品质数量,较大幅度地增加产品或服务的附加值,让消费者感到物有所值。

3.网上赠品促销

网上赠品促销是指企业向购买产品的消费者实施馈赠的促销行为,具体手段有直接赠送、附加赠送等。赠品若与产品的特性或使用有相关性,则促销的诱因更大,并方便顾客使用产品。

4.网上抽奖促销

网上抽奖促销就是利用公众消费过程中的侥幸获利心理,设置中奖机会,利用抽奖的形式,来吸引消费者购买商品。

5.网上积分促销

网上积分促销一般设置价值较高的奖品,消费者通过多次购买或多次参加某项活动来增加积分以获得奖品。积分促销可以增加上网者访问网站和参加某项活动的次数,可以增强客户黏性。例如,中国建设银行信用卡客户在使用信用卡消费后,可以获得积分,可登录积分商城兑换自己心仪的礼品,如果客户积分不够,就会促进其继续使用信用卡消费,以累积到足够的积分。中国建设银行积分商城如图 5-29 所示。

图 5-29 中国建设银行积分商城

6.网上联合促销

联合促销是指两个以上的企业或品牌合作开展促销活动。这种做法的最大好处是可以使联合体内的各成员以较少费用获得较大的促销效果,联合促销有时能达到单独促销无法达到的目的。

(六)拒绝虚假促销

随着互联网经济的快速发展,越来越多人选择通过网络购物。尤其是在 2020 年,新冠肺炎疫情催生了线上购物的热潮。为了吸引更多消费者,平台和商家会结合自身的情况选择不同力度的促销方式。

作为一种活动方式,除了常态的降价、打折、满减等,在网络平台促销模式的翻新下,很多电商平台也衍生出类似"6·18""双十一""双十二"等集中促销、网络"直播带货"等新方式。而伴随促销而来的,还有各种虚假促销和摸不清套路的促销规则:消费者收货后发现存在质量问题,却发现商家又以促销商品不退不换的店堂告示来限制售后;或是先提价后假意促销,以此获取流量与订单;或是虚假宣传,实物与样图严重不符……

2021年4月25日,北京市市场监管局依法查处校外教育培训机构价格违法、虚假宣传等行为,对跟谁学、学而思、新东方在线、高思四家校外教育培训机构价格违法行为分别给予警告和50万元顶格罚款的行政处罚。四家教育机构存在类似的价格违法行为,如学而思网校官方旗舰店销售的多款培训课程打出"价格799元,促销价20元"的促销活动,但价格799元在促销活动前未实际成交过。

市场经济之中,诚实信用是所有市场主体都应遵循的法则。如果没有了诚信,可以随便虚标价格,随意进行虚假宣传,市场主体之间也就没了信任可言。此次商家虚标原价和促销价进而"虚假打折"的行为被处罚,有着不可忽视的警示意义。在信息不对称下,消费者很难知道所谓的原价是否是有真实成交记录的原价,所谓的"跳楼价""赔本价"是否名副其实。因而,只有监管部门严肃对待类似问题,严厉惩戒虚标价格的违法行为,才能让商家有所顾忌,避免消费者掉入云里雾里的价格陷阱。

2020年10月29日,国家市场监督管理总局令第32号发布的《规范促销行为暂行规定》自2020年12月1日起施行。1993年12月24日原国家工商行政管理局令第19号发布的《关于禁止有奖销售活动中不正当竞争行为的若干规定》同时废止。

第五节 网络营销方法

一、搜索引擎营销

(一)搜索引擎营销的定义

搜索引擎营销(Search Engine Marketing,SEM)。即根据用户使用搜索引擎的方式,利用用户检索信息的机会尽可能将营销信息传递给目标用户。简单来说,搜索引擎营销就是基于搜索引擎平台的网络营销,利用人们对搜索引擎的依赖和使用习惯,在人们检索信息的时候将信息传递给目标客户。搜索引擎营销的基本思想是让用户发现信息,并通过点击进入网站或网页,进一步了解所需要的信息。搜索引擎营销追求最高的性价比,以最小的投入获得来自搜索引擎的访问量,并产生商业价值。

(二)搜索引擎营销的目标层次

搜索引擎营销的目标层次包括存在层、表现层、关注层和转化层。

1. 存在层

存在层的含义就是让网站尽可能多的网页被搜索引擎收录,即增加网页的搜索引擎可见性,这是搜索引擎营销的基础。

2. 表现层

表现层是指让网站不仅能被主要搜索引擎收录,还要获得靠前的排名。如果用户输入主要的关键词检索时,网站在搜索结果中的排名靠后,则有必要利用关键词广告、竞价广告等形式作为补充手段来实现这一目标。

3. 关注层

关注层是指提高网站访问量的目标。实现这一目标，需要从整体上进行网站优化设计。

4. 转化层

转化层是指能够实现网站的最终收益。转化层是前面3个目标层次的进一步提升，在搜索引擎营销中属于战略层次的目标。

(三)搜索引擎营销的形式

1. 搜索引擎登录

搜索引擎登录是指企业将自己的网站向搜索引擎提交，若符合搜索引擎收录标准，则搜索引擎会自动收录网页。

2. 搜索引擎优化

搜索引擎优化是指为提高网站流量、提升网站销售和品牌建设，遵循搜索引擎自然排名机制，对网站内部和外部的调整优化，从而使关键词在搜索引擎中自然排名靠前的过程。

3. 竞价排名

竞价排名是指网站通过付费方式来获得搜索引擎的靠前排名，付费越高者排名越靠前，采用CPC计费方式（按点击计费）。推广企业可以通过调整每次点击价格，控制自己在特定关键字搜索结果中的排名，并可以通过设定不同的关键词捕捉到不同类型的目标访问者。竞价排名的典型代表是百度推广。百度提交入口如图5-30所示。

图5-30　百度提交入口

4. 关键词广告

关键词广告是指显示在搜索结果页面的网站链接广告，按点击次数收取广告费，即采用CPC计费方式。

小链接

百度的不正当竞争行为
央视披露百度搜索服务丑闻

2010年7月，央视新闻频道三档节目"新闻30分""每周质量报告""东方时空"再度报道百度为假药网站进行推广、谋取暴利。根据节目曝光，百度竞价排名的业务人员主动联系他们犯罪嫌疑人，兜售竞价排名业务，使其假药网站出现在搜索结果靠前的位置。网民每点击一次假药网站，网站须向百度支付12元左右的费用，这竟然成了假药销售过程中成本最高的环节。在假药利益链中，卖假药的总销售额为40多万元，其中竞价排名竟花了约30万元。百度竞价费用占到75%，销售人员分成13%，快递公司占7%，而制假方仅得到5%的利润。百度作为网络搜索服务商,客观上也为假药网站推广提供便利,并从中牟取暴利。

当当批百度肆意操控搜索结果

当当网 CEO 李国庆在其微博上发言称,"2011年网络媒体广告价格比去年平均上涨50%;尤其百度搜索和好123(百度旗下网站)收费上涨更猛。"因此李国庆表示,自2011年4月1日起停止在百度上投放广告。随后当当网在官方网站发布了一份公告,宣布停止投放在百度的一切广告,包括品牌专区、关键词推广等,但并不屏蔽百度对当当网的收录。当当网表示,其这样做的原因是"百度肆意操控搜索结果、不尊重知识产权等垄断行为"。

京东批百度被财富冲昏头脑

2011年4月8日,京东刘强东在微博上一度非常愤慨:"刚刚去百度搜索了一下京东,竟然卖给了8个竞争对手!这也是一种盗版行为!"刘强东继续爆料百度,"首先京东两个字百度一年就要我们500万元!500万元还不够,继续卖给8个竞争对手,根据测算,因为竞价激烈还能赚到1000万元。仅仅京东两个字百度一年就赚1500万元!"技术出身,在中关村摸爬滚打多年的刘强东甚至说:"希望 Robin(李彦宏)不要被财富和市值冲昏了头脑。"这一系列微博之后被删去,但京东商城已经将2011年度广告费用砍掉50%。

阿里巴巴要让百度"睡不着觉"

2008年9月,淘宝"封杀"百度爬虫抓取淘宝页面。淘宝表示,此举是为了保护淘宝用户的利益,可以杜绝不法商家利用竞价排名、搜索优化等手段骗取消费者信任,并对优秀卖家进行鼓励。百度方面则表示:很多淘宝卖家由于缺少搜索引擎的导入,利益受到非常大的损害,目前纷纷要求百度直接收录其网店页面,并一再打探百度C2C平台何时上线,希望能早日实现从淘宝"搬家"。

马云一直以来都想建立电子商务的搜索引擎,"想通过搜索把电子商务的体验做得更好而已。我们可能成为多国部队的其中之一而已。目的不是打败百度,而是让百度睡不着觉,全国的网民和企业会更好。"

今日头条欲起诉百度

2018年1月29日,今日头条发布声明称,其将起诉百度,原因是其利用垄断优势进行的"不正当竞争"的行为。今日头条认为,第一,百度针对"今日头条",给出的第一条搜索结果(置顶文章),是"百家号"去年发布的"旧闻"。这并不能说明百度的搜索技术大幅下滑,我们有理由判断,这是百度某部门针对今日头条的恶意抹黑,其性质可能是与我们此前在《这届黑公关很行》,揭露的"黑公关"的行径是一致的。第二,搜索"今日头条官网",百度特意用红字标出警告:"提醒:该页面因服务不稳定可能无法正常访问"。实际上,今日头条官网服务稳定,可以正常访问,使用360搜索、搜狗等搜索引擎,都不会出现此谣言内容。

二、电子邮件营销

(一)电子邮件营销的定义

电子邮件营销(E-mail Direct Marketing,EDM)是在用户事先许可的前提下,通过电子邮件的方式向目标用户传递价值信息的一种网络营销手段。

电子邮件营销的三要素包括用户许可、通过电子邮件传递信息、信息对用户有价值。

(二)电子邮件营销的分类

1. 以 E-mail 营销的功能为分类标准

以 E-mail 营销的功能为分类标准,可分为顾客关系 E-mail 营销、顾客服务 E-mail 营销、在线调查 E-mail 营销、产品促销 E-mail 营销等。

2. 以 E-mail 地址的所有权为分类标准

以 E-mail 地址的所有权为分类标准,可分为内部 E-mail 营销和外部 E-mail 营销,或称为内部列表和外部列表。

①内部列表是指利用网站的注册用户资料开展 E-mail 营销。

②外部列表是指利用专业服务商的用户电子邮件地址来开展 E-mail 营销。

(三)电子邮件营销的三大基础

开展电子邮件营销面临三个基本问题,包括向哪些用户发送电子邮件、发送什么内容的电子邮件以及如何发送这些电子邮件。这三个基本问题可以归纳为电子邮件营销的三大基础,即技术基础、资源基础和内容基础。

1. 技术基础

技术基础即从技术上保证用户加入、退出邮件列表,并实现对用户资料的管理、邮件发送及效果跟踪等功能。

2. 资源基础

资源基础即在用户自愿加入邮件列表的前提下,获得足够多的用户 E-mail 地址资源,是 E-mail 营销发挥作用的必要条件。

3. 内容基础

内容基础是指电子邮件的内容必须对用户有价值才能引起用户的关注,因此电子邮件营销应注意在提供有价值信息的前提下才可附带一定数量的商业广告。

(四)电子邮件营销的评价指标

1. 退信率

退信率是指没有送达的邮件所占比率。退信率是评价列表质量的一个重要指标。

2. 开信率

开信率也称为浏览率,是指用户在收到信件后打开阅览的比例。

3. 点击率

点击率是指用户收到信件后点击其中的链接进入广告主指定网页的比例。

4. 转化率

转化率是指用户收到信件后产生购买、用户注册、期刊订阅等预期行动的比例。

5. 新顾客获得率

新顾客获得率是指收到信件的用户转化为公司新顾客的比率。该比率可用来评价列表的质量和促销效果。

6. 退订率

退订率是指用户收到了邮件但是要求退订的比率。该比率可用来评价营销信息的质量以及发送的频率是否恰当。正常的退订率在 1% 以下。

小链接

电子邮件发送时机的选择

Webpower(多渠道营销服务机构)于2015年4月发布中国地区《2014年邮件营销行业数据报告》,数据显示,2014年全年国内全行业EDM平均送达率为95.82%,平均独立打开率为7.13%,平均独立点击打开率为16.81%,平均独立点击送达率为1.20%。

由于消费者使用移动设备管理邮箱,2014年电子邮件打开率有所增长。但是,一些关键基准,如点击率和事务处理率却持续下降。根据eMarketer发布的报告"E-mail Benchmarks 2014:Richer Data, Mobile Optimization Crucial for Greater Relevancy",由于难以从杂乱的收件箱中分辨电子邮件的质量,因此电子邮件营销商正在寻找新的方式提升交流的相关性。

大部分营销商选择在周一到周五发邮件,但是在周六发邮件的营销商能够获得更高的打开率和更高的平均订购规模。2014年1月美国邮件发送高峰在周四;周二和周三也很多,而周六和周日的邮件量最低。但是Experian Marketing Services在2013年第四季度发布的数据显示,面对更少的邮件,消费者更可能参与消费。市场服务公司发现,周六的邮件打开率最高,平均订购规模也最大;周日的邮件点击率最高,每封邮件的收入最高,但是订购总量最低。

在测量邮件市场影响方面,时间很重要,但是没有黄金时间之说。研究表明,通常情况下,关键度量如打开率和平均订购规模等,都不一致。分析2013年第四季度电子邮件表明,晚上8点到12点发送的邮件,其打开率、点击率和处理率以及每封邮件收益最高,但是发送互动邮件却最低:平均订购规模162美元,在早8点到晚8点之间的邮件平均订购规模342美元。有趣的是,早8点到晚8点之间邮件的打开率、点击率和处理率却更低,这说明营销商应该权衡这些度量。

实践证明,B2B的电子邮件适合在周二和周三的一大早发送,而B2C的电子邮件则适合在周五和周末发送。

三、病毒营销

(一)病毒营销的定义

病毒营销又称病毒式营销、病毒性营销、基因营销或核爆式营销,是一种信息传递战略,包括通过任何刺激个体将营销信息向他人传递,为信息的爆炸和影响的指数级增长创造潜力的各种方式。病毒营销利用公众的积极性和人际网络,让营销信息像病毒一样传播和扩散,营销信息被快速复制,短时间内传向数以万计、数以百万计的受众。

(二)病毒营销的基本要素

美国的电子商务顾问Ralph F. Wilson博士将一个有效的病毒性营销战略归纳为六项基本要素,一个病毒性营销战略不一定要包含所有要素,但是,包含的要素越多,营销效果可能越好。

这六个基本要素是:提供有价值的产品或服务,提供无须努力地向他人传递信息的方式,信息传递范围很容易从小向很大规模扩散,利用公共的积极性和行为,利用现有的通信网络,利用别人的资源进行信息传播。

小链接

PayPal 的病毒营销

PayPal 的付款步骤为:①只要有一个电子邮件地址,付款人就可以登录开设 PayPal 账户,通过验证成为其用户,并提供信用卡或者相关银行资料,增加账户金额,将一定数额的款项从其开户时登记的账户(例如信用卡)转移至 PayPal 账户下。②当付款人启动向第三人付款程序时,必须先进入 PayPal 账户,指定特定的汇出金额,并提供收款人的电子邮件账号给 PayPal。③PayPal 向商家或者收款人发出电子邮件,通知其有等待领取或转账的款项。如商家或者收款人也是 PayPal 用户,其决定接受后,付款人所指定之款项即移转予收款人。若商家或者收款人没有 PayPal 账户,网站就会发出一封通知电子邮件,引导收款人至 PayPal 网站注册一个新的账户。④收款人可以选择将取得的款项转换成支票寄到指定的住所、转入其个人的信用卡账户或者转入另一个银行账户。可见,PayPal 正是采用了"邮件病毒式"的商业拓展方式。

四、微博营销

(一)微博

微博是一个基于用户关系的信息分享、传播以及获取平台,用户可以通过 Web、WAP 以及各种客户端组件个人社区,以 140 字左右的文字更新信息,并实现即时分享。

世界范围内较早也是较著名的微博是 2006 年 3 月 21 日成立于美国加州旧金山的 Twitter,我国首先推出微博服务的门户网站是新浪,新浪微博成立于 2009 年 8 月 14 日。

(二)微博营销的定义

微博营销是指以微博作为营销平台,每一个粉丝都是潜在的营销对象,企业通过更新自己的微博向粉丝传播企业及产品信息,树立良好的企业及产品形象,以达到营销的目的。

(三)微博营销的优点

1. 操作简单,信息发布便捷

微博以 140 字左右的文字更新信息,可以即时分享随时随地发现的新鲜事。

2. 互动性强

微博营销可以通过策划互动活动与粉丝即时双向沟通,获得反馈信息。

3. 低成本

微博营销最常用的方法是"关注+转发"的抽奖活动,通过关注提高了粉丝数量,通过转发加乘了信息传播的效果,而所花费的营销费用其实是非常有限的。

4. 针对性强

只有关注微博的粉丝,才可以接收到微博最新发布的信息,从而使信息展示在目标受众面前。

(四)微博营销的缺点

①需要有足够的粉丝才能达到传播的效果,人气是微博营销的基础。

②由于微博里新内容产生的速度太快,所以如果发布的信息没有被及时关注,就很可能被埋没在海量的信息中。

③传播力有限,微博营销的信息仅限于在信息所在平台传播,很难像博客文章那样被大量转载。

五、微信营销

(一)微信

微信是腾讯公司于 2011 年 1 月 21 日推出的一个为智能终端提供即时通信服务的免费应用程序。微信提供公众平台、朋友圈、消息推送等功能,用户可以通过"摇一摇"、"搜索号码"、"附近的人"和"扫一扫"方式添加好友和关注公众平台。同时,通过微信可以将内容分享给好友以及将用户看到的精彩内容分享到微信朋友圈。

截至 2018 年 2 月,微信全球的用户账户突破十亿。

(二)微信营销

微信营销即在以安卓系统、苹果系统的手机或者平板电脑中的移动客户端进行的区域定位营销,商家通过微信公众平台,展示商家微官网、微会员、微推送、微支付、微活动,形成的线上、线下微信互动营销方式。

(三)微信营销的特点

1. 点对点精准营销

微信拥有庞大的用户群,借助移动终端、天然的社交和位置定位等优势,每个信息都是可以推送的,能够让每个个体都有机会接收到这个信息,继而帮助商家实现点对点精准化营销。

2. 形式灵活多样

企业开展微信营销可采用包括漂流瓶、位置签名、二维码、开放平台、公众平台在内的多种形式,提升宣传推广效果。

3. 强关系的机遇

微信的点对点产品形态注定了其能够通过互动方式将普通关系发展成强关系,从而产生更大的价值。

(四)微博营销的形式

1. 漂流瓶

用户可以发布语音或者文字然后投入"大海"中,如果有其他用户"捞"到则可以展开对话,如招商银行的"爱心漂流瓶"用户互动活动就是个典型案例。

2. 位置签名

商家可以利用"用户签名档"这个免费的广告位为自己做宣传,附近的微信用户就能看到商家的信息。

3. 二维码

用户可以通过扫描识别二维码身份来添加朋友、关注企业账号;企业则可以设定自己品牌的二维码,用折扣和优惠来吸引用户关注,开拓 O2O 的营销模式。

4. 开放平台

通过微信开放平台,应用开发者可以接入第三方应用,还可以将应用的 LOGO 放入微信附件栏,使用户可以方便地在会话中调用第三方应用进行内容选择与分享。例如,"美丽说"的用户可以将自己在"美丽说"中的内容分享到微信中,可以使一件"美丽说"的商品得到不断的传播,进而实现口碑营销。

5.公众平台

在微信公众平台上,每个人都可以用一个QQ号码打造自己的微信公众账号,并在微信平台上实现和目标群体的文字、图片、语音的全方位沟通和互动。

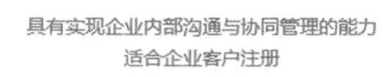

(五)微信公众平台账号类型

微信公众平台账号包括订阅号、服务号、小程序和企业微信四类。微信公众平台账号类型如图5-31所示。

图 5-31 微信公众平台账号类型

1.订阅号

订阅号具有信息发布与传播的能力,适合个人及媒体注册。

2.服务号

服务号具有用户管理与提供业务服务的能力,适合企业及组织注册。久趣英语服务号如图5-32所示。

3.小程序

小程序具有出色的体验,可以被便捷地获取与传播,适合有服务内容的企业和组织注册。永辉生活小程序如图5-33所示。

4.企业微信

企业微信具有实现企业内部沟通与协同管理的能力,适合企业注册。中国石化企业微信如图5-34所示。

企业如果想简单地推送消息,达到宣传效果,则可申请订阅号;如果想进行商品销售,则可以申请用服务号;如果想用微信管理内部企业员工、团队,即对内使用,则可申请使用企业微信。

图 5-32　久趣英语服务号　　图 5-33　永辉生活小程序　　图 5-34　中国石化企业微信

(六)服务号、订阅号、企业微信的区别

服务号、订阅号、企业微信的区别在于各自的用途不同。

①服务号主要用于服务交互,认证前后均为每个月可群发 4 条消息。

②订阅号主要用于为用户传达资讯,认证前后均为每天只可群发 1 条消息。

③企业微信主要用于企业内部通信使用,需要先有成员的通信信息验证才可以关注成功企业号。

六、网络事件营销

(一)网络事件营销的定义

网络事件营销是企业、组织主要以网络为传播平台,通过精心策划、实施可以让公众直接参与并享受乐趣的事件,并通过这样的事件达到吸引或转移公众注意力、改善、增进与公众的关系,塑造企业、组织良好的形象,以谋求企业的长久、持续发展的营销传播活动。

(二)事件营销的模式

事件营销的模式包括借力模式和主动模式。

1.借力模式

借力模式是指企业、组织将自身议题向社会热点话题靠拢,从而实现公众对热点话题的关注向对组织议题的关注的转变。

2.主动模式

主动模式是指组织主动设置一些结合自身发展需要的议题,通过传播,使之成为公众所关注的公共热点。

(三)事件营销的要素

新闻价值的大小是事件营销成功的关键点。成功的事件营销必须至少具备重要性、接近性、显著性、趣味性中的一项,一个事件只要具备一个要素就具有新闻价值。如果同时具备的要素越多、越全,新闻价值就越大,事件营销成功的可能性就越大。当一件新闻同时具备所有要素时,肯定会极具新闻价值。

1.重要性

重要性是指事件内容的重要程度。判断内容重要与否的标准主要看其对社会产生影响的程度。一般来说,对越多的人产生越大的影响,新闻价值就越大。

2. 接近性

越是心理上、利益上和地理上与受众接近和相关的事实,新闻价值越大。

3. 显著性

新闻中的人物、地点和事件的知名程度越大,新闻价值也越大。

4. 趣味性

每一天都有很多的事件发生,但是不可能每一件事都成为热点。从一般的心理学角度来说,事件应具有一定的趣味性,才可作为事件营销的素材。

(四)事件营销的运用

2009年7月16日10时58分,网友在百度贴吧"魔兽世界吧"发表的一个名为"贾君鹏你妈妈喊你回家吃饭"的帖子,随后短短五六个小时内被390 617名网友浏览,引来超过1.7万条回复,被网友称为"网络奇迹"。许多网友还注册"贾君鹏的妈妈""贾君鹏的姥爷""贾君鹏的二姨妈""贾君鹏的姑妈"等网名,形成异常庞大的"贾君鹏家庭"。内容活似一部家谱。

"贾君鹏你妈妈喊你回家吃饭"也迅速成为网络流行语。贾君鹏事件可以理解为一次互联网行为艺术,一次贴吧文化狂欢。

许多网友在百度知道、新浪爱问纷纷悬赏寻问"贾君鹏"为何人,更有不少网友加入恶搞队列,组成异常庞大的"贾君鹏家庭"。有网友把"贾君鹏事件"戏称为"一句吃饭引发的血案"。而"贾君鹏"在这么短的时间内走红于中文网络堪称是一个奇迹。这也严重反映了"水军"在其中的"贡献",刻画出一个被操纵的网络现状——用看客精神来控制人们的焦点。

七、网络会员制营销

(一)网络会员制营销的定义

网络会员制营销是通过利益关系将无数个网站连接起来,将商家的分销渠道扩展到互联网的各个角落,同时为会员网站提供了一个简易的赚钱途径。也就是说,各个网站一起加入某个会员计划;浏览者访问这会员网站,然后点击广告并在网站购物;会员计划的组织者再付给会员销售佣金。

(二)网络会员制营销的应用

返利网是网络会员制营销模式运用的成功范例。返利网是返利网数字科技股份有限公司旗下国内领先的全场景导购平台,为消费者提供360°全景式消费服务,涵盖购物、旅行、本地生活、票务、出行、学习等消费场景。返利网数字科技股份有限公司(简称"返利科技"创立于2007年,总部位于上海,并在北京、广州等多地设有分支机构,于2021年4月登录上海证券交易所A股主板上市(股票代码600228)。返利科技为客户提供优惠特权的整合供应、本地生活流量变现SaaS服务、电商一站式直播代运营服务及全域整合营销等核心服务,通过促进用户活跃转化,助力客户实现线上线下的流量商业化变现,降本增效地完成业务商业化闭环,服务数字消费升级,赋能数字消费生态。目前,返利科技已与国内超过400家商城&平台,逾5万家品牌商户合作,涵盖了全球知名电商,包括天猫、淘宝、京东、苹果官网等知名平台,同时亦和美团、饿了么等生活服务平台开展合作,覆盖逾百万家本地生活线下门店。

本章小结

本章结合企业网络营销实践,介绍网络营销产品、服务、价格、渠道及促销策略的内涵,再现电子商务企业网络营销组合的制定过程,理论联系实践,帮助学生把握学科前沿发展动态;引导学生思考企业产品、服务、价格、渠道及促销策略在网络营销实践中的运用,培养学生的职业素养;启发学生通过现象看本质,拒绝虚假促销,树立诚信理念;介绍搜索引擎营销策略,践行社会主义核心价值观;通过介绍电子邮件营销策略,引导学生遵循网络礼仪,营造文明、和谐的网络环境;通过介绍网络事件营销策略,教会学生透过现象看本质,尊重事实、实事求是;领会搜索引擎营销、电子邮件营销、病毒营销、微博营销、微信营销、事件营销、网络会员制营销等方法在实践中的运用,培养学生的工匠精神。

网络营销是企业整体营销战略的一个组成部分,是为实现企业总体经营目标所进行的、以互联网为基本手段营造网上经营环境的各种活动总称。网络营销有三大任务:发布信息、开发顾客群、为顾客服务。网络营销的层次包括企业上网宣传、网上市场调研、网上直接销售及网络营销集成。网络直复营销即任何与消费者或企业直接进行沟通,企图能直接产生回应的营销方式。网络关系营销是一种与关键对象(顾客、供应商、分销商)建立长期满意关系的活动,以便维持各方之间长期的优先权和业务。网络软营销强调企业进行市场营销活动的同时必须尊重消费者的感受和体验,让消费者主动接受企业的营销活动。网络整合营销是指为了建立、维护和传播品牌,以及加强客户关系,而对品牌进行计划、实施和监督的一系列营销工作。

个人心理动机包括理智动机、感情动机和惠顾动机。网络消费者的购买过程可以分为五个阶段:引发需求、收集信息、比较选择、购买决策、购后评价。网络市场调研是指基于互联网而系统地进行营销信息的收集、整理、分析与研究的过程。网络市场调研的步骤包括确立问题与调研目标、制订调查计划、分析信息、提交调研报告、跟踪调研报告的使用情况。

网络市场调研的方法包括网络市场直接调研法和网络市场间接调研法。网络市场直接调研法指的是为特定目的在互联网上收集一手资料的方法,包括专题讨论法和在线问卷法。网络市场间接调研法是指企业利用互联网收集与整理与企业经营相关的二手资料的方法,包括利用搜索引擎查找资料、利用相关的网站收集资料、利用相关的网上数据库查找资料。

网络营销产品的整体概念包括五个层次,分别是核心产品层次、形式产品层次、期望产品层次、附加产品层次和潜在产品层次。核心产品层次是指产品能提供给顾客的基本效用或利益。形式产品层次也称为有形产品层次,是指产品在市场上所呈现出的具体物质形态。期望产品层次是指顾客在购买产品前对产品的质量、特点和使用方便程度等方面的期望值。附加产品层次也称为延伸产品层次,是指顾客购买产品时所得到的销售服务与保障。潜在产品层次是指产品可能的发展前景,是产品的一种增值服务。可鉴别性产品是指消费者在购买时就能确定或评价其质量、标准化程序比较高的产品。经验性产品是指消费者只有在使用之后才能确定或评价其质量的产品。网络营销服务是指以互联网为基础,利用数字化的信息和网络媒体的交互性来辅助营销目标实现的一种新型市场营销服务方式。网络营销服务的特点包括突破时空限制、可以提供更高层次的服务、顾客寻求服务的主动性增强、服务效益提高。常见的网络营销服务的工具包括 E-mail、FAQ 及 Call Center。个性化服务也叫定制服务,就是按照顾客,特别是一般消费者的要求提供特定服务,亦即满足消费者个别的需求。网络营销个性化服务的方式包括服务时空的个性化、服务方式的个性化、服务内容个性化。网络营销价格的特点包括全球性、顾客主导定价、低价位定价。常用的网络营销定价策略包括折扣定价策略、竞争定价策略、声誉定价策略、捆绑定价策略、集体议价策略、定制定价策略、拍卖竞价策略、免费价格策略。免费价格策略即将企业的产品和服务以零价格形式提供给顾客使用,满足顾客的需求。免费价格策略包括完全免费、限制性免费、部分免费和捆绑式免费。网络营销渠道是借助互联网将产品从生产者转移到消费者的中间环节。网络营销渠道的功能包括订货功能、结算功能、配送功能和服务功能。网络营销渠道的类型包括网络营销直接渠道和网络营销间接渠道。网络营销直接渠道是指产品从生产领域转移到消费领域时不经过任何中间环节的分销渠道。网络营销间接渠道是指产品从生产领域到消费领域时经过若干中间环节的分销渠道。双道法是指企业在进行网络分销决策时,同时使用网络营销直接渠道和网络营销间接渠道,以达到销售量最大的目的。解决线上、线下渠道冲突的方法有渠道隔离和渠道集成。网络营销促销是利用现代化的网络技术向虚拟市场传递有关产品信息,以引发需求,引起消费者购买欲望和购买行为的各种活动。网络营销促销的作用包括告知功能、说服功能、反馈功能、创造需求和稳定销售。网络营销促销的主要形式有四种,分别是网络广告、站点推广、销售促进和关系营销。网络营销促销的实施程序包括确定网络促销对象、设计网络促销内容、决定网络促销组合方式、制订网络促销预算方案、衡量网络促销效果、加强对网络促销过程的综合管理。针对消费者的网络营销促销方式包括网上折价促销、网上变相折价促销、网上赠品促销、网上抽奖促销、积分促销、网上联合促销。网络营销方法包括搜索引擎营销、电子邮件营销、病毒营销、微博营销、微信营销、事件营销、网络会员制营销。

关键术语

网络营销、网络直复营销、网络关系营销、网络软营销、网络整合营销、需求动机、心理动机、理智动机、感情动机、惠顾动机、网络市场调研、网络市场直接调研、网络市场间接调研法、核心产品层次、附加产品层次、期望产品层次、潜在产品层次、可鉴别性产品、经验性产品、网络营销服务、个性化服务、免费价格策略、捆绑定价策略、集体议价策略、定制定价策略、网络营销渠道、网络营销直接渠道、网络营销间接渠道、双道法、渠道隔离、渠道集成、网络促销、网络广告、站点推广、销售促进、关系营销。

配套实训

1. 任选网络调研主题,通过问卷星进行问卷设计、复制并发布问卷链接,邀请作答,生成调查报告。
2. 安装双翼免费邮件群发软件,群发宏定义邮件。
3. 登录搜狐营销中心,学习搜狐的各种网络广告形式及报价。
4. 学会运用站长工具等分析网站站点。
5. 登录微信公众平台,注册微信公众订阅号,设置菜单,发布图文。
6. 登录凡科微传单,注册账号,选择模板,设计 H5。

课后习题

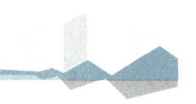

一、单项选择题

1.（　　）强调企业进行市场营销活动的同时必须尊重消费者的感受和体验，让消费者主动接受企业的营销活动。
　　A. 网络关系营销　　B. 网络软营销　　C. 网络直复营销　　D. 网络整合营销

2.（　　）是指基于理智经验和感情之上，对特定的网站、网络广告、商品产生特殊的信任与偏好而重复地、习惯性地前往访问并购买的一种动机。
　　A. 理智动机　　B. 感情动机　　C. 惠顾动机　　D. 需求动机

3. 在淘宝或天猫平台购物，消费者确认收货后，可以从三方面对店铺进行评分，每项店铺评分取连续（　　）内所有买家给予评分的算术平均值，从而形成店铺的动态评分。
　　A. 一个月　　B. 三个月　　C. 六个月　　D. 一年

4. "购买数码相机是为了记录生活的点滴，留下美好的回忆"说到的是（　　）。
　　A. 核心产品层次　　　　　　　B. 形式产品层次
　　C. 期望产品层次　　　　　　　D. 附加产品层次

5. 以下属于可鉴别性产品的是（　　）。
　　A. 服装　　B. 食品　　C. 护肤品　　D. 电脑

6. FAQ 指的是（　　）。
　　A. 新闻组　　B. 邮件列表　　C. 呼叫中心　　D. 常见问题解答

7. Call Center 指的是（　　）。
　　A. 新闻组　　B. 邮件列表　　C. 呼叫中心　　D. 常见问题解答

8. 某项商品的成交价为360元，交易条款注明"（　　）"，意味着如果在成交后20天内付款可以享受3%的现金折扣，否则须在30日内付清全部货款。
　　A. 20/3, 30/n　　B. 3/20, n/30　　C. 3/20, n/60　　D. 3/20, n/20

9. 企业必须具有自有品牌或他人品牌的品牌资质，在天猫经营同——级类目下经营的多个（至少两个）品牌。这里指的是天猫店铺的是（　　）。
　　A. 旗舰店　　B. 专卖店　　C. 专营店　　D. 卖场型旗舰店

10.（　　）是指用户在收到信件后打开阅览的比例。
　　A. 退信率　　B. 开信率　　C. 点击率　　D. 转化率

11. 世界范围内较早也是较著名的微博是（　　）。
　　A. 新浪　　B. Facebook　　C. Amazon　　D. Twitter

12.（　　）是指利用网络营销策略扩大网站的知名度，吸引网民访问网站，增加网站流量，从而起到宣传和推广企业及产品的效果。
　　A. 网络广告　　B. 站点推广　　C. 销售促进　　D. 关系营销

二、填空题

1. 在淘宝或天猫平台购物，消费者确认收货后，可以从_____、卖家服务态度、物流服务的质量等三方面对店铺进行评分。

2. 新《消法》规定：6个月内出现质量纠纷由_____举证。对于销售假冒伪劣商品的消费者欺诈行为,实行"_____",保底赔偿额为_____元。

3. 网络市场直接调研法包括专题讨论法和_____。

4. 百度的个性化首页充分体现了_____的个性化。

5. 在网络营销渠道,企业可以通过拍卖和_____两种方式来实现顾客主导定价。

6. 淘宝店铺成交额＝UV(独立访客)×转化率×_____。

7. 网络营销渠道的功能包括订货功能、结算功能、配送功能和_____。

8. 网络营销促销的主要形式有四种,分别是_____、站点推广、销售促进和关系营销。

9. 电子邮件营销的三要素包括用户许可、通过电子邮件传递信息、_____。

10. 电子邮件营销有三大基础,即技术基础、_____和内容基础。

11. 微博是一个基于用户关系的信息分享、传播以及获取平台,用户可以通过 Web、WAP 以及各种客户端组件个人社区,以_____字左右的文字更新信息,并实现即时分享。

12. 我国首先推出微博服务的门户网站是_____。

13. 微信公众平台账号包括订阅号、服务号、_____和企业微信四类。

三、简答题

1. 简述网络营销的任务和层次。
2. 网络营销产品的整体概念包含哪五个层次?
3. 选择网络营销产品应遵循怎样的原则?
4. 什么是个性化服务?网络营销个性化服务包括哪些方式?
5. 什么是免费价格策略?免费价格策略包括哪些类型?
6. 什么是网络营销渠道?网络营销渠道有何功能?
7. 什么是网络营销促销?网络营销促销有何作用?
8. 简述搜索引擎营销的目标层次。
9. 简述搜索引擎营销的形式。
10. 微信公众服务号、订阅号、企业微信有何区别?

讨论案例

案例1:她读:小程序直播带货第一案例

2019年4月,社交电商服务平台小电铺正式接入"腾讯直播"工具开发接口,联合时尚类头部自媒体"她读",在微信生态内打造了首个小程序直播电商案例。2小时直播中,在线观看人数达11 951次,订单数1 228笔,转化率达18.32%。

此次直播活动需要由 App 和小程序两端共同协作完成。公众号主发起直播从 App 端进行,可生成小程序卡片或小程序码内嵌在公众号推文中;用户可一键点击腾讯直播小程序进行预约、观看以及互动。

此次她读的试水,堪称小程序直播第一案例,"腾讯直播"的推出,让公众号的内容承载形式趋向多元化,为内容变现拓宽了边界,自媒体开始尝试新的变现场景——小程序电商直播。

案例2:蒙牛×京东超级品牌日:2小时卖出超10万箱

2019年8月,蒙牛京东超级品牌日正式开启。晚上8点,众网红们开启直播,同台PK

带货。通过亲身体验、产品成分讲解、牛奶搭配指南等,各网红使用浑身解数帮助消费者"拔草"。在 2 小时直播中,PURE MILK 牛奶一款产品带货超 10 万箱。

京东曾宣布将至少投入 10 亿元推出红人孵化计划,邀请知名 MCN 机构参与其中,最终孵化出不超过 5 名的超级网红,成为"京品推荐官"。据了解,该项目启动后,京东已在站内、站外开始投入资源力推。京东 App 还为"京品推荐官"搭建了专属页面,该页面分为直播会场和短视频板块。

京东此次推出"京品推荐官"活动主要是为吸纳头部超级网红,聚合平台内的粉丝数量。接下来,最大程度地发挥"京品推荐官"能力,为网红、品牌、MCN 机构、消费者搭起桥梁,实现多赢,也许是京东此次红人孵化计划发展的方向。

阅读以上案例,回答如下问题:

1. 以上三个案例体现了直播的发展呈现出怎样的特点?
2. 直播带货的成功要素是什么?
3. 网红如何影响网络消费者的购买行为?

第六章 客户关系管理

学习目标

知识目标

掌握客户让渡价值、客户生命周期、客户生命周期价值的概念。

掌握客户关系管理的三个层次。

了解客户关系管理的主要工作的任务和流程。

理解电子商务满意度与忠诚度的定义,掌握提升电子商务客户忠诚度的方法。

了解电子商务客户服务管理的主要内容。

技能目标

学会通过网络搜集资料,了解客户关系管理系统的主要功能及使用。

运用 RFM 分类法对客户分级。

掌握网络客户调查的方法。

思政目标

培养诚信经营、服务制胜的意识,从"客户满意"到"客户忠诚",理解和践行以人民为中心的发展思想。

结合电子商务在疫情下的优势,与学生分享并探讨优秀的电子商务客服人员对抗疫期间的积极作用,调动学生学习电子商务的积极性,提升专业素养,利用专业知识为祖国多做贡献。

导入案例

从"海底捞"到"云上捞"

海底捞向来以极致服务闻名。不过对于传统餐饮店而言,一般只有在顾客到店消费时,才会跟顾客产生连接,当顾客离店,这种连接就中止了。而现在餐饮品牌除了线下服务,还可以通过线上的方式来接触顾客,与顾客有更多的互动。

2018 年 5 月,海底捞与阿里云合作实施超级海底捞 App 项目,10 月 16 日新 App 正式上线。这个 App 项目其实做了两件关键事情:

一是中台的搭建,即在阿里云上建立起移动中台、业务中台和数据中台的基础架构,相当于挖好地基,为以后业务部门的"造房"需求提供底层支持。

二是重构整个会员体系上云,以支持高并发流量的需求。新系统现在可以轻松支持亿级的会员数量和千万级参与者的活动。

2019 年,海底捞的订餐排号系统也搬到了云上。2020 年,主要是将 PeopleSoft 人事系统与 SAP 的 ERP 这类后勤系统上云,这样从前端到后端所有核心业务系统将全部上云,海底捞全面实现"云上捞"。

上云之后,网络服务能力增强了数倍,基础设施的故障基本没有了,效率得到了很大提升。比如,海底捞超级App就是一个移动线上入口。海底捞的门店在用餐高峰时段经常爆满,需要长时间排队,为此海底捞在排队服务方面花了很多心思,比如提供小零食、美甲、折纸抵现等。

现在,排队问题也可以通过线上来解决,在超级App上,可以提前预订或当日排号,而且可以选择"靠窗""靠游乐园""相对安静的位置"等落座选项,生日聚会还有同学聚会的场景选项,还可以备注"准备宝宝椅、儿童餐具"等需求。

顾客无论通过平板电脑端还是超级App端或其他端口登录点餐,每一次消费信息都会沉淀在数据中台系统中,并产生一些个性化的会员标签,比如爱吃辣、喜欢素食等。

这样顾客到了海底捞全国任何一家店,服务员登录系统,就立刻能知道顾客的偏好,提供细致入微的服务,比如送上他爱喝的冰水,为孕妇准备鱼汤或靠垫,推荐一些顾客喜欢的菜,或免费送上一份顾客曾喜欢的小食,让顾客身在异乡仍有宾至如归、被人关心的感动。

利用客户关系管理系统可以掌握客户的详细信息,为客户提供更合理化的消费建议,从而更好地服务于客户。海底捞可以基于这些数据,在业务上做一些尝试和改进,比如做菜品的推荐——"猜你喜欢"等。

数据中台将来自各个端口的会员数据汇总沉淀、分析处理,生成各种各样的会员标签。海底捞的会员运营部可以在业务中台的营销中心里勾选这些标签,圈定自己想要接触的客群,通过系统自动对他们做精准营销,比如在超级App内推送相关话题的内容或活动。这就意味着每位会员打开海底捞超级App,看到的内容可能是不一样的,类似于淘宝App的"千人千面"。

比如,有的顾客经常在夜宵时段去海底捞消费,那么海底捞超级App在适合夜宵时段吃的小龙虾产品上线时,就会把小龙虾品鉴活动推给他们;有的顾客曾经消费过海底捞的啤酒,当海底捞啤酒又出新款时,也会对这部分消费者去做相应的触达。

类似的客户关系管理系统案例有许多,比如沃尔玛根据数据挖掘发现,尿布和啤酒的联系在于,太太让先生买尿布时,先生会犒劳自己两听啤酒。借助客户关系管理系统做数据分析,可以帮助企业实时处理数据、预测分析,指导下一步行动,让企业了解客户需求,识别和利用商业机会,提高产品和服务质量,提高决策质量和速度,更快、更准地赢得客户"芳心"。

客户关系管理认知

第一节 客户关系管理概述

一、客户及客户关系

客户(Customer)是指用金钱或某种有价值的物品来换取接受财产、服务、产品或某种创意的自然人或公司。客户是商业服务或产品的采购者,他们可能是最终的消费者、代理人或供应链内的中间人。

客户应作为一种宝贵的资源纳入企业的经营发展中。从企业的长远利益出发，企业应保持并发展与客户的长期关系。双方越是相互了解和信任，交易越是容易实现，并可节约交易成本和时间。传统观念认为，客户和消费者是同一概念，两者的含义可以不加区分。但是对于企业来讲，客户和消费者应该是有所区分的。客户是针对某一特定细分市场而言的，他们的需求较集中；而消费者是针对个体而言的，他们的需求较分散。

客户关系（Customer Relationship）是指企业为达到其经营目标，主动与客户建立起的某种联系。这种联系可能是单纯的交易关系，可能是通信联系，也可能是为客户提供一种特殊的接触机会，还可能是为双方利益而形成某种买卖合同或联盟关系。

企业任何产品的销售，都建立在良好的客户关系基础之上，客户关系是企业发展的要素。客户关系具有多样性、差异性、持续性、竞争性、双赢性的特征，它不仅可以为交易提供方便，节约交易成本，也可以为企业深入理解客户的需求和交流双方信息提供许多机会。所有的企业都需要管理好自己的客户关系。

客户关系有四种重点类型，分别是买卖关系、优先供应关系、合作伙伴关系和战略联盟关系。

（一）买卖关系

一些企业与其客户之间的关系维持在买卖关系水平，客户将企业作为一个普通的卖主，销售被认为仅仅是一次公平交易，交易目的简单。企业与客户之间只有低层次的人员接触，企业在客户中知名度低，双方较少进行交易以外的沟通，客户信息极为有限，客户只是购买企业按其自身标准所生产的产品，对于这类客户关系，企业维护关系的成本与关系创造的价值均极低。

（二）优先供应关系

企业与客户的关系可以发展成为优先供应关系。处于此种关系水平的企业，销售团队与客户企业中的许多关键人物都有良好的关系，企业可以获得许多优先的甚至独占的机会，与客户之间信息的共享得到扩大，在同等条件乃至竞争对手有一定优势的情况下，客户对企业仍有偏爱。

（三）合作伙伴关系

当双方的关系存在于企业的最高管理者之间，企业与客户交易长期化，双方就产品与服务达成认知上的高度一致时，双方进入合作伙伴阶段。在这个阶段，企业深刻地了解客户的需求并进行客户导向的投资，双方人员共同探讨行动计划，企业对竞争对手形成了很高的进入壁垒。

（四）战略联盟关系

战略联盟是指双方有着正式或非正式的联盟关系，双方的近期目标和愿景高度一致，双方可能有相互的股权关系或成立合资企业。两个企业通过共同安排争取更大的市场份额与利润，竞争对手进入这一领域存在极大的难度。现代企业的竞争不再是企业与企业之间的竞争，而是一个供应链体系与另一个供应链体系之间的竞争，供应商与客户之间的关系是"内部关系外部化"的体现。

以上四类关系并无好坏、优劣之分，并不是所有企业都需要与客户建立战略联盟。只有那些供应商与客户之间彼此具有重要意义且双方的谈判能力都不足以完全操控对方，互相需要而又具有较高转移成本的企业间，建立合作伙伴以上的关系才是恰当的。对大部分企业与客户之间的关系来说，优先供应关系就足够了。因为关系的建立需要资源，如果资源的付出比企业的所得还多,那么这种关系就是"奢侈的"。

二、客户关系管理定义

客户关系管理(Customer Relationship Management,CRM)是运用现代信息技术挖掘和积累客户信息,有针对性地为客户提供有价值的产品和服务,发展和管理企业与客户之间的关系,培养客户长期的忠诚度,以实现客户价值最大化和企业收益最大化之间的平衡。客户关系管理的最终目标是吸引新客户、保留老客户以及将已有客户转为忠实客户,增加市场份额。可见,如果从技术和策略的角度来理解,客户关系管理是一种电子商务的技术应用方案,是"基于数据分析的营销活动",其基本手段是信息技术。

客户关系管理到底管什么?不同的人有不同的答案。没接触过客户关系管理的人觉得客户关系管理就是管理客户的,使用后能清楚每个客户的喜好,能叫出每个客户的名字,记得每个客户的生日等,从而增进企业与客户的情感。了解或使用过客户关系管理的人,会认识到客户关系管理能管理营销、销售、客服三大部门工作,让各部门工作流程更细致、精准,让内部协作更顺畅,从而提升企业效率。前者看到的是客户关系管理系统使用后的结果,后者描述了客户关系管理在企业内部的使用方式与效果。上述两个答案都描述了客户关系管理的一部分内容,组合起来便是客户关系管理的全部内容。客户关系管理系统是连接外部客户与内部员工的纽带,集中管理客户数据与员工工作轨迹。客户关系管理的终极目标就是帮助企业满足客户要求。

客户关系管理注重的是与客户的交流,企业的经营是以客户为中心,而不是传统的以产品或以市场为中心。为方便与客户的沟通,客户关系管理可以为客户提供多种交流的渠道。从更广的范围讲,客户关系管理不仅仅是企业与客户之间的交流,它也为企业、客户和合作伙伴之间共享资源、共同协作提供了基础。

进行客户关系管理能充分利用客户资源,通过与客户交流建立客户档案和与客户合作等,可以从中获得大量针对性强、内容具体、有价值的市场信息,包括有关产品特性和性能,可以将销售渠道、需求变动、潜在用户等作为企业各种经营决策的重要依据。客户关系管理可以增加客户忠诚度,提高购买比率,使每个客户产生更多的购买需求及更长时间的需求,并提高客户满意度、回头率和客户忠诚,体现对客户的关怀。

客户关系管理的基本思想是把客户看成企业最有价值的资产,与客户的每次交互都至关重要,而且必须能够增加价值。营销观念中一直强调吸引和维系客户的重要性,因此这也许算不上一个新观念。但实际上,的"新"体现在利用技术把客户当作一种战略资源进行积极的管理。归纳起来,客户关系管理的目标主要体现在以下三个方面:

(一)降低成本,提高效率

通过采用信息技术,可以提高业务处理流程的自动化程度,实现企业范围内的信息共享,提高企业员工的工作能力,并有效减少培训需求,使企业内部能够更高效地运转,全面提升企业的核心竞争力。

(二)拓展市场,重塑企业营销功能

通过新的业务模式(电话、网络)扩大企业经营活动范围,及时把握新的市场机会,占领更多的市场份额,提升销售业绩。

(三)利用整合信息提供卓越服务,提高客户忠诚度

通过客户研究与客户挖掘、客户响应与交易记录、客户追踪与客户评价等方式提升客户关系管理水平,客户可以自由选择喜欢的方式同企业进行交流。

很多企业都已经进行了客户关系管理,这不仅能提高企业的收益,而且能最大限度地提高客户关系的价值。实际上,许多营销变革都是这个基本思想的不同侧面,如"零背叛"的客户忠诚策略、关系营销、直接营销、交互营销、数据库营销和大规模定制策略等。对这些营销方式的兴趣已从个别领域(如产品目录销售和财务服务)扩展到了耐用消费品业、普通消费品业和制造业等领域。

三、电子商务环境客户关系管理的优势

电子商务环境下的客户关系管理与传统商务环境下的客户关系管理相比,具有三个方面的优势:客户服务流程与方法的整合、重在一对一的营销和交互的实时性。

(一)客户服务流程与方法的整合

电子商务环境下的客户关系管理使得企业可以同时让客户选择在不同时间通过即时通信软件(QQ、微信等)、网站、微博或电子邮件等各种方式与企业接触,同时也可以用先进的分析方法,探索客户相关的知识,从而作为客户管理的有效依据。

(二)重在一对一的营销

电子商务环境下的客户关系管理把每一个客户作为一个单位,对客户行为进行追踪或分析,来发现其行为方式与偏好,从而针对不同的客户采取不同的营销策略。客户关系管理在海量存储客户信息的基础上,能够深入地对客户数据进行分析、挖掘和总结,从而找出客户的真正需求点"对症下药",在满足客户需求的同时还能体现出高度的关怀,让客户体验到企业对自己的高度重视,从而增加客户对企业的依赖性。

以下是国外 Wal Mart 发生的一个真实而有趣的案例。2012 年年初的一天,在美国明尼苏达州,一个男人跑到 Wal-Mart 的卖场,怒气冲冲地质问卖场主管为什么给他的女儿推送带有婴儿用品优惠券的邮件,因为他的女儿在读高中,此举难道要鼓励未成年学生怀孕?令人惊奇的是,后来事实证明,他的女儿确实怀孕了。那么,Wal Mart 为何如此神通广大,竟能隔空挖掘真相?这正是利用了大数据的实时分析,信息网络平台通过分析这名女孩检索的商品关键词,以及在社交网站暴露的行为轨迹,足以推论出她怀孕的事实。接下来,她最需要采购哪些商品,答案就显而易见了。

结合日常生活体验会发现,一个月前浏览过某种商品,接下来每天的网页都会出现这类商品,大数据的核心法则就是将"因果关系"转变为"相关关系"。以顾客为中心,为顾客提供个性化服务,使顾客产生愉悦的消费体验,从而发展自己的忠诚顾客,被看作现代企业经营的主要思路,也是客户关系管理的核心理念。服务顾客的过程不仅仅是一次以账面上盈利增收为主要目标的商业交往,更重要的是企业与顾客之间的情感沟通。随着大数据和网络云计算时代到来,客户关系管理的"数字化"趋势已势不可挡。通过各种途径把获取的数据有的放矢地为一对一营销设计提供支持显得日益重要。

(三)交互的实时性

在互联网时代,消费者快速地接受大量信息,消费者的偏好不断地改变,企业必须不断地观察消费者行为的改变,并立即产生应对策略,才能掌握先机,赢得客户。作为承上启下

的信息传递者,客户服务同时还肩负着及时将客户的建议传递给其他部门的重任。如来自客户对于产品的建议、线上下单操作流程的修改反馈等。

第二节　客户终生价值

　　李小姐开了一家主营女装的天猫店,最近,为了节省开支,她决定"砍"去部分未来价值不高的客户。网店客服主管交给了李小姐三类客户的名单:第一类客户在过去一年内光顾过网店几次,但是购买的数量极少;另一类客户只光顾过一次,但是一次购买的数量很大;第三类客户和网店有着长期的,但是零星的购买关系。

　　李小姐陷入了困境!究竟该"砍"掉哪一部分客户呢？如何从这些资料中判断客户的未来价值呢？

　　这不仅仅是一个电子商务的问题。所有营销的最终目标都是发现客户、维护客户关系,增加客户带给自己的价值。不管是想通过在线销售获得反馈,还是长期进行实体销售,最终的目的都是获得客户的认同。企业必须清楚老客户还有 VIP 客户对你的企业意味着什么,了解他们的需求对于企业营销策略和支出规划的制定意义重大。企业实行客户关系管理已经有许多年的历史了,但企业在实际整理其客户数据时经常会遇到类似的问题,由于缺乏对客户需求的了解,如果单从数字营销的指标和投资回报率来看,可能造成大量决策的非针对性和非逻辑性。对付这种复杂而且日益突出的问题,客户终生价值衡量方法就派上了用场。

一、客户终生价值概述

　　赖克哈尔德(Reichheld)于 1990 年提出"客户终生价值"(Customer Life-cycle Value,CLV)这一概念。客户终生价值是指在维持客户的条件下,企业从该客户持续购买中所获得的利润流现值。该概念的提出,提醒企业对客户当前价值和未来价值的关注,避免短期、狭隘的视图。对于大多数企业来说,他们主要的营销策略就是要不断地考虑到底哪些客户关系值得企业维持,哪些不值得。因此,企业需要对客户数据进行更加精细的研究,更加精确地测量出客户终生价值。

　　仔细分析上述李小姐的客户,可以按照单次交易收益和重复交易次数,大致分成以下四个类别:

　　①黄金客户:愿意与企业建立长期互利互惠关系,每次交易都能为企业带来收益。

　　②流星客户:喜欢不断尝试新的选择,并不总与该企业交易,但每次交易都能为企业带来一定的收益。

　　③小溪客户:客户愿意与企业建立长期的业务关系,但每次交易都只能为企业带来较小的收益。

　　④负担客户。有些客户在众多企业中比较选择,只在企业为吸引客户将价格压到极低甚至是负收益时才与企业交易。

　　每个客户的价值都由三个部分构成:历史价值(到目前为止已经实现了的客户价值)、当前价值(如果客户当前行为模式不发生改变的话,将来会给公司带来的客户价值)和潜在价值(如果公司通过有效的交叉销售可以调动客户购买积极性,或促使客户向别人推荐产品和服务等,从而可能增加的客户价值)。

研究表明,很多企业已经开始计算单个客户或某个细分市场未来30年的客户收益率了。他们按照客户终生价值来分配企业的营销资源,使得企业的营销经费得到更好的利用。如同某种产品一样,客户对于企业利润的贡献也可以分为导入期、快速增长期、成熟期和衰退期。对于那些终生价值很低的客户,企业基本上不会对他们进行投资,让他们自己慢慢地退出。

但是,很多企业却认为客户终生价值非常难以捉摸。首先,它非常难以准确地测量与计算;其次,它非常难以应用。要预测客户会和公司保持多长时间的关系,以及他们的"成长性",的确不是一件简单的事情。客户终生价值的复杂性和变化性,使得采用何种方法准确地测量和计算客户终生价值成了企业面临的最大挑战之一。

二、客户终生价值的分析步骤

(一)收集客户资料和数据

公司需要收集的客户基本数据包括个人信息(年龄、婚姻、性别、收入、职业等),住址信息(区号、房屋类型、拥有者等),生活方式(爱好、产品使用情况等),态度(对风险、产品和服务的态度,将来购买或推荐的可能),地区(经济、气候、风俗、历史等),客户行为方式(购买渠道、更新、交易等),需求(未来产品和服务需求等),关系(家庭、朋友等)。这些数据以及数据随着时间推移的变化都将直接影响客户的终生价值测算。

(二)定义和计算终生价值

影响终生价值的主要因素是:所有来自客户初始购买的收益流;所有与客户购买有关的直接可变成本;客户购买的频率;客户购买的时间长度;客户购买其他产品的喜好及其收益流;客户推荐给朋友、同事及其他人的可能、适当的贴现率等。

(三)客户投资与利润分析

企业可以直接基于交易成本或资金投入,或者根据过去类似客户的行为模式,利用成熟的统计技术预测客户将来的利润。国外的汽车业这样计算客户的终生价值:他们把每位上门客户一生可能购买的汽车数,乘上汽车的平均售价,再加上客户可能需要的零件和维修服务作为客户终生价值的预测数。他们甚至更精确地计算出加上购车贷款所带给公司的利息收入。

(四)客户分组

从第三个步骤中,企业可以看出如何在客户终生价值中赢得最大的利润,随后企业可以根据这些数据将客户分成具有不同特征、不同行为模式和不同需求的组。例如,企业可以用聚类分析法将客户分成苛刻的客户、犹豫不决的客户、节俭的客户和久经世故的客户,根据每个组制定相应的措施。

(五)开发相应的营销战略

衡量客户终生价值的目的不仅是确定目标市场和认知消费者,而且是要设计出能吸引他们的销售方法和营销手段,帮助企业运用RFM模型来提高客户的价值,其中,FRM模型是指采用最近一次消费(Recency)、消费频率(Frequency)、消费金额(Monetary)三个指标来衡量客户价值,尽可能地将客户的潜力开发出来。

对于那些获得新客户和维护客户关系成本较高的行业,客户终生价值特别有意义,如金融服务行业、航空业和酒店业。以酒店行业为例,一小部分客户推动了企业的大部分业务,因此企业可以通过奖赏和激励手段来影响他们的消费行为;航空公司可以给一部分客户免费升舱,这对于客户来说受益很大,但其实企业付出的代价很小。医药行业和信用卡行业等服务业从客户终生价值中获益更大,因为对于这些行业来说,客户随着时间的推移,需求和消费行为可能会发生巨大的变化。有的客户目前的购买量较大,但不一定在未来具有增长潜力;有的客户目前的购买量很小,但是未来的潜力惊人。

按照客户终生价值来收集客户资料和数据可以为企业带来一些特别的好处。例如,企业或企业联盟可以挑选出其觉得最具潜力的客户,并对这些客户交叉销售其他相关产品和服务;按照客户终生价值分配营销资源能够大大节约企业的经费,甚至可以根据客户终生价值的预测来修正企业的产品和营销组合。

美国的 Sears 连锁零售集团在对他们的客户数据库进行整理分类后,研究消费者购买行为和购买潜力时发现:只通过邮寄目录购物的消费者平均每年的购买金额为 492 美元,只通过商场购买的消费者平均每年的购买金额为 1 020 美元。而令他们吃惊的是,那些既通过邮寄目录同时也亲自前往商场采购的客户,平均每年的购买金额为 1 883 美元。这个发现使得 Sears 的管理者决定调整他们的营销战略。他们在所有连锁店的入口、出口、客户流通量比较大的地方和收银台旁边都摆放了精美的邮寄目录和邮寄订单。这个小小的举动就使得公司的销售额第一年在增长了 2.5 亿美元!

然而,目前预测客户终生价值的模型和准确性仍然是营销研究的一个难题,虽然很多专家提供了各种详细复杂的方法,预测的模型越来越复杂,需要考虑的变量越来越多,但是还没有一种方法能称得上非常客观、精确。

第三节 客户关系管理的三个层次

一、建立客户关系

客户获取是增加客户市场份额直接有效的方式之一,它是建立客户关系的初级阶段。对于大多数企业来讲,获取新客户是企业迅速发展的必要条件。新的客户包括不了解企业产品的客户,也包括以前接受竞争对手服务的客户。不管是哪一种客户,利用数据挖掘技术都可以识别出潜在客户,最终帮助企业获取新客户,建立客户关系。

与客户细分不同,建立客户关系是对未来的预测,而不是对历史数据的显示和报告,因此可以采用数据挖掘技术中的分类方法,找出那些对企业提供的服务感兴趣的客户,进而达到获取新客户的目的。企业可以通过分类方法对客户的消费行为进行分析,总结出客户的行为模式,从而预测潜在的客户及其消费行为模式,采取合适的营销策略。

在电子商务时代,商家通过购物网站提供了大量的商品,客户无法一眼通过屏幕就了解所有的商品,也无法直接检查商品的质量。所以,客户需要一种电子购物助手,能根据客户自己的兴趣爱好向客户推荐可能感兴趣或者满意的商品。建立在海量数据挖掘基础上的个性化推荐系统应运而生。个性化推荐系统是根据客户的兴趣特点和购买行为,向客户推荐客户感兴趣的信息和商品,从而实现交叉销售。交叉销售是在同一个客户身上挖掘、开拓更多的客户需求,而不是只满足于客户某次的购买需求,这是横向的市场开拓。

建立和维系客户关系,其基础是企业提供给客户的价值。价值是指客户从拥有和应用某种产品、服务中所获得的收益与取得该产品所付出的成本之差。较高价值的体现是多方面的,比如优秀的产品、服务质量,良好的客户满意度和口碑等,这些措施是吸引新客户的重要手段,同时对于增进与老客户的关系也非常有效。给客户让渡价值是建立、维系和推动高质量客户关系的基础。除此之外,贝瑞和帕拉苏拉曼归纳了三种建立客户关系营销手段。

(一)一级关系营销

一级关系营销是企业让渡适当的财务收益给客户,增加客户价值,从而起到提高客户满意度和增进与客户关系的目的。

频繁市场营销计划就是这种营销方式的一个很有代表性的例子。所谓频繁市场营销计划,是指对那些频繁购买以及按稳定数量进行购买的客户给予财务奖励的营销计划,也就是"老客户优惠""买得越多越便宜"。需要指出的是,这个"多"是指积累消费,而非一次购买。频繁市场营销计划的应用实例有香港汇丰银行、花旗银行等,它们利用其信用证设备与航空公司开发了"里程项目"计划,按积累的飞行里程达到一定标准之后,共同奖励那些经常乘坐飞机的客户。

一级关系营销的另一种常用形式是对不满意的客户承诺给予合理的财务补偿。例如,新加坡奥迪公司承诺如果客户购买汽车一年之后不满意,可以按原价退款。

(二)二级关系营销

二级关系营销既增加目标客户的财务利益,同时也增加他们的社会利益。二级关系营销要求尽量了解单个客户的需要和愿望,使服务个性化和人格化,来增加公司与客户的社会联系。在这种情况下,二级关系营销在建立关系方面优于价格刺激。二级关系营销的主要表现形式是建立客户俱乐部。以某种方式将客户纳入企业的特定组织中,使企业与客户保持更为紧密的联系,实现对客户的有效管理。

(三)三级关系营销

三级关系营销是增加结构纽带,与此同时附加财务利益和社会利益。结构性联系要求为客户提供这样的服务:它对客户有价值,但不能通过其他来源得到,可以把这种关系称为"合作伙伴"或者"客户联盟"。这种关系的建立是企业间的行为,而不是仅仅依靠企业销售或者服务人员交际的态度和技巧。良好的结构性关系将提高客户转向竞争者的机会成本,同时也将增加客户脱离竞争者而转向本企业的利益。特别是当面临激烈的价格竞争时,结构性联系能为扩大现在的社会联系提供一个非价格动力,因为无论是财务性联系还是社会性联系都只能支撑价格变动的小额涨幅。

当面对较大的价格差别时,交易双方难以维持低层次的销售关系,只有通过提供买方需要的技术服务和资金援助等深层次联系才能吸引客户。特别是在产业市场上,由于产业服务通常是技术性组合,成本高、困难大,很难由客户自己解决,这些特点有利于建立关系双方的结构性合作。

二、维护客户关系

维护客户关系是指企业维护已建立的客户关系,使客户不断重复购买产品或服务的过程。客户保持与企业利润是息息相关的,企业利润来自客户支付的买价与企业成本的差额。首先,要在现代市场竞争中取胜,仅依靠企业重建是不够的,更主要的是争取客户的认可。

其次，企业固然要努力争取新客户，但保留老客户比争取新客户更加重要。显然，客户与企业保持关系越持久，重复购买的次数越多，就越有可能为企业带来利润。最后，不同的客户对企业的贡献是不一样的。20%的客户为企业创造了80%的利润，因此，对不同价值客户的投入和管理就成为企业营销管理的一个重要课题。

对于企业而言，不同的客户具有不同的关系价值。客户关系管理作为一个获取、保持和增加可盈利客户的过程，其首要任务就是对客户进行区分，识别出哪些客户是具有价值的，而哪些客户根本不值得企业投资。客户细分作为一种客户分类的方法，为企业准确识别和定位客户群体提供了一种有用的工具，是企业了解客户的重要手段。

客户分类也称为客户细分，是指根据客户的不同特征，将全部客户划分为不同的类型，分门别类地对客户行为进行分析。统计同类型的客户有何种相同的属性，根据这些属性标签进行分析，可以推测这些相同属性的客户在未来的日子里可能会有什么样的消费需求，从而制定企业未来的营销方向，相应地制定服务策略，实现服务资源的合理分配，从而实现在控制成本的基础上，为不同的客户提供个性化的服务，最大限度地提高客户满意度，提高客户的留存率和客户口碑。从技术层面来说，客户分类是客户分析的一项重要内容，需要相应软件作为支持。企业应通过实时地掌握客户的需求并及时给予满足，从众多人群中识别哪些是为企业带来高利润的客户，识别哪些客户需要重点个性化对待，维系并促进企业与客户之间的良好关系。

企业通常采用数据挖掘的聚类技术来实现客户细分。聚类技术是数据挖掘的一项重要功能，它将数据集分成若干不同的类，使得在同一类中的数据对象尽可能相似，而不同类中的数据尽可能相异。企业可以通过聚类技术对客户进行细分，归纳出客户的共性和差异，从而针对不同的客户群制定不同的服务政策。

维护客户关系是一个长期的、不间断的工作，必须及时采集客户的有关信息，利用计算机手段实施动态管理。为了有效地实施客户维系，可以对客户关系管理进行有效的整合，使之能够及时地收集客户信息，并利用这些信息，采用科学的量化手段，转化成企业所要利用的客户维系因素，然后再将这些因素放入各自客户生命周期相应阶段，分析整理后得出关于相应客户在客户维系上的动态特征和需求；利用管理手段，及时地将这些结论作为客户维护工作决策的依据，积极主动地开展客户维系工作。

维护客户关系需要研究两个核心问题：一是如何识别公司最有价值的客户，以确定哪些客户是公司合适的保持对象；二是如何保持最有价值的客户。企业可以运用数据挖掘技术中的关联分析和序列模式分析等方法进行决策分析。首先对已经流失的客户数据进行分析，建立流失客户模型；其次根据分析出的结果，到现有的客户资料中找出潜在可能流失的客户。通过对潜在流失客户数据进行分析挖掘，企业可以针对客户的需求，有针对性地对客户采取相应的措施来防止这些客户的流失，从而达到保持客户的目的。

三、挽回客户关系

市场竞争就是企业争夺客户的竞争，吸引和保持客户是企业生存和发展的使命。企业既要不断争取新客户、开辟新市场、提高市场占有率，又要努力保持现有客户、稳定市场占有率。客户关系发展是一个循序渐进的过程，无法跳跃式前进。在客户关系发展的任何阶段，都存在客户关系停滞、倒退甚至完全中断的可能性，但客户关系的倒退和客户关系的上升一样,一般也有一个过程,客户直接从一个供应商转向另外一个新的供应商,一定还与原有供应商保持一定的联系,突然完全中断的情况是很少的;正因为如此,关系倒退时双方有机会采取合适的修补措施恢复关系。

客户流失是指企业的客户由于种种原因不再忠诚,而转向购买其他企业的产品或服务的现象。客户流失就是客户为企业带来的价值流减少的状态,它不仅包括客户与企业完全中断业务关系,而且还包括客户逐步减少对企业的产品或者服务的消费,或减少购买数量,转而投向该企业竞争对手所提供的产品及服务。所以,只要一个客户为企业带来的价值处于减少状态,就可以认定该客户处于正在流失状态。

任何一个行业,其客户毕竟是有限的,特别是优秀的客户更为珍稀,所以往往优秀的客户自然会成为各大企业争夺的对象。影响客户流失的因素与影响客户忠诚的因素一样,这些因素正面作用的结果是客户的忠诚,负面作用就导致客户的流失,即客户不满意是影响客户流失的重要因素。此外,由于客户从忠诚中所获得的利益较少,所以其转移成本较低,客户对企业的信任和情感不够深等,也是导致客户流失的主要因素。从企业的角度来看,分析客户流失的原因不仅在于更好地赢回客户,更重要的是对可能导致客户流失的地方进行改进,以更好地保留现有客户。

美国显微扫描公司是为医院化验室生产自动化微生物化验设备的专业公司。公司要求销售人员与每一个流失的客户交谈,了解他们跳单的根本原因。调查结果表明,那些离开的客户既怀疑公司医疗设备的可靠性,又对公司的售后服务不满意。显微扫描公司虚心听取流失客户的意见,重新研制了新型医疗设备,提高了化验的精确性,缩短了化验时间,并完善了售后服务。通过短短两年的努力,许多流失的客户又重新回到公司,该公司不仅在市场上确立了领先地位,而且经济收益也得到了明显提高。

不论是新客户还是老客户,都可能会流失。幻想留住所有客户是不现实的,就算能够做到,成本也会相当高,得不偿失。有些客户的流失很正常,他们对不同企业提供的产品或服务的差异根本就不在乎,转向其他企业不是因为对原企业不满意,只是想尝试一下新的企业的服务,或者只是想丰富自己的消费经历。对于这种流失,企业很难避免,流失是必然的。所以,完全避免客户流失是不切实际的。企业应当冷静看待客户的流失,应确保客户流失率控制在一个很低的水平。企业可从以下几个方面着手:

(一)调查原因,缓解不满

企业要积极与流失客户联系,诚恳地表示歉意,缓解他们的不满;虚心听取客户的意见、看法和要求,让他们感受企业的关心,给他们反映问题的机会,仔细分析客户流失原因;通过内部信息系统,定期分析客户流失情况,确保流失率控制在较低水平。例如,中国移动客服人员对全球通 VIP 客户有定期电话访问任务,当发现客户离网即派专人前往,问明原因并尽力解决客户问题,以缓解不满,尽量挽留。

(二)对症下药,争取挽回

许多流失客户是可以挽回的,企业要根据客户流失的原因制定相应对策,尽力争取及早挽回流失客户。2006 年,中国移动从客户流失预测模型的角度构建了客户关系管理客户挽留系统,并通过实践证明,该系统预测出的具有流失倾向的客户中有一半以上得以挽回,取得了较大经济效益。研究显示,向流失客户销售,每 4 个中会有 1 个可能成功,挽回后的客户满意度和购买份额均较流失前显著提高,而向潜在客户和目标客户销售每 16 个才有 1 个成功。由此可见，争取流失客户的回归比争取新客户容易得多。

（三）对不同级别客户的流失采取不同的态度

由于资源的有限性，企业无法一视同仁地为所有的客户提供相同的服务。由于不同类型客户的需求侧重点不同，对有的客户无微不至反而会被划入"糟糕"的服务类型中，适得其反，因此在追求标准服务的同时，通过数据挖掘发现忠诚客户、识别客户流失预警是一项必要的工作。

客户流失不仅仅是损失一个客户的盈利，更会通过口碑传播将消极的评价广而告之，使得市场上的潜力客户对本企业丧失信心。企业可利用客户关系管理中的数据挖掘技术，对客户数据库中的客户口碑数据进行分析处理，评价客户流失的风险，并对客户行为进行预测，形成预警机制，尽量避免因客户流失而引发经营危机。

不是每一位流失客户都是企业的重要客户，在资源有限的情况下，企业应根据客户的重要性来分配投入挽回客户的资源，挽回的重点应该是那些最能盈利的流失客户，这样才能达到挽回效益的最大化。对"重要客户"要极力挽回，对"主要客户"要尽力挽回；对"普通客户"和"非常难避免的流失客户"，可见机行事；基本放弃对"小客户"的挽回努力，顺其自然。

（四）彻底放弃根本不值得挽回的流失客户

以下情形的流失客户不值得企业挽回，企业要彻底放弃：低价值客户，挽回成本超过所能获得的收益的客户；需要超过了合理限度，妨碍企业对其他客户服务的客户；声望太差，与之建立业务关系会损害企业形象和声誉的客户。

当客户关系出现倒退时，企业不应该轻易放弃流失客户，而应当积极对待，尽力挽回。相反，如果听任客户流失，他们就很可能成为企业竞争对手的客户，这对企业的竞争地位非常不利。客户背后有客户，流失一位重复购买的客户，不仅使企业失去这位客户可能带来的利润，还可能损失与受其影响客户的交易机会，影响企业对新客户的开发。客户流失不断消耗企业的财力、物力、人力和企业形象，对企业造成巨大伤害。因此，企业一方面要争取"破镜重圆"；另一方面，实在无法"重归于好"的，也要安抚好，有效阻止无法挽回的流失客户散布负面评价，对企业造成不良影响。

客户的满意度
和忠诚度

第四节　客户满意度和忠诚度

一、客户满意度

菲利普·科特勒认为，客户满意是指一个人通过对一个产品的可感知效果与他的期望值相比较后，所形成的愉悦或失望的感觉状态。从上面的定义可以看出，满意水平是可感知效果和期望值之间的差异函数。如果效果低于期望，客户就会不满意；如果可感知效果与期望相匹配，客户就满意；如果可感知效果超过期望，客户就会高度满意、高兴或欣喜。消费效果达到消费者的预期时，就导致了满意，否则，会导致客户不满意。满意度来源于对产品或者服务所设想的绩效或产出与人们期望所进行的比较。也就是说"满意"并不是一个绝对概念,而是一个相对概念。

由前面可知,客户满意是一种心理状态,是一种自我体验。对这种心理状态也要进行界定,否则就无法对客户满意度进行评价。客户满意度(Customer Satisfaction,CS)就是对客户满意做出的定量描述。可简要定义为:客户对企业产品和服务的实际感受与其期望值比较的程度。当前,市场的竞争主要表现在对客户的全面争夺,企业是否拥有客户取决于企业与客户的关系,取决于客户对企业产品和服务的满意程度。客户满意程度越高,企业竞争力越强,市场占有率就越大,企业效益就越好。

美国营销界的权威理论认为,客户满意度可以用一个恒等式"满意＝结果－预期"来解释。这个恒等式反映了这样一个事实:客户通过消费获取到商品或服务以后,会将这个感受与其消费之前对商品或服务的预期进行比较,比较以后的结果就是客户满意度。当客户的感受高于预期,差值就会变为负数,这代表客户不满意;当客户的感受等于预期,差值就会变为零,这代表客户满意;当客户的感受高于预期,差值就会变为正数,这代表客户比较满意。心理学家认为,情感体验可以按梯级理论划分为若干层次,相应可以把客户满意程度分成七个级度或五个级度。

七个级度为:很不满意、不满意、不太满意、一般、较满意、满意和很满意。

五个级度为:很不满意、不满意、一般、满意和很满意。

管理专家根据心理学的梯级理论对七梯级给出了如下参考指标:

(一)很不满意

指征:愤慨、恼怒、投诉、反宣传。

分述:很不满意状态是指客户在消费了某种商品或服务之后感到愤慨、恼羞成怒难以容忍,不仅企图找机会投诉,而且还会利用一切机会进行反宣传以发泄心中的不快。

(二)不满意

指征:气愤、烦恼。

分述:不满意状态是指客户在购买或消费某种商品或服务后所产生的气愤、烦恼状态。在这种状态下,客户尚可勉强忍受,希望通过一定方式进行弥补;在适当的时候,也会进行反宣传,提醒自己的亲朋不要去购买同样的商品或服务。

(三)不太满意

指征:抱怨、遗憾。

分述:不太满意状态是指客户在购买或消费某种商品或服务后所产生的抱怨、遗憾状态。在这种状态下,客户虽心存不满,但想到现实就这样,别要求过高吧,于是认了。

(四)一般

指征:无明显正、负情绪。

分述:一般状态是指客户在消费某种商品或服务过程中所形成的没有明显情绪的状态。也就是对此既说不上好,也说不上差,还算过得去。

(五)较满意

指征:好感、肯定、赞许。

分述:较满意状态是指客户在消费某种商品或服务时所形成的好感、肯定和赞许状态。在这种状态下,客户内心还算满意,但与预期还差之甚远,而与一些更差的情况相比,又令人安慰。

(六)满意

指征:称心、赞扬、愉快。

分述:满意状态是指客户在消费某种商品或服务时产生的称心、赞扬和愉快状态。在这种状态下,客户不仅对自己的选择予以肯定,还会乐于向亲朋推荐,自己的期望与现实基本相符,找不出大的遗憾所在。

(七)很满意

指征:激动、满足、感谢。

分述:很满意状态是指客户在消费某种商品或服务之后形成的激动、满足、感谢状态。在这种状态下,客户的期望不仅完全达到,没有任何遗憾,而且可能还大大超出了自己的期望。这时客户不仅为自己的选择而自豪,还会利用一切机会向亲朋宣传、介绍、推荐,希望他人都来消费之。

客户满意度通常作为客户购买体验的重要评价指标。通常由企业的销售或客服部门进行客户满意度的调研工作,具体形式包括电话回访、问卷调查等。对客户满意度的调查结果进行分析后,企业会对之前的经营决策进行调整;进行调整之后,企业会继续进行客户满意度的意见回收,以了解服务改进的实际效果,从中检验现有满意度的各个评价指标的可行性,检验并改进各指标的权重,从而进一步完善评价指标体系,实施更为准确的客户满意度调查。可以说,客户满意度调查是一个促使企业客户满意度逐步提高、不断循环的过程。当然,也可将满意度调查分析与客户细分相结合,分析不同类型的客户群在不同的服务情境中,满意度会有何不同,从而为个性化服务决策的制定和实施提供参考。

二、客户忠诚度

在营销实践中,客户忠诚被定义为客户购买行为的连续性。它是指客户对企业产品或服务的依赖和认可、坚持长期购买和使用该企业产品或服务所表现出的在思想和情感上的一种高度信任和忠诚的程度,是客户对企业产品长期竞争优势的综合评价。

客户忠诚度是指客户忠诚的程度,是一个量化概念;是指由于质量、价格、服务等诸多因素的影响,使客户对某一企业的产品或服务产生感情,形成偏爱并长期重复购买该企业产品或服务的程度。

真正的客户忠诚度是一种行为,而客户满意度只是一种态度。根据统计,当企业挽留客户的比率增加 5% 时,获利便可提升 25%～100%。许多学者更是直接表示,忠诚的客户将是企业竞争优势的主要来源。由此可见,保有忠诚度的客户对企业经营者来说是相当重要的任务。

客户忠诚度和客户满意度的关系受行业竞争状况的影响,影响竞争状况的因素主要包括以下四类:限制竞争的法律、高昂的改购代价、专有技术、有效的常客奖励计划。

客户满意度与客户忠诚度的关系如图 6-1 所示。图中,虚线左上方表示低度竞争区,虚线右下方表示高度竞争区,曲线 1 和曲线 2 分别表示低度竞争的行业和高度竞争的行业中客户满意度与客户忠诚度可能性的关系。在高度竞争的行业中如曲线 2 所示,完全满意的客户远比满意的客户忠

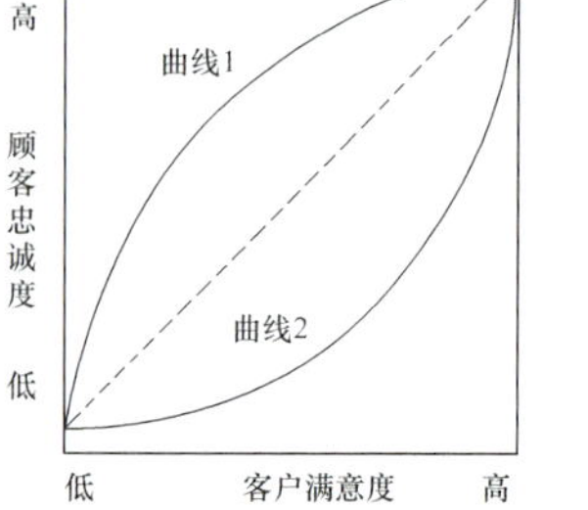

图 6-1 客户满意度与客户忠诚度的关系

诚。在曲线右端（客户满意程度评分5），只要客户满意度稍稍下降一点，客户忠诚的可能性就会急剧下降。这表明，要培育客户忠诚，企业必须尽力使客户完全满意。

在低度竞争的行业中，曲线1描述的情况似乎表明客户满意度对客户忠诚度的影响较小。但这是一种假象，限制竞争的障碍消除之后，曲线1很快就会变得和曲线2一样。因为在低度竞争情况下，客户的选择空间有限，即使不满意，他们往往也会出于无奈继续使用本企业的产品和服务，表现为一种虚假忠诚。随着专有知识的扩散、规模效应的缩小、分销渠道的分享、常客奖励的普及等，客户的不忠诚就会通过客户大量流失表现出来。因此，处于低度竞争情况下的企业应居安思危，努力提高客户满意度，否则一旦竞争加剧，客户大量流失，企业就会陷入困境。

上面的分析表明，客户满意和行为忠诚之间并不总是强正相关关系。但有一点毋庸置疑，那就是无论在高度竞争的行业还是低度竞争的行业，客户的高度满意都是形成客户忠诚感的必要条件，而客户忠诚感对客户的行为忠无疑会起到巨大的影响作用。

三、提升客户忠诚度

在网络时代，客户忠诚度仍然是至关重要的。传统商务中客户忠诚的"先亏损，后营利"的效应在网上表现得更明显：在与客户建立关系的初期，从事电子商务的企业获得一位新客户所支付的费用比传统企业要高得多。例如，对只在网上开展业务的服装销售商而言，它吸引到新客户的成本比传统的服装销售商要高出20%～40%，这意味着客户忠诚对于电子商务企业显得更为重要。网上企业爆炸式地发展，即使是一个著名企业，如果没有一个相对稳定的客户群体，也难免会有被网络的汪洋大海淹没的危险。

电子商务中客户忠诚度可以极大地影响企业的经济收益，客户忠诚能够直接带来收入和市场份额的增加。满意的客户除了持续购买之外，还会积极向亲友推荐企业的产品和服务，给企业带来更多的客源，节省企业开发新客户的成本；忠诚的客户对企业的信任感会慢慢地转化为一种依赖，主动与企业联系，还会积极地向企业对产品或服务提出建议；有经验的客户由于交易惯例化以及熟悉企业的产品与流程将节省企业的服务成本。

在电子商务中，影响客户忠诚形成的因素主要有内在价值、转换成本、情感投资。

（一）内在价值

忠诚的首要理由就是价值。企业只有做到使客户能在激烈的竞争市场中，从可供选择的产品和服务中，比竞争对手所提供的价值更大和更真实，才会使客户保持忠诚。内在价值包括质量、服务和价格。第一，质量优良。这种质量不仅包括一般意义上的产品质量无缺陷和增加产品功能，还要求是个性化的。第二，服务优质。美国一家咨询公司的调查数据表明，客户从一家企业转向另一家企业的原因，有70%认为是服务的问题。优质的服务包括提供便捷的搜索和安全的付款方式等。第三，价格优惠。价格是影响客户购买的一个重要因素，企业要想办法不断降低成本，在低成本的基础上，给予客户优惠的价格。

（二）转换成本

在与企业的交往中，老客户通常会发现：如果自己想要更换品牌时，会受到沉没成本和只能从现在的供方获得的延迟利益的限制。这种现象在软件工业中更为明显，各公司竞相向客户免费提供网络软件，这样使得客户学习使用软件所花的时间将成为沉没成本，当在别的选择不能体现显著的优越性时，客户在更换品牌和卖方时感到转移成本太高，便自愿使用原有品牌,这样可以提升客户忠诚度。

(三)情感投资

1. 为客户交易创造更大便利

①别浪费客户的时间。客户采用电子商务交易,自然是想节省宝贵的时间,降低交易烦琐程度。客户在网上等待的时间是以秒为单位计算的,所以在电子商务中一定要提高交易效率,为客户节省时间。企业服务器端的电脑硬件配置影响到网站的打开速度和网站的登录时间,也决定了消费者获得服务的时间。这实际上相当于传统零售商的销售网点和消费者距离的远近,这是传统零售商赢得消费者的关键因素。因此适时更新服务器硬件配置可以提高客户浏览体验。

企业要做好客户需求调查,提供给客户想要的内容,而不是公司想让客户看到的内容。企业要定期维护和更新网页内容,只有定期更新内容才能吸引客户持续浏览,至于旧内容,可视需求整理成资料库,提供给使用者参考咨询。网页设计应尽量简单明了,重要信息或交易程序要放在显眼的地方,以免客户到处寻找。美观的网页固然能够令人赏心悦目,但客户可能限于带宽,不见得有耐性等待漫长的下载时间。交易程序尽量一步到位,尽量给客户提供方便。

②记住客户的特点,与每位客户发展温馨、个性化关系,依据客户的需要,提供适当的服务与信息。把客户记住,不仅能够让客户有亲切感,而且可以根据客户资料预测客户需要,给客户提供合适的产品或服务。

③让客户更容易完成交易,让客户能简单方便地搜寻,网站的设计应该从客户购买方便出发考虑,而不是技术上的方便为着眼点。企业要提供给客户"一站购足"的服务,"一站购足"意味着无论是否有专人服务,客户都能跨越企业产品线与部门的层层限制,随时便捷满足自己的购买要求。

④保持服务能让客户愉快。好的服务应是主动的服务,而不是被动地假设一切安排妥当。为了确保客户拥有满意的消费体验,企业可以提供简便的在线自助服务,如提供技术支持或故障排除手册等,使客户得以自行解决可能的问题。为了更好地培育客户的忠诚度,很多网站在线交易确认后都会通过电话或传真的方式和客户进行联系和沟通,或者是通过正式的电子邮件告知客户订单处理情况,以此降低客户在等待配送过程中可能产生的不信任危机。

⑤提供客户量身定做的产品与服务。企业要尊重每一位客户的独特性,让客户主导自己的消费经验与感受。即使在大规模的定制中,有些企业通常只提供特定的选购组合以减少成本,这样企业虽然可以省事,但这对于客户却不是很方便。实际上,很多客户的购买要求超出了企业定制的选购组合,这就要求企业突破为了方便自己而制定的特定选购组合,完全真正地为客户提供量身定做的产品和服务。

2. 建立可靠的信誉

信任是使客户产生忠诚的前提条件。在网络上,信誉显得尤其重要,因为网络的虚拟性使客户与企业在相互"看不见、摸不着"的情况下进行交易,客户承担着很大的风险。因此,客户会倾向于与所信任的企业保持长期关系。事实上,许多客户在选择和评价在线商家时,最看重的因素是"值得信赖",而不是"价格低廉"或"产品种类繁多"。信任来自很多方面,如产品或服务的高质量、价格合理等。而在网络上,至关重要的因素还有保护客户的网上安全和个人隐私安全。例如,亚马逊的客户认为这个网上书店很值得信赖,令人放心,他们愿意在亚马逊的订货系统中储存他们的姓名、地址、信用卡号等信息,这是他们与亚马逊保持长期关系的主要原因之一。因此,电子商务企业经营者和其商品必须要得到客户的信赖和支持,才能留住已有的客户群体,并通过这些已有的客户群体对企业进行宣传,为企业扩大客户群体。信誉作为客户对企业在心理上的信任,在交易过程中经常起决定作用,主要表现在以下几个方面:

①加强对客户的责任。维护客户的利益也就是维护企业自己的利益。无论是在交易前还是交易中、交易后,企业必须秉着对客户高度负责的态度,网上客户最担心的问题是他们的信用卡账号、密码等泄露或盗用。因此企业要投入足够的力量来保证网上支付的安全。网站在未经客户同意不可将客户的身份、地址等透露给第三者,或是跟踪客户的网上行为,电子商务企业要注意保护客户隐私。

②注重提高产品和服务的质量。这是企业信誉的一个重要方面,客户得到的产品和服务将直接影响客户的忠诚度,企业不但要注重企业形象的宣传,更要注重产品和服务质量的提高,如果客户对购后的消费体验不满意的话,以后就会很难再与企业进行交易了。

③借助公共行为传播企业信誉。媒体具有权威性高、传播面广、传播速度快的特点。企业可以通过组织社团性的文化、学术、技术交流会和公益活动来展示企业的社会形象,给客户传达企业对社会热心和负责的一种形象。

④请第三方担保。有些电子商务企业在刚开始起步时由于知名度低,客户可能会对其产生不信任感,这时企业可以通过请一些知名的大企业作为产品和付款的担保,如银行机构或者大型保险公司,这时客户在与电子商务企业交易时就会觉得踏实多了,而且电子商务企业还可以通过这些第三方知名企业宣传自己的形象,快速提升企业的公众形象。

3.从最终客户角度更新改进作业流程

①企业应该试着站在客户的角度,实际体会客户与本企业交往中可能面临的所有不便。从客户开始,由外而内地进行改造。一旦企业尝试以网站作为与客户往来的主要平台,将会发现其实客户非常愿意主动透露他们的需要。不过,为了从客户角度改善流程,企业必须适应性地改进传统购销的系统与作业流程,因为企业网站将成为企业的形象窗口,成为潜在客户了解企业的一个信息通道。让最终客户参与流程再造工程,可以直接把客户的需要融入流程再造,让流程再造后的组织真正体现客户导向。

②企业在改善作业流程时,首先必须建立完整的客户数据库。企业的每一个流程都起源于客户的需要,并以客户数据库为中心,展开商业活动,直到完全地满足客户需要。

③企业要善于规划每一个商业活动,商业活动会影响客户与企业内部或系统与系统之间的互动。当从客户的角度重新看待公司时,就会发现由客户端产生的互动行为,将引发一连串企业内部以及企业与物流间的商业活动。这个由客户引发的互动网络,正是支持整个电子商务的中枢系统。

由最终客户开始,由外而内更新影响客户的所有流程。企业必须掌握关键的商业活动,建立商业规划,定义每个商业活动,技术小组依据这些原则以网络为平台,设计一系列客户用以与公司往来互动的电子系统。例如,网站、公共信息站、整合式语音回复系统等。同时,企业必须整合跨产品线与跨部门的客户资料,并依据商业规则设计出跨部门与跨应用系统的作业流程。

④与协作厂商提供一致的服务和品质。与客户互动往来的往往还包括经销商和其他协作厂商,例如物流公司和其他为最终客户个性服务的组织。虽然客户通常不会介意使用哪一种方式与企业打交道,但绝对会要求企业为产品品质以及所有消费体验负责。所以企业要与所有和客户有关的电子商务应用系统与企业内部操作系统密切结合,并延伸到供应商、物流公司、银行以及其他合作伙伴。物流是电子商务的重要组成部分,因为电子商务＝网上信息传递＋网上交易＋网上结算＋物流配送。所以,一个完整的商务活动,必然要涉及信息流、商流、资金流和物流等四个流动过程。

4.建立网络社区

马斯洛认为人有社会交往、获得他人尊重以及自我实现的需求,网络社区在一定程度上能够满足人们的这种需求。网络是一个自然形成并持续吸引他人加入的"社区"。社区通常是建立在共同的兴趣上或集合相同工作背景或技能的一群人,如程序设计师、网络游戏爱好者和业务员等。不论身处何方,拥有共同关心的主题就可能成为一个社区。所以如果一个企业拥有一群彼此拥有共同兴趣或技能的客户,企业就很容易帮助他们形成社区,让他们不断地回访这里。网络社区有助于吸引并凝聚一批网民,并通过网上交流的多种方式培养他们的感情。

由于网络社区的成员有相同兴趣,所以同质性较高,网络社区让每一个成员有一种归属感和亲近感,所以能够凝聚人心,增加忠诚度。在此前提下,为客户提供大量符合其需要的信息,以信息代替说服,从而使消费者的个性和需求得到最大的尊重和满足,同时赢得他们对企业网站的忠诚。因此,企业可以通过以下几种方式来建立社区:

①吸引客户来访。首先要让客户知道有这个社区,并且这个社区与客户有某种关系。企业可以在自己的主页、门户网站、相关社区上对社区进行宣传,并在社区中给客户提供免费的相关信息,简化加入的手续,尊重客户的隐私,吸引客户进入。

②和每个成员建立互信关系。企业可以通过回应客户的电子邮件、微信,尊重个人意愿(让客户自己决定什么是想让其他人知道的)、将客户介绍给相同兴趣的其他人等方式来实现。

③鼓励客户成为群体的一分子。企业通过让客户去帮助客户,让客户和别人去分享自己的经验,关心社区里的其他成员,这样不仅可以满足成员自我实现的心理需求,而且还可以使客户更便捷、多渠道获取有关产品或服务信息。

④让客户感到自豪,让客户在社区中展现自我,在帮助社区成员解决难题中感到自豪,满足客户希望自己的价值被他人承认的心理。企业可以在社区实行会员等级制,采用一定的评判标准,如购买数量或登录次数,确定不同等级的会员所拥有的服务和社区权限,由此提升客户对网站的忠诚度。

总之,电子商务由于它的交易虚拟化,使得电子商务在建立客户忠诚时有别于传统营销。电子商务中的客户忠诚主要来自客户对电子商务企业服务的满意程度,企业在制定电子商务策略时,应该从客户的角度出发,建立一个对客户友好的电子商务环境,以此来培育客户忠诚。

第五节　客户服务策略

电子商务中的客户关系管理是在传统客户关系管理的基础上,利用信息技术的发展所创建的一种新型的客户满意管理,但两者的目的都是使客户的需求和欲望得到满足,并让客户满意,使企业能在激烈的市场竞争中立于不败之地。电子商务使企业和客户之间的交流更加方便、频繁和便捷。为赢得客户的高度满意,建立与客户的长期良好关系,在客户关系管理中应开展多方面的工作。

①客户分析。该项工作主要分析谁是企业的客户,客户的基本类型,个人购买者、中间商和制造商客户的不同需求特征和购买行为,并在此基础上分析客户差异对企业利润的影响。

②企业对客户的承诺。承诺的目的在于明确企业提供什么样的产品和服务。

③客户信息交流。这是一种双向的信息交流,其主要功能是实现双方的互相联系、互相影响。从实质上说,客户关系管理过程就是与客户交流信息的过程,实现有效的信息交流是建立和保持企业与客户良好关系的途径。

④以良好的关系留住客户。为建立与保持客户的长期稳定关系,首先需要良好的基础,即取得客户的信任,同时要区别不同类型的客户关系及其特征,还可以通过建立客户组织等途径,保持企业与客户的长期友好关系。

⑤客户反馈管理。客户反馈对于衡量企业承诺目标实现的程度及时发现为客户服务过程中的问题等方面具有重要作用。

一、客户服务的意义

客户服务简称客服,企业做好客户服务具有以下重要意义:

(一)塑造企业形象

对于一个电子商务企业而言,客户看到的商品都是图片和文字描述,既看不到商家本人,也看不到产品本身,无法了解各种实际情况,因此往往会产生距离感和怀疑感。这个时候,客服就显得尤为重要了。客户通过与客服的交流,可以逐步了解商家的服务和态度,让企业在客户心目中逐步树立起店铺的良好形象。

(二)提高成交率

通过客服良好的引导与服务,客户可以更加顺利地完成订单。客服有个很重要的意义就是可以提高订单的成交率。

(三)提高客户回头率

当买家在客服的良好服务下,完成了一次良好的交易后,不仅了解了企业的服务态度,也对企业的商品、物流等有了切身的体会。当客户需要再次购买同样商品的时候,就会倾向于选择他所熟悉和了解的卖家,从而提高了客户再次购买概率。

(四)更好的用户体验

在电子商务中,客服人员可以看作客户在网上购物过程中的"保险丝",当客户在线上购物出现疑惑时,客服的存在就可以为客户提供更好的购物体验。

二、客户服务的策略

随着电子商务的兴起,网上客户服务已被广泛认为是开展电子商务的关键之一。但许多企业提供的电子商务客户服务仍然不能让客户感到满意,有时甚至成为影响电子商务发展的重要因素。NetEffect系统公司的一项研究结果表明,67%的在线交易由于没有提供足够的客户服务而取消。

(一)有效使用FAQ

FAQ(Frequently Asked Questions)即常见问题解答,在公司网站中以客户的角度设置问题、提供答案,形成完整的知识库。同时还应提供检索功能,能够按照关键字快速查找所需内容。

(二)有效使用各种互动方式

一是客户服务人员与客户互动性,应将被动服务改为主动服务,为客户提供选择多样化的沟通工具。以客户为中心,提供符合其使用习惯的沟通方式,如QQ、旺旺、微信、微博、论坛、邮件、呼叫中心等,并定期向客户发布企业最新信息,加强与客户的联系。

二是客户之间的互动,客户通过企业提供的评价、论坛、微博等方式提出问题,相关专业人士或经验客户为之提供帮助。合理真实地展示评论、保证论坛的有用性和有效性十分重要,企业需要分配相关人员时刻维护和升级评论论坛。利用这些互动方式,客户可以自由发表对产品的评论,与使用该产品的其他客户交流产品的使用和维护方法。营造网上社区,不但可以让现有客户自由参与,同时还可以吸引更多潜在客户参与。

(三)有效开展网络个性化服务

个性化服务(Customized Service),也叫定制服务,就是按照客户的个性要求提供有针对性的服务。个性化服务包括有三个方面:服务时空的个性化,在客户希望的时间和希望的地点提供服务;服务方式的个性化,能根据客户个人爱好或特色来进行服务;服务内容个性化,不再是千篇一律、千人一面,而是各取所需、各得其所。利用网络实施个性化服务符合一对一的现代营销理念,代表未来营销发展的潮流。

(四)进行资源整合,有效开展线上、线下体验

由于网络的虚拟性,传统的观摩、聆听、尝试、试用等体验方式难以实现,客户对产品或服务存在极大的不确定性,从而导致客户的满意度低,虽然允许客户在一定期限内无条件退货,但是过程烦琐,容易造成客户心理不悦,且调换难度和成本也相对较高。为了解决上述问题,可采用线上体验和线下体验两种。其一,借鉴"试衣网"并不断升级,充分利用IT技术,如3D、交互式动画等,线上虚拟体验产品服务和模拟购物使用场景,增强互动交流以及感受购物氛围。其二,随着"试客""抄号族"的出现,线下试穿、线上购买已成为一种趋势,O2O模式空间巨大,把目前大量的售后服务资源整合分配到线下体验店的建设。线上、线下通过共享顾客信息,如共享顾客来源、消费层次、习惯爱好等信息,能够给营销人员在进行营销决策和服务营销时提供数据支撑,也为定制化服务打下基础。

(五)有效利用数据挖掘技术

大数据时代的到来使数据挖掘技术在电子商务行业占据重要地位,也被广泛应用到客户关系管理实践之中。面对海量的客户体验数据,抽取潜在的、有价值的知识、模型、规则,发现潜在关联和模式,对于做出预测性分析具有重大意义。客户关系管理中,充分利用现有

信息技术,合理分配人力、财力资源,以信息挖掘技术为基础,即利用关联分析、序列模式分析、分类分析(线性回归模型、决策树模型、神经网络)、聚类分析等,高效率搜集客户行为数据并对所获数据进行深层次分析,为客户关系管理决策提供许多有价值的信息,达到客户保持、客户满意等效果。

电子商务简化了商品的流通环节,突破了时间和空间的局限,大大提高了商业运作效率。有效利用互联网信息平台,做好客户服务工作还有很大的潜力。商业企业应该充分利用电子商务契机,与时俱进、不断创新,促进企业又好又快发展。

中国民生银行以"数据创造价值"为核心理念,打造了以"金融e管家平台"为代表的基于大数据平台的智能化客户关系管理系统,不断提升客户关系管理的智能化水平。

民生银行的客户关系管理体系设计者们基于大数据和移动互联等新技术,在更新视角、更深层次上帮助市场人员站在客户的角度思考问题。市场人员思考业务的原点不再限定在客户本身,还包括客户的"钱从哪儿来,钱去哪儿了",客户产业链的上游、下游,以及合作伙伴组成的生态圈。客户经理可以借助大数据平台上源源不断的数据来源和数据分析结果成为客户的"外脑"和顾问,向客户提供当地最新的市场信息、上下游动向甚至市场开发建议、产品改进建议。

本章小结

本章结合中国移动、民生银行等CRM案例进行阐述,培养学生的全局观,引导学生用发展的观点看问题、注重长期关系而不是眼前利益,提高客户忠诚度,弘扬以爱国主义为核心的民族精神。结合电子商务在新冠肺炎疫情下的优势,与学生分享并探讨优秀的电子商务客服人员对抗疫期间的积极作用,调动学生学习电子商务的积极性,提升专业素养,利用专业知识为祖国多做贡献。

客户关系管理是一个不断加强与客户交流,不断了解客户需求,并不断对产品及服务进行改进和提高以满足客户需求的连续的过程。其内涵是企业利用信息技术和互联网技术实现对客户的整合营销,是企业营销以客户为核心的技术实现和管理实现。客户关系管理注重与客户的交流,企业的经营是以客户为中心,与传统的以产品或以市场为中心的经营方式不同。

客户终生价值是指在维持客户的条件下,企业从该客户持续购买中所获得的利润流现值。该概念的提出,提醒企业对客户当前价值和未来价值的关注,避免短期、狭隘的视图。按照客户终生价值来收集客户资料和数据可以为企业带来一些特别的好处,大大节约企业的营销经费,甚至可以根据客户终生价值的预测来修正企业的产品和营销组合。对于那些获得新客户和维护客户关系成本较高的行业,客户终生价值特别有意义。

客户关系管理的三个层次依次为:建立客户关系、维护客户关系和挽回客户关系。

客户满意度是客户对企业产品和服务的实际感受与其期望值比较的程度。按梯级理论可以把客户满意程度分成七个级度或五个级度。客户满意程度越高,企业竞争力越强,市场占有率就越大,企业效益就越好。

客户忠诚度是指客户对企业产品或服务的依赖和认可、坚持长期购买和使用该企业产品或服务所表现出的在思想和情感上的一种高度信任和忠诚的程度,是客户对企业产品在长期竞争的综合评价。客户忠诚度指客户忠诚的程度,是一个量化概念;真正的客户忠诚度是一种行为,而客户满意度只是一种态度。

客户的高度满意都是形成客户忠诚感的必要条件,而客户忠诚感对客户的具体行为无疑会起到巨大的影响。但客户满意和行为忠诚之间并不总是强正相关关系。在电子商务中,影响客户忠诚形成的因素主要有:内在价值、转换成本和情感投资。

企业的电子商务客户服务策略包括:有效使用FAQ;有效使用各种互动方式;有效开展网络个性化服务;有效开展线上、线下体验;有效利用数据挖掘技术。

关键术语

客户关系管理、客户终生价值、客户流失、客户满意度、客户忠诚度

配套实训

1. 登录http://show.wecrm.com/,单击"产品视频",了解CRM中客户管理、销售管理、服务管理、流程管理的功能及操作。

2. 登录http://www.51mis.com/demo.html,通过"CRM标准版——免费试用",注册并登录系统,体会CRM的功能。

3. 分组设计客户满意度调查问卷,用加权平均法分析客户满意度。

(1)分组讨论确定调查对象:可以选择校园的食堂、超市、移动运营商、公共交通的服务水平,调查对象尽量不重复。

(2)分组讨论影响客户满意度的因素有哪些?讨论完后,填写表6-1。以超市为例,影响客户满意度的因素有地理位置、商品范围、价格水平、商品质量、结账时间、员工帮助、停车、员工形象等。"重要性分值"的计算方法为小组成员通过自己的判断,给"地理位置"的重要性程度打分,以10分值为准,如果小组共4人,对该项的打分分别为9分、8分、8.5分、8.8分,则"地理位置"的重要性分值为8.6分,即(9+8+8.5+8.8)/4=8.6。其他影响因素的重要性分值计算方法相同。"权重"的计算方法为"每个影响因素的重要性分值/重要性分值的总计值"。

表6-1　　　　　影响客户满意度因素分析

影响因素	重要性分值	权重/%	影响因素	重要性分值	权重/%
地理位置	8.6	12.68	员工帮助	8.3	12.24
商品范围	9.2	13.57	停　　车	7.9	11.65
价格水平	9.1	13.42	员工形象	7.3	10.77
商品质量	8.9	13.13	总　　计	67.8	
结账时间	8.5	12.54			

(3)以分组讨论结果为依据,在问卷星上设计客户满意度调查问卷。程度按5梯级设计:即很满意、满意、一般、不满意、极不满意,分值分别为10、8、6、4、2。

问卷问题及选项设计范例如下:
你对该超市的服务态度满意吗?
A.很满意　　　B.满意　　　C.一般　　　D.不满意　　　E.极不满意

(4)邀请同学填写问卷,要求样本要具有代表性。(样本至少20份,性别比例平均)

(5)根据问卷星统计结果,计算客户满意度指数。

表6-2"满意度分值"的计算方法为每份问卷针对每个影响因素满意度分值的平均值。假设回收20份问卷,汇总对"地理位置"满意度评价的所有答案,经过计算,平均分为9.2分。"权重"列与表6-1相同。"加权值"的计算方法为"满意度分值"×"权重"。由于按5梯级10分制设计选项答案,因此,最终的"客户满意度指数"应在总计加权值的基础上乘以10,折算成百分制。

表 6-2　　　　　满意度分值

影响因素	满意度分值	权重/%	加权值%
地理位置	9.2	12.68	1.17
商品范围	7.9	13.57	1.07
价格水平	8.8	13.42	1.18
商品质量	9.1	13.13	1.19
结账时间	7.4	12.54	0.93
员工帮助	7.7	12.24	0.94
停　　车	8.6	11.65	1.00
员工形象	8.5	10.77	0.92
总　　计		100.00	8.40
客户满意度指数			84.0

回答以下问题:

1. 什么是客户满意度?
2. 客户对于哪些方面较为满意,原因何在,有何更好的措施提升满意度?
3. 客户对于哪些方面较为不满意,原因何在,改进措施有哪些?

课后习题

一、单项选择题

1. 在客户关系管理中,可以根据不同的维度去细分客户群,可以根据客户的价值、客户与企业的关系、客户的状态划分,以下选项中与另外三个是不同类的是(　　)。

　　A. 新客户　　　　B. 忠诚客户　　　C. 流失客户　　　D. 中小商户

2. 在客户关系管理战略里,"流失预警"是对(　　)进行的管理。

　　A. 客户满意度　　B. 客户忠诚度　　C. 客户状态　　　D. 客户成本

3. 在客户关系管理中,客户的满意度是由(　　)决定的。

　　A. 客户的期望和感知　　　　　　B. 客户的抱怨和忠诚

　　C. 产品的质量和价格　　　　　　D. 产品的性能和价格

4. 在客户关系管理中,不是客户忠诚的表现是(　　)。

　　A. 对企业的品牌产生情感和依赖

　　B. 重复购买

　　C. 即便遇到对企业产品的不满意,也不会向企业投诉

　　D. 有向身边的朋友推荐企业的产品的意愿

5. 在客户关系管理理念中,进行客户价值的预测通常采用的方式是(　　)。

A. 客户的长期价值或者是终身价值
B. 客户消费量最高的时期所产生的价值
C. 客户从新客户到流失客户期间所产生的价值
D. 客户从潜在客户到真正的企业客户期间所产生的价值

二、填空题

1. 客户关系管理的基本思想是_____，其最终目标是_____、_____以及_____，增加市场份额。
2. 影响终生价值的主要因素是_____的收益流；_____的直接可变成本；_____的频率；_____的时间长度；_____的喜好及其收益流；_____的可能、适当的贴现率。
3. 客户流失是指_____的现象。许多流失客户是可以挽回的，挽回的重点应该是_____的流失客户。
4. 客户满意和行为忠诚之间_____关系。_____是形成客户忠诚感的必要条件。
5. 客户关系管理的终极目标就是帮助_____满足_____。

三、简答题

1. 实施客户关系管理为企业带来了哪些优势？
2. 分析客户流失的原因。可采取哪些对策控制企业客户流失？
3. 分析说明客户满意度和客户忠诚度的关系。
4. 客户关系管理思想和方法如何在提升企业的客户忠诚度上发挥作用？
5. 简述企业可采用的电子商务客户服务的策略。

讨论案例

沃尔玛啤酒加尿布的故事

一般看来，啤酒和尿布是客户群完全不同的商品。但是沃尔玛一年内数据挖掘的结果显示，在居民区中尿布卖得好的店面啤酒也卖得很好。原因其实很简单，一般太太让先生下楼买尿布的时候，先生们一般都会犒劳自己两听啤酒。因此啤酒和尿布一起购买的机会是最多的。这是一个现代商场智能化信息分析系统发现的秘密。

沃尔玛能够跨越多个渠道收集详细的客户信息，并且能够造就灵活、高速供应链的信息技术系统。沃尔玛的信息系统是先进的，其主要特点是投入大、功能全、速度快、智能化和全球联网。目前，沃尔玛中国公司与美国总部之间的联系和数据都是通过卫星来传送的。沃尔玛美国公司使用的大多数系统都已经在中国得到充分的应用发展，已在中国顺利运行的系统包括存货管理系统、决策支持系统、管理报告工具以及扫描销售点记录系统等。这些技术创新使得沃尔玛得以成功地管理越来越多的营业单位。当沃尔玛的商店规模成倍地增加时，同时也不遗余力地向市场推广新技术。比较突出的是借助RFID技术，沃尔玛可以自动获得采购的订单，更重要的是，RFID系统能够在存货快用完时，自动给供应商发出采购订单。

另外沃尔玛打算向中国引进一套技术创新"零售商联系"系统。"零售商联系"系统使沃尔玛能和主要的供应商共享业务信息。举例来说，这些供应商可以得到相关的货品层面数据,观察销售趋势、存货水平和订购信息甚至更多。通过信息共享,沃尔玛能和供应商们一起增进业务的发展,能帮助供应商在业务的不断扩张和成长中掌握更多的主动权。沃尔玛的模式已经跨越了企业内部管理(ERP)和与外界"沟通"的范畴,而是形成了以自身为链主,链接生产厂商与客户的全球供应链。沃尔玛能够参与到上游厂商的生产计划和控制中去,因此能够将消费者的意见迅速反映到生产中,按客户需求开发、定制产品。

沃尔玛超市"天天低价"的广告表面上看与客户关系管理中获得更多客户价值相矛盾。但事实上,沃尔玛的低价策略正是其客户关系管理的核心,与前面的"按订单生产"不同,以"价格"取胜是沃尔玛所有IT投资和基础架构的最终目标。

阅读上述资料,分组讨论以下问题:

1. 商业领域数据挖掘是如何诞生的?
2. 沃尔玛的信息系统有哪些特点?
3. 沃尔玛的"零售商联系"系统在客户关系管理方面有何作用?
4. 沃尔玛超市"天天低价"广告与客户关系管理中获得更多客户价值之间是否存在矛盾?

第七章 物流与供应链

学习目标

知识目标

掌握物流的相关概念,了解电子商务与物流的关系。
掌握电子商务的各种物流模式。
了解电子商务与供应链的关系。

技能目标

根据不同的企业类型选择合适的物流模式。
掌握基于电子商务的供应链管理技术。

思政目标

帮助学生了解物流活动在保障民生、抗击疫情过程中的作用;培养学生在电子商务及物流领域的实践创新能力及职业操守。

导入案例

疫情之下外送压力倍增,无人配送车纷纷上路

2020年新冠肺炎疫情暴发后,为减少人际接触带来的潜在感染风险,外卖、电商平台纷纷推出无接触配送服务。与此同时,旨在解决末端配送的无人配送车也开始上路,成为企业防疫行动的一部分。

2020年2月18日,美团宣布其无人配送车"魔袋"在北京顺义多个社区投入运营,为在美团买菜下单的用户提供配送服务。美团称,此举既是为了缓解订单量暴涨导致的运力紧张,也是为了降低人际传播带来的潜在感染风险。

在美团无人配送车落地顺义之前,京东的无人配送车也被紧急运至武汉,用于在定点医院附近的特殊站点进行末端配送服务。新冠肺炎疫情暴发后,武汉地区对无人配送的需求很大。除了末端配送外,某些高危场景也存在无人配送需求,例如病患集中的医院。京东与政府、医院沟通,希望在这些场景引入无人车完成配送任务。

无论是美团还是京东,疫情期间推出的无人配送都属于末端配送,配送范围约在5公里以内。这类无人配送车体型小、重量轻、车速慢,可快速落地。在众多无人驾驶的场景中,末端配送被行业公认为是目前最易落地,也是最能快速见效的场景。业内预测,从快递、外卖及生鲜配送三个领域的需求量来说,无人配送市场有望达到千亿规模。

第一节 电子商务物流基础

一、物流的概念

(一)物流的产生和发展

物流原来是一个军事术语,最早用于拿破仑时代的大小战役中,指的是调动和安置军队(军需官负责的工作)。1915 年,美国营销学家阿奇·萧最早提出物流(Physical Distributing,PD)概念并进行实际探讨。1918 年,英国犹尼利弗的哈姆勋爵成立了"即时送货股份有限公司",其公司宗旨是在全国范围内把商品及时送到批发商、零售商以及用户手中。这一举动被一些物流学者誉为"物流活动的最早文献记载"。20 世纪 60 年代,日本正式从美国引进了"物流"这一概念。到了 20 世纪 70 年代日本已经成了世界上物流发达的国家之一。20 世纪 80 年代,我国从日本引入"物流"这个概念。

(二)物流的定义

物流的定义有很多种,国内外普遍采用的有以下几种:

①美国物流管理协会的定义:物流是供应链流程的一部分,从原产地到消费地的过程中,通过有效地计划、实施和控制商品的存储和流通、服务和相关信息,以满足消费者的需要。

②联合国物流委员会对物流的界定:物流是为了满足消费者需要而进行的从起点到终点的原材料、中间过程库存、最终产品和相关信息有效流动和储存的计划、实现和控制管理的过程。

③我国国家标准《物流术语》中的定义:物品从供应地向接收地的实体流动过程。根据实际需要,将运输、储存、装卸、搬运、包装、流通加工、配送、信息处理等基本功能实施有机的结合。

从各个地区对物流的定义可以看出,各国对物流的定义存在差异性但也相通。

新时代物流的定义应包含以下几个方面:

①物流是在供应链中对主要运作功能的全面管理,该供应链是指采购、生产和配送。采购包括购买和产品开发,生产包括制造和组装,配送包括备货、储存、分拣、运输和传递等。

②物流是对货物和物资从其始发点到最终消费点的流通和存储,以及对相关信息流的管理过程。

③物流是供应链过程的一部分,它规划、实施和管理控制货物、服务及其相关信息从始发点到消费点的高效率、低成本流转和存储,用以满足客户的需要。

(三)物流的功能

1.传统功能

(1)运输

运输的任务是对物品进行较长距离的空间移动。运输的主要方式有铁路运输、陆路运输、船舶运输、航空运输和管道运输。运输应选择经济、便捷的运输方式和运输路线,以达到安全、迅速、及时和经济的管理要求。

（2）存储

存储功能包括储存、保管、保养及维护等活动。物流系统需要仓储设备来保证市场分销活动，同时要以始终与最低总成本相一致的最低存货率来实现所期望的顾客服务。

（3）包装

包装是在商品输送和保管过程中，为保证商品的价值和形态而从事的流通活动，包括产品的出厂包装、生产过程中制品和半成品的包装以及在物流过程中换装、分装和再包装等活动。从机能上来看，包装可以分为两类：一类是保持商品的品质而进行的工业包装；另一类是为使商品顺利抵达消费者手中，提高商品价值、传递信息等以促进销售为目的进行的商业包装。

（4）装卸搬运

装卸搬运包括对运输、储存、包装、流通加工等物流活动进行的衔接活动，以及在储存等活动中为进行检验、维护和保养所进行的装卸搬运活动。安全、方便的装卸搬运活动，可以加快商品在物流过程中的流通速度。

（5）流通加工

流通加工是在物流过程中进行的辅助加工活动。它既存在于社会流通过程中，也存在于企业内部的流通过程中，用来弥补生产过程中加工的不足。如今流通加工作为提高商品附加价值、促进商品差别化的重要手段，其重要性越来越强。

（6）配送

配送是物流进入最后阶段，以配送、送货形式最终完成物流的活动。配送是一种短距离、少量的输送，在电子商务物流中的作用非常突出，它已不是简单的送货，而是集经营、服务、社会集中库存、分拣、装卸等于一身的重要物流环节。

（7）信息处理

信息处理包括进行与上述各项活动有关的计划、预测以及对物流动态信息及其相关的费用、生产、市场信息的收集、加工、整理和提炼等活动。不准确的信息会削弱物流工作，信息处理质量和及时性是物流工作的关键因素。

2. 增值性的物流服务功能

除了传统的物流功能外，现代物流还具有增值性的服务功能。增值性的物流服务包括增加便利性、加快响应速度的服务、降低成本的服务、延伸服务。

二、物流的分类

根据不同的标准，物流的分类存在着区别，在此主要从以下几个方面对物流进行分类：

（一）按照作用分类

1. 供应物流

生产企业、流通企业或消费者购入原材料、零部件或商品的物流过程称为供应物流，也就是物资生产者、持有者至使用者之间的物流。

2. 销售物流

生产企业、流通企业售出产品或商品的物流过程称为销售物流，是指物资的生产者或持有者到用户或消费者之间的物流。

3. 生产物流

从工厂的原材料购进入库起,直到工厂成品库的成品发出为止,这一过程的物流活动称为生产物流。

4. 回收物流

在生产及流通活动中有一些资材是可以回收并加以利用的,如旧报纸、书籍等,其回收过程的物流活动称为回收物流。

5. 废弃物物流

生产和流通系统中所产生的无用废弃物的流通过程称为废弃物物流。例如,开采矿山时产生的土石、钢渣、工业废水等一些无用的垃圾的流通就属于废弃物物流。

(二)按照物流活动的空间范围分类

1. 地区物流

地区物流有不同的划分原则。首先,按行政区域划分,如西南地区、河北地区等;其次,按经济圈划分,如苏(州)(无)锡常(州)经济区、黑龙江边境贸易区等。地区物流也可泛指某个特定城市范围内的物流配送方式,如同城配送或当地的落地配服务。

2. 国内物流

物流作为国民经济的一个重要方面,应该纳入国家总体规划的内容。我国的物流事业是社会主义现代化事业的重要组成部分。国内物流涉及的商品和货物基本上在某个国家领土范围之内进行的传递和运输。

3. 国际物流

工业生产走向社会化和国际化,出现了许多跨国公司,一个企业的经济活动范畴可以遍布各大洲。国际贸易的形式使得商品货物必须通过国际物流的方式进行传递。国际物流的研究已成为物流研究的一个重要分支。尤其是近几年跨境电子商务的快速发展,为国际物流带来模式上的新变化。

(三)按照物流系统性质分类

1. 社会物流

社会物流一般指流通领域所发生的物流,是全社会物流的整体,所以被称为大物流或者宏观物流。社会物流的一个标志是伴随商业活动(贸易)发生,也就是说物流过程和所有权的更迭是相关的。

2. 行业物流

同一行业中的企业是市场上的竞争对手,但是在物流领域中常常互助协作,共同促进行业物流系统的合理化。例如,建设共同的零部件仓库,实行共同集中配送;建立技术中心,共同培训操作人员和维修人员;采用统一传票,统一商品规格等。

3. 企业物流

在企业经济范围内由生产或服务活动所形成的物流系统称为企业物流。

(四)按照物流主体方的目的不同分类

1. 第一方物流

第一方物流是指需求方需要采购某种商品而进行的物流,如赴产地采购,自行运回商品。

2. 第二方物流

第二方物流实际上是需求方物流，或者说是购进物流，是用户企业从供应商市场购进各种物资而形成的物流。

3. 第三方物流

第三方物流是指由物流劳务的供方、需方之外的第三方去完成物流服务的物流运作方式。第三方物流专业物流企业在整合了各种资源后，为客户提供包括设计规划、解决方案以及具体物流业务运作等全部物流服务的物流活动。

4. 第四方物流

第四方物流是指集成商利用分包商来控制与管理客户公司的点到点式供应链运作。第四方物流不仅控制和管理特定的物流服务，而且对整个物流过程提出策划方案，并通过电子商务将这个过程集成起来。因此，第四方物流成功的关键在于为客户提供最佳的增值服务，即迅速、高效、低成本和大性化服务等。

（五）按照流动方向的不同分类

1. 正向物流

原材料在生产企业库存中，由生产企业组织生产变成产品，再由经销商把产品销售给消费者所提供的物流服务称为正向物流。

2. 逆向物流

逆向物流是指对原材料、生产过程中的库存和成品以及相关信息从消费者终点返回初始起点的高效率、低成本的流程的计划、实施和控制管理的过程，其目的是重新找到开发产品的价值或找到适当的处置方法。

三、电子商务与物流的关系

电子商务出现之后，给物流行业带来了新的发展契机。随着网络订单的不断增多，物流行业的业务量也出现了同向增长。同时，物流行业的发展对电子商务也有辅助作用，物流服务的质量影响着电子商务的好坏。

（一）物流是电子商务实体产品实现的保障

1. 实现商品所有权的空间转移

电子商务交易有虚拟产品和实体产品。虚拟产品能够通过网络通信实现所有权的复制和转移，而实体产品由于其所有权的转移必须要依靠物流行业才能实现。因此，电子商务交易的实体产品需要靠物流来实现。

2. 物流是影响客户体验的重要环节

电子商务的出现最大限度地方便了消费者，他们不必再跑到拥挤的商业街，一家又一家地挑选自己所需要的商品，只要坐在家里，在互联网上搜索、查看、挑选，就可以完成购物过程。上述这些环节，消费者只要通过网络查看商品信息，通过电脑或手机终端就可以完成在线下单，商家与消费并不需要面对面的接触，操作过程由消费者自己掌控。整个交易过程中，唯一与消费者面对面接触的就是物流环节。物流配送的效率、物流配送人员的服务水平、物流信息的实时掌握与跟踪等，都是消费者要接受的服务，不受消费者意志的控制，因此物流影响着消费者对电子商务活动的感受，对消费者的体验影响非常大。

(二)电子商务对物流发展的要求

1. 跨区域物流需求增多

借助于互联网,电子商务将整个世界联系在一起。电子商务的推广,加快了世界经济的一体化,因为电子商务的跨时域性和跨区域性,使得物流活动必然呈现跨区域性。例如,一家网店的订单来自不同地区,有可能来自上海,也有可能来自北京,甚至有可能来自国外,那么这家网店的产品配送业务就是一种跨区域性的物流服务。

2. 需要加快物流信息化建设

电子商务快速发展需要实时的物流数据作为支撑,这对物流行业的信息化要求非常高。例如,电子商务系统中的库存信息与产品仓库的信息要一致;订单处理时,要在最短的时间内找到产品在仓库的位置并指出最短的路径,同时要能够实时地查询产品的状态。这些信息都必须依托于管理信息系统。因此,物流信息的商品化、物流信息收集的数据库化和代码化、物流信息处理的电子化和计算机化、物流信息传递的标准化和实时化、物流信息存储的数字化等,都是电子商务对物流信息化建设的基本要求。

3. 需要加快物流自动化建设

快速、有效是电子商务对物流活动的基本要求。减少人员参与、实现自动化流程就能够实现这个目标。电子商务对物流自动化建设的要求,核心在于机电一体化,表现为无人化、自动化。另外,还要扩大物流作业的能力、提高劳动生产率、减少物流作业的差错等。自动化设备有条码自动识别系统、自动分拣系统、自动存取系统、自动导向车、货物自动跟踪系统等。

4. 需要加快物流网络化建设

电子商务发展需要供应链上各合作伙伴更紧密的合作,因此物流网络化建设是电子商务发展对物流的又一重要要求。物流网络化建设不但要求企业与供应商及制造商的联系要通过计算机网络,同时与下游客户之间也要通过计算机网络进行联系。这些网络大多数是互联网,有些则是专门管理信息的系统。

5. 需要加快物流智能化建设

随着电子商务业务量的不断增加,对物流自动化、信息化要求更高,这就需要建设物流智能化系统,帮助处理电子商务业务的部分决策。智能分拣机器人、智能物流控制系统、无人配送技术等都是物流智能化的最好体现。

6. 需要加快物流人性化建设

电子商务能否得到成功,很大程度上取决于客户的体验感。因此需要"以客户为中心"的物流服务。现代物流服务已经不仅是提供商品货物的简单送达服务,更加强调此过程中物流服务质量的提升及客户个性化需求的满足。因此物流服务是否注重"人性化",直接影响着电子商务客户的体验感。

电子商务物流模式

第二节 物流模式

一、企业自营物流

企业自营物流是指企业自身开展运输、储存、装卸、搬运、包装、流通加工、配送、信息处理等活动。企业自营物流能够帮助企业完全掌控物流环节,实现物流配送环节的实时监控,并能够对物流配送环节的绩效进行有效评估,帮助企业提升消费者的满意度。但是,自营物流对企业要求较高;需要在市场内进行仓库的布局,使不同地区的消费者能够及时收货,同时最大限度地减少采购成本;为有效利用仓库的空间以及提高仓库的运行效率,需要进行立体仓库设备的投入以及信息化建设的投入;为实现高效的配送效率,需要进行配送网络的建设,并制定合理的配送细则以及建立合理的配送评估体系。因此,电子商务企业选择利用自营物流体系,企业本身必须要满足以下几个方面内容:

①需要流通环节实现产品所有权转移的订单量巨大。
②配送效率要求非常高。
③企业实力非常雄厚,包括资金、资源的积累沉淀。
④拥有一定的物流人才储备。

二、第三方物流

自营物流模式由于投入的成本巨大,因此并不适合绝大多数的企业。专业分工细化和市场竞争加剧要求部分企业,特别是中小型企业专注于自身的核心竞争力,而将一些支持性活动外包给专业公司负责。交易双方部分或全部物流功能的外部服务提供者称为第三方物流。第三方物流公司本身不拥有商品,而是通过签订合作协定或结成合作联盟,在特定的时间内按照商定的价格向客户提供个性化物流代理服务,包括运输、储存配送以及一些增值服务。总体来说,第三方物流存在以下几个优点:

(一)有利于减少投入,节省成本,加快资金周转

企业自营物流需要物流设备的投入,如兴建仓库、购买车辆、搭建信息系统、配备人员等,投入非常巨大。对于业务量并不是特别巨大的企业来说,这是一项不可能实现的工作。采用第三方物流,与物流公司签订合约,以支付服务费用的方式来获得物流支撑,可以为企业节省投入,减少企业的置管成本,从而加快企业资金的周转,帮助企业增加抗风险的能力。

(二)有利于提高物流效率

第三方物流企业在物流业务上具有核心的竞争力,能够为其客户提供专业的物流服务。例如,将客户业务与这个物流体系综合起来进行分析、设计,采用专门设备、利用专门工具进行运输、存储,把先进的装卸能力及自动识别能力、自动分拣技术利用到物流环节中,利用通信网络及时掌握物流环节的信息等。这些专业化的知识、设备及技术能够帮助企业大大地提高物流管理的效率。

(三)有利于企业利用外部资源整合企业资源优势

任何企业的资源都是有限的,如何充分利用现有资源,集中于核心业务,把不擅长的业务弱化或外包理应作为企业发展战略来考虑。把非核心的物流业务外包给第三方物流企业,可以利用第三方物流企业的物流核心竞争力来提升企业自身的物流服务,可以集自身的有限资源专注于核心业务的发展,从而提升企业的竞争力。

三、第四方物流

目前,对第四方物流的定义大多数是引用由美国埃森哲咨询公司率先提出的第四方物流(Fourth Party Logistics,4PL)的概念。第四方物流的定义为:"第四方物流是一个供应链的集成商,它对公司内部和具有互补性的服务商所拥有的不同资源、能力和技术进行整合

管理,提供一整套供应链解决的方案。"这个定义对第四方物流的描述非常贴切,因此被广泛采用。

第四方物流是在第三方物流基础上发展起来的。同第三方物流相比,第四方物流服务的内容更多、覆盖的地区更广,对从事货运物流服务的公司要求更高,要求它为客户提供一套完整的供应链解决方案。总体来说,第四方物流的特征有以下几点:

(一) 供应链再建

供应链是组织结构的网络结构,通过结构中上行(上游)正向和下行(下游)反向的衔接,以不同的运作过程和业务活动,产生以最终用户获得产品和服务的形式表现出来的价值。供应链再建是指第四方物流服务供应商通过物流运作的流程再建,使这个物流系统的流程更合理、效率更高,从而将产生的利益在供应链的各个环节之间进行平衡,使每个环节的企业客户都可以受益。供应链沟通和伙伴关系活动紧密协作的企业,可以在供应渠道中与其他伙伴培养良好的合作关系,在此基础上实现共享目标协作运营以及改进绩效。

(二) 功能转化

第四方物流通过战略调整、流程再造、整体性改变管理和技术,使客户间的供应链运作一体化,实现对供应链活动及流程的整合和改善。功能转化中涉及的具体功能包括销售和操作规划、配送管理、物资采购、客户业务流程再造等。

第四方物流的作用主要是整合资源,把客户与第四方物流企业的资源进行整合,对供应链业务流程进行重塑,起到优化企业供应链的作用。

四、绿色物流

绿色物流是近几年提出的一个新概念。一般认为,绿色物流(Environmental Logistics)是指以降低污染物排放、减少资源消耗为目标,通过先进的物流技术和面向环境管理的理念,进行物流网络系统的规划、控制、管理和实施。我国国家标准《物流术语》对绿色物流的定义为:绿色物流是指在物流过程中抑制物流对环境造成危害的同时,实现对物流环境的净化,使物流资源得到最充分的利用。绿色物流的行为主体主要是专业的物流企业,同时也涉及有关生产企业和消费者。

绿色物流是一个多层次的概念,既包括企业的绿色物流活动,又包括社会对绿色物流活动的管理、规范和控制。绿色物流的内涵包括以下几个方面:

(一) 集约资源

集约资源是绿色物流的本质内容,也是物流业发展的主要指导思想之一。通过整合现有资源、优化资源配置,企业可以提高资源利用率,减少资源浪费。

(二) 绿色运输

运输过程中的燃油消耗和尾气排放是物流活动造成环境污染的主要原因之一。因此,要想打造绿色物流,首先要对运输线路进行合理布局与规划,通过缩短运输路线、提高车辆装载率等措施,实现节能减排。另外,还要注重对运输车辆的养护,使用清洁燃料,减少能耗及尾气排放。

(三) 绿色仓储

绿色仓储一方面要求仓库选址要合理,有利于节约运输成本;另一方面,仓储布局要科学,使仓库得以充分利用,实现仓储面积利用的最大化,减少仓储成本。

(四)绿色包装

包装是物流活动的一个重要环节。绿色包装可以提高包装材料的回收利用率,有效控制资源消耗,避免环境污染。

(五)废弃物物流

废弃物物流是指在经济活动中失去原有价值的物品,根据实际需要对其进行搜集、分类、加工、包装、搬运、储存等,然后分送到专门处理场所后形成的物品流动活动。

五、冷链物流

冷链物流(Cold Chain Logistics)泛指冷藏冷冻类食品在生产、贮藏运输、销售,到消费前的各个环节中始终处于规定的低温环境下,以保证食品质量,减少食品损耗的一项系统工程。冷链物流是随着科学技术的进步、制冷技术的发展而建立起来的,是以冷冻工艺学为基础、以制冷技术为手段的低温物流过程。冷链物流的要求比较高,相应的管理和资金方面的投入也比普通的常温物流要大。

冷链物流的适用范围包括:初级农产品(蔬菜、水果、肉、禽、蛋;水产品、花卉产品)、加工食品(速冻食品,禽、肉、水产等包装熟食、冰激凌和奶制品,巧克力,快餐原料)、特殊商品(药品)等,所以它比一般常温物流系统的要求更高、更复杂,是一个庞大的系统工程。

我国冷链物流发展时机已经成熟,冷链物流不仅能够满足人们对新鲜食品的需求,还能够使食物在运输途中尽量减少损失和浪费。虽然说冷链物流拥有众多的优势,但是仍存在一些问题。

首先,对冷链物流行业的优势进行分析。第一,冷链物流提高了食品的保鲜能力,不会影响到食物的营养和味道,同时大大提高了食物的存储期限。第二,冷链物流具有非常高的效率,不同地域之间的食物输送非常的方便,食物在运送到目的地时仍然很新鲜。第三,冷链物流为食品的安全输送提供了保证。冷藏和冷冻食品需要一个完整的冷链物流对货物进行全程的温度控制,以确保食品的安全,而冷链物流可以实现装卸货物时的封闭环境、储存和运输等。这都为生鲜电商的发展及生鲜商品新零售模式的实现提供了有力支持。

其次,对冷链物流行业的弱势进行分析。第一,目前我国此行业的标准落实还不到位,很多企业没有按照国家标准执行,自律性差,行业发展举步维艰。第二,部分物流企业设备相对落后、技术水平低,导致无法为易腐食品流通系统地提供低温保障。第三,冷链物流理念推广薄弱,冷链物流的要求比较高,相应的管理和资金方面的投入也比普通的常温物流要大,因此物流成本也相对偏高。以上这些因素都给冷链物流的发展添加了阻碍,所以市面上真正能做到全程冷链配送的企业屈指可数。

六、新零售模式下的新物流

新零售是指企业以互联网为依托,通过运用大数据、人工智能等先进技术手段,对商品的生产、流通与销售过程进行升级改造,进而重塑业态结构与生态圈,并对线上服务、线下体验以及现代物流进行深度融合的零售新模式。新零售强调将线下物流、服务、体验等优势与线上商流、资金流、信息流融合,拓展智能化、网络化的全渠道布局。

新零售模式下的新物流的特征之一是企业要从以消费者为驱动,从更令人信任的商品、更佳的购物体验、更优性价比以及更快速的配送等多方面出发,打造以消费者为中心的物流新格局。例如,零售商可通过掌握客户消费行为特征,展开个性化、定制化物流服务,甚至展开科学预测,提前备货;通过采取产地直采加物联网等技术,实现降低成本、增加客户信任度的效果;通过构建逆向物流和售后服务提升客户体验感和满意度;通过智慧物流、资源共享和效率提升来实现物流成本的下降;通过店仓一体化、智能柜、微仓、众包快递等方式,解决新零售模式下的"最后一公里"难题。此外,新零售模式下的新物流还强调由数字化驱动,构建以数据为内核的数字化供应链网络,提高供应链的透明度和服务水平,最终达到更加贴近终端、直面消费者、去库存、提高物流响应速度,以及实现企业差异化竞争优势和提升企业整体价值等目的。

以阿里巴巴的新零售模式下的新物流布局为例,其主要的实现路径是通过数据算法、智能供应链和人工智能等技术,充分融合线上和线下的人、货、场。消费者完成购物后,通过各前置仓、商场门店、便利店发出商品。这一规划包括了盒马鲜生的"30分钟达"、天猫超市的"1小时达"和天猫商城的"2小时达",其核心就是通过大数据和智能算法,实现货存于店、前置发货,实现部分商品的极致物流,从而提升客户体验。

七、电子商务企业物流模式选择

电子商务企业在进行物流决策时,应根据自己的需要和资源条件,综合考虑以下主要因素,慎重选择物流模式,以提高企业的市场竞争力。

(一)物流对企业成功的影响度

物流对企业成功的影响程度高时,企业需要有一个更加专业化,以及可控化要求高的物流服务,一般有两种情况供企业选择:第一,当企业处理物流的能力相对比较低时,则采用第三方物流;第二,当企业处理物流的能力很高时,则采用自营物流。物流对企业成功的影响程度低时,企业一般会选择外购物流服务。

(二)企业对物流控制能力的要求

越是竞争激烈的产业,企业越是要强化对供应和分销渠道的控制,此时企业需要一个能够实施"即时"指令的物流服务,自营物流是最好的选择。当企业无法实现自营物流时,提高供应链管理效率是外包物流服务时必须要考虑的。

(三)企业产品自身的特点

对于大宗工业品原料的回运或鲜活产品的分销,应利用相对固定的专业物流服务提供商和短渠道物流;对全球市场的分销,宜采用地区性的专业物流公司提供支援;对产品线单一的或为核心企业做配套产品生产的企业,则应在龙头企业统一管理下自营物流;对于技术性较强的物流服务,如口岸物流服务,企业应采用委托代理的方式;对非标准设备的制造商来说,企业自营物流虽有利可图,但还是应该交给专业物流服务公司去做。

(四)企业规模和实力

一般来说,大中型企业由于实力较雄厚,有能力建立自己的物流系统,制订合理的物流需求计划,保证物流服务的质量。另外,还可以利用过剩的物流网络资源拓展外部业务。

(五)物流系统总成本

物流总成本包括运输成本、仓库维持费、批量成本、固定仓储费用、变动仓储费用、订单处理和信息费用以及顾客服务费等。一般情况下,库存数量减少时,仓储费用降低,但会带来运输距离和次数的增加而导致运输费用增加。保持成本减少的量大于费用增加的量,是选择和设计物流系统时必须要论证的内容,保证选择成本最小的物流系统。

(六)第三方物流的客户服务能力

电子商务企业选择第三方物流服务时,物流企业的仓储设置、配送点覆盖范围、物流设施设备、供应链管理的效率、物流服务满意度考评体系以及物流增值服务等物流客户服务能力是必须要考虑的因素。这些因素直接影响着第三方物流对电子商务企业订单进行快速、有效的处理能力。

第三节 电子商务与供应链管理

一、供应链概述

(一)供应链的定义

供应链概念的提出时间不长,所以对供应链的定义没有一个统一的版本,其中较为典型的一个定义为:供应链是组织结构的网络结构,通过结构中上行(上游)正向和下行(下游)反向的衔接,以不同的运作过程和业务活动,产生以最终用户获得产品和服务的形式表现出来的价值。这个定义比较贴合实际,因此被广为引用,得到了业界的认可。

(二)供应链的构成要素

①供应商即为生产厂家提供原材料或者零部件的企业。
②制造商负责产品生产、开发和售后服务等。
③分销商是指为将产品送到经营地理范围每一角落而设的产品流通代理企业。
④零售商即将产品销售给消费者的企业。
⑤客户即最终消费者。

企业外部供应链流程如图 7-1 所示。

图 7-1 企业外部供应链流程

(三)供应性的特征

①供应链是"网络"。在传统意义上,供应链就是把一些离散或者松散的企业(或者业务)连接在一起,进行相关协调,以控制、管理和改进从供应商到最终用户的物流和信息流。

②供应链是组织结构的链路结构。链路是指维系供应链的各个过程和各种关系,主要是靠协调或调度。供应链的链路可以是"上行"的和"下行"的。"上行"指的是一个企业和其供应商,或者供应商与供应商之间的关系。"下行"指的是一个企业和其客户的关系。供应链的链路既有"上行"业务又有"下行"业务。也就是既有"配送"业务,又有"回收"业务。

③供应链是一个活动过程。从不同的角度，其过程描述存在着一定的差别。从采购的角度来观察，组成供应链的过程是搜寻、获取、使用、维护，最后是废弃；从供应商的角度来观察，组成供应链的过程是研究、设计、制造或提供、销售以及服务。

④供应链是价值增值的过程。价值是指购买者愿意支付之物，通常存在两种情况：付出的价格最低而活动的利益相同；获得某种特殊的利益足以抵消较高的价格。

⑤供应链以最终客户作为价值评价的导向。一般来讲，供应链的所有过程和业务产生的商品或服务的接受者是客户，一个供应链中前接或后续的环节都存在客户，这个客户可以是内部的，也可以是外部的。而在供应链的定义中，以"最终客户"作为价值评价的导向，因为供应链延伸的最终尽头是最终消费者，商品或服务的订单也是从最终消费者那里发出来的。

二、供应链管理

在经济全球化的形势下，市场竞争不断加剧，产品的种类和数量飞速膨胀，产品的生命周期逐渐变短，顾客对产品和服务的要求逐年增高，企业面临的市场环境已经转向了买方市场。因此，资金、技术、人员、信息等生产要素和商品在全球范围内快速自由流动、相互渗透、相互影响、相互依存，寻求最有利的资源配置，使得世界各国的经济日益紧密地联系在一起。传统的企业管理模式已经不再适应这些新形势的要求，迫切需要更新、更先进的管理理念和管理模式的出现。

（一）供应链管理的概念

供应链管理是管理学的一个新概念，目前为止并没有关于供应链管理的统一的定义。许多学者从不同的角度给出了不同的描述。

《物流术语》国家标准(GB/T 18354—2020)征求意见稿将供应链管理定义为：从供应链整体目标出发，对供应链中采购、生产、销售各环节的商流、物流、信息流及资金流进行统一计划、组织、协调、控制的活动和过程。

哈兰德(Harhnd)将供应链管理描述成对商业活动和组织内部关系、直接采购者的关系、第一级或第二级供应商、客户关系和整个供应链关系的管理。斯科特(Scott)与韦斯特布鲁科(Westbrook)将供应链管理描述成一条连接制造与供应过程中每一个元素的链，包含了从原材料到最终消费者的所有环节。这两种描述包含了整个价值链，它描述了从原材料开采到使用结束，整个过程中的采购与供应链管理流程，主要集中在如何使企业利用供应商的工艺流程、技术和能力来提高企业的竞争力，在组织内部实现产品设计、生产制造、物流和采购管理功能的协作。从企业内部描述：在一个组织内集成不同功能领域的物流，加强从直接战略供应商通过生产制造商与分销商到最终消费者的联系，利用直接战略供应商的能力与技术，尤其是供应商在产品设计阶段的早期参与，提高生产制造商的效率和竞争力。

（二）供应链管理的内容

供应链管理与合作关系的内容主要涉及四个领域：供应、生产计划、物流、需求。供应链管理依托于互联网/Intranet 信息网络，以同步化、集成化生产计划为指导，围绕供应、生产计划、物流和满足需求来实施。供应链管理主要包括计划、合作、控制从供应商到用户的物料和信息，其目标在于提高用户服务水平和降低总的交易成本，寻求两个目标间的平衡。影响供应链管理成功实施的因素有很多，其中起关键作用的因素主要有库存、成本、信息、客户服务和合作关系。

1. 库存

库存流和库存水平的管理是供应链管理的重点,是评价供应链管理成功与否的主要绩效标准。库存水平既要满足顾客需求,又要确保减少管理成本。为了保持商品库存供求的平衡,需要对供应链进行综合管理以避免不必要的重复。当客户需求存在不确定性时,库存流以及库存水平的管理对供应链管理要求更加复杂。在电子商务中,客户需求的个性化以及需求量变化波动大的因素对供应链管理的要求更高。

2. 成本

高效率与低成本是供应链管理的重要目标。

3. 信息

信息影响着供应链管理的效率和效益。信息的有效流通以及及时共享对供应链管理的决策极其重要。顾客需求种类以及需求量变化信息对原材料的需求、生产计划、库存管理、物流要求等都是正向作用。

4. 客户服务

客户服务是供应链管理成功的一个重要因素。全球供应链的成功就是其在供应链管理中,把物流成本或价格与提供的有关服务相联系。客户服务使全球供应链保持竞争力,赢得更大市场份额。

5. 合作关系

供应链伙伴之间的合作是供应链管理成功的另一个重要因素,即将整个供应链作为一个单独的组织来经营。各个合作企业专注于企业的自身的核心竞争力,将其他业务活动外包给供应链伙伴,这种方式能更加灵活、敏捷地对变化的企业环境做出反应。

由此可见,供应链管理关心的不仅仅是物料实体在供应链中的流动。除了企业内部与企业之间的运输问题和实物分销以外,供应链管理还包括以下主要内容:第一,供应链管理策略制定;第二,战略性供应商和客户合作伙伴关系管理;第三,供应链产品需求预测和计划;第四,供应链的设计(全球节点企业、资源和设备等的评价、选择和定位);第五,企业内部与企业之间物料供应与需求管理;第六,基于供应链管理的产品设计与制造管理、生产集成化计划、跟踪和控制;第七,基于供应链的客户服务和物流(运输、库存和包装等)管理;第八,企业间资金流管理(汇率、成本等问题);第九,基于互联网/Intranet 的供应链运作的信息支持平台及信息管理等。

三、电子商务对供应链管理的影响

近年来,电子商务迅速成长,消费者的消费理念以及消费习惯发生了变化。多品种、差异化、需求波动变化大、客户体验要求高等都考验着企业的竞争力。这种竞争力最直接的体现就是客户订单的快捷高效处理能力。为了满足消费者的这种需求,电子商务开始优化自身的供应链系统,力求提升供应链管理能力,这逐渐对原有的供应链管理产生了深远的影响。

(一)反应速度快

快速反应是消费者对电子商务提出的新要求。为实现这个目标,零售商和制造商建立战略伙伴关系,利用 EDI 等信息技术,进行销售时点的信息交换及订货补充等其他经营信息的交换,用多频度、小数量配送方式连续补充商品,以实现缩短交货周期、减少库存、提高客户体验水平和企业竞争力。

(二)信息共享、集成化要求更高

为提高客户体验水平,提高电子商务企业的订单处理能力、缩短配送周期,提高供应商供货的准确度,供应链中的信息必须集成共享。供应商要通过供应链系统及时地了解货品销售的信息以及库存信息,能及时地组织生产和送货;电子商务企业通过供应链系统及时了解订单的信息、货品库存信息、货品的配送跟踪,及时处理围绕着订单的相关实务,提高客户的满意度;配送时,通过供应链系统综合分析订单以及仓储的相关信息,以最短路线、最少成本、最快时效的原则把货品准确送到顾客手中。

(三)开放化、柔性化

客户订单多、产品生命周期短、订单量波动大等,都考验着电子商务企业对订单的正确有效处理能力。以少量供应商、少量仓储、统一的客户需求为特点的闭合性供应链方式已经不太适合电子商务活动的需要。电子商务企业的供应链需要根据市场的变动进行及时调整,这就要求电子商务企业的供应链管理要更加的开放化,客户能够方便进入供应链系统下订单,新的供应商能够更加快捷地进出企业的供应链系统。

(四)合作伙伴关系更密切

供应链中合作伙伴的合作关系是一种战略合作,它形成的原因通常是为了降低供应链总成本、降低库存水平、增强信息共享、改善合作伙伴相互之间的交流,保持战略伙伴相互之间操作的一贯性,从而产生更大的竞争优势,以实现供应链节点企业的财务状况、质量、产量、交货期、用户满意度和业绩的改善、提高。电子商务中,消费者对订单的处理、送货的效率要求都非常高,与此同时,消费者订单的差异化要求越来越明显。这对企业的采购、生产以及供货都提出了更高的要求,使得供应链上的各个合作伙伴之间的关系更加的紧密。

(五)企业间的竞争转化为供应链之间的竞争

电子商务活动中,一个订单的处理需要依靠电子商务系统的数据处理、仓储的调配货或者来购处理、配送环节处理等,涉及供应商、电子商务企业及配送商。电子商务企业是核心企业,其他企业围绕着核心企业的业务组织生产或提供服务,如果其中一个环节出了问题,就会影响消费者的体验。因此,在电子商务环境下,核心企业之间的竞争更多的是考验其供应链的优劣。

第四节 电子商务与物流信息管理

物流信息技术

一、物流信息与物流信息系统

(一)物流信息

物流信息是指与物流活动(商品包装、商品运输、商品储存、商品装卸等)有关的一切信息。物流信息是反映物流各种活动内容的知识、资料、图像、数据、文件的总称。物流信息是物流活动中各个环节生成的信息,一般是随着从生产到消费的物流活动的产生而产生的信息流,与物流过程中的运输、保管、装卸、包装等各种职能有机结合在一起,是整个物流活动顺利进行所不可缺少的。

1. 物流信息的含义

物流信息有狭义和广义之分。从狭义的范围来看，物流信息是指与物流活动有关的信息，如订货信息、库存信息、采购指示信息（生产指示信息）、发货信息、物流管理信息。从广义的范围来看，物流信息不仅指与物流活动有关的信息，而且包括与其他物流活动有关的信息，如商品交易信息和市场信息等。

2. 物流信息的特点

在电子商务时代，人类需求向着个性化的方向发展，物流过程也在向着多品种、少量生产和高频度、小批量配送的方向发展，因此，物流信息在物流的过程中也呈现出很多不同的特征。和其他领域信息比较，物流信息主要表现出以下特点：

①由于物流是一个大范围内的活动，物流信息源也分布于一个大范围内，信息源点多、信息量大。如果未能实现统一管理或标准化，则会导致信息缺乏通用性。

②物流信息动态性特别强，信息的价值衰减速度很快，这就对信息工作的及时性提出了较高要求。在大系统中强调及时性，就要求信息的收集、加工、处理速度要快。

③物流信息种类多，不仅本系统内部各个环节有不同种类的信息，而且由于物流系统与其他系统，如生产系统、销售系统、消费系统等密切相关，因而还须收集这些类别的信息。这就使物流信息的分类、研究、筛选等难度增加。

④不同类别的物流信息还有一些不同特点。例如，物流系统产生的信息，由于需要向社会提供，因而收集信息力求全面、完整；而收集的其他系统信息，则要根据物流要求予以选择。

（二）物流信息系统

物流信息系统是为物流业务服务的，它主要处理伴随物流各个活动环节产生的物流信息。

物流信息系统是以现代管理理论为指导，以计算机和网络通信设施等现代信息技术为基础，以系统思想为主导建立起来的能进行信息采集、传输、加工、储存，并为物流管理人员提供决策信息的人机交互系统。

物流信息系统的目标是为物流管理人员提供在物流管理工作中所需要的信息，物流管理人员包括各类、各层管理人员。物流信息系统是为物流管理工作服务的，而不是代替物流管理人员的工作。物流信息系统在高、中、低三个物流管理层次上支持管理活动。

物流信息系统是由一个技术系统和包括人在内的人机系统组成的。这个人机系统是以人为主体的系统，它对企业的各种物流数据和信息进行采集、传输、加工、保存，将有用的信息传递给使用者，以帮助企业进行物流业务的全面管理。物流信息系统具体由计算机硬件、软件、通信网络、其他办公设备以及人员组成，还包括相应的管理制度。

物流企业中不同管理层的人员使用物流信息系统处理不同层次的管理业务：物流业务人员使用物流信息系统处理物流业务，物流管理人员使用物流信息系统控制物流过程，决策人员使用物流信息系统辅助决策。

从系统的观点来看，物流信息系统是企业信息系统的一个子系统，它本身又可以分解成一系列的子系统。

二、物流信息技术

（一）条码技术

条码技术是在计算机的应用实践中产生和发展起来的一种自动识别技术，它提供了一种对物流中的货物进行识别和描述的方法。

条码是由一组规则排列的条、空及其对应字符组成的标记,用以表示一定的信息。其中,条对光的反射率高。条码隐含着数字信息、字母信息、标志信息、符号信息,主要用于表示商品的名称、产地、价格、种类等,是全世界通用的商品代码的表示方法。条形码的扫描需要扫描器,扫描器利用自身光源照射条码,再利用光电转换器接受反射的光线,将反射光线的明暗转换成数字信号。

条码不仅可以用来标识物品,还可以用来标识资产、位置和服务关系等,是实现POS系统、EDI、电子商务、供应链管理的技术基础,是物流管理现代化、提高企业管理水平和竞争能力的重要技术手段。

条码技术具有以下几个方面的优点:

①输入速度快:与键盘输入相比,条码输入的速度是键盘输入的5倍,并且能实现即时数据输入。

②可靠性高:采用条码技术误码率低于百万分之一。

③采集信息量大:利用传统的一维条码一次可采集几十位字符的信息,二维条码更可以携带数千个字符的信息,并有一定的自动纠错能力。

④灵活实用:条码标识既可以作为一种识别手段单独使用,也可以和有关识别设备组成一个系统实现自动化识别,还可以和其他控制设备连接起来实现自动化管理。

另外,条码标签易于制作,对设备和材料没有特殊要求,识别设备操作容易,不需要特殊培训,且设备也相对便宜。在零售业领域,因为条码是印刷在商品包装上的,所以其成本几乎为"零"。条码和二维码的形式分别如图7-2、图7-3所示。

图7-2 条码　　　　　　图7-3 二维码

(二)射频识别技术

射频识别技术(Radio Frequency Identification,RFID)是一种集计算机技术、信息采集处理技术、无线数据传输技术、网络数据通信技术及机械电子自动控制技术等多学科综合应用的自动化控制技术。与其他自动识别系统一样,射频识别技术也是由信息载体和信息获取装置组成的。其中,装载识别信息的载体是射频标签,获取信息的装置称为射频读写器。射频标签与射频读写器之间利用感应、无线电波或微波能量进行非接触双向通信,实现数据交换,从而达到识别的目的。

无线射频识别技术无须人工干预,可工作于各种恶劣环境,如高温、严寒、灰尘污染等恶劣的环境;也可用在工厂的流水线上跟踪物体或自动收费及车辆的识别等。

(三) GPS技术

全球定位系统(Global Positioning System,GPS),主要是指利用导航卫星授时和测距。GPS由空间卫星系统、地面监控系统、用户接收系统三大子系统构成,在供应链管理上面主要用于对车辆、船舶、火车等监控或调度,智能行程导航以及实现货物跟踪管理。

GPS系统包括3大部分:空间部分为GPS卫星星座,地面控制部分为地面监控系统,用户设备部分为 GPS 信号接收机。

GPS 卫星发送的导航定位信号是一种可供无数用户共享的信息资源。对于陆地、海洋和空间的广大用户只要用户有能够接受、跟踪和测量 GPS 信号的接受设备，就可以在任何时间用 GPS 信号进行导航定位。

(四)GIS 技术

地理信息系统(Geographical Information System,GIS)是多学科交叉的产物，是以地理空间数据库为基础，采用地理模型分析方法，适时提供多种空间的和动态的地理信息，为地理研究和地理决策服务的计算机技术系统。GIS 的基本功能是将表格型数据转换为地理图形的形式显现出来，然后对显示结果浏览、操作和分析。GIS 地理信息系统主要用于以下几个方面：

①车辆路线模型。用于解决一个起始点、多个终点的货物运输中如何降低物流作业费用，并保证服务质量的问题。

②网络物流模型。用于解决寻求最有效的分配货物路径问题，也就是物流网点布局问题。

③分配集合问题。可以根据各个要素的相似点把同一层上的所有或部分要素分为几级，用以解决确定服务范围的销售市场范围等问题。

④设施定位模型。用于确定一个或多个设施的位置。在物流系统中，仓库和运输线共同组成了物流网络，仓库处于网络的节点上，节点决定着线路。使用 GIS 的企业可根据供求的实际需求并结合经济效益等原则，决定在既定区域内设立多少个仓库，每个仓库的位置在哪里 每个仓库的规模有多大以及仓库之间的物流关系如何等。基于 GIS 的物流配送系统的应用如图 7-4 所示。

图 7-4　基于 GIS 的物流配送系统的应用

> **小链接**
>
> ### 基于位置的服务(LBS)
>
> 基于位置的服务(Location Based Service,LBS)是通过电信移动运营商的无线电通信网络(如GSM网、CDMA网)或外部定位方式(如GPS)获取移动终端用户的位置信息(地理坐标或大地坐标),在地理信息系统平台的支持下,为用户提供相应服务的一种增值业务。
>
> 基于位置的服务包括两层含义:首先是确定移动设备或用户所在的地理位置;其次是提供与位置相关的各类信息服务。例如,找到手机用户的当前地理位置,然后通过用户链的关键词寻找手机用户当前位置1公里范围内的宾馆、影院、图书馆、加油站等的名称和地址。所以说LBS就是要借助互联网或无线网络,在固定用户或移动用户之间,完成定位和服务两大功能。

(五)物联网技术

为了对物流中的"物"进行识别、定位、追踪、监控、计数、分类、拣选,现代物流信息系统综合应用各种物联网感知技术,如射频识别技术、全球卫星定位系统、传感器技术、红外技术、蓝牙技术、激光技术、视频识别与监控技术等,使得物流变得更加智能。智能化在物流中的应用主要体现在以下几个方面:

1. 智能托盘

在托盘等装载设备上加装射频识别技术标签后,有利于托盘等装载设备的管理及监控。例如,使用射频识别标签标识自动化立体仓库中流通使用的托盘,对托盘进行动态跟踪,通过视频监控系统,把仓储作业中各流程的作业时间点进行信息采集及记录,实现仓储作业环节的自动化管理。目前,在烟草行业、医药行业、农产品领域及食品行业已经有很多成功的例子,智能托盘在信息采集与管理、货物的识别、追踪和查询等方面发挥作用,保障了药品安全及食品安全。

2. 智能运输

依托射频识别技术、通用分组无线服务技术、全球卫星定位系统及地理信息系统等技术的集成,构建物流货运及配载信息化监控管理平台,对实时的货物信息、导航信息及通程配货信息进行联网监测等。通过识别出货品、货箱及托盘,射频识别技术标签使运营者及时了解销售环节,从而能识别出商品,显示出货品的来源及运输状态,最后成功将商品发送到指定目的地。

3. 智能仓储

通过在配送中心收货处、仓库出入库口、托盘、货架及其他物流关卡安装固定式射频识别技术读写器,在货物包装箱上加装射频识别技术标签并在搬运设备上安装移动式的射频识别技术读写器,以及使用手持读写器,能够实现对配送中心货物的自动化的入库、盘点、分拣、出库,实现物品库存的信息化管理。企业能够实时掌握商品的库存信息,结合自动化补货系统及时进行货物的补充,降低库存水平及提高库存管理能力。

4. 智能搬运

目前在我国汽车物流、烟草物流、医药物流等先进的物流系统都使用了智能机器人。这些智能机器人执行自动化搬运的指令和堆、码、垛作业指令。随着信息技术和传感技术的发展,企业可实现智能作业与管理。而目前智能机器人已具备远程遥控、温感、光感等新型智能特性,因此可作为物联网作业中的一个执行者,进行高效的分拣及堆垛作业。

本章小结

本章融合课程思政元素,进一步挖掘开发电子商务物流领域的素质教育、理想信念教育、职业道德教育。通过案例数据展现我国电子商务及物流发展取得的巨大成就,激发学生的爱国热情及自豪感;帮助学生了解电子商务及相关物流活动在保障民生、抗击疫情过程中的重要作用;通过思想政治教育培养学生在电子商务及物流领域的实践创新能力及职业操守。

作为电子商务交易"四流"的组成部分,物流对电子商务的发展起到至关重要的作用,是电子商务活动中不可或缺的重要保障。根据实际需要,物流活动将运输、储存、装卸、搬运、包装、流通加工、配送、信息处理等基本功能实施有机结合,以实现物品从供应地向接收地的实体流动过程。

电子商务的发展促使原有的物流行业不断变革,新的商业业态推动新型物流模式不断出现。企业在进行物流决策时,应根据自己的需要和资源条件,综合考虑相关因素,慎重选择物流模式,以提高企业的市场竞争力。同时需要通过有效的供应链管理、先进的物流信息技术和物流信息系统来提高物流运作的效率。

关键术语

物流、企业自营物流、第三方物流、第四方物流、供应链、供应链管理、物流信息系统、物流信息技术、物流智能化。

配套实训

1.选择一家快递企业,通过网络了解该快递公司的背景和运营状况等信息。
2.选择一家电子商务的企业,通过网络了解该企业的物流运作模式。
3.网购一件商品,通过系统查看订单处理状态及物流跟踪信息。
4.通过手机的扫码功能识别商品条码、二维码、物流条码等信息。
5.通过快递公司的网站完成自助下单,等待快递员上门取件,将快递包裹寄送给另一地点的亲戚朋友。

课后习题

一、单项选择题

1.对物品进行较长距离的空间移动是属于物流的(　　)功能。
A.配送　　　　　B.包装　　　　　C.流通加工　　　　　D.运输
2.生产企业、流通企业售出产品或商品的物流过程称为(　　)。

A. 供应物流　　　B. 生产物流　　　C. 销售物流　　　D. 回收物流

3.（　　）是指物品在从生产地到使用地的过程中,根据需要施加包装、分割、计量、分拣、刷标签、组装等简单作业的总称。

A. 装卸搬运　　　B. 流通加工　　　C. 包装　　　　　D. 运输

4.（　　）是指工商企业把部分或全部物流业务交由专业的物流企业运作的一种交易方式。

A. 第一方物流　　B. 第二方物流　　C. 第三方物流　　D. 第四方物流

5.供应链是组织结构的（　　）,通过结构中上行(上游)正向和下行(下游)反向的衔接,以不同的运作过程和业务活动,产生以最终用户获得产品和服务的形式表现出来的价值。

A. 线性结构　　　B. 链路结构　　　C. 网络结构　　　D. 扁形结构

二、填空题

1._____是指物质实体的流动过程,具体是指运输、储存、配送、装卸、保管、物流信息管理等各种活动。

2.生产企业、流通企业或消费者购入原材料、零部件及其他物品的物流过程称为_____。

3.电子商务交易双方的部分或全部物流功能的外部服务提供者称为_____。

4.GIS的基本功能是将表格型数据转换为_____,然后对显示结果浏览、操作和分析。

5.利用GPS定位功能在GIS平台的支持下为用户提供相应服务的一种增值业务称为_____。

三、简答题

1.物流的基本功能有哪些?

2.电子商务与物流之间有什么样的关系?

3.对于一般的中小型电子商务企业来说,选择什么样的物流模式比较适合? 为什么?

4.简述电子商务对供应链管理的影响有哪些。

5.物流信息的特点有哪些?

讨论案例

阿里巴巴新零售发力即时物流,分钟级配送是如何做到的?

早期的网购基本上需要几天甚至一周才能到货,后来随着物流业的发展,快递送货时间逐步缩短,但一般来说次日达或者当日达已经是极限速度。

那么,阿里巴巴新零售的分钟级配送是如何做到的?

网上下单,楼下发货

当前,中国的物流模式以快递和仓配为主,这种模式在技术的投入和行业的协同之下,实现次日达和当日达已经是极限,要进一步提升速度,就得在模式上求变。阿里巴巴新零售启动后的商超"一号工程"盒马鲜生走出了第一步的尝试。

"盒马鲜生"采用的是"店仓结合"的模式,通过自建商圈门店,实现3公里内30分钟送达。这种快速送达的生鲜消费模式颇受用户欢迎。自建门店的"盒马鲜生"模式只是第一步,接下来,天猫超市的"一小时达"则将门店范围扩大到了便利店等第三方合作门店。天猫超市"一小时达"覆盖了北京、上海、广州、深圳、杭州、天津、武汉、重庆、成都、南京、苏州等十多个重点城市。随后,天猫和菜鸟一起把"即时物流"从生鲜品类扩展到了其他品类,从垂直孵化业务扩展到了第三方商家的业务。

以天猫和菜鸟刚刚宣布开通的屈臣氏门店发货为例:用户在其天猫旗舰店下单后,距其最近的屈臣氏门店便会收到推送,然后锁定库存,准备打包;同时另一条信息将推送给菜鸟的合作伙伴"点我达",通知快递员上门揽收;双管齐下之下,商品最快可在2小时内送至消费者手中。

除屈臣氏外,周黑鸭等食品企业、银泰等大型商城都将加入门店发货的体系中。这些门店将成为一个个放在消费者身边的"前置仓",再加上菜鸟的数据预测、定时送达、极速退换货等产品的加持,"网上下单、楼下发货"的线上、线下融合模式将成为新零售常态。

科技搭台,智能唱戏

"门店发货、即时送达",看似很简单的一个流程,但要实现分钟级的送达,背后却要克服诸多困难,就需要阿里和菜鸟的高科技产品和人工智能技术出场了。

菜鸟形成了遍布浙江嘉兴、湖北武汉、广东惠阳、广东增城、天津武清等地的无人仓群,这也是全球较大的无人仓群。这其中还有超百台机器人的无人仓,这种超级机器人仓单日发货可超百万件。所谓人工智能分单,就是通过人工智能技术以及大规模的机器学习处理海量数据,实现一种智能分单模式。在这种模式之下,包裹发出时,就会对包裹要去往的网点以及配送的快递员做出精准的对应,并在面单上标识出编号,无须由人工手写分单,从而缩短处理时间,提高配送效率。同时,人工智能还能通过分析海量历史数据,选取爆品,并对爆品在不同城市的销量做出预测,这样就便于商家提前将爆款商品布局在离消费者最近的仓库。

在送达方面,菜鸟网络同样会通过人工智能实时计算全网发货量,根据快递公司的作业能力预测可能会产生的拥堵线路,并帮助商家提前躲避拥堵。

可以说,正是有了这些高科技产品和人工智能以及大数据的加持,才让新零售速度得以保证,在让消费者满意的基础上,也让商家和快递公司降低成本、提高效率。

新物流提速,新零售起飞

我国的电子商务得以迅猛增长,其中一个重要原因就是物流的快速发展。可以说,零售业的每一步变化,背后都有一个新的物流模式在推动,新零售同样如此。

新零售的核心在于推动线上与线下的一体化进程,其关键在于使线上的互联网力量和线下的实体店终端形成真正意义上的合力。"网上下单、门店发货"就是新零售的一次很好的实践,而这个实践的背后靠的是"分钟级"的即时物流的支撑。

新物流的提速也让中国电商企业可以对以往望而却步的海外商品重燃希望。比如,天猫、菜鸟就与新西兰的奶业合作,实现了保质期很短的巴氏杀菌鲜奶B2C进口"0"的突破。此外,随着菜鸟海外仓在俄罗斯、西班牙、法国等地的设立,海外消费者购买中国商品的收货速度也进入了"小时级",最快4个多小时就可以实现送货上门。

接下来,天猫和菜鸟还将依托合作伙伴,将"分钟级"送达覆盖至更多品类、更多区域,进一步打通线上线下、海内海外。物流的全面提速,必将推动新零售的全面起飞。

根据材料思考以下问题:

1. 新零售物流能够实现"分钟级配送"最主要的是实现哪个物流环节的改变?
2. 大数据、人工智能技术对实现新物流提速起到什么作用?

第八章 电子商务法律

学习目标

知识目标

了解电子商务法律建设的现实意义;电子商务法律关系的主体和客体;电子商务法律关系的内容。

理解电子商务法律的概念;电子商务民事责任、行政责任、刑事责任的概念和判定标准。

掌握电子商务法律体系框架中电子合同法律问题、电子支付中的法律问题、电子商务中的知识产权保护、电子商务中的消费者隐私权保护。

技能目标

在面临电子商务合同或支付违约纠纷实务时,能运用所学知识分析法律关系权利与义务,采取合法行动化解纠纷。

在面临知识产权或隐私权被侵犯和权利管理等具体问题时,能将所学知识灵活运用,保护自身相关权益。

思政目标

把握电子商务法律发展的最新动态;培养学生的职业素养和责任意识、法制和契约精神。

导入案例

最高罚了70万元!直播带货违法,市场监管部门是这样查处的

近年来,直播带货的话题火爆,其中涉及的违法情况和监管问题更引发各方关注。2020年4月2日晚,人民网人民财评频道刊发的《直播电商火爆,市场监管不能缺位》一文指出,市场监管,不是一味强调政府要严格管理责任,而是控制电商直播产业野蛮生长的必然配套要求。对于新兴的直播带货模式,市场监管必须及时跟上。只有加强监管,才能让这个行业更规范,更有标准性,才能良性发展。

我们注意到,近年来,因直播带货违法,被总局和地方市场监管部门曝光的违法典型案例不少,最高罚款额达到70万元。2020年3月30日市场监管总局对外通报了一起借快手直播号销售野生动物的案例,目前已经立案处理,这也是目前市场监管总局曝光的首起短视频直播平台销售野生动物案例。

案例1:快手直播号销售野生动物被立案

2020年3月30日,市场监管总局通报了第九批"联合双打行动"典型案例,其中一起为借快手直播号销售野生动物的案例。这也是目前市场监管总局曝光的首起短视频平台上销售野生动物的案例。

2020年2月28日,河北省唐山市市场监管综合执法局接到群众举报,有人在快手短视频上销售野生动物。唐山市市场监管综合执法局立即协调路北区公安局网安大队对举报者提供的快手直播号所有人地址进行核实。3月2日,联合区公安局对当事人所在地进行现场突击检查。现场查获疑似国家二级重点保护野生动物红腹锦鸡12只、白腹锦鸡1只。

经查,当事人谷某在没有办理营业资质、驯养繁殖许可证的情况下,在自己家承包土地开办养殖场,由于疫情原因无法销售,便在快手平台进行宣传销售。唐山市市场监管综合执法局依据野生动物保护法等相关规定,扣押上述涉案锦鸡13只交由相关部门鉴定,并进行立案调查。

案例2:网络直播销售"处方药"广告主和发布者各罚70万

2019年1月,上海市市场监管局发布的典型违法广告案例中,有一起海王星辰药房"万艾可"网络直播广告案引人关注。该广告不仅严重违反处方药广告发布规定,而且含有违背社会良好风尚的其他内容,成为上海查处的首例网络直播广告活动的案件。市监沙龙注意到,该案例也被列入国家市场监督管理总局公布的2019年第一批典型虚假违法广告案件中。

上海海王星辰药房有限公司为周年店庆,委托天津通易科技发展有限公司制作了广告海报,并在当事人下属门店张贴,为网络直播活动做宣传。活动当天,海王星辰通过直播平台进行了以"有球必硬 夜夜激情"为主题进行网络直播。在直播中通过邀请男科医生、网红主播、电视主持人等作为嘉宾,采取现场布置道具、嘉宾和主持人互动的方式,对处方药"万艾可"的功效、使用方法等进行介绍与宣传,并在言语互动中出现"挑逗男性、制服诱惑"等内容。同时,当事人在该直播过程中进行处方药"万艾可"秒杀优惠销售活动。经统计该直播活动在线观看人数达15余万人。

上海市场监管部门表示,当事人利用网络直播这一传播媒介对处方药"万艾可"进行推介、宣传、销售,符合《中华人民共和国广告法》(以下简称《广告法》)第二条商业广告的定义。该广告不仅严重违反处方药广告发布规定,而且在直播活动中含有违背社会良好风尚等其他违法内容。

我国药品分为处方药与非处方药两大类,"万艾可"属处方药,需要凭医师处方才可购买和使用。我国《广告法》第十五条第二款规定,处方药只能在国务院卫生行政部门和国务院药品监督管理部门共同指定的医学、药学专业刊物上做广告。也就是说,即便是要发布该药物的广告,也不能网络上进行推广,更不能通过直播来宣传。

上海市场监管部门发布的公告表示,上海海王星辰药房有限公司与广告发布者天津通易科技发展有限公司的行为违反了《广告法》第九条第一款第(七)项、第十五条第二款、第十六条第一款第(四)项规定。

根据《广告法》第五十七条第一款第(二)项规定,对广告主做出责令停止发布违法广告,罚款人民币柒拾万元整的行政处罚;对广告发布者做出罚款人民币柒拾万元整的行政处罚。

资料来源:市监沙龙:最高罚了70万元! 直播带货违法,市场监管部门是这样查处的[EB/OL].2020-04-04

讨论:如何加强对直播带货违法的监管?

第一节　电子商务法律概述

一、电子商务法律概念与建设电子商务法律的现实意义

(一)电子商务法律概念

电子商务法的立法工作最初源于《电子商务示范法》这部由联合国大会1996年颁布的指导性、规范性文件。但经过多年的发展,电子商务领域已发生了翻天覆地的变化,相应地对电子商务的认识与概念界定也有不统一的现象。本教材以电子商务法所规范的商务活动范畴大小为依据,将电子商务法分为广义电子商务法与狭义电子商务法。广义的电子商务法,是指调整通过EDI、互联网、城域网、电视、电话、电报、传真等以电子、光学数据信息传输形式进行的商务活动的法律规范;狭义的电子商务法是指调整专门通过互联网平台进行的商务活动的法律规范。从当前国内外的电子商务法立法情况来看,电子商务法基本是指狭义层面的概念。

(二)建设电子商务法律的现实意义

伴随着"互联网+"应用的迅速发展,电子商务在社会各个领域的渗透作用也逐渐增强,电子商务立法的现实背景也显得相对复杂。电子商务法律建设的现实意义主要表现在以下方面:

1. 推动电子商务领域法律新问题的解决

互联网的技术发展给商务领域带来便利的同时,也引发了一系列的法律新问题。第一是网络欺诈问题,网购商品信息的真实性和完整性在一定程度上无法保证,甚至出现仿冒的网站骗取消费者账户信息和银行资金。第二是商标等知识产权侵犯的问题,通过电子商务形式销售的产品,涉及侵犯他人商标或专利的现象严重。第三是用户个人信息与企业运营信息保护问题,目前存在盗用、无节制利用用户信息的现象,破坏了用户对电子商务的信任。与此同时,交易记录、虚拟货币等企业信息构成的信息资产也存在被盗取和侵犯的现象。第四是网络经营秩序被破坏的问题,通过不正当技术手段,在用户搜索其他商标名称时将其引导至别有目的的网页,以及使用非法插件和注册与他人极其相似的商标和域名等。

因此,通过加强电子商务在法律层面的利用与管理,有效控制和打击电子商务领域的违反犯罪行为,对于有效解决现阶段面临的具体问题具有重要的现实意义。

2. 创造良好的法律环境,促进电子商务快速、健康发展

在电子商务法律层面还存在一些不明晰的情况,影响着电子商务的持续健康发展。一方面,电子商务交易企业主体、电子商务平台经营者、微商网店等的法律地位未划定,现有的B2B、C2C、B2C、O2O等电子商务模式在法律层面的意义不明确。另一方面,网络交易协议制定单方面化的平衡、电子商务平台经营者法律责任的界定、跨境电子商务的促进和法律监管的缺失问题、行政执法和司法管辖地域纠纷问题等都需要通过法律立法的形式进一步确认。

因此,推动电子商务领域法律立法工作,打造良好的法律环境建设,建立企业和消费者信心,将有效促进电子商务各参与主体开展贸易和服务活动。

二、我国电子商务法律的建设

《电子商务示范法》是世界上第一部电子商务领域的法律,于1996年由联合国贸易法委员会通过。2001年贸易法委员会又通过了《电子签字示范法》,这两部法律为各国电子商务的立法提供了一个初步的框架参考。我国在立法实践的过程中,电子商务法律模式形成了两个标志性的阶段:第一阶段为2018年前,我国逐步形成了"《中华人民共和国合同法》(以下简称《合同法》)+《中华人民共和国电子签名法》(以下简称《电子签名法》)"的独特电子商务法律模式。我国1999年发布的《合同法》借鉴了《电子商务示范法》中关于数据电文法律效力的规定,将数据电文等同于书面合同,但在具体操作上并未做出指导。2004年我国出台并于2019年4月修订的《电子签名法》,全面接受了上述联合国的两部示范法,确立了数据电文法律效力的同时,也明确了电子签名与书面签字和签章具有同等的法律效力。第二阶段为2018年以来,我国形成了以《中华人民共和国电子商务法》(以下简称《电子商务法》)为基础性法律法规,《中华人民共和国网络安全法》(以下简称《网络安全法》)、《民法典》合同编、《电子签名法》等法律为补充的"一体多翼"电子商务法律模式。2021年1月1日开始实施《中华人民共和国民法典》,《合同法》等九部法律同时废止,《合同法》改由《民法典》合同编来规范。2018年通过的《电子商务法》填补了电子商务领域专门法的空白,这是我国第一部电子商务综合性和基础性的法律,而2021年6月通过的《中华人民共和国数据安全法》和2021年8月通过的《中华人民共和国个人信息保护法》更是在数据及个人隐私安全方面不断完善了电子商务法律体系。2016年发布的《网络安全法》是我国网络领域的基础法,强调保护用户信息安全,着重规范网络空间安全的管理。

《民法典》合同编和《电子签名法》主要是在电子商务通信手段和数据电文的法律效力层面进行确认和规范,而在"电子商务"的"商务"层面市场秩序由《电子商务法》来规范。《电子商务法》是我国电子商务活动的基本法,其为电商市场主体合法、合规经营提供了法律框架,明确了各主体的权利与义务,强化了电商企业和平台的责任,更加保障了消费者权益;其针对网络经济层面的经营和交易秩序进行规范,并制定了电子商务的发展促进措施,推动电子商务领域法律新问题的解决,推进了电子商务发展的制度环境建设。

第二节　电子商务法律责任

导入案例

浙江省第一起利用微信平台售假入刑案(微信售假案)

2013年5月起,何某开始通过两个微信号在朋友圈发布各大名牌包包、手表和高档化妆品信息。何某接到单子后,转发给其广州朋友,由朋友从生产工厂直接发货给买家,何某赚取中间的差价。短短几个月的时间,何某发布的销售动态已达百余条,销售金额高达10余万元。

2013年12月,何某被用户举报售卖假货。公安机关在何某住所内搜出了假冒的"路易威登""普拉达"品牌包包和手表等24件商品。

2015年4月1日,杭州市经济技术开发区人民法院对浙江省第一起利用微信平台售假入刑案件进行了宣判,何某以销售假冒注册商标的商品罪被判处有期徒刑一年,缓刑二年,并被处罚金人民币6万元。

法院认为,被告人何某明知是假冒注册商标的商品而予以销售,销售金额数额较大,其行为已构成销售假冒注册商标的商品罪。鉴于被告人何某归案后如实供述罪行,系坦白,又系初犯,有悔罪表现,经审前社会调查符合社区矫正条件,且属怀孕的妇女,可依法予以从轻处罚并适用缓刑。

资料来源:中国电子商务研究中心:【法律案例】浙江省第一起利用微信平台售假入刑案[EB/OL].2015-06-24

一、电子商务民事责任

(一)电子商务民事责任的概念

电子商务民事责任是指在电子商务活动过程中,由于存在违反民事义务行为所应承担的法律责任。在我国,针对电子商务的民事责任界定除了《电子商务法》外,还由多部法律来进行。例如《电子签名法》《民法典》合同编界定电子合同的有效性;《中华人民共和国专利法》《中华人民共和国商标法》《中华人民共和国著作权法》《中华人民共和国消费者权益保护法》规定了电子商务中的知识产权问题;《中华人民共和国票据法》界定了电子商务领域电子票据的效力问题;《中华人民共和国银行法》规定了电子商务支付活动的相关问题;《中华人民共和国税法》规定了电子商务税收的相关问题;《中华人民共和国网络安全法》《中华人民共和国消费者权益保护法》规定了电商经营业者的信息披露和消费者个人信息安全保障的问题。

(二)电子商务的合同责任

电子商务的合同责任是指在电子商务交易过程违反合同所应承担的法律责任。这种违反可能是拒不执行合同,也可能是不按合同要求执行。电子商务合同一般是一方拟定的格式合同,并实行严格责任和过失责任归责的原则,对于合同债权的保障、经济秩序的维护都起到了有效的作用。但由于在现实电子商务交易过程中,存在大量不公平合同和对合同的理解不一致等造成合同违约,导致电子商务合同责任的产生。电子商务合同责任承担的主要方式有强制执行、赔偿损失以及支付违约金和其他补救措施等。

(三)电子商务中侵权责任

电子商务中的侵权责任是指在电子商务活动中由于违法行为造成相关当事人合法权益遭到损害的行为。电子商务中的侵权问题主要集中在对于商标权、版权、专利权等知识产权的侵害,同时涉及个体隐私权、名誉权以及消费者实体与虚拟财产等其他权益的侵害。电子商务侵权责任的归责原则一般遵循有过错责任原则、过错推定责任原则、公平责任原则以及严格责任原则。

二、电子商务行政责任

电子商务行政责任是指电子商务的参与主体由于做出行政违法行为而必须承担的法律责任。主要包含两个方面的情形:第一是国家机关法人及工作人员在对电子商务进行管理的过程中做出违反行政法规相关规定的违法行为;第二是行政相对人拒不履行本应承担的相关义务的行为。

三、电子商务刑事责任

电子商务的刑事责任是指在电子商务活动过程中因为刑事犯罪而必须承担的法律责任。在我国《中华人民共和国刑法》(以下简称《刑法》)中针对计算机犯罪进行了相关的规定。电子商务中的刑事责任主要包含以下特点:首先是有危害社会的违法事实,其次是违法行为受《刑法》禁止,再次是该行为还必须受《刑法》处罚。目前电子商务刑事犯罪的类型主要有：一是计算机犯罪,破坏电子商务系统、窃取数据等；二是非计算机犯罪,例如诈骗、盗窃、售假、逃税、版权侵犯、辱骂诽谤等到达刑事犯罪认定的标志。

第三节　电子商务法律体系框架

一、电子商务参与主体的法律关系

(一)电子商务法律关系的主体和客体

在电子商务活动过程中,享有权利与承担义务的各参与者为电子商务法律关系的主体。电子商务法律关系主体主要分为在线自然人用户主体和电子商务交易企业主体。在线自然人用户主体涉及行为人年龄是否达到法律规定的完全民事行为能力的年龄。我国对于公民行为能力的界定分为如下情况：第一,未满10周岁的公民为无民事行为能力的人；第二,10周岁以上不满18周岁的公民为限制民事行为能力的人；第三,满18周岁的公民为完全民事行为能力的人。这些属于限制性民事行为能力或无民事行为能力的低龄人员,借助微信、QQ等即时通信工具以及淘宝网等购物网站参与民事行为活动的行为非常常见,其行为的法律效力尚未完全确定,有碍电子商务的长远和健康发展。电子商务交易企业主体主要指通过电子手段参与交易的商家,其行为效力的产生主要通过电子商务网站平台的形式与在线自然人用户主体发生购物交易等方式。

在线自然人用户主体和电子商务交易企业主体在电子商务交易活动中为直接参与的主体。间接参与的主体即电子商务交易的第三方,如电子商务平台经营者、在线金融服务商、第三方物流、电子认证服务机构、政府等。

电子商务法律关系的客体主要包括有形物、服务以及网络产品等。有形物是指有形的商品或物品,与现实世界的物品别无二致,例如服装、化妆品、电脑、书本等都可以通过电子商务进行交易。服务是指与网络相结合而提供的服务,例如网络教育、在线法律咨询、在线财经咨询、网上人才招聘等。网络产品包含游戏软件、操作系统、电子流量、电子书刊等。

(二)电子商务法律关系的内容

电子商务参与主体在电子商务活动过程中应享有的权利和承担的义务称为电子商务法律关系的内容。电子商务参与主体双方关系平等,享有的权利和承担的义务也应是对等的。在线自然人用户主体的权利包含网站平台使用权、适量信息获取权、个人信息隐私权不受侵犯的权利、个人资料和密码适时更改的权利、不合格产品请求退换权、对交易企业主体因工作疏忽或不适当监控造成用户损失的请求赔偿权等；在线自然人主体的义务包括不得对所使用的网站平台资料进行拷贝和转让等用于商业用途,不得对网站平台进行逆向工程和反汇编及解体拆卸等,不得将获取的信息用于非法用途,遵守网络规则依照合同的规定支付货款,依照合同的约定接收货物,依照合同的约定验收货物等。电子商务交易企业主体的权利包括网络接入和域名使用权,用户适当信息获取的权利,依照合同约定收取货款的权利,由于在线自然人用户主体违反合同约定造成损失追偿的权利,自然人用户主体拒不履行合同的情况下解除合同权利等；电子商务交易企业主体的义务包括保证服务行为和平台信息内容合法、用户信息合理利用不侵犯他人权利的义务,依照合同约定交付货物及单据,承担货物所有权等相关权利的担保义务,承担保障货物质量的义务等。需要特别指出的是,对电子商务平台经营者这一电子商务间接参与者的责任界定,《电子商务法》给出了具体的规定:电子商务平台经营者知道或者应当知道平台内经营者销售的商品或者提供的服务不符合保障人身、财产安全的要求,或者有其他侵害消费者合法权益行为,未采取必要措施的,依法与该平台内经营者承担连带责任。

二、电子合同的法律问题

导入案例

网购电视遭商家单方撤单

北京市第三中级人民法院日前公布了包括"三倍赔偿""假一罚十""出售过期食品"在内的典型案例,其中就包含了颇受社会关注的电商单方"砍单"类案件。

2013年消费者陈先生花费161.99元在某电商购买了一商家的电视,随后收到该购物网站发来的电子邮件,其中包含有"此邮件仅确认我们已经收到了您的订单,但不代表我们接受您的订单,只有当我们向您发出发货确认的电子邮件,通知您我们已将您订购的商品发出时,才构成我们对您的订单的接受,我们和您之间的订购合同才成立;请注意,尽管您成功提交了订单,订单也注明了送达日期,但仍有可能由于商品缺货等原因无法发货。"当日,该购物网站再次给陈先生发送邮件,确认其已就订单支付货款161.99元。

几天后陈先生却收到该购物网站的邮件,称由于缺货,将无法满足订购意向。为此,陈先生将该商家诉至一审法院,要求对方履行合同。诉讼中,商家辩称消费者注册成网站用户时,因后台系统故障将错误的商品信息上传至前台;且商家称网站中公布的"使用条件"已经载明关于合同缔结条款中约定。一审法院判令消费者胜诉,商家需继续履行合同。后商家不服提起上诉。

北京市第三中级人民法院表示,本案的争议焦点是电商与陈先生之间买卖合同是否已经成立,商家在网站中公布的"使用条件"是否对双方发生约束力。北京市第三中级人民法院审理后认为,商家在消费者提交订单之后向消费者发出的订单确认邮件中的提示系双方达成合意后的通知,合同在双方达成合意时即成立,故双方的合同已经成立。

同时商家在网站中公布的"使用条件"是商家未与相对人协商预先设定的,不允许相对人对其内容做出变更的格式条款。商家应提醒消费者注意该项特别约定,并判断选择是否从事此项交易,但该商家并未尽到相应义务。北京市第三中级人民法院认为,对于格式条款,订立者应当以显著的方式提醒消费者注意,但是该商家并没有做到这一点,因此该格式条款对消费者没有约束力。故此北京市第三中级人民法院做出驳回上诉,维持原判的终审裁定。

北京市第三中级人民法院法官提醒,采用网络、电视、电话、邮购等方式提供商品或者服务的经营者,应当以极其显著的方式向消费者公布商品和服务的基本信息以及注意事项、售后服务、民事责任等信息,充分保证消费者的知情权、撤回权等基本权益,减少交易漏洞,规范网购行为,发挥网购的便利性。

资料来源:网易财经:法院:网购合同纠纷案件增多 电商不得随意取消订单[EB/OL].2015-03-11].

(一)电子商务合同的概念与特征

随着经济全球化和计算机技术的迅速发展,互联网经济模式下电子商务合同的订立变得越来越普遍。电子商务合同的定义主要分为广义的电子商务合同和狭义的电子商务合同两种。广义的电子商务合同是指以电子邮件、电子数据交换、电报、传真等涉及所有数据电文形式订立的合同;狭义的电子合同专门指以电子邮件和电子数据交换等形式订立的合同。电子商务合同主要有企业之间的电子商务合同、企业与个人之间的电子商务合同、企业或个人与政府之间的电子商务合同以及个人与个人之间的电子商务合同四类。

电子商务合同作为新型的合同形式,具有合同的一般特征,即电子商务合同是作为平等主体的当事人之间设立、变更、终止民事权利义务关系的民事行为。但由于电子商务合同的订立方式不同于传统的书面合同,因而又有其独有的特征。电子商务合同中当事人的意思表示均以电子化的形式存储在计算机或其他电子介质中,赋予了电子合同无纸化的特点,尽管带来了便捷,但风险相对于传统合同也增大了。电子商务合同综合了电子签名、数据电文等的应用,体现了电子商务具备的标准性和技术性。电子商务合同还具有及时性、广泛性和虚拟性以及缔结的低成本性等特征。承诺生效时合同成立,与此同时,和传统合同生效的地点就是合同成立地点不同的是,电子商务合同成立的地点以收件人主营业地为准。

(二)电子商务合同订立的安全保障

根据我国《民法典》合同编规定,针对合同违约责任的承担方式主要有继续履行、采取补救措施、赔偿损失、定金罚则、违约金等,这些规定在电子商务合同领域同样适用。当所购买的物品为虚拟网络产品时,必须结合网络信息技术发展,采取与时俱进的必要措施,才能保证电子合同违约责任承担达到理想的效果,例如针对违约救济方式还应包括停止使用、中止访问等。

保障电子商务合同订立安全的关键机制是电子签名制度与电子签名认证制度。我国《电子签名法》规定:电子签名是指数据电文中以电子形式所含、所附用于识别签名人身份并表明签名人认可其中内容的数据。电子签名认证是特定的第三方机构对电子签名和签名者的身份进行验证,是为了确定某人的身份信息和特定信息在传递过程中未被修改或替换。这两种制度在保障电子商务合同订立的安全方面取得了明显的效果、彰显了重要的价值。

三、电子支付中的法律问题

导入案例

系统故障卡被冻结?女大学生被骗千元

2014年3月16日下午,在江苏省南京市读书的浙江女孩林某刚在淘宝网上付完款半个小时后,她接到一个陌生电话。

"您好,是某某同学吗?我是支付宝中心话务员。"电话中传来一个男人的声音。林某见对方叫出了自己的真实姓名,便放下了心中的疑虑。

对方说:"刚才支付宝交易中心系统突然发生故障,您的支付行为没有成功,系统暂时冻结了您的银行卡。"

林某连忙问对方应该怎么办,对方告诉她,要到工商银行网上银行去"解冻",但是要先在官网上开通e支付功能。林某按照对方的要求,先到工商银行的官网上注册了e支付,然后按照对方的操作进行去"解冻",但是操作了3次,系统都提醒错误。

这时,对方提出帮林某"解冻"。林某不假思索就将银行卡号报给了对方。过了几分钟,对方告诉林某,她的这张卡没有"解冻"功能,如果要开通"解冻"功能的话,账户里至少得有1 000~2 000元,但是开通服务是免费的。林某虽然心存疑虑,但考虑到他说的开通服务是免费的就放下心来。她卡里没有那么多钱,只好从另外一张卡里取出1 000元,然后存到被"冻结"的工商银行卡里面。

不久,她的手机接到一条短信,内容是支付宝发来的银行卡被支取200元的动态验证码,对方让林某提供给他,并说是要把卡上的钱先转到支付宝的一个安全账户上,等银行卡"解冻"之后再转给她。

过了半分钟,林某手机又收到一条被支取1 000元的动态验证码,对方还是以同样的理由让林某说出了验证码。此后,林某越想越不对劲,赶忙给对方回拨手机,可号码根本打不通。这时,她意识到自己被骗了,连忙报警。

据南京栖霞警方侦查,这是一起以支付宝为媒介的诈骗案。骗子先是通过不法手段获取淘宝网交易信息、买家联系方式,随后在最短时间内用改号软件与目标联系;冒充支付宝工作人员骗取对方信任后,以帮助账户"解冻"为由,要求对方提供动态验证码,然后就能直接通过e支付功能迅速将卡中的钱转走。

南京警方提醒市民,一定要严格保护好自己的银行卡信息和身份信息,更不能泄露手机收到的银行支付方面的验证信息。

资料来源:代桥平安网.警方提醒:利用支付宝诈骗又出新"变种"[EB/OL].[2014-03-22].

(一)电子支付的法律关系

电子支付又叫电子资金划拨,主要是指单位、个人直接或授权他人通过电子终端发出支付指令,利用代表一定价值的电子信息实现货币支付与资金转移的行为。电子支付的法律关系又称为电子支付参与主体之间的权利与义务的关系。电子支付参与主体主要可归纳为:银行(含收款银行和付款银行)、付款人、收款人和认证机构。其中,银行根据银行与客户(含付款人、收款人)之间所订立的金融服务协议,认证机构以第三方信任机构的身份参与电子支付各主体用户身份的确认。电子支付涉及的主体众多,各方相互之间形成了不同的法律关系。

(二)电子支付完成的法律认定

电子支付的过程实际上也是电子商务合同履行的过程。电子支付于何时被认定完成,具有十分重要的意义,因为电子支付的完成意味着付款方义务承担和风险转移的完成。银行作为付款人的代理银行,一般将付款人在其代理银行账户被借记时的时点确认为已完成拨付指令,并纳入签订的"网上银行服务协议"中,当付款人向其代理银行发出支付指令后,一旦代理银行借记了付款人账户,即表明支付完成,付款人无权再要求撤销其支付指令和退回支付的资金。

(三)未经授权的电子支付命令引起的法律问题

未经授权的电子支付命令引发的电子支付是指消费者以外的人员未经授权从消费者账户中划出资金,而消费者本人并未得到任何利益的电子资金划拨。这种情况下,支付指令是由消费者提供给其他人卡号、密码及银行卡等存取工具而启动的,除非消费者已经通知金融机构不再授权启动电子资金划拨,那么所造成的损失由消费者本人承担;如果支付指令是由金融机构错误启动的,金融机构承担损失。尽管可以由电子签名和数字证书来判断指令的发出人,但指令发出者是否真的是权利人和被授权人却难以判断,因此针对未经授权的电子支付风险的承担,让客户承担有限责任并不公平,因为客户并未从支付获得任何利益;而纯粹由银行承担损失也不公平。所以只能把损失有条件地在银行与客户之间进行分担,特别是对消费者利益应给予更大的保护。

(四)电子支付指令错误引起的法律问题

电子支付指令的错误是指由于人为原因造成电子支付指令内容存在错误,或者在传输过程中由于机械故障导致电子支付指令产生错误。《电子商务法》规定,电子支付指令发生错误的,电子支付服务提供者应当及时查找原因,并采取相关措施予以纠正;造成用户损失的,电子支付服务提供者应当承担赔偿责任,但能够证明支付错误非自身原因造成的除外。这一规定表明,电子支付指令的发送人应当对其指令的正确与否负责,所以如果是人为原因造成的指令内容错误,造成的损失由发送人自己承担;而针对传输过程因机械故障形成指令错误,发生的损失由支付服务提供者来承担。

(五)电子支付的安全保障建设

互联网的开放性使其成为具备强烈外部性特性的产品,所有人都可以使用互联网以满足其个性需求。随着电子商务的发展,电子支付也吸引着越来越多的人员参与。所以,电子支付的安全保障成为监管部门面临的重要挑战。电子支付作为电子商务活动的关键环节,目前却没有专门针对电子支付的法律,故针对电子支付立法更应是电子商务立法的重要方向。除了立法,电子支付安全保障建设的措施还应当包括完善个人和企业诚信评估评级制度,网上交易采用实名制并推动企业诚信信息的披露;加强金融网络基础设施建设,加强电子支付过程认证、加密、反病毒等相关安全技术的提升,保障电子支付的无障碍、有效进行。

四、电子商务中的知识产权保护

导入案例

美团与大众点评互诉图片侵权案

团购行业的老大和老二现正在图片侵权问题上"打架"。正当美团网宣布胜诉大众点评网,后者就以同样的缘由将前者告上法庭。

2014年7月17日,美团网销售副总裁杨俊称,关于大众点评网侵权盗取美团团购图片一案,已经由上海市徐汇区法院做出判决。本次的侵权案美团网最终胜诉,并将获大众点评网4.94万元的赔偿。

据了解,美团网因大众点评网盗取前者网站摄影图片,于2013年底向法庭提起诉讼,根据杨俊微博所述,上海市徐汇区法院做出了判决,被告上海汉涛信息咨询有限公司(大众点评网)立即停止侵害北京三快科技有限公司(美团网)对90张团购摄影图片享有的署名权、信息网络传播权,立即删除90张团购摄影图片;被告上海汉涛信息咨询有限公司于本判决生效之日起10日内,赔偿原告北京三快科技有限公司经济损失人民币2.64万元以及后者为制止侵权所支付的合理开支2.3万元。

美团网起诉大众点评网一事刚告一段落,大众点评网又将美团网推上了被告席。大众点评网方面认为,旗下拥有著作权的逾百张图片遭到了美团网的侵权,甚至部分照片是从大众点评网上直接截图使用。

资料来源:新浪科技.美团与大众点评互诉图片侵权案[EB/OL].[2014-07-22].

(一)电子商务中知识产权侵权的类型

电子商务中知识产权侵权的类型主要有商标权侵害、版权侵害和专利权侵害。其中以销售冒牌、仿真货品等商标侵权行为为主。

1. 商标权侵害

电子商务中知识产权侵权在商标权侵害层面的表现主要有:一是网络销售的产品本身就是未经商标权人允许的侵权假冒产品;二是将他人的注册商标和企业名称恶意抢注为商标域名,而后进行高价转让或者自己从事同业竞争阻碍商标持有人进行网络经营活动;三是擅自使用他人的商标作为连接的标志、纵深链接等以超文本链接形式侵犯商标权;四是由搜索引擎引发的"隐形"商标侵权。

2. 版权侵害

版权侵害在电子商务领域主要分为版权直接侵权和版权间接侵权两类。版权直接侵权是指侵权人没有经过权利人的允许,破坏为防范侵权而采取的技术措施,侵权人直接将权利人的作品进行复制或盗版发行谋取经济利益。版权间接侵权是指侵权人没有经过权利人的允许,将权利人的作品进行数字化并在网络中传播。

3. 专利权侵害

专利权侵害的表现主要体现在直接侵害和间接侵害两个方面。直接侵害是指侵权人未经专利权人的允许而实施其专利的行为,即该行为包含在专利说明书所阐释的技术范围内。间接侵权是指侵害人未经专利权人允许,通过诱导、唆使、怂恿等手段使其他无权利使用该专利的人侵犯专利权的行为。

(二)电子商务知识产权的保护措施

我国高度重视知识产权保护工作,并就加强知识产权保护做出了很多有益的尝试。为更全面地改善我国电子商务知识产权领域存在的问题,提出了以下具体保护措施:

一是加强法律保护。知识产权的法律责任类型有:①民事责任,主要有停止侵害、消除影响、赔礼道歉、赔偿损失等形式;②行政责任,主要有责令停止侵权行为,没收违法所得,没收、销毁侵权品,罚款,没收侵权制假物资、设备等形式;③刑事责任,主要有拘役、罚金、有期徒刑等形式。以上知识产权保护法律适用于传统的知识产权保护,包括用于电子商务领域。在电子商务领域,《电子商务法》在知识产权保护方面对于电子商务平台经营者提出了相应的责任要求:电子商务平台经营者违反相关规定对平台内经营者实施侵犯知识产权行为未依法采取必要措施的,由有关知识产权行政部门责令限期改正;逾期不改正的,处五万元以上五十万元以下的罚款;情节严重的,处五十万元以上二百万元以下的罚款。在已有的法律框架下,加强执法,以法律武器保护权利人的合法利益。除此之外,应加强国际合作,这是因为网络中的知识产权是国际性的,不同国家监管部门间加强合作才能对电子商务知识产权保护取得实际性效果。

二是加强技术保护和经济保护。技术保护措施主要有加强基础建设、进一步提高信息技术水平；加强技术手段，尤其是在加密、水印、检测识别、跟踪等技术领域加强研发和应用。经济保护措施主要涉及让知识产权权利人利益合理化，以经济手段减少侵权行为等。

法律是事后处理办法，技术也有可能随着科技进步而使其影响力逐渐减弱，经济手段成本投入过高。每一种方案都不是十全的方法，权利人应结合自身情况采取合理的方式，以多种方法结合的方式实现知识产权的有效保护。

五、网上个人隐私保护问题

导入案例

电商泄露消费者个人信息暴露行业漏洞

个人信息安全问题一直备受关注。2015年7月，5名消费者起诉苏宁易购存在安全漏洞，导致其个人信息泄露，南京市玄武区人民法院对此立案。据该案代理律师称，这起集体维权案件是个人信息保护领域首例集体维权案件，也是电商行业首例个人信息维权案件。

苏宁易购被指泄露用户信息

2015年7月22日，南京市民王先生在苏宁易购上购买了一把剃须刀。当晚，王先生接到苏宁易购的客服电话，对方准确说出了王先生的姓名、订单编号、购买商品名称、购买时间、付款金额、收货地址等订单详细信息，该客服人员称由于他们工作失误，把王先生列到了批发商的名单里了。

对方称，批发商可以享受在该网站消费七折优惠，但每月需收取会员费500元。如果现在不取消这项服务，就要扣除一年的会员费6 000元。"他问我要取消还是保留，我肯定是要取消啊。"王先生说。

在这之后，对方称为了避免公司把会员费划走，需要王先生在当晚12时前把经常使用的银行卡中的现金转存至别处。王先生配合了对方，最终被骗83 977元。

之后，王先生上网搜索苏宁易购的受骗案例，发现了一个200多人的受害者维权群。他表示，之后半年，受害的消费者多次与苏宁易购交涉，但对方均以各种理由推卸责任，始终不愿赔偿消费者损失。

据悉，除了5名消费者集体在南京起诉外，还有40多名消费者也将于自己所在地的法院起诉。

该案代理律师、中国电子商务研究中心研究员赵占领在接受中国青年报·中青在线记者采访时表示，诈骗分子获取了消费者在苏宁易购网站上购物的详细订单信息，进而骗取了消费者信任。"这些订单信息存储于苏宁易购的服务器上，苏宁易购依法应妥善保管消费者的个人信息、甚至个人隐私的详细订单信息。"赵占领表示，苏宁易购曾在某知名漏洞报告平台上承认其网站存在安全漏洞，如今却矢口否认。

苏宁易购：信息泄露是每个电商都会遇到的问题

法院立案后，苏宁易购曾通过媒体表示，该公司不存在用户信息泄露问题，信息泄露分很多种情况，目前并无证据指出苏宁易购在什么环节泄露了用户信息。

苏宁易购运营总部相关负责人在接受中国青年报·中青在线记者采访时承认，苏宁易购在内部检查时也会查到一些安全漏洞，都在逐渐弥补。该负责人表示，苏宁易购所有的数据体系和数据流动,都在自己的数据库内循环。他认为,出现信息泄露可能在物流等外部的数据流转环节,也可能是数据传输环节出了问题。

"从我们排查的情况来看,从我们自己的数据环节泄露的可能性非常非常小。"苏宁易购判断,出现信息泄露最大可能在物流环节。"我们自营的商品是苏宁易购自己的物流配送的,但是我们第三方的商户有一些是用第三方或者第四方的物流,我们没法完全监控到它的每一个流转环节。"

"因此,我们一方面会提醒消费者不要轻信陌生电话,另一方面在自己的系统加了很多安全认证环节。"该负责人说,"除了我们,很多电商都出现过这种漏洞,有时候这种事情没有办法完全避免。但是我们一定会尽全力把所有可能会造成信息泄露的漏洞全部给'堵住'。我们也会积极配合受害方和公安机关调查处理。"

经营者应承担举证责任

赵占领指出,现阶段主要是通信管理机构负责个人信息保护的执法工作,但是执法力度不够。"这几年,个人信息大规模泄露的事件至少有几十起,但受到行政监管、被调查的非常少,被处罚的更少。"他建议,由省级消费者权益保护机构代表受害消费者提起诉讼。

赵占领说,2011年至今是个人信息立法比较密集的时间段。如《全国人大常委会关于加强网络信息保护的决定》、工信部的《电信和互联网用户个人信息保护规定》等。然而,这一段时间却是个人信息泄露事件的高发期。

对此,赵占领认为,相关法律需要修改完善,"比如个人信息泄露后的举证责任,现在是原告举证,这对于普通公民来讲很困难,因此,这是一个对消费者非常不利的因素。"

中国消费者协会专家委员会委员张严方也表示,网络电商有责任和义务对此类案件进行举证。"举证责任要倒置,经营者应承担相应的举证责任。消费者在进行网络活动时注意不能随意留下个人信息,经营者也要像保护自己的眼睛一样保护消费者的信息。"

张严方说:"个人信息保护做得比较好的是银行,这么多年很少出现个人信息泄露问题。为什么银行可以做到,其他企业做不到呢?"

资料来源:中青在线:电商泄露消费者个人信息暴露行业漏洞[EB/OL].2016-03-19.

电子商务网络平台商家为了保证交易的安全有效性,通常会要求消费者提供姓名、电话、联系地址,涉及跨境的电子商务交易为了通关需要还要求提供真实姓名、身份证号等。同时,2015年3月起实施的国家互联网信息办公室发布的《互联网用户账号名称管理规定》,也使互联网实名制成为趋势。这些用户数据为平台商家精准营销等提供了有利的条件,但也可能造成数据泄露、用户隐私遭到侵犯的可能。

(一)电子商务中侵犯消费者隐私权的类型

自然人保有其个体私人生活秘密并不容他人非法侵犯的权利称为隐私权。隐私权主要包含三个方面的内容:生活安宁权、通信秘密权、生活信息保密权。电子商务中侵犯消费者隐私权的情况,主要表现在以下几个方面:

1.用户个人数据被任意收集

不法的网络交易平台和电子商务交易企业通过一些技术手段检测或干涉消费者的交易,以暗自获取消费者的信息,甚至有些商家通过所谓免费的活动吸引用户下单,大量收集用户个人信息,最终达到非法利用消费者信息获取经济利益的目的。

2. 个人数据的深层次开发利用，非法发送垃圾短信或邮件

消费者进行电子商务活动购买商品，所提供的个人信息只用于产品发送、售后服务等目的，而不是用于其他目的。一些电子商务交易企业在获取用户的个人信息后，大肆开发利用，大量发送垃圾短信或邮件，令消费者不堪其扰。更有甚者，少部分的商家在获取用户信息后，通过非法手段入侵消费者微信、QQ、微博等社交账户，向消费者的账户好友发送诈骗信息。

3. 消费者个人数据的非法转让

网络服务平台和电子商务交易企业出于对平台系统管理的便利，能有效掌握实名制登记后的用户大量个人信息，并可以利用这些数据进行分析。这些数据被商家出于牟利或交换共享的目的，被出售于他人和广泛传播，最终导致消费者的隐私权被破坏，而商家却从中得利。

（二）电子商务中消费者隐私权保护法律的完善

消费者隐私权的保护可以通过技术手段在一定程度上得以解决，但技术并不是万能的，相关的加密技术都有可能被破译。因此还需要法律这一重要的力量来保障电子商务消费者的隐私权，以实现电子商务的可持续发展。我国《网络安全法》《个人信息保护法》《消费者权益保护法》《中华人民共和国民法总则》及相关司法解释等对消费者隐私权的保护都做了相关规定，同时我国还将严重侵犯消费者隐私权的犯罪行为列入《刑法》遏制的范畴。其中2017年6月1日起正式实施的《网络安全法》《最高人民法院、最高人民检察院关于办理侵犯公民个人信息刑事案件适用法律若干问题的解释》等，对于消费者个人数据隐私权的保护起了重要的推进作用：规范了电子商务交易过程消费者个人信息的收集、披露、公开、传播等行为，同时通过隐私权侵犯标准的认定、责任承担和侵权处罚标准的细化，形成了一整套隐私权保护的法律法规体系，从而实现电子商务中消费者隐私权的有效保护。同时，2021年11月正式施行的《个人信息保护法》规定，处理个人信息应当具有明确、合理的目的，并应当与处理目的直接相关，采取对个人权益影响最小的方式。收集个人信息，应当限于实现处理目的最小的范围。法律明确个人信息处理者不得过度收集个人信息，不得以个人不同意为由拒绝提供产品或者服务，并赋予个人撤回同意的权利。在个人撤回同意后，个人信息处理者应当停止处理或及时删除其个人信息。最大程度避免大数据杀熟和数据被过度收集等违背诚信原则的违法现象发生。

小链接

"两高"司法解释：贩卖50条个人信息可入罪

"两高"关于办理侵犯公民个人信息刑事案件的司法解释，明确了"公民个人信息"的定义，除了姓名、身份证号码、通信联系方式、住址、账号密码、财产状况以外，行踪轨迹等也被纳入公民个人信息的范畴。

该司法解释明确，向特定人提供公民个人信息，以及通过信息网络或者其他途径发布公民个人信息的，应当认定为刑法规定的"提供公民个人信息"。不仅是买卖公民个人信息违法，房产中介之间交换公民个人信息也已经构成了侵犯公民个人信息的行为。

对于刑法相关规定中"情节严重"的认定标准，司法解释明确规定了入罪的10种情形，

包括非法获取、出售或者提供行踪轨迹信息、通信内容、征信信息、财产信息 50 条以上的;非法获取、出售或提供住宿信息、通信记录、健康生理信息、交易信息等其他可能影响人身、财产安全的公民个人信息 500 条以上的;非法获取、出售或提供前两项规定以外的公民个人信息 5 000 条以上的;违法所得 5 000 元以上的等。

本章小结

本章通过介绍电子商务法的定义、模式,界定电子商务民事责任、行政责任和刑事责任的范畴以及电子商务法律关系的主体、客体和内容等,帮助学生掌握电子商务法律关系的内容与发展趋势,培养学生的法律意识等基本素养,不断增强其法制和契约精神。

电子商务法分为广义的电子商务法与狭义的电子商务法。广义的电子商务法是指调整通过 EDI、互联网、城域网、电视、电话、电报、传真等以电子、光学数据信息传输形式进行的商务活动的法律规范;狭义的电子商务法是指调整专门通过互联网平台进行的商务活动的法律规范。我国形成了以《电子商务法》为基础性法律法规,《网络安全法》《民法典》《电子签名法》等法律为补充的"一体多翼"电子商务法律模式。《电子商务法》填补了电子商务领域专门法的空白,是我国第一部电子商务综合性和基础性的法律。

电子商务民事责任是指在电子商务活动过程中,由于存在违反民事义务行为所应承担的法律责任。电子商务行政责任是指电子商务的参与主体由于做出行政违法行为而必须承担的法律责任。电子商务刑事责任是指在电子商务活动过程中因为刑事犯罪而必须承担的法律责任。

在电子商务活动过程中,享有权利与承担义务的各参与者为电子商务法律关系的主体,主要分为在线自然人用户主体和电子商务交易企业主体。在线自然人用户主体和电子商务交易企业主体在电子商务交易活动中为直接参与的模式,而间接参与的主体是指电子商务交易的第三方,即电子商务平台经营者、在线金融服务商、第三方物流、电子认证服务机构、政府等。电子商务法律关系的客体主要包括有形物、服务以及网络产品等。电子商务参与主体在电子商务活动过程中应享有的权利和承担的义务称为电子商务法律关系的内容。保障电子商务合同订立安全的关键机制是电子签名制度与电子签名认证制度。未经授权的电子支付命令引发的电子支付是指消费者以外的人员未经授权从消费者账户中划出资金而消费者本人并未得到任何利益的电子资金划拨。电子商务中知识产权侵权的类型主要有商标权侵害、版权侵害和专利权侵害。自然人保有其个体私人生活秘密并不容他人非法侵犯的权利称为隐私权。隐私权主要包含三个方面的内容:生活安宁权、通信秘密权、生活信息保密权。

关键术语

电子商务法律、电子商务民事责任、电子商务行政责任、电子商务刑事责任、电子商务法律关系、电子商务法律关系的主体、电子商务法律关系的客体、电子合同、电子签名、电子签名认证、电子支付的法律关系、知识产权、商标权、版权、专利权、隐私权。

配套实训

1. 学习相关文献并在老师指导下认识电子商务网站中格式合同的主要形式,分析各网站电子格式合同中主要存在哪些类型的可能不公平格式的条款。

2. 分别登录"京东网""天猫商城""当当网""考拉网""1号店"等网站,下载或复制的各网站中的电子格式合同并予以进一步整理。

3. 分析和审查电子格式合同,挑选出其中的不公平格式条款,进一步分门别类地具体分析。

4. 按以上要求撰写一份规范的电子商务格式合同检索分析报告。

课后习题

一、单项选择题

1. 现阶段,我国形成了以( )为基础性法律法规,( )《民法典》合同编、《电子签名法》等法律为补充的"一体多翼"电子商务法律模式。

A.《消费者权益保护法》《网络安全法》

B.《电子商务法》《银行法》

C.《电子商务法》《网络安全法》

D.《消费者权益保护法》《银行法》

2. 在线金融服务商属于电子商务法律关系的( )。

A. 主体　　　　B. 客体　　　　C. 内容　　　　D. 以上皆不是

3. 一些电子商务交易企业在获取用户的个人信息后,大肆开发利用,大量发送垃圾短信或邮件,令消费者不堪其扰。这个现象属于电子商务中侵犯消费者隐私权的类型的( )。

A. 用户个人数据被任意收集　　　　B. 个人数据的深层次开发利用

C. 消费者个人数据的非法转让　　　　D. 其他

4. 以下不属于知识产权侵权类型的是( )。

A. 商标权侵害　　　　B. 商誉权侵害

C. 版权侵害　　　　D. 专利权侵害

5. 支付指令是由消费者提供给其他人卡号、密码及银行卡等存取工具而启动的,除非消费者已经通知金融机构不再授权启动电子资金划拨,那么所造成的损失由( )承担。

A. 消费者　　　　B. 金融机构

C. 其他人　　　　D. 消费者和金融机构共同

二、填空题

1. _____年,联合国贸易法委员会通过了《电子商务示范法》。

2. 隐私权主要包含三个方面的内容:生活安宁权、_____、生活信息保密权。

3. 侵权人没有经过权利人的允许,破坏为防范侵权而采取的技术措施,直接将权利人的作品进行复制或盗版发行谋取经济利益的行为称为_____。

4. 网上电子支付的过程实际上也是_____履行的过程。

5.保障电子商务合同订立安全的关键机制是_____制度与_____制度。

三、简答题

1.电子商务法律建设的现实意义是什么？

2.与传统合同比较，电子商务合同违约责任承担方式有何特别之处？

3.运用实例，试述电子商务法律关系。

4.电子商务中侵犯消费者隐私权的类型有哪些？

5.未经授权的电子支付命令引发的电子支付主要有几种情况？形成的损失由谁来承担？

讨论案例

一刚上小学二年级的男童，在某购物网站以他父亲李某的身份证号码注册了客户信息，并且订购了一台价值1 000元的小型打印机。但是当该网站将货物送到李某家中时，曾经学过一些法律知识的李某却以"其子未满10周岁，是无民事行为能力人"为由，拒绝接收打印机并拒付货款。由此交易双方产生了纠纷。

李某主张，电子商务合同订立在虚拟的世界，但却是在现实社会中得以履行，应该也能够受现行法律的调控。依我国现行《民法通则》的规定，一个不满10周岁的未成年人是无民事行为能力人，不能独立进行民事活动，应该由他的法定代理人代理民事活动。李某的儿子刚上小学二年级，未满10周岁，不能独立订立货物买卖合同，所以该打印机的网上购销合同无效；其父母作为其法定代理人有权拒付货款。

对此，网站主张：由于该男童是使用其父亲李某的身份证登录注册客户信息的，从网站所掌握的信息来看，与其达成打印机网络购销合同的当事人是一个有完全民事行为能力的正常人，而并不是此男童。由于网站不可能审查身份证来源，所以网站已经履行了自己的合同义务，不应当就合同的无效承担民事责任。

阅读上述资料，分组讨论以下问题：

1.本案涉及哪些电子商务法律关系？主体分别是谁？

2.李某的儿子当事人是否具有行为能力？电子合同是否有效？

第九章 移动电子商务

学习目标

知识目标

了解移动电子商务的发展历史及现状。

了解移动电子商务通信技术和 4G 业务等基础知识。

了解移动数据通信的基本业务。

熟悉移动电子商务的主要应用领域与商业模式。

技能目标

学会通过网络搜集资料,了解移动电子商务的发展动态。

熟悉移动社交、移动支付、移动购物、移动教育、移动出行的常用 App 及使用。

掌握移动存储的操作流程。

思政目标

引导学生思考疫情常态化,在电商专业领域内如何挖掘及发挥自己的特长,增强学生对电商行业就业的信心。

关注移动电商在抗击疫情保障工作和生活中的作用,引导学生正确认识中国特色社会主义制度的优越性。

导入案例

空姐搭网约车遇害

2018 年 5 月,"21 岁空姐深夜在郑州打顺风车遇害"一事引发广泛关注。21 岁的某航空公司空姐李某,5 月 5 日晚在执行完航班任务后,在郑州航空港区通过滴滴叫了一辆顺风车。当晚 11 时 55 分乘顺风车赶往市里火车站,却惨遭司机残忍杀害。

嫌犯违规借用其父顺风车账号接单,且曾被投诉,但由于判责规则不合理,客服后续未对投诉做妥善处理,暴露出了网约车长期存在的"马甲车"等安全隐患。而人们对此事高度关注,一方面是对遇害空姐表示同情和悲痛,另一方面也是因为顺风车等网约车的安全问题几乎与每个人都有关。这起恶性的刑事案件让网约车的安全问题再度被推到风口浪尖。

当下网约车在全国各大城市兴起,一定程度上给我们的出行带来不少便利,但是随之而来的诸多安全隐患更是不容小视。这次"空姐深夜打顺风车遇害"也并非网约车司机第一次卷入恶性刑事案卷。

2016 年 5 月,深圳 24 岁女教师钟某深夜搭乘滴滴网约车后,被司机带至偏僻处抢劫杀害。在中国裁判文书网以"网约车"为关键字检索发现,从 2015 年 10 月至 2018 年 5 月,共有152份裁判文书，其中39起案件系网约车司机实施犯罪。

什么是网约车

网约车是网络预约出租汽车的简称。在构建多样化服务体系方面，出租车分为巡游出租汽车和网络预约出租汽车。随着互联网技术越来越发达，人们的衣食住行都越来越依赖于网络，就连出门打车也不用再永无止境地等待，只要在手机上找到打车软件，轻轻一点，网约车便随叫随到。

2016年5月31日，教育部、国家语委在京发布《中国语言生活状况报告(2016)》，"网约车"入选十大新词。

2016年7月28日，为了规范网络预约出租汽车经营服务行为，保障运营安全和乘客合法权益，交通运输部联合公安部等七个部门公布《关于深化改革推进出租汽车行业健康发展的指导意见》和《网络预约出租汽车经营服务管理暂行办法》。

2016年11月2日，"首汽约车"60辆多功能车正式上线运营，乘坐轮椅的客户可以利用网约车App预约这些多功能车，这批车辆也成为首批无障碍网约车。

2017年7月，交通运输部发布了《关于深化改革推进出租汽车行业健康发展的指导意见》《网络预约出租汽车经营服务管理暂行办法》，从驾驶员的信息、车辆的标准等多方面，对于网约车有了明确的硬性要求。9月，交通部出台《出租汽车驾驶员从业资格管理规定》和《巡游出租汽车经营服务管理规定》，对于部分规定进行了详细阐述，包括驾驶员考试政策与出租车"份子钱"调整的说明。2017年10月，北京、上海、广州、深圳等城市接连发布地方网约车新政落地细则，本地户籍、本地车牌几乎成为"标配"。

2018年3月17日，交通部发布消息称，北京、天津、上海、重庆等73个城市的网约车管理实施细则已正式发布。神州专车、首汽约车、曹操专车、滴滴出行等网约车平台已在一些城市取得了"网络预约出租汽车经营许可证"。

新业态下的安全及监管问题

这些年，微商、手游、共享单车、网约车、移动金融等移动电子商务新业态快速发展，由此产生的一系列问题，引起各界关注。

在乘客个人隐私和信息安全方面，网约车平台掌握了大量个人电话、信用卡、车辆、地址等信息，存在个人信息泄露及传播的风险。一些平台推出的顺风车业务增加了过多的社交功能，偏离了提供出行服务的本意，甚至有的平台以顺风车名义行非法营运之实，存在巨大安全隐患。

微商从2013年兴起开始，已经不再是简单的某个人，而是逐步形成了一个包括微商产品、微店、微商团队和个人、微商平台、微服务在内的一个生态系统，甚至已发展为一种商业模式。个别微商为了牟利，大肆销售"三无"产品，突破商业道德底线，用不良产品和服务影响了整个微商行业形象。

作为新兴业态，在实际运行过程中难免存在这样或那样的漏洞，但不能因为发生恶性案件否认其存在的价值，如何填漏补缺、完善机制，保障行业持续健康发展是移动电子商务监管部门今后亟须解决的重点问题。

第一节　移动电子商务概论

一、移动电子商务概述

随着科学技术的发展,市面上各种移动电子设备琳琅满目,包括手机、平板电脑、电子阅读器、笔记本电脑、便携式音频播放器和掌上游戏手柄等。联合国教科文组织给移动设备下了这样一个广泛的定义:移动设备是个人拥有的、便于携带的数字产品,并且能够上网,可以存储多媒体信息、加速各项任务的完成,尤其是通信任务。

移动电子商务是由电子商务的概念衍生出来的,传统电子商务以个人计算机为主要界面,是"有线的电子商务";而移动电子商务则是通过移动终端(包括手机、平板、笔记本、智能手环、智能汽车、智能家电、个人数字助理等多种移动设备)进行的电子商务。移动电子商务将因特网、移动通信技术、短距离通信技术及其他信息处理技术完美结合,使人们可以在任何时间、任何地点进行各种商贸活动,实现随时随地、线上线下的购物与交易、在线电子支付以及各种交易活动、商务活动、金融活动、娱乐活动和相关的综合服务活动等。

移动电子商务呈现出许多优势,包括用户移动化、个性化信息获取和以用户为中心,这些都将加快传统互联网电子商务向移动电子商务的转变。移动电子商务的服务场景不断丰富、移动终端规模加速提升、移动数据量持续扩大,为移动电子商务产业创造了更多价值挖掘空间。以手机为中心的智能设备,成为"万物互联"的基础,车联网、智能家电促进"住行"体验升级,构筑个性化、智能化应用场景。移动互联网服务场景不断丰富、移动终端规模加速提升、移动数据量持续扩大,为移动互联网产业创造了更多价值挖掘空间。世界上较大的移动电子商务市场在中国,中国具有更多的商业机会和客户资源。因此,有必要针对移动电子商务的相关理论进行认识和学习,从而为移动电子商务的深入发展做出努力。

二、移动电子商务的特点

(一)开放性、包容性

移动电子商务因为接入方式无线化,使得任何人都很容易进入网络世界,从而使网络范围延伸更广阔、更开放;同时,使网络虚拟功能更带有现实性,因而更具有包容性。

(二)无处不在

移动电子商务的最大特点是"自由"。传统电子商务已经使人们感受到了网络所带来的便利和快乐,但它的局限性在于它必须有线接入,而移动电子商务则可以弥补传统电子商务的这种缺憾。移动电子商务服务场景不断丰富,融合社交、信息服务、金融、交通出行及民生服务等功能,可以随时响应工作,提高了效率,大大节省客户交易的时间。以手机为中心的智能设备,成为"万物互联"的基础,车联网、智能家电促进"住行"体验升级,构筑个性化、智能化应用场景。用户可随时随地获取所需的服务、应用、信息和娱乐。采购可以即时完成,商业决策也可以马上实施,服务付费可以通过多种方式进行,以满足不同需求。

(三)用户规模大

目前我国的手机用户已突破13亿,是全球之最。显然,从电脑和手机的普及程度来看,手机远远超过了电脑。受中国经济发展及消费升级影响,移动网民整体消费能力较高,拥有高消费能力的人群占比为7%,而拥有中等消费能力的轻奢一族占比最多,达65.03%。由此不难看出,以移动电话为载体的移动电子商务不论在用户规模上,还是在用户消费能力上,都优于传统的电子商务。在人口红利逐渐消失、网民规模趋于稳定的同时,海量移动数据成为新的价值挖掘点,庞大的数据量与"大数据"处理技术深度结合,为移动互联网产业创造更多价值挖掘空间。

(四)能较好确认用户身份

对传统的电子商务而言,用户的消费信用问题一直是影响其发展的一大问题,而移动电子商务在这方面显然拥有一定的优势。移动互联网的普及、移动互联网应用场景的丰富,为新一代电商平台的发展提供了很重要的基础条件:在一个位置、空间、人际网络的三维网格中,移动互联网把所有的消费者都数字化了,并且赋予了每个消费者一个唯一的ID,即手机号。这是因为手机号码具有唯一性,手机SIM卡片上存贮的用户信息可以确定一个用户的身份;而随着手机实名制的推行,这种身份确认将越来越容易。对于移动商务而言,这就有了信用认证的基础。

(五)个性化服务

人们在购物终端的操作属于私人活动,如何设置全由使用者自己决定,个性化非常显著。移动电子商务能完全根据消费者的个性化需求和喜好定制,设备的选择以及提供服务与信息的方式完全由用户自己控制。使用者在任何地点与时间所传递的资讯,经过数据挖掘等技术分析后,可形成最具价值的信息,同时亦可作为企业针对个人或整体服务的参考依据。移动商务的生产者可以更好地发挥主动性,为不同顾客提供定制化的服务。例如,开展依赖于包含大量活跃客户和潜在客户信息数据库的个性化短信息服务活动,以及利用无线服务提供商提供的人口统计信息和基于移动用户当前位置的信息,商家可以通过具有个性化的信息服务活动进行更有针对性的广告宣传,从而满足客户的需求。

(六)移动电子商务易于推广使用

移动通信所具有的灵活、便捷的特点,决定了移动电子商务更适合大众化的个人消费领域,如自动支付系统(包括自动售货机、停车场计时器等)、半自动支付系统(包括商店的收银柜机、出租车计费器等)、日常费用收缴系统(包括水、电、煤气等费用的收缴等)、移动互联网接入支付系统(包括登录商家的App购物等)。

(七)移动电子商务领域更易于技术创新

移动电子商务领域因涉及IT、无线通信、无线接入、软件等技术,并且商务方式更具多元化、复杂化,因而在此领域内很容易产生新的技术。在移动电子商务领域,已经有一些技术相对成熟并正在发挥着重要的作用:第一,物联网帮助供应链结构转型,并利用实时数据和智能算法优化物流网络;第二,人工智能基于数据做精准营销、自动问答,节省人工成本;第三,VR、AR设备带来移动电商购物体验新变革等。随着我国5G网络的普及与应用,这些新兴技术将转化成更好的产品或服务,移动电子商务领域将是下一个技术创新的高产地。

移动电子商务作为一种新型的电子商务方式,利用了移动无线网络的优点,是对传统电子商务的有益的补充。

三、我国移动电子商务的发展历史与现状

随着移动通信技术、计算机技术和移动终端技术的发展,移动电子商务技术已经经历了三代。

以短信为基础的第一代移动电子商务技术存在着许多严重的缺陷,其中最严重的问题是实时性较差,查询请求不会立即得到回答。此外,由于短信信息长度的限制也使得一些查询无法得到一个完整的答案。这些令用户无法忍受的严重问题也导致了一些早期使用基于短信的移动电子商务系统的部门纷纷要求升级和改造现有的系统。

第二代移动电子商务系统采用基于 WAP 技术的方式,手机主要通过浏览器的方式来访问 WAP 网页,以实现信息的查询,部分地解决了第一代移动访问技术的问题。第二代移动电子商务访问技术的缺陷主要表现在 WAP 网页访问的交互能力极差,因此极大地限制了移动电子商务系统的灵活性和方便性。此外,由于 WAP 技术中加密认证的 WTLS 协议建立的安全通道必须在 WAP 网关上终止,形成了安全隐患,所以 WAP 网页访问的安全问题对于安全性要求极为严格的政务系统来说也是一个严重的问题。这些问题也使得第二代技术难以满足用户的要求。

第三代移动电子商务系统融合了 3G/4G/5G 移动技术、智能移动终端、VPN、数据库同步、身份认证及 Webservice 等多种移动通信、信息处理和计算机网络的最新前沿技术,以专网和无线通信技术为依托,使得系统的安全性和交互能力有了极大的提高,从而提供了更新、更多样化的商务服务。

目前,我国已经是移动互联网大国,也是移动电子商务第一强国。我国已建成全球较大 4G 网络,并拥有了全球第一的移动互联网用户数。庞大的移动端网民规模为移动电子商务的进一步稳步发展提供了保障,也为移动电子商务的发展提供了巨大的市场机遇,移动电子商务市场仍存在较大的发展空间。

第二节　移动电子商务基础技术

随着移动互联网的迅速发展,电子商务也进入了各种移动终端设备。当人们手捧智能手机与千里之外的朋友电话视频时,当手持平板电脑的人们在各地随时阅读最新鲜的新闻资讯时,移动技术的突飞猛进已经使人们的生活发生了又一次质的飞跃。因特网、移动通信技术和其他技术的完美结合创造了移动电子商务,实现移动电子商务的技术(协议)如下。

一、无线应用协议(WAP)

无线应用协议(Wireless Application Protocol,WAP)是一个开放式标准协议。WAP 技术在互联网和移动通信网络之间建立了全球统一的开放标准。WAP 的目标就是将 Internet 的丰富信息及先进的业务引入移动电话等无线终端中。

WAP 技术是第二代移动商务系统的基础和核心技术,WAP 协议最早于 1998 年提出。

WAP 的制定借用和共享了万维网（WWW）的许多基本概念，并根据无线网络低带宽、高延迟的特点进行优化，把 Internet 的一系列协议规范引入无线网络中。WAP 只要求移动电话和 WAP 代理服务器的支持，而不要求现有的移动通信网络协议做任何的改动，因而适用于 CDMA、GSM、IMT-2000 等不同的移动通信系统。此外，WAP 通过加强网络的功能来弥补移动终端的缺陷，尽可能少地利用移动终端的 ROM、RAM 和 CPU 等资源。基于 Internet 标准的微浏览器技术使移动终端根据自己不同的显示、输入方式来决定显示信息的方式。各种终端，如手机、平板电脑或笔记本电脑都能接到相同的信息和资源。

WAP 的功能体现在它提供了一个通过移动终端访问互联网的途径。在 WAP 上实现了互联网能实现的功能，如收发电子邮件、浏览信息、股票交易、在线游戏、在线采购、聊天和视频会议等。由于 WAP 能够随时、随地、随身地接入因特网，为用户提供了极大的便利性。

同时，WAP 也提供了一种应用开发和运行环境，支持 PalmOS、EPOC、WindowsMobile、FLEXO、JavaOS 等操作系统。WAP 可以支持绝大多数无线设备，包括移动电话、双向无线电通信设备等。在传输网络上，WAP 也可以支持各种移动网络，如 GSM、CDMA、PHS 等，它也可以支持第三代移动通信系统。

二、通用分组无线业务（GPRS）

通用分组无线业务（General Packet Radio Service，GPRS）是在已运行的 GSM 基础上发展的数据业务。GPRS 经常被描述成"2.5G"，也就是说这项技术位于第二代（2G）和第三代（3G）移动通信技术之间。

GPRS 突破了 GSM 网只能提供电路交换的思维方式，它通过利用 GSM 网络中未使用的 TDMA 信道，提供中速的数据传递。GPRS 通过增加相应的功能实体和对现有的基站系统进行部分改造来实现分组交换，这种改造的投入相对来说并不大，但得到的用户数据速率却提升巨大，而且连接及传输都会更方便、容易，GPRS 的传输速率可提升至 56～114 kbps。

GPRS 在原 GSM 网络的基础上叠加了支持高速分组数据的网络，向用户提供 WAP 浏览（浏览因特网页面）、E-mail 等功能，推动了移动数据业务的初次飞跃发展。GPRS 特别适用于间断的、突发性的和频繁的、少量的数据传输，也适用于偶尔的大数据量传输。GPRS 集合了现有的 GSM 数据分组交换数据和短信息的服务。GPRS 业务能提供不间断的信息服务，信息的适时性在未来的运用中是十分重要的，例如在远程信用卡的认证应用。使用 GPRS，使数据实现分组发送和接收，用户永远在线且按流量、时间计费，降低了服务成本。

三、移动 IP 技术

移动 IP 技术不是移动通信技术和因特网技术的简单叠加，也不是无线话音和无线数据的简单叠加，它是移动通信和 IP 的深层融合，也是对现有移动通信方式的深刻变革。为适应快速增长的数据型业务需求，人们需要一个以包交换为基础的无线网络，这种新型网络结构正是移动 IP 结构。无线接入中的移动 IP 技术适应了计算时代的普遍需求，使得人们一直梦想的多媒体全球网络连接无处不在成为可能。

移动 IP 技术真正实现话音和数据的业务融合,移动 IP 技术的目标是将无线话音和无线数据综合到一个技术平台上传输,这一平台就是 IP 协议。未来的移动网络将实现全包交换,包括话音和数据都由 IP 包来承载,话音和数据的隔阂将消失。在 IMT-2000 中已明确规定,第三代移动通信系统必须支持移动 IP 分组业务;而 IETF(Internet 工程任务组)也正在扩展因特网协议,开发一套用于移动 IP 的技术规范。移动通信的 IP 化进程将分为三个阶段:首先是移动业务的 IP 化;其次是移动网络的分组化演进;最后是在第三代移动通信系统中实现全 IP 化。

四、蓝牙技术

近年来,可穿戴设备行业迎来了前所未有的增长。多家人们耳熟能详的商家都推出了自家的智能手表产品,这样的增长也为蓝牙技术带来了诸多好处。蓝牙(Bluetooth)技术是一种开放式无线通信标准,能够在短距离内以无线方式连接桌上型电脑与笔记本电脑、便携设备、PDA、移动电话、拍照手机、打印机、数码相机、耳麦、键盘甚至是鼠标。蓝牙无线技术使用跳频扩谱(FHSS)、时分多址(TDMA)、码分多址(CDMA)等技术,使用全球通用的频带 2.4 GHz,确保能在世界各地通行无阻。蓝牙技术是一项即时技术,它不要求固定的基础设施,且易于安装和设置。简言之,蓝牙技术在小范围内建立多种通信与信息系统之间的信息传输,让各种数码设备之间无线沟通,是实现语音和数据无线传输的全球开放性标准。

根据此前的数据统计,Apple Watch 的到来对蓝牙低功耗技术的使用率有着直接而重大的影响。在 Apple Watch 发售之后的四个月里,蓝牙技术的使用率和它发售四个月前相比有了 105% 的提升。对于那些购买了 Apple Watch 的消费者来说,在使用一段时间之后手表和 iPhone 的无线连接已经成了日常生活的普通操作,自然就带动了蓝牙使用率的上升。通过调查机构 Wristly 公开的数据,就能够窥到一点端倪:Apple Watch 用户一天下来要查看手表 30~40 次,人们已经习惯将 Apple Watch 戴在手上了。苹果的号召力和它与用户之间的信赖关系使得大家很轻松就能够接受新的设备使用方式。蓝牙技术使用率的提升,随之而来的就是整个短程无线通信行业的增长,未来将借此迎来蓝牙技术在范围、距离和精度上的极大提升。

2016 年蓝牙技术有了重大变化,包括传输距离和速度方面的升级。未来的蓝牙 LE 技术作用距离将在当前约 100 米的基础上增加 3 倍,在能耗不增加的情况下数据传输速率增长 100%。这一改变将使得家庭医疗等低延迟的应用受益。据预测到 2025 年,物联网市场规模将达到 2 万亿~11 万亿美元。2016 年的蓝牙技术升级将有助于上述预期成为现实,并加速物联网市场的增长。

五、近场通信(NFC)技术

近场通信(Near Field Communication,NFC)是一种主要用于手持设备的短距高频无线电数据通信技术,由 RFID 射频识别衍生而来。NFC 在 13.56 MHz 频率运行于 20 厘米距离内。其传输速度有 106 Kbit/s、212 Kbit/s 或者 424 Kbit/s 3 种。国内很多地方的公交系统、校园一卡通,几乎所有酒店的房卡,都采用了 RFID 技术。简单来说,NFC 就是把 RFID 读卡器与智能卡的功能整合在一起,可以直接利用各种现有的 RFID 基础设施,并且从设计之初就考虑到了不同 NFC 设备之间的交互(P2P),非常适合手机。

NFC 技术由飞利浦和索尼联合研发。2004 年,飞利浦、索尼、诺基亚共同发起 NFC 论坛,开始推广 NFC 技术的商业应用。NFC 通常作为芯片内置在设备中,或者整合在手机的 SIM 卡或 microSD 卡中,当设备进行应用时,通过简单的碰一碰即可以建立连接。使用了 NFC 技术的设备(如手机)可以在彼此靠近的情况下进行数据交换,是由 RFID 及互联互通技术整合演变而来,通过在单一芯片上集成感应式读卡器、感应式卡片和点对点通信的功能,利用移动终端实现移动支付、电子票务、身份认证、数据交换、防伪、广告等应用。例如,在用于门禁管制或检票之类的应用时,用户只需将储存有票证或门禁代码的设备靠近阅读器即可;在移动付费之类的应用中,用户将设备靠近后,输入密码确认交易,或者接受交易即可;在数据传输时,用户将两台支持近场通信的设备靠近,即可建立连接,进行下载音乐、交换图像或同步处理通信录等操作。

NFC 技术改变了用户使用移动电话的方式,使用户的消费行为逐步走向电子化,建立了一种新型的用户消费和业务模式。NFC 虽然极大地简化了传输的操作步骤,但如果没有一套得到各方认可的统一标准,传来的信息不是乱码就是内容错位,这类跨平台应用依然遥不可及。

六、移动定位系统

移动定位是指通过无线终端(如手机、PDA 等)和无线网络的配合,确定移动用户的实际位置信息(经纬度坐标数据),从而将与位置和方向相关的增值服务提供给用户。移动位置服务最早是从美国开始的,各种定位技术首先运用在军事目的上,取得了辉煌战果。定位跟踪技术也用到企业经营方面,如企业可以用来优化供应链,通过移动产品技术监控企业资产、货物的流动情况。目前,移动定位系统还广泛应用在定向营销上,比如通过手机定位知悉用户常在什么片区、什么类型的购物场所活动,借以定向向用户推送相关的产品或服务的广告。大数据分析与定位相结合,可以起到最好的营销效果。

定位技术有三种,GPS 定位、基站定位和 Wi-Fi 定位。

(一)GPS 定位

GPS 定位技术是网络辅助的 GPS 定位,即定位时移动网络通过跟踪 GPS 卫星信号,解调出 GPS 导航信号,并将这些信息传送给移动台;移动台利用这些信息可以快速地搜索到有效的 GPS 卫星。接收到卫星信号后,计算移动台位置的工作可以由网络实体或移动台完成。在理论上只需要搜寻到 4 颗卫星就可以准确定位。

基于 GPS 系统的定位技术定位半径可达到几米、十几米。因此利用该定位技术,可提供对定位精度要求较高的业务,如电子地图显示用户位置等。不过,GPS 定位也有不少的缺点,如需要移动台内置 GPS 天线和 GPS 芯片等模块,并且需要支持 IS-801 协议;网络则需要增加 PDE 和 MPC。GPS 信号受天气和位置的影响较大,如用户在室内或在高大建筑物之间时,由于可见的 GPS 卫星数量较少,定位精度将降低,甚至无法完成定位。

为了解决 GPS 定位的问题,人们又开发出了辅助全球卫星定位系统(Assisted GPS,AGPS),它利用通信基站信息来辅助 GPS 模块进行手机定位。AGPS 的定位方式和 GPS 一样,只是加上网络的辅助而已,这样 GPS 定位速度和精度都有很大的提升,哪怕冷启动都能很快地定位。尽管 AGPS 拥有较传统 GPS 更好的性能,但其并没有完全弥补传统 GPS 的缺陷,如室内定位的问题目前仍然无法圆满解决。

(二)基站定位

基站定位服务又叫作移动位置服务,它是通过移动通信运营商的网络获取移动终端用户的位置信息(经纬度坐标),在电子地图平台的支持下,为用户提供相应服务的一种业务。

像谷歌手机地图等各类手机地图软件中的粗略定位等,都是利用基站定位来实现的。这种定位技术不需要手机具有 GPS 定位能力,但是精度依赖于基站的分布密度及覆盖范围的大小,测量的基站数目越多,测量精度越高。由于基站位置和密度问题,定位精度可以从 100 米内到上千米浮动,一般在城市可作为参考,稍微偏僻地区则有很大误差。

基站定位是对手机卡定位,而不是对手机定位。被定位的手机号码只要开机,无论更换任何手机都可正常定位,但是无法对原使用的手机机身串号进行定位。某些影视作品为了增加观赏度和悬念,错误地将手机定位描述为必须通话一定时间才可定位成功;而实际上,只要被定位手机开机,不用通话就可实施定位。

(三)Wi-Fi 定位

Wi-Fi 定位技术的原理与基站定位类似。我们都知道每一个无线 AP 都有一个全球唯一的 MAC 地址,Wi-Fi 定位靠的是侦测附近周围所有的无线网络基地台(Wi-Fi Access Point)的 MAC 地址,去比对数据库中该 MAC 地址的坐标,交叉计算出所在地。此法尚须有网络联机做数据库查询才能完成定位。

当 Wi-Fi 与手机基地台定位或 GPS 定位同时开启时,手机凭借手机基站定位或 GPS 定位这两种方式可以获得目前的坐标,再通过 Wi-Fi 搜寻到附近所有的无线路由 MAC 地址,从后台向热点位置数据库进行更新,这样无须街景车测量就获得了定位数据。以上所有信息传到服务器之后,服务器会对这些信息做处理,滤掉明显错误的信息,用这些输入的信息经过一个算法,处理出来一个位置信息记录,存在数据库里面。当这些记录越来越多的时候,能够查询到的位置就越来越准确。

七、3G、4G 与 5G

(一)3G

3G 即第三代移动通信系统,是将无线通信与国际互联网等多媒体通信结合的新一代移动通信系统。3G 的概念最早于 1985 年由国际电信联盟提出,是首个以"全球标准"为目标的移动通信系统。2008 年 5 月,国际电信联盟正式公布第三代移动通信标准,中国的 TD-SCDMA、欧洲 WCDMA、美国 CDMA2000 成为 3G 时代主流的三大技术之一。2009 年 1 月 7 日,工业和信息化部为中国移动、中国电信和中国联通发放 3 张 3G 牌照,中国正式进入 3G 时代。

(二)4G

4G 指的是第四代移动通信技术。4G 通信并不是从 3G 通信的基础上经过简单的升级而演变过来的,它们的核心建设技术根本就是不同的。4G 通信技术最明显的优势在于通话质量及数据通信速度。4G 能够以 100 Mbps 以上的速度下载,并能够满足几乎所有用户对于无线服务的要求。此外,4G 可以在 DSL 和有线电视调制解调器没有覆盖的地方部署,然后再扩展到整个地区。另外,由于技术的先进性确保了成本投资的大大减少,4G 通信费用也比 3G 通信费用低。2013 年 12 月 4 日,中国移动、中国电信和中国联通获得 4G TD-LTE 牌照,标志着我国的 4G 时代来临。2015 年 2 月 27 日,工业和信息化部又向中国联通和中国电信发放了 FDD-LTE 牌照。

2015 年下半年,中国电信、中国移动、中国联通相继发布"4G+"商用计划,标志着中国市场"4G+"大规模商用的开始。"4G+"主要体现为网速加倍和高清语音,前者通过将数个载波捆绑起来提升单位时间内通过的流量,相当于修建更多通道的"高速公路",成倍提升网速、降低时延;后者则相当于在原先的"高速公路"上开辟一条语音专用车道,带来更高音质、更逼真视频和更短呼叫等待时间。

(三)5G

2016 年世界移动通信大会上,全球四大知名电信运营商(日本的 NTT DoCoMo、韩国的 KT 和 SK 电讯,以及美国的 Verizon)公布了一项组建"5G 公开试验规范联盟"的计划。我国也正式启动了 5G 研究技术试验,5G 基础研发试验在 2016—2018 年进行,2018 年进行技术测试,2019 年进行商用测试,2020 年启动 5G 商用。2018 年 5 月,经国家发改委等有关部门批准,中国联通、中国电信、中国移动在北京等部分城市试点建设 5G 网络,进行 5G 应用业务示范。在三大运营商的飞速建设之下,5G 的网络覆盖越来越广,而身边用上 5G 手机的人也越来越多。截至 2021 年 6 月底,5G 已经基本实现了对重要县城及乡镇的网络覆盖。

从 4G 到 5G,尽管只是实现了通信网络的一代提升,但却是一个根本性的变革。网络标准的制定正在从强调绝对速度转向强调用户体验,也就是说在速度达到了一定要求之后,人们会将研究的方向放在怎么降低延迟,提高可靠性,提高用户在室内、地下、高铁上的网络体验。5G 时代的来临,时延的标准已经从秒进入到毫秒级,也就是时延低于 1 毫秒,这是人根本察觉不到的。

全球 5G 的大规模应用将首先发生在增强型移动宽带方面,以满足激增的数据流量,并提供更卓越的用户体验。预计 2019—2023 年,数据流量将以 40% 的年均复合增长率迅速增长——这意味着每个站点要处理的数据流量将在目前的数据流量基础上增加超过八倍之多。

由于运算处理能力变强,5G 手机的速度会很快,体验也会很好,包括人工智能、AR、VR 都会在手机上普遍运用。视频通话势必会取代语音通话成为应用的主流,无论是带宽还是流量,都可以满足这一需求。而在无人驾驶方面,由于 4G 网络的延时和带宽等问题,车辆之间的通信无法完美实现,而 5G 的低延时和物联网特性则可以完美解决上述问题。当无人驾驶车联网大规模商用时,5G 的提升才得以显现。

除此之外,得益于 5G 的低延时特性,远程医疗也将在未来的医疗体系中占据一席之地。由于医疗行业的特殊属性,目前的医疗资源分布不平衡,很多偏远地区的疾病患者需要千里迢迢来到大城市就医。这种场景或许在 5G 大规模商用之后大幅改变,基于 VR/AR 技术的远程诊断和基于远程医疗机械臂的治疗或将会成为患者的首选。

不难发现,借助通信网络的提升,基于 5G 的应用场景范围将进一步扩大。目前 5G 的融合应用正处于规模化发展的关键期。在垂直行业领域的大型工业企业里,5G 应用渗透率已超过 35%;在电力、采矿等行业里 5G 应用已在探索规模化复制推广。预计到 2035 年,5G 在全球创造的潜在销售活动将达 12.3 万亿美元,并将跨越多个产业部门。市场研究公司 IHS Markit 和爱立信也预测,未来五年,全球约有 10 亿人口将会使用新一代的 5G 技术。

(四)6G

信息通信网络是重要基础设施,是网络强国的基石。2G 跟随、3G 突破、4G 同步、5G 引领……中国在移动通信标准方面的步伐越来越快,逐步走在了世界前列。5G 既然已经可期,那么 6G 呢?其实早在 2018 年初之际,我国对 6G 的研究工作已经启动了。

6G 也就是第六代移动通信系统。2017 年高通已经在实验室中成功创建好了 6G 网络的原型,显然高通已经开始规划 6G 技术。以太赫兹波为基础的 6G 无线通信,将比现有 5G 快 100 倍,加载的信息量也更大,如同 5G 可让医生实时远程控制做手术的机械手,太赫兹带来的 6G 将让这种手术进入 VR(虚拟现实),立体三维空间视频,实时无延迟传输,让医生身临其境,就像在真实手术室工作一样。具体来说,6G 移动通信系统具有以下特点:

① 6G 应该是一种便宜、超快的因特网技术,可为无线或移动终端提供令人难以置信的高数据速率或极快因特网速率。

② 组成 6G 系统的卫星通信网络,可以是电信卫星网络、地球遥感成像卫星网络、导航卫星网络。6G 系统集成这些卫星网络,目的在于为 6G 用户提供网络定位标识、多媒体与互联网接入、天气信息等服务。

③ 6G 系统的天线将是"纳米天线",而且这些纳米天线将广泛部署于各处,包括路边、村庄、商场、机场、医院等。

④ 6G 时代,可飞行的传感器将是得到应用——为处于远端的观察站提供信息、对有恐怖分子、入侵者活动的区域进行实时监测等。

⑤ 6G 时代,在高速光纤链路之辅助下,点到点(P2P)无线通信网络将成为 6G 终端传输快速宽带信号。

第三节 移动电子商务的分类与商业模式

移动互联网的快速普及为移动电子商务的发展奠定了基础。通过应用移动电子商务,消费者可以随时随地利用碎片时间进行网页浏览和消费,大大提高了交易的效率。随着智能手机的广泛应用,用户开始更多借助智能手机上网,提高了对移动购物的兴趣。同时,网络零售商为了丰富用户购物体验,不断增强移动渠道,如推出移动页面和 App。

一、移动电子商务的分类

按照移动电子商务提供的商品与服务的不同,可以将其分为虚拟商品移动电子商务和实体商品移动电子商务两个部分。虚拟商品移动电子商务主要是依附于各运营商旗下的 SP(服务提供商)提供的,如收费图铃、游戏下载或其他资讯类业务。实体商品移动电子商务部分,目前国内主要有淘宝、天猫、京东、苏宁云商等商城在涉足这一领域。

按移动电子商务的应用方式,可以分为远程移动电子商务和近场移动电子商务两种。

(一)远程移动电子商务

移动电子商务中的远程移动电子商务是指传统电商由主要客户在 PC 端购物的销售方式

自然转化为主要客户在移动终端购物的销售方式。对消费者而言,远程移动电子商务的购物方式是对传统电子商务购物方式的延伸,远程电子商务与传统电子商务购物的品类可完全重合,差异之处在于购物终端的不同与购物应用软件的不同。传统电子商务是通过浏览器购物,远程移动电子商务是通过 App 购物,很多电子商务网站都推出了各自的 App 来吸引消费者。

(二)近场移动电子商务

移动电子商务中的近场电子商务是在移动支付中的近场支付与 O2O 中的本地化服务共同发展下衍生出来的一个便于理解的概念。近场移动电子商务就是指通过移动终端选择本地化服务的消费场所,最后可以通过近场支付进行消费。

二、移动电子商务的商业模式

移动互联网的普及、移动互联网应用场景的丰富,为"新一代电商平台"的发展提供了很重要的基础条件:在一个位置、空间、人际网络的三维网格中,移动互联网把所有的消费者都数字化了,并且赋予了每个消费者一个唯一的 ID,即手机号。在市场经济条件下,移动电子商务模式是由移动商务价值链中的某几个部分相互合作而逐步形成的盈利模式。

从技术上看,我国当前移动电子商务模式主要包括基于 LBS 的 O2O 模式、App 商用模式、微信营销模式及移动支付模式。

(一) 基于 LBS 的 O2O 模式

线上到线下(Online To Offline,O2O)模式是移动电子商务模式的典型代表。随着移动终端和各类定位工具以及技术手段的普及,业务提供商通过获取移动终端用户的位置信息,从而随时为移动终端用户实现所需要的服务。互联网渠道不是和线下隔离的销售渠道,而是一个可以和线下无缝连接并能促进线下发展的渠道。与传统的电商模式相比,"闭环"是 O2O 模式最大的特色,商家可以全程跟踪用户的每一交易和满意程度,即时分析的数据,随时调整营销策略。随着模式越来越成熟,O2O 将会为用户提供更好的体验和服务。

交通、旅行领域一直是 O2O 模式应用最活跃的领域之一,也是移动互联网投资最值得关注的领域。作为 O2O 代表的移动打车与共享单车,是用户量大、使用频率高的重量级应用。

(二)App 商用模式

移动购物商城蕴含巨大的商业潜力,因而为了在市场获得更大利益,越来越多的电商加大人力、财力、技术等各方面的投入开发 App,以期望在巨大的 App 市场中拥有自己的特色。一个手机客户端的盈利主要是由留存率和转化率体现。当前我国手机用户的规模正在急剧增加,因此手机购物未来的发展将成为移动电商下一个市场爆发点。

(三)微信营销模式

目前,大多数微商都是使用建店工具开设微商店铺,然后把店铺里的商品通过微信分享到公众号或者朋友圈。随着微信功能的不断完善,未来微信有望成为主要的移动商务平台。此外,还有京东微店、有赞(原口袋通)、微盟旺铺这三大微店渠道也是移动电子商务的应用平台。

(四)移动支付模式

作为一种新兴支付方式,移动支付由于其方便快捷在人们生活中发挥越来越重要的作用。例如,用户可以用自己的银联卡下载支付插件,通过输入卡号和密码就能完成支付,其至不必开通该卡的网上银行业务。移动支付在安全方面的问题,一方面,支付过程中有银行把关;另一方面,用户可利用手机短信等特有的功能来传递用于安全鉴定的信息,如随机验证码,同时再加上支付有时限等要求,可以使用户对移动支付的使用更加放心。

移动电子商务模式的丰富和发展为商务世界的发展和变化注入了无尽的充沛活力,在可预知的未来将有更多的电子商务公司和企业、个人参与到这个生机勃勃的产业中来,进一步推动国民经济发展。

第四节 移动电子商务的主要应用

近年来,网络技术朝着越来越宽带化的方向延伸,基于移动互联网的移动电子商务开始渗入人们的日常生活。从线上到线下,移动电子商务场景越来越垂直细分,购物、理财、出行、订餐、运动、旅游、教育等领域均因移动互联网实现了海量网民对便捷性服务的诉求,通过效率优化的不断提升,用户体验越来越好,新用户不断增多,核心用户对其依赖越来越强。

消费者的需求在很大程度上决定了移动电子商务企业价值的实现,消费者的意志也是价值链中的主导力量。因此,企业要想创新商业模式、优化用户效用,就需要在移动电子商务时代围绕用户价值进行产业运行,尤其是用户的个人时间价值,更是特别值得关注。在这种情况下,移动电子商务商业模式不仅要加快供应链的整合力度和能力,还要充分实现人流、物流和信息流在重组过程中的和谐统一。

创新商业模式、创新商业生态已经成为移动电子商务发展的重要方向。从实现移动扫描产品信息的自动录入,到目前的手机在线移动支付,已有越来越多的移动商务应用改变着人们的生活。

一、移动营销

移动营销是基于定量的市场调研,深入地研究目标消费者,全面地制定营销战略,运用和整合多种营销手段来实现企业产品在市场上的营销目标。在全渠道融合的浪潮下,用户线下的消费行为通过移动端得以数据化,全渠道、系统化、纵深化的数据能为零售中各环节提供指导,帮助企业提高运营效率、实现精准营销。随着用户数据的不断积累和推荐算法的改进,今后将会有更多的"今日头条式"个性化广告。

移动互联网的高速发展为移动广告的发展提供了巨大的空间。随着人口红利的消失,各商家加速开发营销流量,移动营销市场仍然保持较高的增长速度。移动广告的整体市场增速远远高于网络广告的市场增速;但移动流量增长放缓的趋势十分明显,未来将进一步影响移动营销市场的增速。中国网民接触最多的移动端广告类型为"视频广告""二维码广告""图片广告",占比分别为 42.7%、37.4% 与 37.4%。

移动广告市场经过几年的竞争后,逐渐进入了新的发展阶段,针对垂直行业的移动广告平台在各自领域逐渐形成规模化经营,移动广告产品的创新和成熟进一步吸引广告主向移动广告市场倾斜。内容营销潜力不断爆发,除在视频内植入广告外,剧外原创贴、创可贴、移花接木等创意式植入渠道也备受广告主好评。移动程序化营销、场景营销、泛娱乐营销、自媒体社群营销成为近几年移动营销发展的趋势。

二、移动购物

新零售观点提出之后,购物场景变得多元化、碎片化,而移动端购物可以让消费者在逛街、吃饭、看电影时随时随地进行购物。Liftoff 平台数据显示,移动购物应用已迈入强势增长期。无论从辅助实体店的销售还是刺激消费者的购买欲望,移动购物应用的作用都不容小觑。

移动购物用户还涵盖了不会使用电脑的中老年消费者。对于一些中老年消费者,他们可能并不会使用电脑,无法在 PC 端进行消费,而移动端购物相较于 PC 端更加简单,更容易被这些人群所接受。此外,新冠肺炎疫情期间多国颁布居家法令使消费者更为依赖移动购物。大量企业推出了自身的移动 App 客户端,有效提高了营销精准度和促销力度。移动电子商务市场的产业集中度正在快速提高。

随着智能手机和网络的普及,中国手机及网络购物使用率均呈增长趋势,2020 年移动电商用户规模为 7.88 亿人,占网络购物用户规模的 99.87%。中国移动端购物占比达到 81.3%,明显高于美国 46%。移动端超过 PC 端成为网购市场更主要的消费场景。国内知名数据分析及调研机构艾瑞的微商发展趋势分析,社交电商的重要组成部分——微商,2020 年市场交易规模超过 5 万亿元,预计 2023 年微商从业者数量将达到 3.3 亿人。

从消费用户群体来看,手机用户中基本包含了消费能力强的中高端用户,而传统的上网用户中以缺乏支付能力的年轻人为主,移动购物依然保持绝对优势。最新的调研发现,中国消费者期望获得更加舒适、个性化的移动购物体验。移动购物体验越好,消费者越愿意在产品或服务上支付更高费用。

从各移动购物行业全景流量来看,2020 年 12 月,手机淘宝去重总用户量 80 279 万人,为移动购物行业全景流量第一;第二是拼多多,去重总用户量 69 733 万人;第三是京东,去重总用户量 40 977 万人。除了综合电商(淘宝、天猫、京东、国美、苏宁易购、亚马逊中国、唯品会、当当、一号店等)以及垂直型电商(蜜芽、寺库、贝贝、红孩子、麦乐购、宝贝格子等)在移动网购市场高速发展之外,移动社交电商平台(云集微店、拼多多、有赞)以及一些移动小程序也在移动网络零售市场中不断崛起。

三、移动金融

移动金融是传统金融行业与移动互联网相结合的新兴领域。移动金融以智能手机、平板电脑和无线 POS 机为代表的各类移动设备中开展,相比传统金融业务,移动金融具备透明度更强、参与度更高、协作性更好、中间成本更低、操作更便捷等一系列特征。理论上,任何涉及广义金融的互联网应用都应该属于互联网金融领域,包括但是不限于为第三方支付、在线理财产品的销售、信用评价审核、金融中介、金融电子商务等模式。

由于电商平台在新冠肺炎疫情期间使用增多,以及对现金支付造成病毒传播的担忧,方便快捷的移动支付受到人们的追捧。如今二维码、云闪付、刷脸支付等已基本替代现金交易,一些零售商甚至已经完全取消了现金交易,只接受数字支付。在新冠肺炎疫情影响下,移动支付也为防范疫情和维持保障居民正常生活起到了极为重要的作用。不仅提高了移动支付使用的频率,也带动了移动支付用户数的增加。2020 年,移动支付用户规模达到 7.9

亿人,移动支付已融入吃喝玩乐、旅游出行、缴费就医、政务办事等日常生活的方方面面。

移动支付在消费券的发放过程中同样起到了关键作用。2020年以来,全国超过170个地方政府在支付宝平台向民众发放电子消费券,这比传统的纸质消费券效率更高,成本也更低。一份来自北京大学光华管理学院与蚂蚁集团研究院的研究结果显示,每发放1元消费券能带动3.5元的新增消费。形容移动支付是拉动消费、刺激经济回暖的一支奇兵,并不为过。而这一切之所以能够实现,其根本在于我国已经拥有成熟完备的移动支付体系,这是其他任何国家都无可比拟的巨大优势。支付宝、翼支付、微信支付等支付方式迅速发展,奠定了我国移动金融发展的坚实力量。

移动金融不仅仅是支付,还包括了网络基金、网络保险、P2P网贷、众筹等线上金融服务的移动化转型。我国购买互联网理财产品的网民规模达到1.29亿人,同比增长30.2%。24岁以上的年龄层对金融理财的青睐度更加明显,其中24岁~35岁年龄段的群体网民是相对激进型,更多关注互联网理财以及证券类理财服务,而36岁以上的网民由于更偏向于保守的属性,对银行、保险服务倾向性更高。货币基金在线理财规模保持高速增长,同时,P2P行业政策密集出台与强监管举措推动着行业走向规范化。

四、移动社交

移动社交是指用户以手机、平板电脑等移动终端为载体,以在线识别用户及交换信息技术为基础,通过移动网络按照流量计费方式实现的社交应用功能(移动社交不包括打电话、发短信等)。与传统的PC端社交相比,移动社交具有人机交互、实时场景等特点,能够让用户随时随地创造并分享内容,让网络最大限度地服务于个人的现实生活。

移动社交综合了移动网络、手机终端和社交网络服务的优势和特点并互为有益的补充。用户信息的可靠性是移动社交网络发展的基础。社交网络与其他网上社区、网上交友等方式不同的是,其基本上是基于客户的真实信息建立的人际网络,较为贴近实名制。在大多数情况下,手机用户信息相比互联网来说可靠性更高,这为移动社交提供了一个十分广阔的平台和基础。

移动社交营销将逐渐成为重要的营销方式之一。微信开放朋友圈广告平台,利用熟人社交精准地投放广告使企业收益,并且审核流程简单化,让广大中小企业受益;陌陌则全力向移动社交营销平台转型,利用其位置社交和兴趣社交的特点,有效抓住用户群体的"痛点"以提升营销效果。随着更多95后互联网原生群体成为婚恋目标用户群,在吸引他们使用线上自助式约会产品上,百合网移动端青春版、"一号媒婆"、世纪佳缘推出的佳缘直播,都是为吸引更多不同层面的用户所做出的全新尝试。随着消费升级及需求变化,投放精准化及内容原生化将会是移动营销发展的方向。移动社交通信平台在位置、兴趣等多个方面的天然优势与移动营销结合,或将碰撞出非常有趣的创新模式。

五、移动出行

移动定位可帮助个人和群体客户随时随地获得基于位置查询的各种服务与信息。移动定位技术的应用已经越来越广泛。专门的移动定位系统,可以用来对人员、事件和物品进行定位,以满足执法、办公、运输、物流、旅游、国土资源调查等行业的定位需求。

此外，移动运营商可以利用自己的移动网络资源，结合短信息服务系统、GPS和地理信息服务系统(电子地图)，与内容和业务提供商合作，为个人和群体客户提供丰富多彩的移动定位应用服务。移动定位业务的具体应用可大致分为公共安全业务、跟踪业务、基于位置的个性化信息服务、导航服务以及基于位置的计费业务等。

在提升出行效率方面，"共享单车+地铁"的出行方式较全程私家车的出行方式效率提升约17.9%；在节能减排方面，共享单车用户骑行超过299.47亿公里，减少碳排放量超过699万吨；在拉动就业方面，共享单车行业创造超过3万个线下运维岗位。同时，共享单车为2017年用户规模增长最为显著的应用类型，国内用户规模已达2.21亿人，并渗透到21个海外国家。

网约车方面，《网络预约出租汽车经营服务管理暂行办法》施行以来，各地网约车细则陆续出台，对行业准入门槛进行了调整。网约车企业为谋求转型，通过跨界融合来提升盈利能力，它们与旅行、招聘等企业合作，分享客户资源进行跨界营销推广。

六、移动娱乐

在移动娱乐中，游戏是最大的版块。我国游戏产业在移动化、国际化、竞技化方面表现突出。移动设备的大屏化、4G网络的普及，再加上体感游戏控制设备和芯片的发展，这些因素推动了移动游戏市场持续火爆，移动游戏在整体网络游戏中的占比超过PC客户端游戏。移动游戏产品的丰富、类型的多样化，也促进了用户由移动终端用户向移动游戏玩家的转化。更多具备线上消费能力的年轻用户的加入，成为驱动移动游戏行业发展重要动力。

2020年，中国移动游戏市场销售收入达2096.76亿元，占游戏市场总收入的75.24%。移动游戏市场增速放缓，2020年中国移动游戏用户规模达654.35百万人，移动游戏用户规模已经趋于饱和。随着用户的成长，用户的游戏习惯和付费习惯的逐渐成熟，用户付费的意愿和付费额度还会有一定上升，整体市场相对稳定，移动游戏市场规模稳步上升，两极化趋势明显。一方面，优质产品收入持续大幅增长；另一方面，大量中游甚至中上游的游戏市场实际销售收入锐减。部分游戏公司为避免与优质产品直接竞争，将研发和运营重心转向细分市场，加上用户对游戏的个性化需求等因素的共同作用，移动游戏行业开始注重细分化、差异化经营策略。

移动视频日渐成为一种用户依赖的媒介载体，并成为移动娱乐市场第二大板块。短视频及直播等媒介形态加深用户对移动互联网的使用程度，移动网络视频用户规模为5.25亿人，使用率为72.6%，移动网络视频用户规模呈现持续稳定增长趋势。随着短视频用户规模的不断扩大，增速开始大幅放缓，但人们对于短视频的人均使用时长依然保持较大增长，其影响力还在不断加强。伴随流量的增长，短视频媒介广告收入也在同步攀升，已成为网络媒介投放的重要渠道。直播助推短视频平台的进一步发展，在加强用户使用黏性的同时，也已成为短视频平台入局电商，实现更广泛生态布局的重要支点。以抖音和快手为代表的短视频厂商开始崛起，并且迅速占领国内大部分市场份额，未来短视频对用户使用时间和流量占领的走势还会继续上涨，也对用户的生活方式带来更深刻变革。

在移动设备上，数字音乐市场也发生了变化。音乐类应用以77.2%的使用率排在了第三，移动音乐逐渐成为数字音乐产业的中流砥柱，国内数字音乐市场规模处于持续稳定增长的状态。QuestMobile数据显示，2020年12月，QQ音乐、酷我音乐及网易云音乐三者重合用户数同比增长 36.6%。80、90 后是移动音乐行业的主力人群，占据绝对的市场份额，00 后和 70 后增长势头明显，具有较高的市场发展潜力，这一部分人群也是流行文化的风向标。过去，手机铃声下载曾是数字音乐市场的一个重要板块，如今包月在线收听的音乐流媒体服务成为移动音乐服务的主角，其中代表性的服务商为点播模式的瑞典 Spotify 公司，以及随机播放模式的美国 Pandora 公司。在付费浪潮的推动下，中国数字音乐商业化能力得到提升，相关数据显示，国内有 60% 的用户为音乐付过费，用户消费习惯基本形成。

七、移动教育

移动教育就是指利用以手机、平板电脑等移动电子设备所实施的教育，是依托无线移动网络、国际互联网以及多媒体技术实现的交互式教学活动。移动智能终端的普及和移动数据网络基础的完善，使得通过移动教育为用户提供个性化学习方案成为可能。移动教育以便捷、高效的特点不断获得用户的青睐。这对于处于偏远地区的使用者，对于实现公平教育意义重大。

2020 年的"停课不停学"既是抗击新冠肺炎疫情的应急之举，又是互联网教育的一次应用展示。在线教育在疫情防控过程中的快速普及体现了信息科技融合教育的真实价值，为未来在线课程与面授课程混合教学模式的常态化提供了实战经验。疫情之后，移动教育的认知度、接受度大幅跃升，但随着疫情影响的减弱，用户对在线教育 App 的使用时长也有所下降，但仍高于疫情前的水平。

主流移动教育 App 分为四类：参考工具类，效率学习类，内容社区类，以及课程辅导类。从细分领域看，参考工具类 App 用户规模最大，有效使用时间最长。这类 App 主要为教育机构推出的免费查词、翻译等引流类 App 或是官方的教育学习 App；其次，则是刚需性最强的 K12 教育 App，从独立设备数看，K12 教育 App 的渗透同样已达天花板，但用户使用时长仍在不断提升，尤其是疫情期间。排名靠前的产品包括有道词典、学习强国、作业帮、考研帮、扇贝单词、猿辅导等。移动教育各二级领域季度活跃用户规模大多呈上涨态势，移动教育细分领域教育平台、儿童教育取得较稳定的增长。

慕课（MOOC，大规模开放的在线课程）是新近涌现出来的一种在线课程开发模式。慕课是以连通主义理论和网络化学习的开放教育学为基础的，这些课程跟传统的大学课程一样，循序渐进地让学生从初学者成长为高级人才。慕课课程的范围不仅覆盖了广泛的科技学科，如数学、统计、计算机科学、自然科学和工程学，也包括了社会科学和人文学科。慕课课程并不提供学分，也不算在本科或研究生学位里，绝大多数课程都是免费的。美国三大慕课平台 Udacity、Coursera 和 edX 相继成立，成为全球慕课的引领者。慕课课程在中国同样受到了很大关注，越来越多的中学生开始利用慕课提前学习大学课程。

八、移动招聘

经济转型、创业热潮带动中小企业规模增长，中国移动招聘市场稳定增长，招聘需求持续旺盛。大数据显示，中国职场人跳槽周期逐年缩短，平均跳槽频率正在持续加快，平均在职时间从 2014 年的 34 个月逐年递减为 2018 年的 22 个月，跨行业及地域流动趋势明显。中国职场人越发频繁的人才流动，一方面体现了越发活跃和开放的职场特征，另一方面也给企业招聘带来新的挑战——人才留存难度增大、招聘工作量激增等,这也将推动移动招聘行业市场规模进一步增长。

2016—2020年我国的互联网招聘行业市场规模逐年增长,2020年受到新冠肺炎疫情的影响,互联网招聘市场规模的增长率出现大幅的下降,下降至0.9%,市场规模增长至108亿元。2021年,我国网络招聘行业市场规模将出现进一步的增长,且增速有所回升。

2021年,线上招聘市场规模近450亿元,招聘App的月度移动设备数量波动不大。行业规模增长主要来源于企业业务拓展和单雇主价值增长两个方面。

移动招聘行业的典型模式分为综合招聘模式、社交招聘模式、垂直招聘模式、分类信息模式和新兴招聘模式。

(一)综合招聘模式

综合招聘模式的代表性企业有前程无忧、智联招聘等,综合招聘模式发展较早,这类企业目前是移动招聘的领军企业,市场份额超过60%。

(一)社交招聘模式

社交招聘模式是基于社交圈子和职业人脉的招聘方式。代表企业有大街网、LinkedIn等。

(二)垂直招聘模式

垂直招聘模式是指专注于某个行业、特定人群或是某个特定区域的招聘服务。代表企业有拉勾网、猎聘网、南方人才网等。

(三)分类信息模式

分类信息模式的代表性企业有58同城、赶集网等,主要发布蓝领人群的招聘信息,招聘业务只是这类网站的一部分业务。

(四)新型招聘模式

新型招聘模式是指近年兴起的新招聘模式,如以Boss直聘为代表的直聊模式;以100offer为代表的拍卖模式;以内推网为代表的内推模式;以兼职猫为代表的兼职招聘模式等。

互联网的推动下,招聘用户年龄结构主要还是由劳动力人口特征所决定。高学历人群是网络求职者的主体,超过90%的用户年龄在19~45岁。移动招聘市场目前仍是双巨头的市场格局。传统综合招聘平台代表——智联招聘、前程无忧(51job)其App应用活跃指数以较大领先优势居于招聘类App前两位。虽然Boss直聘、猎聘同道、拉勾等平台主打中高端人才招聘、互联网人才招聘等细分定位,但是在用户规模上仍然难以与传统综合平台竞争。

九、移动云盘

云盘又称网络U盘、网络硬盘,是由互联网公司推出的在线存储服务,向用户提供文件的存储、访问、备份、共享等文件管理功能。用户可以把云盘看成一个放在网络上的硬盘或U盘,不管是在家中、单位或其他任何地方,只要连接到因特网,就可以管理、编辑云盘里的文件。云盘不需要随身携带,更不怕丢失,可以方便地在多平台同步资料,也能够无缝更换新设备使用。

云盘作为一种方便、快捷的存储方式,曾一度被认为会改变用户的存储习惯而受到各大厂商热捧。个人云存储领域迎来爆发式增长。然而云盘的盛行也带来了版权、非法内容等一系列的问题,由此而来的监管趋严以及长期无法盈利的现实使得众多企业在2016年黯然离场,而企业云盘市场则保持良好势头。

(一)个人云盘

目前市场上的个人云盘存储服务提供商可主要分为三类,第一类为互联网企业,百度、腾讯、阿里等均涉及个人网盘市场;第二类为国内通信服务提供商,中国移动、中国联通、中国电信旗下均有相应产品;第三类为海外互联网企业,如微软等。在盈利模式方面,增值服务费为云盘存储类 App 的主要盈利来源,但由于提供服务的技术门槛低、行业竞争激烈,同时服务器和宽带成本又居高不下,因此行业整体长期处于亏损状态。大型互联网企业依托云盘产品积累流量,并在各个产品之间形成相互引流和协同,从而实现产品价值最大化。

(二)企业云盘

企业云盘和个人云盘虽然同属云盘范畴,但从产品功能和思路上看二者却大相径庭。作为两种需求衍生出来的不同产品类型,个人云盘关注的是生活,不直接创造价值;而企业云盘则更强调生产,直接为客户企业创造价值。

文件在云端的企业云盘统一归集后,首先不同员工能够根据权限查阅、下载文件,实现文档共享,逐渐对邮箱、FTP 等工具产生替代,满足了用户对文档共享的需求。其次,企业云盘在产品上添加了在线协同修改功能,员工可直接在云盘上修改文件,满足了协同办公的需求。最后,用户希望能够在移动终端上实时查阅、修改文件,满足了移动办公的需求。企业云盘解决了企业文档信息化的问题,是企业实现信息化的重要环节;同时基于文件管理流程实现业务流程信息化,是企业信息化的重要形式。因此,企业云盘与个人云盘相比,能够满足用户更多的需求,面向用户提供更多价值,有更好的发展前景。

企业云盘主要有以下三种服务模式:

①公有云:云盘服务商为客户提供解决方案、基础设施及运营维护,客户将企业数据存放在云盘服务商提供的服务器中。

②私有云:云盘服务商向客户提供解决方案及相关培训等服务,客户自己购买基础设施,将数据存放在本地,自行维护。

③混合云:云盘服务商在向客户提供解决方案的同时,提供部分基础设施及配套的运营维护;客户自行购买部分基础设施并配备相应的运营维护,企业数据则可以根据自身需求选择存放在本地或者上传至云盘厂商的服务器中。

十、移动应用商店

移动应用商店是聚合各类手机应用开发者及其优秀应用,满足所有类型的手机用户实时体验、下载和订购需求的综合商场,其本质是一个平台,用以展示、下载手机适用的应用软件。客户通过移动应用商场手机客户端可购买应用提供商提供的手机软件、手机游戏、手机主题等应用,以及在线浏览视频、音乐、图书等数字内容。

知名的移动应用商店有苹果应用商店、安卓市场、安智市场、360 手机助手、百度移动应用、小米应用商店、华为应用市场、中国移动应用商店等。

第五节 移动电子商务的实施问题

移动电子商务及应用市场飞速发展,成为推动企业运营、公司商业活动、人类工作与生活的重要网络技术,移动互联已成为人们和世界联系的重要纽带。移动终端正在从简单的通话工具成为一个综合信息处理平台,其智能化移动办公的特点广受追捧。与此同时,有关移动电子商务的安全性和隐私性的担忧也从未停止,用户身份的认证、敏感信息的保护、移动互联网的安全监管等安全问题愈加突显,成为关注的热点。

时至今日,中国移动互联网的创新能力已在全球前列,所面临的诸多移动安全风险和威胁也进入"无人区"。移动互联时代,无线接入网络、移动终端、应用服务以及安全防护等方面都面临着前所未有的挑战,手机病毒、黑客攻击、应用劫持等现象屡见不鲜,有些给用户带来直接的经济损失,而类似于隐私泄露等没有造成直接损失的潜藏危机也一直存在。调查显示,65%以上的人在使用移动互联网的过程中遭遇过网络安全事件,其中不乏诈骗、勒索、诱导扣费等恶意行为,用户对个人信息泄露产生的影响存在担忧,并且不清楚对方是如何获取到自己的个人信息的。

一、安全问题

移动技术的发展同时也推动了无线技术犯罪手段呈爆炸式增长。在信用卡 Wi-Fi 窃案、无线钓鱼事件、Wi-Fi 欺诈等案件中,无线技术犯罪手段无处不见,主要包括终端窃取和假冒、无线网的窃听、重传交易信息、中间人攻击、拒绝服务、交易抵赖、移动终端遗失、设备差异和设备的不安全等。移动电子商务的安全问题,主要包括移动终端的安全问题、无线移动网络的安全问题、软件病毒造成的安全威胁和移动商务平台的安全问题。随着信息技术的不断发展下,越来越多的安全保障技术得以完善,比如阿里巴巴旗下的支付宝于 2015 年年末已经可以实现指纹支付和刷脸登录。这对于用户来说不仅是便利的体验,更是安全的保障。解决移动电子商务安全性问题主要有端到端、加密技术、防火墙、严格的用户鉴权、单一登入、无线 PKI 技术、授权和安全交易流程等策略。

(一)无线网络自身的安全问题

人们在体验移动电子商务时,也开始关注无线网络自身的安全问题。无线互联技术作为移动电子商务的基础,由于无线环境的开放特性,隐藏着诸多安全性问题,如通信被窃听、通信双方身份欺骗与通信内容被篡改等。4G 网络的大范围普及建设和 Wi-Fi 的广泛使用,使得信息可靠环境日趋复杂,这也是移动电子商务较传统电子商务相对薄弱之处。由于通信媒介的不同,信息的传输与转换也可能造成不安全的隐患。伪基站数量不断攀升,伪基站诈骗短信诱骗用户问题也日趋突出。伪基站设备冒充"106"、"955"、"400"和"10086"系列号码总占比 65%。这些伪装成"服务平台类"号码的伪基站短信,内容多是广告促销、色情服务、房屋中介类的信息。黑客通过免费 Wi-Fi 设置陷阱,诱骗用户登录后,监视并窃取用户网银等隐私信息,进而盗取用户财产,让人防不胜防。

(二)移动终端的安全问题

与传统终端不同,移动终端与生俱来的用户紧密耦合性决定了其信息的敏感性,而其

"移动"的特性又对信息安全的保护提出了更高的要求。移动终端虽然携带方便,但却有着不可回避的安全威胁。目前移动设备的安全威胁主要有:移动设备的物理安全,用户身份、账户信息和认证密钥丢失,SIM 卡被复制,RFID 被解密等方面。

个人移动设备本身存在较多安全漏洞,加工用户本身对设备的安全维护意识不足,使得个人工作机密和企业隐私存在安全问题。①易丢失、被窃。移动终端不具有一定的防丢失功能,丢失必定会影响信息的安全性。虽然现在包括苹果公司开发的 iOS 操作系统、Google 公司和开放手机联盟共同开发的安卓系统都有手机丢失或失窃后发送文字、远程定位和远程拍照功能,但是如果移动端不联网,所有防丢失的指令就都无法使用。所以移动终端也不可能完全依靠第三方来提供安全保障。②移动终端自身局限。虽然 4G 网络和 Wi-Fi 大范围普及,但移动终端的数据传输速率及其他方面都与传统有线终端仍存在不少差异。同时,虽然现在的移动终端运存和内存不断加大容量,电池的技术等也在不断发展,但其硬件局限性依然很大。

2013 年爆发的"棱镜门"事件和斯诺登泄密表明,作为移动终端的智能手机早已成为网络窃密的主要对象。2017 年 12 月,谷歌通过其官方网站通告了一个高危漏洞,该漏洞可以让攻击者无视安卓签名机制,通过绕过应用程序签名验证的形式,对未正确签名的官方应用植入任意恶意代码,安卓 5.0~8.0 等版本系统均受影响,预计每日上千万的活跃安卓应用将存在被利用可能,巨大的潜在威胁风险使得其成了安卓系统年度大漏洞。2017 年,儿童智能手表被曝安全隐患,黑客可定位孩子位置并与孩子通话。"苹果后门""安卓漏洞门""小米后门"使人们真正感受到了网络安全直接关系到每一个人。

(三)软件病毒造成的安全威胁

一些新技术和新的应用场景,在带来便利的同时也成为新的安全风险点。移动互联网已成为主要的网络攻攻击对象之一。随着生活缴费、购物支付等服务向移动互联网迁移,移动互联网恶意程序大量出现,威胁着网民的信息安全和财产安全。软件病毒会传播非法信息,破坏移动设备软硬件,导致移动设备无法正常工作。新增病毒类型以流氓行为、信息窃取、系统破坏、资费消耗四类为主。

随着移动支付的日益普及,软件病毒对移动金融和移动支付的攻击行为增加,互联网金融领域的安全风险也在不断攀升。移动支付通过移动互联网将资金账户与移动设备进行连接,不法分子可通过各种手段控制用户手机,窃取用户个人隐私进行精准诈骗,而移动支付的方便快捷提高了诈骗效率和成功率,加大了被骗资金的拦截和追回难度。此类病毒一旦注入微信、网银等,不仅造成用户金钱损失,还将通过窃取好友关系等隐私信息进行欺诈。

2017 年 2 月,有人发现共享单车的"扫码骑走"上方还贴着其他二维码,贴上去的二维码扫描之后立刻出现了转账提示。用户手机扫描此类二维码后,或被要求直接转账,或被要求下载可疑软件,致使资金账户面临被盗刷的风险。

随着比特币、以太币等数字货币的价值暴涨,导致针对数字货币交易平台的网络攻击越发频繁,引发了更多利用勒索软件向用户勒索数字货币的网络攻击事件快速、大幅上升。2017 年 6 月,一款冒充"王者荣耀辅助工具"的勒索病毒大肆扩散,威胁几乎所有安卓平台,设备一旦感染后,病毒将会把手机里面的照片、下载、云盘等目录下的个人文件进行加密,如不支付勒索费用,文件将会被破坏,还会使系统运行异常。勒索病毒攻击具有成本低、范围广、回报高等特点,吸引了大量以经济回报为目的的犯罪分子涌入。由于安全防护机制还在建设阶段,移动互联网安全防护较弱,攻击门槛较低;而其面临的安全威胁却是情况更为复杂、覆盖范围更广、影响更深远。除了勒索攻击,"挖矿程序"也是获取虚拟货币的主要途径之一。2018年2月全球首度爆发安卓"挖矿蠕虫",24小时内就有5000部设备被病毒感染,中韩两国成重灾区。

以恶意扣费为主的手机病毒和盗版应用数量也不断翻番。根据百度移动安全对62款移动应用的5 758个样本的分析显示,竟然有超过22%的样本是仿冒、篡改应用。一些用户基数大、知名度高的手机应用被仿冒数量惊人,其中某银行非正版应用多达30个,某电商非正版应用更高达97个。

(四)移动电子商务平台的安全问题

2017年6月,亚马逊和小红书网站用户遭遇信息泄露危机,大量个人信息外泄导致电话诈骗猛增。亚马逊多位用户遭遇冒充"亚马逊客服"的退款诈骗电话,其中一位用户被骗金额高达43万元,小红书50多位用户也因此造成80多万元的损失。根据工信部针对中国银行、中国建设银行等国内多家大型商业银行的调查显示,国内安卓平台手机银行App普遍存在高危漏洞,黑客可通过一定的技术手段劫持用户设备,获取并修改用户转账信息,从而非法窃取用户账户资金。

目前有着众多的移动电子商务平台,而其明显的特点是平台良莠不齐,用户很难甄别这些运营平台的真伪和优劣。在平台开发过程中,一些控制技术缺少论证,在使用过程中往往出现诸多问题;而服务提供者对平台的运营疏于管理,机制不健全,也导致了诸多的安全问题。一方面,在平台的运营过程中,安全措施需要在技术和程序上得到修正和完善;另一方面,需要将运营管理和技术中的一些安全措施进行整合,形成一个全面完整的移动商务安全防御体系,从实质上减少甚至避免各种移动电子商务平台遭受攻击。

二、隐私问题

大数据时代针对个人信息的采集日趋便捷和全面,各类数据的关联整合可以准确地还原并预测个人的社会生活全貌,当数据量达到一定规模时将产生巨大的经济效益。在经济利益的驱动下,围绕个人信息采集、加工、开发、销售的庞大数据产业链在我国悄然形成。其中,合法与非法手段混杂,线上与线下途径并存,信息泄露的系统性风险也随之出现。

手机作为综合个人信息处理平台,手机中存储的各种信息都成为大数据挖掘的对象。通过对数据和使用痕迹信息的挖掘、收集、分析,各类数据的关联整合可以准确地还原并预测个人的社会生活全貌。利用这些信息既可以对用户开展合法的精准营销、客户管理,也可以从事大数据"杀熟"以及非法的金融诈骗、身份窃取等。令人惊讶的是,类似于"雷金"这种专门挖掘底层数据的木马病毒已经出现,可以在不知不觉中将人们认为已不存在的数据盗走;而涉及企业和各种公务方面的重要数据被挖掘外泄,会给企业带来重大经济损失,甚至给国家安全带来严重威胁。相关调查显示,我国互联网个人信息安全的灰色产业链规模已达近百亿,有众多黑客、广告商、中介及诈骗团伙在从中谋取暴利。

现在似乎进入了互联网隐私焦虑的集中爆发期。几乎所有的应用App都具有超过其本身功能需要的隐私访问权,而这些行为往往违背用户的个人意愿,引发社会广泛关注。部分应用还存在未经明示收集使用用户信息、未履行安全保护义务等问题。2017年7月,工信部组织对55家手机应用商店的应用技术检测,发现违规软件31款,涉及违规收集、使用用户个人信息、恶意"吸费"、强行捆绑推广其他应用软件等问题。2017年9月,中央网信办等四部门公布了京东商城、新浪微博、微信等10款移动App强制索权。2018年又连续发生了消费者起诉百度"偷听"、李书福指责马化腾"偷看微信"以及支付宝"隐私权被默认"的"账单门"。一边是平台本身凭借自身有利的优势以"强势"的姿态使用用户个人信息,另一边则是平台内部人员管理机制不够规范化从而导致用户信息泄露。据电子商务消费纠纷调解平台近年来受理的全国数十万起电商投诉案件大数据表明,包括当当网、国美在线、1号店、达令、美丽说、蘑菇街等在内的零售电商平台,以及窝窝团、饿了么、滴滴、美团点评、百度糯米、去哪儿等在内的生活服务电商平台,均屡屡因用户平台信息泄露,被灰色产业链不法分子频频通过"撞库"方式盗号,造成平台上账户被盗,为企业和用户带来巨大经济损失。

随着云计算服务的成熟,企业和用户的数据将越来越多地存储于云端,这些信息随时面临着泄漏的危险。云备份的确方便,但它泄露起隐私来也方便得出乎人们想象。伴随物联网技术的高速发展,各种类型的物联网终端设备以智能家居及车联网的形式涌现。家庭网络的安全性一直以来都十分薄弱,车联网及智能家居设备的安全性将成为极大的安全隐患。用户的个人数据和家庭生活数据将完全暴露在网络当中。

近年来,信息泄露事件频频曝光,私密信息泄露隐患时时威胁着每一个用户。例如,移动应用程序"Wi-Fi万能钥匙"和"Wi-Fi钥匙"具有免费向用户提供使用他人Wi-Fi网络的功能,这类应用累计下载次数高达19亿次,涉嫌入侵他人Wi-Fi网络和窃取用户个人信息。保护信息安全仅仅依靠技术上的进步和个人的防范措施是远远不够的,它需要全社会的共同行动。

2018年5月1日,全国信息安全标准化技术委员会发布《信息安全技术:个人信息安全规范》作为国家推荐标准正式实施。其中明确了权责一致、选择同意、最少够用等关键性技术原则。这意味着互联网运营者不能对用户进行"信息榨取",索要与使用功能无关的信息,收集的信息"最少够用"就可以。网络安全管理部门需要在制度建设层面持续加力,继续完善相关法律法规,建立起强有力的管控措施,形成保护个人隐私的长效机制,不要让大数据时代变成"漏"数据时代。

三、移动电子商务面临的障碍

虽然移动电子商务一直保持着高速的发展,但是由于技术上的客观现状导致了移动平台性能与用户需求的不匹配。移动电子商务行业面临的问题是其作为一种最新商业模式,行业领域既没有国际标准,又没有我国的国家标准,这样就不可避免地会出现一些经济问题和法律纠纷。中国的移动电子商务在快速发展的过程中还存在着许多的问题,了解移动电子商务发展过程中面临的障碍,对推动移动电子商务的发展、加速国家的信息化进程,都具有非常深远的战略意义。

(一)操作系统的问题

由于许多软件在不同的操作系统中无法通用,因此软件产品的发展速度非常迟缓。移动终端操作系统的屏幕、终端以及支付平台的不统一,尤其是手机操作系统的不同,导致服务商成本大大提高。同时移动终端性能也会影响用户的使用体验。调查发现,40%以上的手机用户会因为手机性能不好,而降低对移动电子商务的好感度。

(二)移动网络的问题

目前,移动网络的技术还不够完善,移动网络稳定性和速度还不理想,如果频繁出现网络连接失败问题,用户就不会选择移动电子商务;如果移动网络的技术问题得不到彻底解决,App 客户端做得再好也不会对客户有吸引力。在无线网还没有全面普及的情况下,不少移动终端客户只能选择使用流量,客户需要浏览清晰图片,体验卖家提供的商品和服务,导致高额的流量费用,无形中提高了移动电子商务的成本。

(三)数据资源的问题

为了争夺和发展有效用户,许多开发商往往不惜任何代价推出 App 应用,这种 App 无须注册即可使用所有功能。在大数据时代,不采取用户注册制,就很难获得用户的数据信息,因此是一种目光短浅的表现。这种做法对移动电子商务的长远发展是不利的,注定是一个失败的举措。毫无疑问,大数据时代的"数据",是移动电子商务的基础和渠道,数据资源得到充分利用,才能更加有效地拓展移动电子商务的市场。

(四)物流配送的问题

当前移动电子商务运行环节中,越来越多的用户对物流速度慢、服务差、运行不透明等问题进行投诉。同时,有些物流配送问题也是由于电商本身不够成熟而导致的。例如,促销是移动电商经常采取的活动,在促销期间订单增加到几倍甚至几十倍,从而容易造成物流在短期内出现爆仓和运行不畅的局面。企业信息化问题也是导致物流配送问题的因素。由于企业内部信息化程度不高,不能及时地对企业资源进行系统的统计和调整,导致经常出现网络上的数据和实际库存数据存在差异而导致物流出现不畅的情况。

(五)用户比价的问题

当前用户经常使用微信条形码进行比价,以期为自己带来更大的实惠,因而使电商陷入低效率的价格竞争,导致整个产业链恶性发展,因此在接下来的发展中,商家应更多关注差异化竞争。

(六)电信资费的问题

进入 4G 时代后,人们对语音的需求急速下降,对流量需求则迅速增加。流量收入已经占运营商通信服务收入的主导地位。通信产品不断更新换代,各种大型手游、高清视频、网络语音通话等对于流量的需求不断增长,使用户对流量的需求激增,月消耗流量普遍以 GB 为计算单位。但目前的流量收费标准仍然偏高,而且用户之间的流量无法实现共享和赠送。提速降费是多数用户当前的呼声。

虽然,运营商的流量资费也在下降,但用户的流量消耗却呈几何级增长;手机用户每月支付的费用在较快的增长。2018 年 7 月 1 日,三大运营商取消流量漫游费,移动流量平均单价年内降低 30% 以上。但是三大运营商并不是通过降低流量售价以及基础套餐价格实现降价,而主要通过大量赠送流量的方式。由于流量的边际成本趋于零,在网络容量充足的情况下,运营商大幅赠送的流量并不会给他们带来额外成本。不仅如此,维持了基础套餐价格的运营商,仍然可以在用户不断增长的情况下使得流量收入持续攀升。

当前的"不限"流量套餐,对限速都有了更为明确的规定。中国移动的 88 元不限量 4G 飞享套餐,每月流量使用达到 40 GB,网速将降至 3G 网络。中国电信推出的 99 元"不限"流量套餐,国内不限量,但当月上网流量达到 20 GB 后,网速将降至 3G 网络。三大运营商对于使用流量超过 100 GB 后,均限速至 128 kbps,相当于早前 2G 网速,基本上已经无法支持看视频等情况。

(七) 法律体制的问题

移动电子商务和传统的电子商务交易区别在于其是在开放的虚拟网络下进行的，所以更加需要相关法律制度来规范移动电商交易过程中的各个参与方，从而构建诚信安全的交易环境。

目前出台的关于移动电子商务的法律法规包括《电子签名法》《电子认证服务密码管理办法》《互联网信息服务管理办法》《保密法》《著作权法》《民法典》《消费者权益保护法》《网络安全法》《电子商务法》等，但这些都是相关法，其中大多数的法律法规都是针对传统电子商务，并非其专业领域法律法规。现有的"避风港原则"和《消费者权益保护法》中规定的"指示原则"已经不能够完全适应移动电子商务发展的新变化。

移动电子商务近两年爆炸式的发展也反映了国家在培育其发展的同时，缺乏一定的宏观调控以及一定的束缚性，造成了其发展的自发性，以至于众多线下的实体经济受到了强大的冲击。我国迫切需要完善移动电子商务相关法律制度，加强安全管理规范，通过相关法律制度和安全管理规范的有机结合来提高移动电子商务整体的服务质量和交易环境的安全性，帮助移动电子商务丰满羽翼。

本章小结

本章充分挖掘新冠肺炎疫情防控期间的思政元素，多途径、多角度将战疫故事融入移动电商教学案例中，通过大数据、远程医疗、在线教育、移动支付等在疫情防控中发挥的重要作用，引导学生正确认识中国特色社会主义制度的优越性；引导学生思考疫情常态化背景下，在电子商务专业领域内如何挖掘及发挥自己的特长，增强学生对电商行业就业的信心。

移动电子商务是通过移动终端进行的电子商务。移动电子商务是通信网、IT技术、互联网以及手持终端技术融合的产物。作为一种整合的电子商务，移动电子商务实现了电子商务和无线通信网络的融合。作为一种全新的数字商务活动，移动电子商务是电子商务的一种延伸和扩展，更加便捷和普及。移动电子商务使无线终端设备和服务的价格越来越低，而其给人们带来的好处和便利使移动电子商务得到广泛应用，是网络经济时代新的利润增长点。

从技术上看，我国当前移动电子商务模式主要包括基于LBS的O2O模式、App商用模式、微信营销模式及手机支付模式。具有代表性的移动电子商务应用包括移动营销、移动购物、移动金融、移动社交、移动出行、移动娱乐、移动招聘、移动教育、移动云盘、移动应用商店等。

关键术语

移动电子商务、无线应用协议(WAP)、通用分组无线业务(GPRS)、移动IP技术、蓝牙技术、NFC技术、移动定位系统、第三代移动通信系统(3G)、第四代移动通信系统(4G)、第五代移动通信系统(5G)、第六代移动通信系统(6G)、O2O模式。

配套实训

1. 打开 http://pan.baidu.com，注册并登录百度账号，单击左侧的"网盘"。单击"上传文件"就可以把自己的资料存入百度云，并提交截图记录。

2. 单击"主页"，进入资源主页，选择自己感兴趣的文件，单击右上角的"保存至网盘"，然后新建文件夹，保存到自己的云盘，并提交截图记录。

3. 分别登录福建移动网站、福建联通网站及福建电信网站，浏览这几个网站的移动商务业务。你认为上述哪个公司在移动电子商务时代更有竞争优势？为什么？

4. 登录自己手机所属的网站，进行相关业务查询或积分兑换，并提交截图记录。

5. 分析自己手机所属运营商提供的移动商务业务有哪些，思考这些业务能带来或者提高哪些方面的增值服务。

课后习题

一、单项选择题

1. 下列行为中不属于移动电子商务应用的是（　　）。
   A. 刷手环乘坐地铁　　　　　　B. 用台式电脑上网下载程序
   C. 用平板电脑购物　　　　　　D. 用手机收发邮件

2. 基于无线网络的移动电子商务与基于有线网络的传统电子商务相比，不属于移动电子商务独有的是（　　）。
   A. 移动性　　　B. 接入的稳定性　　　C. 定位性　　　D. 互动性

3. （　　）技术实现了网络漫游。
   A. WAP　　　B. TCP/IP　　　C. 移动 IP 技术　　　D. Wi-Fi

4. 下列哪项不属于即时通信应用的是（　　）。
   A. SMS　　　B. 阿里旺旺　　　C. 微信　　　D. QQ

5. 移动商务从本质上归属于（　　）的类别。
   A. 电子商务　　　B. 通信技术　　　C. 无线通信　　　D. 网络技术

二、填空题

1. GPRS 是基于现在运行的_____的基础上发展的数据业务，这项技术位于_____和_____移动通信技术之间。

2. AGPS 利用_____来辅助 GPS 模块进行手机定位，定位方式和_____一样，但定位速度和精度都有很大的提升。

3. 2013 年 12 月 4 日，我国进入 4G 时代。2015 年下半年，中国电信、中国移动、中国联通相继发布_____计划。

4. 主流移动教育 App 分为四类，包括_____类、_____类、_____类以及_____类。

5. "二维码广告"属于移动商务应用中的_____。

243

三、简答题

1.简述移动电子商务的定义和移动电子商务的主要应用。
2.移动电子商务的主要实现技术有哪些?
3.简述手机银行的功能并列举国内开通手机银行业务的银行。
4.如何提高移动电子商务的安全性?
5.除了教材中介绍的几种常见移动电子商务应用,还有哪些其他类型移动电子商务应用?

讨论案例

朋友圈与微生意

小侯是个"00"后,从微商的出现到周围的人纷纷做起了"微生意",她观察了很久,思考了很久——到底要不要做?做什么类型的生意?众所周知,单凭刷屏晒账单、晒进账的微商红利期已过。朋友圈现在就是个"小淘宝",能想到的几乎都有人在卖,小侯也很讨厌那些一味复制粘贴刷屏的,也屏蔽了很多这样的朋友,所以在自己准备要做微商时就想,绝不让自己变成这样的"微商"。

2017年,小侯发现原本工作稳定的表姐发布了一条关于某洗发水产品广告。她试着询问表姐这是怎么回事。表姐告诉小侯,因为自己用了一款特别好用的洗发水,用了半年周围朋友都看出她发质的变化,所以在多次推荐后就决定自己做代理了。在自己的朋友圈做推广,生意也还不错。

当时的小侯还有些许犹豫——这种营销模式到底有没有消费者买单?她试着在自己的朋友圈帮表姐做宣传。因为广告中的很多文案都是原创,图片大多也是自己拍摄的,所以来询问的人还不少。于是在2018年年初,小侯自己也跟着表姐做起了"微生意",在朋友圈卖表姐代理的洗发水。

每天两个小时的业余时间,通过电脑或手机操作,接订单,发订单,就这样,小侯慢慢当起了"微商"。"微生意"需要慢慢地积累人气,靠朋友间的口碑来做宣传,可能一开始没人理解,没有订单,但是既然选择了,就应该坚持。小侯觉得更开心的是分享了好东西给朋友,朋友也觉得好,这种认同感让她觉得很幸福。从一个月只能卖出一两套产品甚至零订单,到现在一天能接三四个订单,一个月下来小侯能挣5 000元左右。

阅读上述资料,分组讨论以下问题:

1.微信上适合哪些产品销售?
2.朋友圈应该发什么内容更容易打动客户?
3.如何让客户变成粉丝且愿意在其圈子里传播产品广告?

第十章 跨境电子商务

学习目标

知识目标

了解跨境电子商务的基本概念和特征。
了解跨境电子商务的主要类型和主要平台。
了解跨境电子商务支付的主要方式。
了解跨境电子商务物流的主要解决方案。

技能目标

了解亚马逊平台的销售规则。
学会如何根据目标国和商品特征,选择国际物流方式。

思政目标

把握学科前沿发展方向,了解我国跨境电商各种政策,培养学生遵守国际贸易规则,树立保护知识产权意识。

导入案例

阳萌:开网店开到美国,Anker 品牌一年卖出 1 亿元

一位"80后"长沙伢子放弃年薪 200 万元的谷歌工程师职业回国创业,把网店开上美国的"淘宝"亚马逊、ebay。不到两年,他创立的电子品牌 Anker 就"插上翅膀飞过海洋",赢得美、英、法、德、意等国众多粉丝,2013 年销售额超过 1 亿元人民币。他,就是阳萌。

阳萌在担任谷歌工程师期间,因不满中国制造在海外被打上低端、廉价的标签,立志以高品质的中国产品,改变外国人对中国制造的偏见。秉持这一初衷,阳萌决定归国创业,创立了 Anker 品牌。经过多年的努力,2020 年 Anker 位列 BrandZ™ 2020 年中国全球化品牌 50 强第 11 名,所属公司安克创新科技股份有限公司的全球用户数超过 8 000 万人。

在亚马逊网站上,搜索"Anker"很容易找到该电商的产品。据阳萌介绍,他销售的商品主要是消费类电子产品,包括笔记本电脑充电器、充电电池、键盘、鼠标等。一款 Anker 的笔记本电脑电池售价约为 30 美元,而戴尔的类似产品售价要 80~100 美元。此外,加上快捷的物流和本地化的售后服务,让 Anker 的销售直线上升,2013 年收获了 1 亿元人民币的订单,之后更是快速增长。2019 年,安克创新实现营收 66 亿元人民币。消费者遍布美、英、法、德、意、西等国。

事实上,外贸电商在国外购物平台上开店,在沿海城市并不稀奇,但是像阳萌一样注册

品牌的却很少。阳萌说:"在亚马逊上开网店,早期更多地考验语言能力和对国外网站、国外法律的了解等,但是要做大、做长远,必须有好的产品和让人信赖的品牌,这才是关键。"因此,安克创新将大部分利润投入产品研发,上海、深圳都设有研发基地。

阳萌说:"欧美消费者喜欢黑色的产品,国内消费者更喜欢白色。"说到国内外消费习惯的不同,阳萌笑着说:"与国内的淘宝不同,亚马逊和ebay上没有售前服务,也就是省去了'购买前与店小二讨价还价的过程'。看中了就下单,类似国内京东的模式。但是国外网购对产品质量要求更严。如果出现质量问题,几十美元的交易可能换来近万美元的罚单。"Anker的某竞争品牌的一款充电电池,客户使用时出现了冒烟情况,结果导致客户更换地毯、重新粉刷墙壁、干洗所有衣服,所有费用近万美元。因为确是产品问题,该品牌商家只能认罚。

讨论:你认为阳萌成功之处在哪里?

第一节　跨境电子商务概述

全球经济一体化的趋势逐渐加强,电子商务渐渐从国内向国际市场发展,跨境电子商务快速兴起,并出现了高速增长的趋势。

中国跨境电子商务的起步较晚,但是在短时间内实现了跨越式发展。根据商务部年度统计,在2011年,中国通过跨境电子商务平台达成的贸易总额超过1.6万亿元,2012年达到了2.1万亿元,2013年为3.1亿元,2014年为4.0万亿元,2015年为5.4万亿元,2016年跨境电子商务交易额为6.7万亿元,2018年跨境电子商务交易额为9万亿元。2020年,在全球新冠肺炎疫情环境下跨境电子商务交易额达到12.5万亿元。

中国跨境电子商务贸易额近五年年均增长速度高达30%。跨境电子商务已逐渐取代传统的贸易方式成为世界贸易的主流,世界各地的交易联系也因为跨境电子商务的发展而越来越紧密。

我国目前正大力推动"一带一路"倡议以及"互联网+"行动计划等改革创新方案。国家政策的扶持为跨境企业尤其是跨境电子商务企业带来了福音,跨境电子商务的春天已然到来。

一、跨境电子商务的定义

跨境电子商务是指分属不同关境的交易主体,通过电子商务平台达成交易、进行支付结算,并通过跨境物流送达商品、完成交易的一种国际商业活动。

跨境电子商务的三个要素,分别是交易双方分属不同关境;通过自营或者第三方平台支付交易;需要通过国际物流送往他国。

跨境电子商务有狭义和广义两层含义。从狭义上看,跨境电子商务实际上基本等同于跨境零售(B2C)。跨境零售指的是分属于不同关境的交易主体,借助计算机网络达成交易、进行支付结算,并采用快件、小包等行邮的方式通过跨境物流将商品送达消费者手中的交易过程。

从广义上看,跨境电子商务基本等同于外贸电商(B2B+B2C),是指分属不同关境的交易主体,通过电子商务的手段将传统进出口贸易中的展示、洽谈和成交环节电子化,并通过跨境物流送达商品、完成交易的一种国际商业活动。

跨境电子商务形式上是基于互联网开创的一种交易手段和渠道,是"互联网+外贸"的一种商务模式,本质上是全球供应链的整合。

二、跨境电子商务的意义

1.跨境电子商务为企业打造国际品牌提供了新机会

在互联网时代,品牌、口碑是企业竞争力的重要组成部分,也是赢得消费者青睐的关键因素。当前,我国许多企业的产品和服务质量、性能尽管很好,但不为境外消费者所知。跨境电子商务能够有效打破渠道垄断,减少中间环节,节约交易成本,缩短交易时间,为我国企业创建品牌、提升品牌的知名度提供了有效的途径,尤其是给一些"小而美"的中小企业创造了新的发展空间,从而催生出更多具有国际竞争力的"隐形冠军"。目前,我国已有80%的外贸企业开始运用电子商务开拓海外市场。

2.跨境电子商务是促进产业结构升级的新动力

跨境电子商务的发展,直接推动了物流配送、电子支付、电子认证、信息内容服务等现代服务业和相关电子信息制造业的发展。目前,我国电商平台企业已超过5 000家,一批知名电商平台企业、物流快递、第三方支付本土企业加快崛起。更加突出的是,跨境电子商务将会引发生产方式、产业组织方式的变革。面对多样化、多层次、个性化的境外消费者需求,企业必须以消费者为中心,加强合作创新,构建完善的服务体系,在提升产品制造工艺、质量的同时,加强研发设计、品牌销售,重构价值链和产业链,最大限度地促进资源优化配置。

3.跨境电子商务为政府提升对外开放水平提供了新抓手

发展跨境电子商务,既涉及商务、海关、检验检疫、财政、税收、质量监督、金融等多个部门,也涉及多领域的国际合作;既对政府的快速反应、创新、合作等能力提出了新要求,也对政府传统的体制机制提出了新挑战。以跨境电子商务为抓手,推动政府各部门资源共享、高效运行、统一协作、创新服务,将对提升我国政府对外开放水平起到有力的推动作用。

跨境电子商务对企业来说,极大地拓宽了进入国际市场的路径,大大促进了多边资源的优化与企业间的互利共赢;也促进了相关的发展;为政府的对外开放水平起到一定的推动作用。跨境电子商务一定会更加适应时代的发展,取得更多成就。

4.消费者可以方便地购买全球的商品

对于消费者来说,跨境电子商务使他们非常容易地获取其他国家的商品信息并买到物美价廉的商品。

三、跨境电子商务流程

目前对跨境电子商务模式的争执,无非是混淆了新型的跨境电子商务和传统的外贸电商。跨境电子商务和外贸电商的区别主要体现在以下方面:

1.交易主体不一样

在外贸电商时代,出口企业无非是运用电子商务手段推广宣传自身品牌及产品,从网上寻找外商求购信息等,故主体是信息流;而在跨境电子商务时代,人们却要试图利用网络把商品直接销售给海外消费者,故主体是商品流。

2.交易环节不一样

在外贸电商时代,进出口的环节并没有任何缩短或改变,而跨境电子商务则要求尽量减少或缩短各个环节以尽量降低中间成本。

3.交易方式不一样

在外贸电商时代,交易都是在线下完成的,而跨境电子商务则大多在线上直接完成交易。

4.税务成本不一样

外贸电商体现的是传统的一般贸易,涉及复杂的关税、增值税及消费税等,而跨境电子商务面临的税收一般就要简单很多,如很多只涉及行邮税。

5.交易模式不一样

外贸电商的基本模式是 B2B,而跨境电子商务的主流模式却是 B2C。

一个典型的跨境电子商务流程如图 10-1 所示。

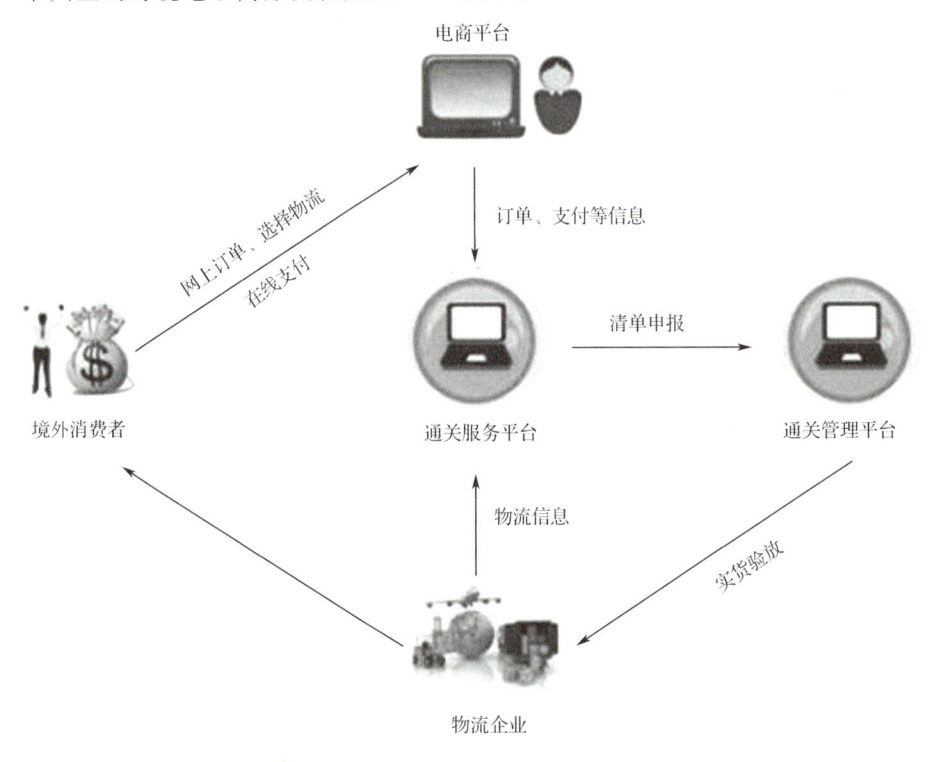

图 10-1 跨境电子商务流程

四、跨境电子商务的特征

跨境电子商务是基于网络发展起来的,网络空间相对于物理空间来说是一个新空间,是一个由网址和密码组成的虚拟但客观存在的世界。网络空间独特的价值标准和行为模式深刻地影响着跨境电子商务,使其不同于传统的交易方式而呈现出自己的特点。

跨国电子商务具有全球性、无形性、匿名性、即时性、无纸化、快速演进等特征。

(一)全球性(Global Forum)

网络是一个没有边界的媒介体,具有全球性和非中心化的特征。依附于网络发生的跨境电子商务也因此具有了全球性和非中心化的特性。电子商务与传统的交易方式相比,其一个重要特点在于电子商务是一种无边界交易,丧失了传统交易所具有的地理因素。互联网用户不需要考虑跨越国界就可以把产品尤其是高附加值产品和服务提交到市场。网络的全球性特征带来的积极影响是信息的最大限度共享,消极影响是用户必须面临因文化、政治和法律不同所带来的风险。任何人只要具备了一定的技术手段,在任何时候、任何地方都可以让信息进入网络,相互联系进行交易。美国财政部在其财政报告中指出,对基于全球化网络建立起来的电子商务活动征收课税是困难重重的,因为电子商务是基于虚拟网络空间展开的,丧失了传统交易方式下的地理因素;电子商务中的制造商容易隐匿其住所,而消费者对制造商的住所是漠不关心的。例如,一家很小的爱尔兰在线公司,通过一个可供世界各地消费者点击观看的网页,就可以互联网为媒介销售其产品和服务。很难界定这一交易究竟是在哪个国家内发生的。

这种远程交易的发展,给税收当局制造了许多困难。世界各国的税收权力只能在本国范围内严格实施,网络的这种特性为税务机关对跨国在线交易行使税收管辖权带来了困难,而且互联网有时扮演了代理中介的角色。在传统交易模式下往往需要一个有形的销售网点,如通过书店将书卖给读者,而在线书店可以代替书店这个销售网点直接完成整个交易。由此产生的问题是,税务当局往往要依靠这些销售网点获取税收所需要的基本信息,代扣代缴所得税等。没有这些销售网点的存在,税收权力的行使也会发生困难。

(二)无形性(Intangible)

网络的发展使数字化产品和服务的传输盛行。数字化传输是通过不同类型的媒介在全球化网络环境中集中而进行的,如数据、声音和图像等,这些媒介在网络中是以计算机数据代码的形式出现,因而是无形的。以一个 E-mail 信息的传输为例,这一信息首先要被服务器分解为数以百万计的数据包,然后按照 TCP/IP 协议通过不同的网络路径传输到一个目的地服务器并重新组织转发给接收人,整个过程都是在网络中瞬间完成的。电子商务是数字化传输活动的一种特殊形式,其无形性的特性使得税务机关很难控制和检查销售商的交易活动。税务机关面对的交易记录都是体现为数据代码的形式,使得税务核查员无法准确地计算销售所得和利润所得,从而给税收带来困难。

数字化产品和服务基于数字传输活动的特性也必然具有无形性。传统交易以实物交易为主,而在电子商务中,无形产品却可以替代实物成为交易的对象。以书籍为例,传统的纸质书籍,其排版、印刷、销售和购买被看作是产品的生产、销售。然而在电子商务交易中,消费者只要购买网上的数据权便可以使用书中的知识和信息。但是如何界定该交易的性质、如何监督、如何征税等一系列问题却给税务和法律部门带来了新的课题。

(三)匿名性(Anonymous)

由于跨境电子商务的非中心化和全球性的特性,因此很难识别电子商务用户的身份和其所处的地理位置。在线交易的消费者往往不显示自己的真实身份和自己的地理位置,重要的是这丝毫不影响交易的进行,网络的匿名性也允许消费者这样做。在虚拟社会里,隐匿身份的便利性导致了自由与责任的不对称。人们在这里可以享受最大的自由,却只承担最小的责任,甚至干脆逃避责任。这显然给税务机关制造了麻烦,税务机关无法查明应当纳税的在线交易人的身份和地理位置,也就无法获知纳税人的交易情况和应纳税额,更不要说去审计核实。该部分交易和纳税人在税务机关的视野中"隐身"了,这对税务机关是致命的。

以 eBay 为例,eBay 是美国的一家网上拍卖公司,允许个人和商家拍卖任何物品,到目前为止 eBay 已经拥有 1.5 亿用户,每天拍卖数以万计的物品,总计营业额超过 800 亿美元。

电子商务交易的匿名性导致了逃税现象的恶化。网络的发展降低了避税成本,使电子商务避税更轻松、易行。电子商务交易的匿名性使得纳税人利用避税地联机金融机构规避税收监管成为可能。电子货币的广泛使用,以及国际互联网的某些避税地联机银行对客户提供的"完全税收保护",使纳税人可将其源于世界各国的投资所得直接汇入避税地联机银行,规避了所得税的缴纳。美国国内收入服务处在其规模最大的一次审计调查中发现,大量的居民纳税人通过离岸避税地金融机构隐藏了大量的应税收入,而美国政府估计大约 3 万亿美元的资金因受避税地联机银行的"完全税收保护"而被藏匿在避税地。

(四)即时性(Instantaneously)

对于网络而言,数据的传输速度和地理距离无关。传统交易模式下,信息交流方式如信函、电报、传真等,在信息的发送与被接收间,存在着长短不一的时间差;而电子商务中的信息交流,无论实际时空距离远近,一方发送信息与另一方接收信息几乎是同时的,就如同生活中面对面交谈。某些数字化产品(如音像制品、软件等)的交易,还可以即时清结,即订货、付款、交货都可以在瞬间完成。

电子商务交易的即时性提高了人们交往和交易的效率,免去了传统交易中的中介环节,但也隐藏了法律危机。这种法律危机在税收领域表现为:电子商务交易的即时性往往会导致交易活动的随意性,电子商务主体的交易活动可能随时开始、随时终止、随时变动,这就使得税务机关难以掌握交易双方的具体交易情况,不仅使得税收的源泉扣缴的控管手段失灵,而且客观上促成了纳税人不遵从税法的随意性,加之税收领域现代化征管技术的严重滞后,都使依法治税变得苍白无力。

(五)无纸化(Paperless)

电子商务主要采取无纸化操作的方式,这是以电子商务形式进行交易的主要特征。在电子商务中,电子计算机通信记录取代了一系列的纸面交易文件。用户与商家的交流通过发送或接收电子信息。由于电子信息以比特的形式存在和传送,整个信息发送和接收过程实现了无纸化。无纸化带来的积极影响是使信息传递摆脱了纸张的限制,但由于传统法律的许多规范是以规范"有纸交易"为出发点的,因此,无纸化带来了一定程度上的法律混乱。

电子商务以数字合同、数字时间替代了传统贸易中的书面合同、结算票据,削弱了税务当局获取跨国纳税人经营状况和财务信息的能力,且电子商务所采用的其他保密措施也将增加税务机关掌握纳税人财务信息的难度。在某些交易无据可查的情形下,跨国纳税人的申报额将会大大降低,应纳税所得额和所征税款都将少于实际所达到的数量,从而引起征税国国际税收流失。例如,世界各国普遍开征的传统税种之一的印花税,其课税对象是交易各方提供的书面凭证,课税环节为各种法律合同、凭证的书立或做成,而在网络交易无纸化的情况下,物质形态的合同、凭证形式已不复存在,因而印花税的合同、凭证贴花(完成印花税的缴纳行为)便无从下手。

(六)快速演进(Rapidly Evolving)

互联网是一个新生事物,现阶段尚处在幼年时期,网络设施和相应软件协议的未来发展具有很大的不确定性。基于互联网的电子商务活动也处在瞬息万变的过程中,短短的几十年中电子交易经历了从 EDI 到电子商务零售业的兴起的过程,而数字化产品和服务更是花样出新,不断地改变着人类的生活。

在一般情况下,各国为维护社会的稳定,都会注意保持法律的持续性与稳定性,税收法律也不例外。这就会引起网络的超速发展与税收法律规范相对滞后的矛盾。如何将分秒都处在发展与变化中的网络交易纳入税法的规范,是税收领域的一个难题。网络的发展不断给税务机关带来新的挑战,税务政策的制定者和税法立法机关应当密切注意网络的发展,在制定税务政策和税法规范时充分考虑这一因素。

跨国电子商务具有不同于传统贸易方式的诸多特点,而传统的税法制度却是在传统的贸易方式下产生的,因此将税法应用到电子商务中必定会有诸多的不适用。网络深刻地影响着人类社会,也给税收法律规范带来了前所未有的冲击与挑战。

五、跨境电子商务的优势

随着互联网、物流网等基础设施建设的加快和移动互联网、大数据、云计算等技术的推动,跨境电子商务在全球范围内快速发展。由对外经济贸易大学北京企业国际化经营研究基地、社会科学文献出版社共同发布的《企业海外发展蓝皮书:中国企业海外发展报告(2020)》显示,受疫情在全球市场蔓延的影响,"宅经济"在全球范围内迅猛发展,这在很大程度上促进了跨境电子商务的快速成长。2020年,全球跨境电子商务交易规模突破10 000亿美元,年平均增长速度超过30%,远远高于货物贸易的增长速度。跨境电子商务发展如此迅速,与跨境电子商务的独特优势有关。

首先,跨境电子商务适应国际贸易的最新发展趋势。2008年美国金融危机后,消费者收入呈增长趋缓,开始直接通过网络购买国外价低质优的产品。部分海外进口商出于缓解资金链压力和控制资金风险的考虑,也倾向于将大额采购转变为中小额采购、长期采购变为短期采购,单笔订单的金额明显减小,大部分不超过3万美元,传统"集装箱"式的大额交易正逐渐被小批量、多批次的"碎片化"进出口贸易取代。

其次,跨境电子商务能有效降低产品价格。跨境电子商务仅需经过工厂、在线平台、海外商人即可送达消费者,外贸净利润可能是传统贸易的数倍。未来外贸链条还可以更简化,产品从工厂经过在线平台可以直接到国外消费者手中。原来的中间成本一部分变成生产商的利润,一部分成为电子商务平台的佣金,剩下的则成为消费者获得的价格优惠。如果跨境电子商务企业能采用集中采购备货模式,那相较于单笔邮寄,还能大大降低商品采购和物流成本。

再次,跨境电子商务中的上下游多属现代服务业。与之相关联的物流配送、电子支付、电子认证、IT服务、网络营销等,都属于现代服务业内容。即使是最为传统的快递、物流配送,也建立在信息技术业务系统之上,不仅商品本身已经基于二维码、条码进行了物品编码,而且可以在电商平台实时查询、跟踪商品流通过程,并通过网银或第三方电子支付平台进行支付。

最后,跨境电子商务以消费者为主导。跨境电子商务主要解决的是消费者在国内买不到商品的问题,是贸易增量。跨境电子商务平台让全球同类产品同台亮相,性价比成为消费者购买决策的重要因素。跨境电子商务以消费者为导向,强调个性化的交易方式,消费者拥有更大选择自由,不受地域限制。以"订单投票",已成为跨境电子商务的发展趋势。

近几年,国家层面对跨境电子商务的支持力度明显增大。2013年8月,国务院办公厅转发了商务部等部门联合制定的《关于实施支持跨境电子商务零售出口有关政策的意见》,

251

主要目的是协调各部门,优化跨境产品的海关监管,提高通关速度,方便货物进出口。2014年,国务院办公厅转发商务部等部门《关于实施支持跨境电子商务零售出口有关政策的意见》,财政部和国家税务总局颁布了《关于跨境电子商务零售出口税收政策的通知》,在各项政策上更加明确对跨境电子商务的支持。对于跨境电子商务来说,更具里程碑式意义的是,杭州首个跨境电子商务实验区获批。2015年3月12日,国务院印发了《关于同意设立中国(杭州)跨境电子商务综合试验区的批复》(以下简称《批复》)。《批复》提出,要以深化改革、扩大开放为动力,着力在跨境电子商务各环节的技术标准、业务流程、监管模式和信息化建设等方面先行先试。2015年6月,国务院办公厅发布了《关于促进跨境电子商务健康快速发展的指导意见》。2017年4月8日,财政部联合海关总署和国家税务总局共同推出《关于跨境电子商务零售进口税收政策的通知》。2018年更是密集出台了《国务院关于印发优化口岸营商环境促进跨境贸易便利化工作方案的通知》《关于完善跨境电子商务零售进口监管有关工作的通知》《关于完善跨境电子商务零售进口监管有关工作的通知》《关于跨境电子商务综合试验区零售出口货物税收政策的通知》《关于完善跨境电子商务零售进口税收政策的通知》等。

综上所述,跨境电子商务的优势在传统外贸业逐渐消逝的今天呈现出了勃勃生机,跨境电子商务也将成为未来外贸行业的主流。

六、跨境电子商务的模式

(一)依照买卖双方主体的属性划分

跨境电子商务依照买卖双方主体的属性划分,可以分为B2B、B2C、C2C三种模式。

1. B2B(Business to Business)模式

B2B模式是企业与企业之间通过互联网进行产品、服务及信息的交换,主要应用于企业的国际采购和进出口贸易等。代表性的平台有阿里巴巴国际站、环球资源、中国制造网等。

2. B2C(Business to Customer)模式

B2C模式即企业与消费者个人之间的跨境电子商务,主要应用于企业直接进行国际零售或消费者全球购活动。销售的商品一般以航空小包、邮寄、快递等物流方式进行配送。代表性的平台有全球速卖通、兰亭集势、米兰网等。

3. C2C(consumer to consumer)模式

C2C模式即消费者之间的跨境电子商务。如一些第三方交易平台,允许个人在平台注册账号并销售产品和提供服务,供其他国家的消费者进行在线购买。代表性平台有eBay、Wish等。

(二)依照进出口方向划分

跨境电子商务依照进出口方向划分,可以分为进口跨境电子商务和出口跨境电子商务。

1. 进口跨境电子商务

进口跨境电子商务是海外卖家将商品直销给国内的买家,一般是国内消费者访问境外商家的购物网站选择商品,然后下单,由境外卖家发国际快递给国内消费者。代购可以算是跨境电子商务的雏形。代表性平台有天猫国际、洋码头、蜜芽等。

2. 出口跨境电子商务

出口跨境电子商务是国内卖家将商品直销给境外买家,一般是国外买家访问跨境电子商务平台网站,然后下单购买,并完成支付,由国内的商家发国际物流发送至国外买家。代表性平台有全球速卖通、亚马逊、eBay、Wish、Shopee等。

(三)依照服务类型划分

跨境电子商务依照服务类型划分,可以分为信息服务平台和在线交易平台。

1. 信息服务平台

信息服务平台主要是为境内外会员商户提供网络营销平台,传递供应商或采购商等商家的商品或服务信息,促成双方完成交易。代表性平台有阿里巴巴国际站、环球资源网、中国制造网等。

2. 在线交易平台

在线交易平台不仅提供企业、产品、服务等多方面信息展示,并且可以通过平台线上完成搜索、咨询、对比、下单、支付、物流、评价等全购物链环节。在线交易平台模式正在逐渐成为跨境电子商务中的主流模式。代表性平台有亚马逊、全球速卖通、米兰网、大龙网等。

(四)依照平台的性质划分

跨境电子商务依照平台的性质划分,可以分为第三方平台、自营平台及自营与第三方结合平台。

1. 第三方平台

平台型电商通过线上搭建商城,制定交易规则与服务规范,并整合物流、支付、运营等服务资源,吸引商家入驻,为其提供跨境电子商务交易服务。同时,平台以收取商家佣金以及增值服务费佣金作为主要盈利模式。代表性平台有 ebay、全球速卖通、敦煌网等。

2. 自营平台

自营平台也称独立站,是企业自己建设平台,销售自己生产或采购的产品,并提供所有的服务。自营型平台主要以商品差价作为盈利模式。目前,越来越多的企业通过建立自己的平台或独立站进行跨境电子商务业务。代表性平台有大龙网、兰亭集势等。

3. 自营与第三方结合平台

平台既自己销售产品,也向第三方提供平台服务,供企业或个人注册后在平台上销售产品。很多平台前期为自营平台,在平台成熟后转向第三方平台。代表性平台有亚马逊、兰亭集势等。

(五)依照平台的经营范围划分

跨境电子商务依照平台经营的范围划分,可以分为垂直平台和水平平台。

1. 垂直平台

垂直平台是指在某一个行业或细分市场深化运营的电子商务模式。通常电子商务网站旗下商品都是同一类型的产品。这类网站多为从事同种产品的 B2C 或者 B2B 业务,其业务都是针对同类产品的。代表性平台有米兰网,主要经营婚纱礼服、扮演物品(Cosplay、Costume)等品类。

2. 水平平台

水平平台是提供综合产品的网上经营,这种类型的网站聚集了大量各行各业的产品,类似于网上购物中心,旨在为用户提供产品线宽、可比性强的商业服务。代表性平台如亚马逊、全球速卖通。

前期有很多平台定位于垂直平台网站,当业务成熟时,会扩展经营范围,扩展到综合百货,属于水平平台网站。

第二节　跨境电子商务的运作平台

一、阿里巴巴国际站

阿里巴巴国际站成立于1999年,是阿里巴巴集团的第一个网站,是阿里巴巴旗下的外贸出口B2B平台,其官方网站的每月平均流量超过1亿次。它是中国乃至全球较大的B2B电子商务网站,拥有30万付费会员,1 200万注册购买者和2 900万注册用户。它是中国众多出口跨境电子商务销售商向世界销售其产品的据点。阿里巴巴国际站首页如图10-2所示。

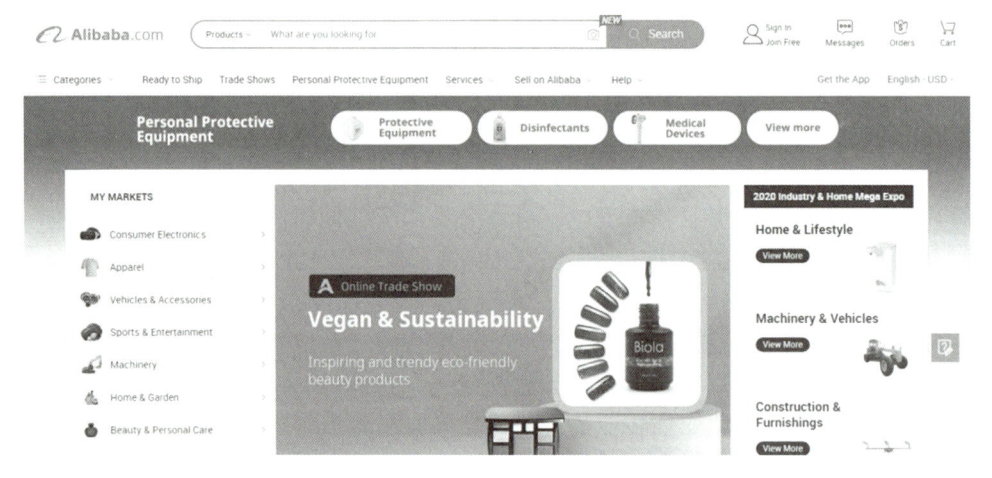

图10-2　阿里巴巴国际站首页

阿里巴巴国际站是帮助中小企业拓展国际贸易的出口提供营销推广服务,它基于全球领先的企业间电子商务网站阿里巴巴国际站贸易平台,通过向海外买家展示、推广供应商的企业和产品,进而获得贸易商机和订单,是出口企业拓展国际贸易的首选网络平台之一。阿里巴巴国际站定位于全国中小企业的网上贸易市场,提供一站式的店铺装修、产品展示、营销推广、生意洽谈及店铺管理等全系列线上服务和工具,帮助企业降低成本、高效率地开拓外贸大市场。

阿里巴巴国际站的业务走过了三个阶段:第一阶段,阿里巴巴国际站的定位是"365天永不落幕的广交会",为大宗贸易做产品信息的展示;第二阶段,阿里巴巴国际站收购一达通为商家提供通关等方面的便利化服务,并在这个过程中开始沉淀数据;第三个阶段,将此前沉淀的数据形成闭环,也就是阿里巴巴国际站现在做的事情——数字化重构跨境贸易。

阿里巴巴国际站的商品已覆盖全球200多个国家和地区,5 900多个产品类别。在阿里巴巴国际站,有超过1 000万的活跃优质海外买家,平均每天会发送超过30万个订单采购需求,给外贸企业带来大量的商业机会。外贸企业想要利用阿里巴巴国际站平台拓展外贸业务，需要购买阿里巴巴的出口通服务成为阿里巴巴国际站付费会员。办理出口通会员以后就可以在国际站上开店，发布产品信息、联系海外买家、报价。

二、全球速卖通

全球速卖通是阿里巴巴旗下面向全球市场打造的在线交易平台，被广大卖家称为国际版"淘宝"。通过全球速卖通平台，把宝贝编辑成在线信息发布到海外。

全球速卖通于2010年4月上线，经过多年的迅猛发展，目前已经覆盖230多个国家和地区的海外买家，支持18种语言，海外注册成交买家数量突破1.5亿人，每天海外买家的流量已经超过5 000万人，最高峰值达到1亿人；已经成为全球较大的跨境交易平台之一。2014年"双十一"，全球速卖通订单达到680万单；2017年"双十一"，全球速卖通订单最多的国家和地区包括俄罗斯联邦、巴西、以色列、西班牙、白俄罗斯、美国、加拿大、乌克兰、法国、捷克共和国、英国，订单总量超4 500万单。2019年"双十一"，19小时21分总销售额超去年48小时的交易销售额，其中无线订单成交占比超过62.3%。海外剁手党"双十一"平均单价较去年同期逆势增长28.3%。全球速卖通首页如图10-3所示。

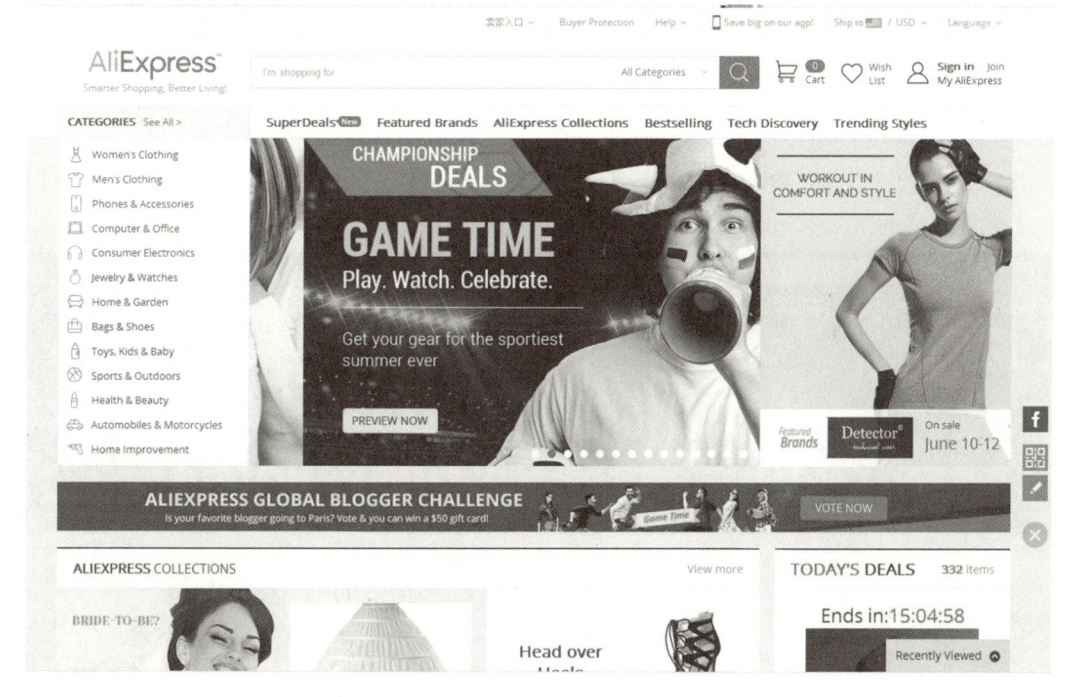

图 10-3　全球速卖通首页

1.行业分布

全球速卖通覆盖3C、服装、家居、饰品等30个一级行业类目。其中优势行业主要有服装服饰、手机通信、鞋包、美容健康、珠宝手表、消费电子、电脑网络、家居、汽车摩托车配件、灯具等。

2.适合产品

全球速卖通适用于通过网络销售并以航空快递方式运输的商品。这些商品基本具有以下特征：

(1)体积较小:主要是方便以快递方式运输,降低国际物流成本。

(2)附加值较高:价值低过运费的单件商品不适合单件销售,可以打包出售,从而降低物流成本占比。

(3)具备独特性:在线交易业绩佳的商品需要独具特色,才能不断刺激买家购买。

(4)价格较合理:在线交易价格若高于产品在当地的市场价,就无法吸引买家在线下单。

根据以上的条件,适合在全球速卖通销售的商品主要包括服装服饰、美容健康、珠宝手表、灯具、消费电子、电脑网络、手机通信、家居、汽车摩托车配件、首饰、工艺品、体育与户外用品等。

3.跨国快递

在全球速卖通上有三类物流服务,分别是邮政大小包、全球速卖通合作物流以及商业快递。其中90%的交易使用的是邮政大小包。卖家发货时,可以根据不同的物流服务,选择在全球速卖通线上发货,也可以联系各主要城市的货代公司上门收件进行发货。

二、亚马逊

亚马逊(Amazon)是美国较大的一家网络电子商务公司,位于华盛顿州的西雅图。亚逊是网络上较早开始经营电子商务的公司之一,亚马逊于1995年由杰夫·贝佐斯(Jeff Bezos)创立,一开始只经营网络书籍销售业务,现在则扩展了范围相当广的其他产品,已成为全球商品品种最多的网上零售商和全球第二大互联网企业,在公司名下,也包括了AlexaInternet、a9、lab126、和互联网电影数据库(Internet Movie Database,IMDB)等子公司。亚马逊网站首页如图10-4所示。

图10-4 亚马逊网站首页

亚马逊的发展历程目前可以分为三个阶段:

第一阶段:成为"地球上最大的书店"(1995—1997年)

1994年夏天,从金融服务公司D.E.Shaw辞职出来的贝佐斯决定创立一家网上书店,贝佐斯认为书籍是最常见的商品,标准化程度高,而且美国书籍市场规模大,十分适合创业。经过大约一年的准备,亚马逊网站于1995年7月正式上线。为了和线下图书巨头Barnes&Noble、Borders竞争,贝佐斯把亚马逊定位成"地球上最大的书店"(Earth's biggest bookstore)。为实现此目标,亚马逊采取了大规模扩张策略,以巨额亏损换取营业规模。经过快跑,亚马逊从网站上线到公司上市仅用了不到两年时间。1997 年 5 月 Barnes&Noble 开展线上购物时,亚马逊已经在图书网络零售上建立了巨大优势。此后亚马逊和 Barnes&Noble 经过几次交锋,亚马逊最终完全确立了自己是最大书店的地位。

第二阶段:成为最大的综合网络零售商(1997-2001 年)

贝佐斯认为和实体店相比,网络零售很重要的一个优势在于能给消费者提供更为丰富的商品选择,因此扩充网站品类,打造综合电商以形成规模效益成了亚马逊的战略考虑。1997 年 5 月亚马逊上市,尚未完全在图书网络零售市场中树立绝对优势地位的亚马逊就开始布局商品品类扩张。经过前期的供应和市场宣传,1998 年 6 月亚马逊的音乐商店正式上线。仅一个季度亚马逊音乐商店的销售额就已经超过了 CDnow,成为较大的网上音乐产品零售商。此后,亚马逊通过国际扩张和品类扩张,到 2000 年的时候亚马逊的宣传口号已经改为"最大的网络零售商"(The Internet's No.1 Retailer)。

第三阶段:成为"最以客户为中心的企业"(2001 年-至今)

2001 年开始,除了宣传自己是最大的网络零售商外,亚马逊同时把"最以客户为中心的公司"(The World's Most Customer-Centric Company)确立为努力的目标。此后,打造以客户为中心的服务型企业成了亚马逊的发展方向。为此,亚马逊从 2001 年开始大规模推广第三方开放平台(Marketplace)、2002 年推出网络服务(AWS)、2005 年推出 Prime 服务、2007 年开始向第三方卖家提供外包物流服务 Fulfillment by Amazon(FBA)、2010 年推出 KDP 的前身自助数字出版平台 Digital Text Platform(DTP)。亚马逊逐步推出这些服务,使其超越网络零售商的范畴,成了一家综合服务提供商。

2012 年亚马逊"全球开店"项目正式发布,越来越多的中国企业和个人通过亚马逊"全球开店"拓展国际市场,中国卖家业绩强势增长。目前,借助亚马逊"全球开店"走向国际市场的中国卖家数量增长了几十倍。通过亚马逊销售到全球的中国商品也由最初的服饰、电脑配件类不断扩充,如平板电脑、智能手机、扫地机器人、蓝牙耳机、无人机等更具科技含量的高端优质商品通过亚马逊打入国际市场。消费电子、无线设备、服饰、家居户外是目前中国卖家的畅销品类。

通过亚马逊平台进行跨境电子商务必须要了解亚马逊平台的规则。亚马逊的运营特点是"以产品为王,以顾客为中心,以物流为核心竞争力"。亚马逊运营重产品,轻店铺;以及严厉打击假货和侵权产品的态度使商家在亚马逊上进行跨境电子商务必须把产品要素放在第一位。亚马逊提供的专属物流服务(Fulfillmentby Amazon,FBA)和 Prime 帮助中国卖家以更快的速度和更优惠的价格把商品送达消费者手中。

三、eBay

eBay 集团于 1995 年 9 月成立于美国加州硅谷,是全球商务与支付行业的领先者,为不同规模的商家提供共同发展的商业平台。作为全球较大的在线交易平台之一,eBay 帮助人们在全球几乎任何一个国家进行买卖交易;PayPal 使个人和企业用户得以安全、简单、快捷的电子收付;通过 eBay Enterprise,为全球企业提供泛渠道商务、多渠道零售以及数字营销上的便利。同时,eBay 还有其他专门的交易平台来服务数以百万的用户,其中包括全球最大的票务市场 StubHub 和 eBay classifieds 社区分类广告网站,这两个平台分布在全球

1 000 多个城市。eBay 网站首页如图 10-5 所示。

作为全球较大的在线交易平台之一，eBay 帮助消费者随时随地购买其所需物品。目前，eBay 在全球范围内拥有 1.52 亿活跃用户，以及 8 亿多件由个人或商家刊登的商品，其中以全新的"一口价"商品为主。PayPal 在全球范围内拥有超过 1.57 亿活跃用户，服务遍及全球 193 个国家及地区，共支持 26 种货币付款交易。如今，PayPal 日处理交易量近 800 万笔。

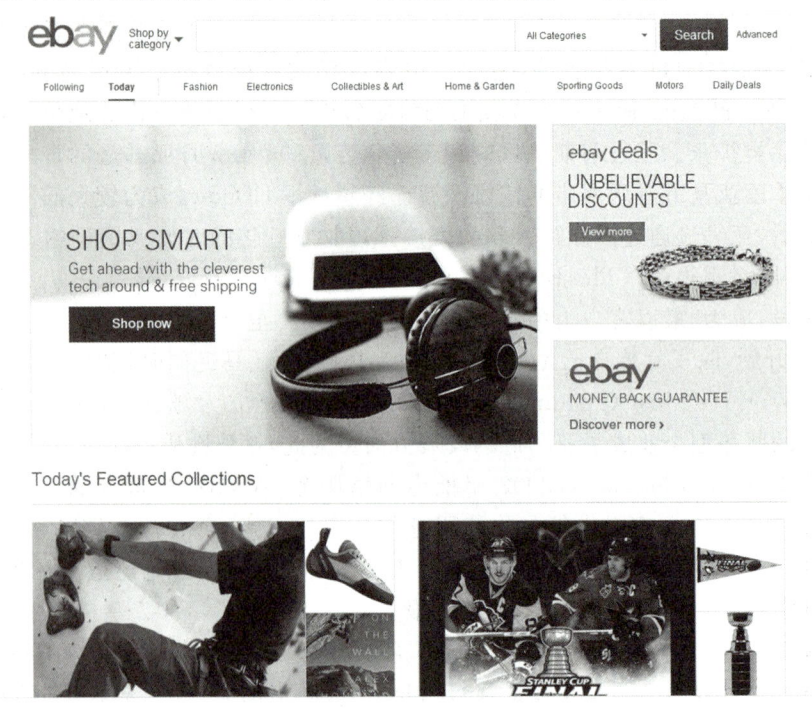

图 10-5　eBay 网站首页

eBay 集团在中国致力于推动跨境电子商务零售出口产业的发展，为中国卖家开辟直接面向海外的销售渠道。通过 eBay 在线交易平台和 PayPal 支付解决方案，数以万计的中国企业和个人用户在 eBay 全球平台上每年将数十亿美元的产品和服务销售给世界各地的消费者。

为了更好帮助中国卖家在 eBay 平台上进行销售，eBay 成立了专业的跨境交易服务团队，提供跨境交易认证、业务咨询、疑难解答、外贸专场培训及电话培训、外贸论坛热线、洽谈物流优惠等一系列服务，帮助中国卖家顺利开展全球业务。PayPal 则利用广阔的海外渠道和合作网络帮助中国企业迅速开拓全球市场，并更好地建立品牌认知和信任度。PayPal 针对中国市场，着力于为中小商户提供"一站式"在线外贸解决方案，帮助解决从网店搭建、网络推广、在线支付到跨境物流等一系列难题。

四、Wish

Wish 于 2011 年成立于美国旧金山，是一款基于移动端 App 的商业平台。起初，Wish 只是向用户推送信息，并不涉及商品交易，2013 年开始升级成为购物平台。Wish 的系统通过买家行为等数据的计算，判断买家的喜好、感兴趣的产品信息，并且选择相应的产品推送给买家。

与多数电商平台不同,在 Wish 上的买家不太会通过关键词搜索来浏览商品,更倾向于无目的地浏览,这种浏览方式是美国人比较接受的。所以,Wish 平台超过六成的用户位于美国、加拿大以及一些欧洲国家。

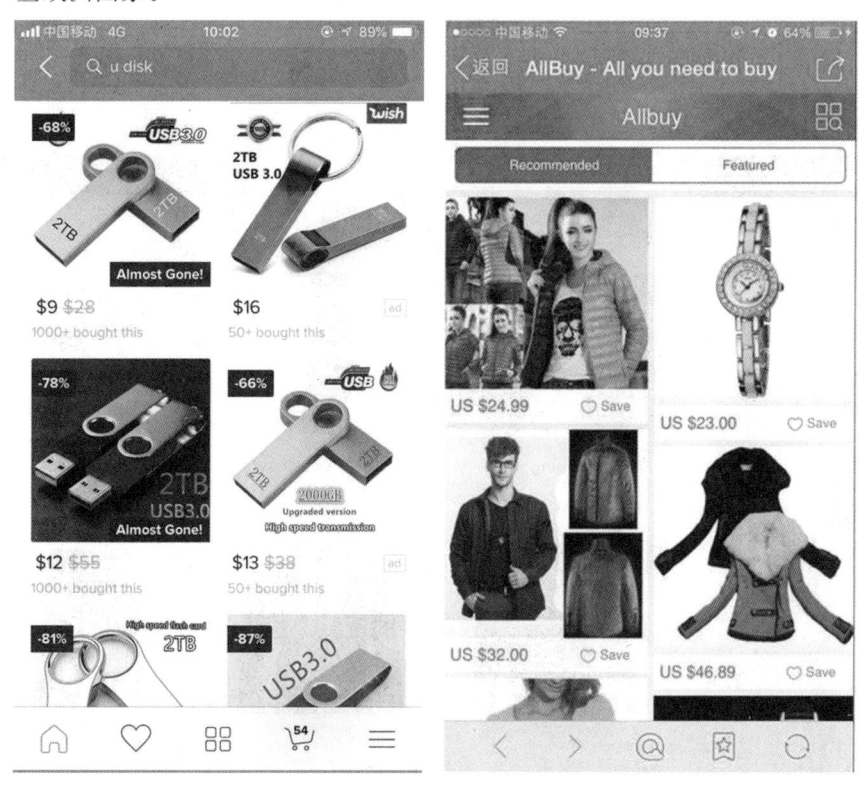

图 10-6　Wish 网站首页

Wish 作为新兴的基于 App 的跨境电子商务平台,主要靠价廉物美吸引客户,在美国市场有非常高的人气,核心品类包括服装、饰品、手机、礼品等,目前卖家大部分都是来自中国。Wish 网站首页如图 10-6 所示。

五、兰亭集势

兰亭集势成立于 2007 年,注册资金 300 万美元,是目前国内排名靠前的外贸销售网站。公司成立之初即获得美国硅谷和中国著名风险投资公司的注资,成立高新技术企业。兰亭集势目前总部设在上海,在北京、深圳、苏州、成都、香港、美国西雅图等地设有分公司。兰亭集势在 2013 年 6 月 6 日(周四)晚间在美国纽交所挂牌上市,成为中国跨境电子商务第一股。"One World One Market"——兰亭集势的使命是为全世界中小零售商提供一个基于互联网的全球整合供应链。2018 年 11 月 16 日,兰亭集势全资收购面向东南亚市场的全品类购物平台 ezbuy。ezbuy 于 2010 年在新加坡成立,是东南亚市场领先的跨境电子商务平台之一。该公司目前在新加坡、马来西亚、印度尼西亚、泰国和巴基斯坦拥有超过 300 万客户。兰亭集势与东南亚电商品牌 ezbuy 在供应链、物流、市场方面的深度融合,拓展更多的、更好的、更加完善的供应链系统。

兰亭集势涵盖了包括服装鞋包、珠宝手表、电子及配件、运动户外、玩具宠物、家居假发、纹身美甲及婚纱礼服及配件等近百万种商品。同时，公司支持遍布全球的 20 多种支付方式。例如：Paypal、VISA、EBANX 等。经过几年的发展，公司采购遍及中国各地，在广东、上海、浙江、江苏、福建、山东和北京等省市均有大量供货商，并积累了良好的声誉。许多品牌，包括纽曼、爱国者、方正科技、亚都、神舟电脑等也加入兰亭集势销售平台，成为公司的合作伙伴或者供货商。兰亭集势网站首页如图 10-7 所示。

图 10-7　兰亭集势网站首页

兰亭集势的目标用户主要定位于全世界中小零售商，包括线上零售商、线下零售商等。同时由于大部分产品对订单没有最低数量限制，兰亭集势也可以批发的价格向普通消费者提供商品零售。兰亭集势的商业模式颠覆了传统的出口模式，一端连接着中国的制造工厂，另一段连接着外国消费者。它绕过中间所有环节，如中国出口商、外国进口商、外国批发商、外国零售商。

兰亭 70％的产品由自己采购，直接对接工厂，省去了很多中间环节，有自己的定价权，甚至很多产品还可以进行定制化。

六、敦煌网

敦煌网（DHgate）是国内首个为中小企业提供 B2B 网上交易的网站。它采取佣金制，免注册费，只在买卖双方交易成功后收取费用。在 2011 年，敦煌网的交易就突破了 100 亿元。作为中小额 B2B 海外电子商务的创新者，敦煌网采用 EDM（电子邮件营销）的营销模式,低成本、高效率拓展海外市场,自建的 DHgate 平台为海外用户提供了高质量的商品信息,用户可以自由订阅英文 EDM 商品信息,第一时间了解市场最新供应情况。敦煌网网站首页如图 10-8 所示。

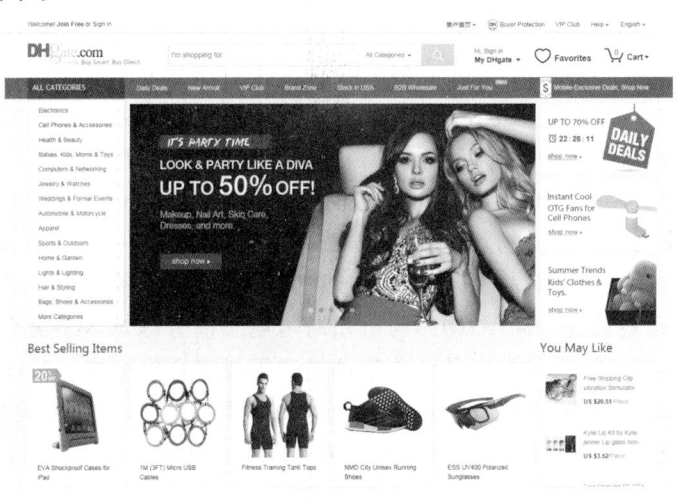

图 10-8 敦煌网网站首页

　　海外直发业务是敦煌网率先推出的全新销售模式,即利用敦煌网海外的仓储及配送服务,实现中国卖家直接销售存储在海外仓库的产品,从买家所在国家本地发货。从而缩短订单周期,提升买家购买体验,帮助中国卖家在全世界范围内扩大销售,降低成本,提升服务。

七、Shoppe

　　Shopee 是东南亚和中国台湾地区的电子商务平台。2015 年于新加坡成立并设立总部,随后拓展至马来西亚、泰国、中国台湾地区、印度尼西亚、越南及菲律宾共七大市场,2019 年开通了巴西市场。Shopee 商品种类包括电子消费品、家居、美容保健、母婴、服饰及健身器材等。Shopee 网站首页如图 10-9 所示。

图 10-9 Shopee 首页

Shopee社群媒体粉丝数量超过3 000万人,拥有700万活跃卖家,员工超8 000人,遍布东南亚及中国,是东南亚发展最快的电商平台,也是国货出海东南亚的首选平台。2018年,Shopee成交总额达到103亿美元,同比增长149.9%。2019年第一季度,Shopee季度GMV同比增长81.8%,总订单数同比增长82.7%,App下载量超过2亿次。

App Annie《2019移动市场》显示,2018年Shopee在全球C2C购物类App中下载量排名第一;iPrice Group 2019 Q1报告显示,Shopee凭借PC端和移动端共1.84亿次访问,成为2019年第一季度东南亚地区访问量较大,且流量呈正增长的电商平台。

Shopee于2016年1月在深圳和香港设立办公室,开展跨境业,为中国跨境卖家打造一站式跨境解决方案,提供流量、物流、孵化、语言、支付和ERP支持。2017年7月设上海办公室,服务华东市场。2019年4月,与厦门市战略合作,于厦门落成全国首个Shopee跨境孵化中心,增设福建转运仓。同年6月,与杭州跨境电子商务综试区签署合作备忘录,达成战略合作,发布区域基建、人才发展及产业集群构建等战略合作举措。2019年7月,Shopee上线Shopee一店通(Shopee International Platform,SIP)服务,为卖家提供东南亚跨境电子商务一站式解决方案。卖家开通Shopee七大站点中一个站点的店铺后,就可以同时开通其他站点的店铺。

第三节 跨境支付与结汇

一、跨境电子商务支付

在跨境电子商务中,境内外买卖双方无须见面,通过平台完成交易,由此产生的支付及信用问题往往需要通过第三方支付机构的参与来解决。

跨境电子商务支付是由第三方支付机构通过银行为小额电子商务交易双方提供跨境支付所涉及的外汇资金集中收付及相关结售汇服务。如果交易金额较大,也可通过传统贸易的支付方式来解决跨境电子商务支付的问题。

对跨境电子商务来说,支付是非常重要的一个环节,但是在不同的国家和地区,人们的支付习惯并不相同,交易平台也不同。因此,应根据交易双方所在国家和平台提供的服务,选择相应的支付方式。

二、主要支付工具介绍

跨境支付有两大类:一类是网上支付方式,包括电子账户支付和国际信用卡支付,适用于零售小金额;另一类是银行汇款方式,适用于大金额。信用卡和Paypal是目前使用比较广泛,其他支付方式可当作收款的辅助手段,尤其是WebMoney、Qiwi wallet、CashU对于俄罗斯、中东、北非等地区的贸易有不可或缺的作用。随着B2C跨境电子商务的发展,通过第三方平台支付工具的支付方式逐渐成为主要的支付手段。

(一)线下跨境支付方式

1. 电汇

电汇是卖家在实际外贸中运用最多的支付方式,大额的交易基本上选择电汇方式。

电汇银行手续费一般分为三部分:第一部分是付款人付款银行产生的手续费,可以由付款人单独支付,也可以在付款金额中扣取;第二部分为中转行的手续费,一般在汇款金额中扣取;第三部分为收款人收款行的手续费,一般在汇款金额中扣取。

2. 西联汇款

西联汇款是国际汇款公司 Western Union 的简称,是世界上领先的特快汇款公司,迄今已有 150 年的历史,它拥有全球较大较先进的电子汇兑金融网络,代理网点遍布全球近 200 个国家和地区。

目前,中国农业银行、中国光大银行、中国邮政储蓄银行、中国建设银行、浙江稠州商业银行、吉林银行、哈尔滨银行、福建海峡银行、烟台银行、龙江银行、温州银行、徽商银行、浦发银行等多家银行是西联汇款在中国境内的合作伙伴。

关于费用,西联汇款是付款方承担的手续费,不同国家付款费用各不相同。目前,西联汇款在欧洲和美国客户中接受度比较高。

3. 速汇金

速汇金是类似于西联汇款的国际汇款方式之一,其业务模式跟西联汇款类似。由于汇款不走银行通道,走的是速汇金的汇款通道,所以在国内有很多的合作银行,比较常见的代理行有中国工商银行、中信银行、交通银行、中国银行。

具体操作如下:

首先准备以下资料:

①汇款人的姓(Last Name、名 First Name)。

②汇款金额(具体到小数点后两位)。

③汇款国家。

④8 位数的监控号。

然后由收款人带着身份证(本人)到银行提取即可。

速汇金比西联汇款手续费要便宜一些,具体可以联系以上银行的客服热线。当然也有一些非银行的代理机构,仅限个人申请,需要带身份证件办理。速汇金个人间的全球汇款业务,去银行速汇金柜台就可以办理,中国工商银行、交通银行、中信银行都有速汇金业务。

(二)线上跨境支付方式

1. 信用卡

在欧洲和美国,主流的付款方式还是信用卡,它们的信用卡是与个人信用相关联的,因此信用卡支付也是非常安全的付款方式。现在跨境电子商务平台,大多与 VISA 和 Master Card 合作,可以通过信用卡支付。

使用信用卡付款的风险主要在于客户的退单和有小部分的信用卡诈骗行为。比如消费者退单或者悔单,因为国际小额贸易前期物流等其他费用投入,对卖家来说往往损失不少。现在很多主流的跨境电子商务平台也倾向买家。一般支付公司在提供支付服务时都提供了比较安全的各种验证加密措施,如发卡组织的黑卡库等信息共享,如果一旦碰到黑卡或者盗卡,则会被系统拒绝付款,从而使订单失败。

2. Paypal

PayPal 是一个国际第三方在线支付,在线付款方便、快捷。

跟其他支付手段相比较,PayPal 具有以下优点:

①资金安全。

②快速。与国内支付宝一样,买家付款后,会立刻显示 PayPal 余额。

③方便,可以使用各种工具管理交易,提高效率。

④具有全球市场接受度。目前可在 190 个市场和 6 种货币中使用,是小额跨境贸易工具中较主流的付款方式。

关于 PayPal 还有一个问题需要大家注意,就是 PayPal 和贝宝的区别。其实类似于支付宝的国内版和国际版,PayPal 国际站允许向 55 个国家和地区发送和接受付款。贝宝是它的中国版,只能向中国用户发送和接受付款。还有无论是买家和卖家的使用都是免费的。目前,业内普遍认为,使用小额支付首选还是 PayPal。

3. 支付宝(国际版)

支付宝(国际版)是阿里巴巴国际站和支付宝联合为国际买卖双方建立的全新在线支付解决方案。

阿里巴巴的支付宝(国际版)是非常新的支付方式,目前国际市场接受度不高,但随着阿里巴巴推出的全球速卖通平台在国际市场上的占有率越来越大,支付宝(国际版)的国际影响力也将随之提高。

4. Payoneer(P 卡)

Payoneer 是一家总部位于纽约的在线支付公司,主要业务是帮助其合作伙伴,将资金下发到全球;同时也为全球客户提供美国银行或欧洲银行收款账户,用于接收欧美电子商务平台和企业的贸易款项。

使用中国身份证即可完成 Payoneer 账户在线注册,并自动绑定美国银行账户和欧洲银行账户。用户可以像欧美企业一样接收欧美公司的汇款,并通过 Payoneer 和中国支付公司的合作,完成线上的外汇申报和结汇,而且费用不高,单笔费用一般为支付金额的 3%。

5. World First(WF 卡)

World First 全称是 World First Markets Pty Limited,是注册于澳大利亚的一间从事网上外汇交易的公司,是澳大利亚证券和投资委员会(ASIC)机构成员会员之一,也是英国金融服务局(FSA)的会员。

World First 是全球著名的外汇兑换公司,也是亚马逊官方推荐的收款方式,如果用户打算入驻亚马逊,可以考虑这一收款方式。WF 没有实体卡,只有虚拟账户,就像国内的支付宝一样。不同于支付宝的是,支付宝可以存款,而 WF 不可以。WF 目前已支持开通的虚拟账户有美元账户、欧元账户、英镑账户、加元账户、日元账户等。

对于面向美国、英国、加拿大和欧元区(如德国、法国、西班牙和意大利)市场销售的中国销售商,WF 可以提供免费的美国、英国、加拿大和欧元账户。用户在跨境电子商务平台上(如亚马逊、eBay)的销售收入汇入 WF 账户中,然后按要求转换为其他币种(如人民币),最终汇入卖家在中国的收款账户。

WF 开户无年费,满足一定的条件也不收入账费,但会收取 1%~2.5% 汇损费用。

6. Pingpong 支付

PingPong 隶属于杭州呼嘭智能技术有限公司,是一家中国本土的跨多区域收款品牌,致力于为中国跨境电商卖家提供低成本的海外收款服务。PingPong 是专门为中国跨境电商卖家提供全球收款的品牌。

PingPong与国内跨境出口企业建立了紧密合作关系,为中国(杭州)跨境电子商务综合试验区管委会官方合作伙伴以及上海自贸区跨境电子商务服务平台的战略合作伙伴。目前,PingPong与亚马逊、Wish、Newegg等平台合作,实现中国境内收款。

7. 连连支付

连连银通电子支付有限公司(简称"连连支付")是专业的第三方支付机构,也是中国的行业支付解决方案提供商。连连支付于2003年在杭州高新区成立,注册资本为3.25亿元,是连连集团旗下全资子公司。连连支付是中国(杭州)跨境电子商务综合试验区首批战略合作伙伴,是目前浙江省内较大的支付机构。

连连支付于2011年8月29日获得了中国人民银行颁发的《支付业务许可证》,业务类型为互联网支付、移动电话支付,覆盖范围为全国;于2016年8月29日完成支付业务许可证续展;于2015年1月12日获得了中国人民银行杭州中心支行许可开展电子商务跨境人民币结算业务;2015年2月13日,获得国家外汇管理局浙江省分局许可开展跨境外汇支付业务;2015年7月30日,获得中国证券监督管理委员会许可同意公司为基金销售支付结算机构。2017年,连连支付正式上线跨境收款产品。连连支付为跨境出口电商卖家提供收款、付款、多店铺统一管理、VAT缴纳等一站式跨境金融服务,支持全球亚马逊、eBay等20多个主流跨境平台,多币种的结算。

基于跨境贸易及移动支付高速发展的现状,为满足各企业商家在交易环节中不断提高的收、付款需求,连连支付打造了以"跨境支付、移动支付、O2O支付、大数据风控"为业务核心的"全球化支付解决方案"。连连支付针对国内外商家垂直领域提供定制化支付解决方案,解决了互联网交易中"支付转化率、O2O交互、风险交易"等多项问题,极大缩短了跨境贸易商家的资金汇兑周期,提升了全球贸易企业的货币处理效率,助推了互联网交易产业的进一步完善。

8. Qiwi wallet

Qiwi wallet是俄罗斯较大的第三方支付工具,其服务类似于支付宝。Qiwi wallet电子支付系统2007年年底在俄罗斯推出。它是QIWI金融集团旗下的电子钱包系统。依托于Qiwi Bank,Qiwi wallet是俄罗斯市场上唯一一家注册地俄国境内,且能够直接与外国电子支付服务商合作的第三方支付服务提供商,占有了俄国电子钱包支付业务市场份额的1/3。现在很多国家的手机号都可以注册使用Qiwi wallet,但目前还不支持中国手机号注册。Qiwi钱包和用户手机号绑定,使用手机号注册开通后即可收发款,个人用户使用Qiwi钱包是免费的,只有商家使用Qiwi wallet收款才会收取费用。

(三)香港离岸公司收款

香港账户和离岸账户有以下不同:

①香港账户无外汇管制,可以直接柜面操作,离案账户目前来讲不能存入现金。

②银行费用方面,香港本地银行收费少。

③账户功能齐全,比较适合国际支付。

④开户速度快。

跨境电子商务
物流模式

第四节 跨境物流

一、跨境电子商务物流模式

(一)国际邮政小包

国际邮政小包常见的种类有中国邮政小包、中国邮政 e 邮宝、新加坡邮政小包、比利时邮政、俄罗斯邮政等,这种物流模式是现阶段我国中小型企业 B2C 跨境电子商务最为普及的跨境物流配送模式。中国邮政网点遍及全国各个乡镇,覆盖面广,可以为任何地方的国内卖家服务,对于卖家而言十分便捷。中国邮政是将卖方投递的货物通过国际空邮寄送到国外客户手中的一种服务。同时,国际小包受制于其规定的重量、体积、产品属性等。但因卖方在投递后报关报检等手续皆由邮政代办,依旧受到生产销售电子产品、饰品、配件、服装、工艺品等一些少量易包装轻工业产品中小企业的青睐。总而言之,国际邮政小包的优点有交寄方便、价格相对较低,邮政网点遍布全球、覆盖面广;缺点有投递时间长、价格波动大,折扣率不统一,寄送过程中易掉件、丢包率高,退换货困难,用户体验差,受商品体积、重量限制。由于目前各个国家正在不断收紧清关政策,致使邮政小包的优势面临严重威胁,许多中小跨境电子商务企业应该着手探索其他便利的跨境物流模式。

(二)国际快递

国际快递是中小型企业跨境电子商务另一种常用的物流模式,这种物流模式是在两个或者两个以上的国家(或地区)进行的物流业务,由国际快递公司将货物从一个国家(或地区)寄送到另一个国家(或地区)。常见的国际快递有 EMS(国家邮局国际特快专递)、DHL(敦豪快递)、TNT(天地快件)、Fed Ex(联邦快递)、UPS(联合包裹);国内快递有顺丰快递、申通快递等。从国际上的五大快递可以发现,不同的国家或地区对各个国际快递公司的市场反应程度不同。作为国内跨境电子商务中小型企业,在选择合作物流快递时,应该了解各自货物销往国家及地区快递公司的竞争优势和派送优势,方便节约快递配送成本。国际快递的特点是可以根据客户群体的不同在不同的国家(或地区)对任何合规商品,不论其种类区别、体积、重量大小都可以实现全球范围内 3~5 天的物流速递,优点是时效性强、货物安全性较高、丢包率低、可以实时进行网上物流追踪;但劣势是物流费用高。

(三)国际物流专线

国际物流专线是针对特定目的国(或地区)而定制的跨境物流路线。国际物流专线的特点有"四个固定",即固定的起止点、固定的运输路线、固定运输工具、固定的运输时间。目前很多物流公司,如顺丰物流和福建领航国际物流公司,就有专门为客户定制国际物流专线。国际物流专线有利于各企业解决因运输时间过长和运输量不足导致的货物延迟运送的问题,为有固定路线的企业跨境电子商务带来很多优惠与便利,是解决物流问题较好的方案。国际物流专线的运送时效性相较于邮政小包而言略有优势,物流成本比国际快递更有优势。但是,第一,国际物流专线的发展区域性特征十分明显,目前只有目的地欧美等发达地区的国际物流设有专线和最新开发的俄罗斯专线。第二,国际物流专线受自身条件的约束,在到达目的国后仍需与当地邮政或者民营物流企业合作,因此存在货物的交接环节,影响运送时间。第三,通常情况下国际专线物流不受理退换货服务。

(四)海外仓

海外仓是指从事出口跨境电子商务的企业根据货物流通方向,在销售目的国建立或者租用仓库,提前将货物分批量运往国外仓库,当国外买家下单后,卖家可以直接通知仓库准备货物,让国外物流进行派送,做到国外销售,国外配送的物流形式。海外仓的出现大大加快了货物配送速度,减少了物流时间。同时退换货的问题可以得到很好的解决,因退换货问题产生的经济损失也可以降到最低,还提高了用户体验。在国外建设海外仓要对当地的政策、法律、物流发展现状、物流管理人才等条件具备相当专业的研究。目前各个主要的跨境电子商务贸易国家,如美国、欧洲国家都有第三方海外仓向跨境电子商务企业提供海外仓服务,企业只需将商品寄存在海外仓库,将由其完成商品的存储、运输、配送以及退换货等服务内容。

根据上述四种常用的物流模式简单分析,可以得出的是每种物流模式都有其存在的优点与劣势,具体表现为:在物流成本方面,占优势的是国际邮政小包,国际物流专线、国际快递的单位成本比较高,海外仓因前期建仓和运营的成本很高,导致物流费用也相对较高;在配送时间方面,除了国际邮政小包外,另外几种方式明显改善了这一缺点,提高了物流配送时间;在运输风险方面,国际邮政小包的风险最高,国际物流专线和国内快递国际化次之,国际快递和海外仓的风险最低,最安全;在运送货物种类方面,只有国际物流专线和海外仓缩小了运送货物种类的局限;在用户体验方面,国际快递、海外仓的用户体验反馈良好;在物流信息跟踪方面,国际快递和海外仓表现较好。不同跨境电子商务物流模式对比表10-1。

表 10-1　　　　　不同跨境电子商务物流模式对比

模式	物流成本	配送时间	运输风险	运送货物种类	用户体验	物流信息跟踪
国际邮政小包	较低	较长	较高	较少	较差	一般
国际快递	较高	较短	较低	较少	较好	较好
国际物流专线	较高	较短	一般	较多	一般	一般
海外仓	较高	最短	较低	较多	较好	较好

二、影响跨境电子商务物流模式选择的主要因素

(一)物流成本

物流成本包括建设跨境物流网络的费用,跨境商品的通关税及各种税费以及快递的运输费用等。一方面,不同物流模式的物流成本也存在较大差别,如国际邮政小包一般为国有,且有国家税收补贴,对于小批量物品而言物流成本相对较低;国际物流专线大批货物集中运输,利用规模效应降低了物流运输成本;海外仓的前期建设投入较大,但真正开始运营后其物流成本有条件降到很低。另一方面,物流成本在跨境电子商务经营成本中所占比例较大。如果物流成本太高,不仅降低了商品的利润,同时使一些价格较低的商品缺少价格竞争力,甚至不能采用跨境电子商务的模式。

(二)产品配送时间

跨境电子商务产品从一国运输到另一国所需的物流配送时间很长,一些中小型企业为了降低跨境成本,一般会选择价格较低的国际邮政小包和国际物流专线。据调查发现,通过

国际邮政小包寄往欧美国家的商品大多数都要超过20天的运送时间,有的甚至超过1个月;到达巴西、俄罗斯等物流欠发达的边远地区所需的时间就更长了。

运输时间的长短对企业进行跨境电子商务业务影响很大。一方面,快速的配送更好地满足了消费者的需求,提升了购物体验;另一方面,运输时间越短,意味着货物周转越快,资金积压越少,市场应变能力越强。

(三)物流信息跟踪

跨境物流分为境内运输段和境外运输段,由于境内外的物流信息化程度发展不一致,不同国家物流渠道的信息系统无对接等原因,导致并非所有的物流模式都可以通过系统进行信息跟踪。例如,四大国际物流公司运营的快递都可以实时查询到物流运态,国际邮政小包有些国家查询到包裹信息,有些国家查询不到或信息不准确。无法跟踪物流信息,或物流信息与实际物流信息不相符的情况,都会导致国外用户购物体验差,降低客户的满意度和忠诚度。

(四)可预测性

无论是海运还是空运都会受到自然因素的影响从而导致延误,特别是海运,受到不确定因素的影响更明显。准确的预测有助于为顾客提供一个准确的产品到货时间,以及更合理地进行物流规划。跨境电子商务经常会遇到由于海运延误出现缺货风险,而不得不发送国际快递来紧急补货的情况。

(五)非经济因素

非经济因素通常也会对国际物流产生影响。如政府参与在协助运输业发展的同时也对企业造成了困扰。一些物流企业或被政府收购或依赖政府补助。因此,其他企业不得不服从政府施加的压力,即使有更好的选择也必须使用指定的运输公司。

以上因素中,成本和时间无疑是最重要的两个因素,也是相互矛盾的因素。绝大多数情况下,时间越短的方案,成本就越高;时间越长,成本就越低。因此,根据自身的需求,在多个因素之间平衡是我们制订物流方案的关键。对物流进行合理的规划往往可以更好地降低成本,提高时效性。如使用海外仓的手段,将货物大批量运输到海外仓,由海外仓根据客户订单进行当地配送。如海运和快递配合,通过数据分析预测销售前景,之后大批量货物通过海运来运输,可以大幅度降低成本;如果出现销售波动产生的缺货风险,通过快递来弥补。

三、企业选择跨境电子商务物流模式时应考虑的要素

(一)货物类型

每个行业的产品在包装、规格、材料、质量等方面各有不同,因此在选择物流模式时会根据产品属性,选择合适的物流模式以节约物流成本,增加企业利润。例如,鞋类、服装等轻薄柔软的产品可以选择国际邮政小包,因为产品不怕挤压,不用担心货物在运输过程中发生损害,运费较低,适用于这类利润空间小的产品。又例如,国际物流中,带电产品(带磁、木制品类似)有严格的限制,因此在物流模式或线路的选择上,只能选择支持带电产品的线路或模式。

(二)交易量规模

跨境电子商务企业根据国外客户的订单准备出口货物,每个订单的订单量大小成为跨境电子商务企业选择何种物流模式的重要因素之一,企业应根据交易量的规模选择价格最

实惠的物流模式。对于交易量规模较大的订单,跨境电子商务企业可以选择国际物流专线或者国际快递,特别是国际快递采取的是折扣式定价机制,对订单量大、能集中发货的客户有提供较大的折扣。对于销售量比较稳定的地区,交易量规模较大,还可以采用海运的运输方式,大大降低物流成本。

(三)配送范围

跨境电子商务企业在选择物流模式时,首先应该对客户所在地区的各物流企业发展成熟度进行市场研究和对比,从而选择在当地发展状况良好、配送范围广泛,能够满足跨境企业需求的跨境物流模式。例如,在偏远的地区,很多快递无法直接到达,这时就可以选择国际邮政,利用其遍布全球的邮政网点,可以将商品送到世界的每个角落。如果市场范围内有专线支持,专线在物流时间和成本上都有优势;如果最终客户是个人,企业还需要与当时快递公司配合,完成最后入户配送。巴西近年来成为我国跨境电子商务企业出口的重要国家之一,但是由于其清关政策缩紧,建仓成本巨大,使得国内电商企业不能直接在巴西境内设立海外仓储。在这种情形下跨境电子商务企业可以在巴西邻国阿根廷等国建立边境仓,以缓解在巴西无海外仓带来的不利影响。

(四)企业实力

企业实力的强弱直接影响跨境物流模式的选择,实力雄厚的企业可以建立自己的物流系统,制订合适的物流需求计划,保证物流服务的质量,当然海外仓也是最好的选择,除去前期的运营成本,海外仓不论在运输费用、配送时效性、运送安全性、货物多样性,以及客户体验和满意程度上都占有很大绝对优势。实力有限的中小型跨境电子商务企业在选择物流模式时就存在诸多限制条件,只能在现有的物流模式中选择相对适合企业的物流。相对高昂的物流费用减少了跨境企业的利润,长此以往就会影响到企业自身实力的发展。

(五)客户要求

在商界,要秉持着"顾客就是上帝"的真理,一切以顾客为先。顾客要求对跨境电子商务企业的物流模式选择有着关键作用,客户对于时效性要求较强的情况下,选择国际快递可以在5～7天内将货物送到客户手中。海外仓模式利用自身优势,在客户所在地发货,在当地直接发国内快递,享受国内快递的快速服务,省去大量在运输、转运、清关、商检的时间。如果客户对货物运输的物流时间没有特殊要求,跨境电子商务企业就可以自由选择物流模式,可以选择在价格上较实惠的专线物流或者是时效长但价格最低的国际邮政小包都能实现企业利润的提高。

本章小结

本章介绍跨境电子商务的概念、模式,跨境电子商务的支付方式和物流解决方案,帮助学生把握学科前沿发展动态,培养学生对跨境电子商务各交易环节的了解,引导学生遵守国际贸易规则,树立保护知识产权意识。

2014年被称为跨境电子商务元年。跨境电子商务在"互联网+"和"中国制造"双引擎的拉动下,风生水起,在我国步入快速增长期。借助于互联网、现代国际物流、第三方支付工具等信息经济基础设施,以网络方式进行跨国交易和服务,是外贸的新模式,也是扩大海外营销渠道,实现外贸转型和制造提升的有效途径。

关键术语

跨境电子商务、狭义跨境电子商务、广义跨境电子商务、跨境电子商务支付、跨境电子商务物流。

配套实训

1. 在亚马逊平台(www.amazon.com)上注册账户,了解在亚马逊平台的网上购物的流程。

2. 选择一家主流跨境电子商务平台进行卖家注册,了解在平台运营规则(注意不同平台注册条件不同)。

3. 登录全球速卖通、eBay、Wish,了解各跨境电子商务平台的购买流程和平台特征。

课后习题

一、单项选择题

1. 下列属于出口跨境电子商务平台的是(　　)。
 A. 亚马逊　　　　B. 天猫国际　　　　C. 小红书　　　　D. 洋码头
2. 下列属于进口跨境电子商务平台的是(　　)。
 A. Ebay　　　　B. 全球速卖通　　　　C. 敦煌网　　　　D. 洋码头
3. 目前亚马逊平台支持的收款工具有(　　)。
 A. Paypal　　　　B. World First　　　　C. 支付宝　　　　D. Qiwi wallet
4. 适合于个人卖家寄送小件商品的国际物流方式有(　　)。
 A. 国际邮政小包　　B. 国际快递　　C. 国际物流专线　　D. 海外仓

二、填空题

1. 跨境电子商务的特征有＿＿＿＿、＿＿＿＿、＿＿＿＿、＿＿＿＿、＿＿＿＿。
2. 从买卖双方主体的属性上来说,跨境电子商务也可以分为＿＿＿＿、＿＿＿＿、＿＿＿＿等模式。
3. 影响跨境电子商务物流模式选择的主要因素有＿＿＿＿、＿＿＿＿、＿＿＿＿、＿＿＿＿、＿＿＿＿。

三、简答题

1. 什么是跨境电子商务?跨境电子商务的意义是什么?
2. 常用跨境电子商务的支付工具有哪些?如果在亚马逊上进行跨境电子商务销售,结汇工具有哪些选择?
3. 简述跨境电子商务的物流有哪些解决方案,并进行比较。

参考文献

[1] 马莉婷,林桓,施玮,等.客户关系管理基础与实践[M].北京:北京理工大学出版社,2019.

[2] 马莉婷,林桓,李志敏,等.网络营销理论与实践.北京:北京理工大学出版社,2017.

[3] 周晓,陈宇,辛琦,等.电子商务物流基础与实训.西安:西安电子科技大学出版社,2020.

[4] 马莉婷,辛琦.电子商务物流理论与创业实践[M].北京:中央广播电视大学出版社,2013.

[5] 古贞,王瑜,李德强,等.电子商务概论[M].北京:人民邮电出版社,2015.

[6] 张莹,王洪艳,高飞,等.电子商务概论[M].北京:中国电力出版社,2013.

[7] 董志良,丁超,陆刚.电子商务概论[M].北京:清华大学出版社,2014.

[8] 曹一兵.移动支付实战攻略——指尖上的移动互联网商业革命(卖家版)[M].北京:化学工业出版社,2015.

[9] 刘瑞娟.网络营销[M].长春:吉林大学出版社,2015.

[10] 蒋杰.新手海淘一本通[M].北京:中国铁道出版社,2015.

[11] 迈克尔·坎宁安.客户关系管理[M].北京:华夏出版社,2004.

[12] 李仉辉.客户关系管理[M].上海:复旦大学出版社,2013.

[13] 林那夫,贝里.数据挖掘技术:应用于市场营销、销售与客户关系管理(第3版)[M].北京:清华大学出版社,2013.

[14] 吕廷杰.移动电子商务[M].北京:电子工业出版社,2011.

[15] 张国文.移动电商:商业分析+模式案例+应用实战[M].北京:人民邮电出版社,2015.

[16] 容湘萍,肖学华.移动电子商务[M].重庆:重庆大学出版社,2016.

[17] 施志君.电子客户关系管理与实训[M].北京:化学工业出版社,2009.

[18] 唐先锋.电子商务法律实务[M].北京:清华大学出版社,2014.

[19] 洪友红.电子商务法律服务指引[M].北京:法律出版社,2015.

[20] 覃征.电子商务概论(第4版)[M].北京:高等教育出版社,2015.

[21] 高富平.从电子商务法到网络商务法——关于我国电子商务立法定位的思考[J].法学,2014(10):138-148.

[22] 彭志强,王佩玉,谭凡.电子商务中知识产权的侵权分析与保护对策[A].中国知识产权法学研究会2015年年会论文集[C].2015.

[23] 史建颖.论电子商务中的消费者隐私权保护[J].电子商务.2014(8):54-55.

[24] 卢晶.我国电子商务的各方法律责任研究[J].知识经济.2013(15):27-27.

［25］ 张维芝.电子商务合同订立中的法律问题研究[D].苏州大学,2011.
［26］ 梅宇.论电子商务环境下网上支付的法律问题[D].对外经济贸易大学,2004.
［27］ 刘一平.论网上交易平台服务提供者的民事责任[D].云南大学,2012.
［28］ 邓翠薇.网上支付的法律问题研究[D].西南财经大学,2004.
［29］ 李一岚.我国电子商务法律制度构建研究[D].中国社会科学院研究生院,2014.
［30］ 武亮,王跃进.一本书搞懂跨境电商[M].北京:化学工业出版社,2016.
［31］ 鲁丹萍.跨境电子商务[M].北京:中国商务出版社,2015.